btb
Aus Freude am Lesen

11. Sept. 01

btb

Autor

Michel de Montaigne wurde am 28. 2. 1533 auf Schloß Montaigne bei Bordeaux geboren. Der Sohn einer reichen und erst durch ihn geadelten Kaufmannsfamilie erhielt eine Erziehung, die sich ganz an humanistischen Prinzipien orientierte. Nach dem Studium der Rechte wurde Montaigne Parlamentsrat in Bordeaux. Hier traf er das junge Genie Étienne de La Boétie, dessen Denken sein Leben nachhaltig beeinflußte. Nach dem Tod seines Vaters 1571 zog sich Montaigne aus dem Trubel der Welt auf sein Schloß zurück. Im mit gut tausend Büchern ausgestatteten Bibliotheksturm des Schlosses nahm er die Arbeit an seinen *Essais* auf, die als Versuch einer Selbstfindung begannen und zu einer monumentalen Reflexion über den Menschen schlechthin wurden. Nachdem er die ersten beiden Bände verfaßt hatte, reiste Montaigne 1580–81 durch Frankreich, die Schweiz, Deutschland und Italien. Als Kammerherr sowohl des katholischen wie des protestantischen Königs und als Bürgermeister von Bordeaux (1582–85) vermittelte er zwischen den blutig zerstrittenen Bürgerkriegsparteien. 1588 Veröffentlichung der um einen dritten Band erweiterten vierten Ausgabe der *Essais*, an deren Vollendung er unermüdlich weiterarbeitete. Er starb am 13. 9. 1592 auf Schloß Montaigne.

Zum Text

Die kursiv gesetzten Prosa- und Dichtungszitate führt das Original aus nichtfranzösischen Sprachen an, vorwiegend dem Latein.

Michel de Montaigne

Essais

Erste moderne Gesamtübersetzung
von Hans Stilett

Drittes Buch

btb

Für Christine

Umwelthinweis:
Alle bedruckten Materialien dieses Taschenbuches sind chlorfrei und umweltschonend.

btb Taschenbücher erscheinen im Goldmann Verlag,
einem Unternehmen der Verlagsgruppe Bertelsmann GmbH

1. Auflage
Genehmigte Taschenbuchausgabe 4/2000

Umschlaggestaltung: Design Team München
Titelnummer: 72577
BH · Herstellung: Augustin Wiesbeck
Made in Germany
ISBN 3-442-72577-1

INHALT

DRITTES BUCH.

I

Über das Nützliche und das Rechte.

Niemand ist frei davon, Banalitäten zu sagen. Schlimm wird es erst, wenn man sie wichtigtuerisch vorträgt:

Mit großem Eifer hebt der Mann
nun großen Quatsch zu reden an.

Gegen solchen Eifer bin ich gefeit, denn ich lasse die meinen mir so achtlos entschlüpfen, wie sie es verdienen – auf diese Weise nehmen sie sich noch am günstigsten aus. Ich könnte sie kurzerhand drangeben, ohne daß es mir viel ausmachte. Ich kaufe und verkaufe sie nie für mehr, als was sie wiegen. Auch mit dem Papier rede ich so unbekümmert wie mit dem erstbesten, der mir über den Weg läuft. Folgende Beispiele zum Beweis:

Müßte nicht jedermann Heimtücke abscheulich finden, wenn selbst ein Tiberius lieber großen Schaden hinnahm, als sich ihrer zu bedienen? Aus Germanien ließ man ihn wissen, daß man ihm, falls er zustimme, Arminius durch Gift vom Hals schaffen könne – jenen mächtigsten Feind der Römer, der sie, als Varus ihr dortiger Befehlshaber war, erbärmlich zusammengeschlagen hatte und der allein die Ausbreitung ihrer Herrschaft in jenen Gegenden verhinderte. Doch Tiberius antwortete nur, das römische Volk sei gewohnt, sich an seinen Feinden offen zu rächen, die Waffe in der Hand, nicht aber hinterlistig und heimlich: Um des Rechten willen entsagte er so dem Nützlichen.

Das war, werdet ihr mir sagen, unverschämte Heuchelei. Ich glaube das auch, denn bei Leuten seines Metiers ist das weiter kein Wunder. Aber ein Bekenntnis zur Tugend aus dem Mund eines Mannes, der sie in Wirklichkeit haßt, wiegt deswegen nicht weniger, da doch die Wahrheit selber es ihm abzwingt und er, wenn er die Tugend sich schon nicht innerlich aneignen will, sie zumindest nach außen hin als Zierdecke benutzt.

Das Gebäude unsres öffentlichen wie privaten Lebens steckt voller Unzulänglichkeiten. Doch in der Natur ist nichts unnütz, nicht einmal das Unnütze. Jeder Baustein dieses Universums hat darin den ihm angemeßnen Platz. Unser ganzes Sein wird vom Kitt krankhafter Eigenschaften zusammengehalten. Ehrgeiz und Eifersucht, Neid und Rachgier, Aberglaube und Verzweiflung üben ihr Wohnrecht in uns auf derart naturgegebne Weise aus, daß deren Bild sich bereits bei den Tieren erkennen läßt. Selbst ein so abartiges Laster wie die Grausamkeit findet sich darunter, denn mitten im Mitleid fühlen wir tief unten den, wie soll ich sagen, bittersüßen Stachel einer bösen Lust, andre leiden zu sehn; schon die Kinder verspüren ihn.

Was gibt es Schön're s als vom sichern Strand aus zuzusehn,
wie einer um sein Leben kämpft, wenn hoch die Wogen gehn!

Wer im Menschen die Saat dieser Eigenschaften ausjäten wollte, würde vernichten, was unser Leben grundlegend mitbestimmt.

Ebenso gibt es in jedem Gemeinwesen notwendige Aufgaben, die nicht nur verwerflich, sondern geradezu sittenwidrig sind. Die Laster spielen folglich für den Zusammenhalt unsrer Gesellschaft eine gleich große Rolle wie die Gifte für die Bewahrung der Gesundheit. Wenn sie nun solcherart entschuldbar werden, weil wir sie brauchen und das öffentliche Interesse ihre wahre Natur beschönigt, sollten wir die Durchführung solcher Aufgaben den robusteren und weniger zögerlichen Bürgern überlassen, die bereitwillig Ehre und Gewissen dafür opfern (wie einst Männer der Antike für das Wohl des Vaterlands ihr Leben). Wir hingegen, die wir schwächer sind – begnügen wir uns mit leichteren und weniger riskanten Rollen! Das öffentliche Wohl verlangt, daß man zum Verräter werde, daß man lüge und morde? Dann treten wir dieses Amt eben an Leute ab, die dienstbeflißner und anpassungsfähiger sind als wir!

Mich hat es oft empört zu sehen, wie Richter bei einem Verbrecher mit List und Tücke trügerische Hoffnungen auf eine mildere Strafe oder gar Begnadigung erweckten, damit er seine Tat gestehe. Der Rechtspflege (und auch dem Ansehn Platons, der diesen Brauch ja befürwortet) käme es sehr zustatten, wenn sie mir Mittel an die Hand gäbe, die mehr nach meinem Sinn wären. Was hier betrieben wird, ist jedenfalls hinterhältig, und meines Erachtens fügt sich die Rechtspflege damit selbst nicht weniger Schaden zu, als sie durch andre erleidet.

Kürzlich sagte ich jemandem, daß ich, der ich nur unter größten Gewissensbissen irgendeinen Privatmann um meines Fürsten willen verraten könnte, erst recht nicht meinen Fürsten um eines Privatmanns willen verraten würde; denn nicht nur zu täuschen hasse ich, sondern auch, daß einer sich in mir täusche. Weder Grund noch Gelegenheit möchte ich hierzu bieten.

In den wenigen Verhandlungen, die wegen der uns heute zerfleischenden Parteiungen und Unterparteiungen mir zwischen unsren Fürsten zu führen aufgetragen war, habe ich peinlich vermieden, eine Maske aufzusetzen, die sie verleiten könnte, mich mißzuverstehn. Berufsdiplomaten suchen nach besten Kräften gegenüber jedem ihre Gedanken zu verbergen und allen nach dem Mund zu reden. Ich hingegen bekenne mich aufs lebhafteste zu meinen Meinungen und zeige mich ganz so, wie ich bin – ein Neuling und Grünschnabel von Unterhändler, der lieber seinen Auftrag verfehlt als sich selbst.

Gleichwohl hatte ich bis zur Stunde hierbei eine derart glückliche Hand (denn gewiß spielt das Glück in diesen Dingen die Hauptrolle), daß man wenigen Vermittlern zwischen zwei Parteien je mit weniger Mißtrauen begegnet ist, mit mehr Wohlwollen und Vertraun. Ich habe eine offne Art, die andre leicht für mich einnimmt und mir gleich bei der ersten Begegnung Achtung erwirbt. Unbefangenheit und rückhaltlose Wahrheitsliebe waren zu allen Zeiten zeitgemäß und stehn daher auch heute noch hoch im Kurs.

Zudem kommt denen gegenüber kaum Argwohn und Feindseligkeit auf, die nicht nur freimütig sind, sondern in den Verhandlungen auch keinerlei persönliche Interessen verfolgen und sich wahrhaft die Antwort zu eigen machen können, die Hypereides den Athenern gab, als sie sich über die Unverblümtheit seiner Sprache beschwerten: »Ihr Herren, achtet nicht darauf, ob ich zu freimütig rede, sondern darauf, ob ich es tue, ohne etwas hierfür zu nehmen und so meine Geschäfte zu fördern!«

Auch hat mich mein Freimut schon durch sein Ungestüm jedes Verdachts enthoben, daß ich ein falsches Spiel treiben könnte (denn ich erspare niemandem etwas, wie bitter und schmerzlich es für ihn auch sei – Schlimmres könnte ich nicht einmal hinter seinem Rücken sagen), zudem durch meine offenkundige Arglosigkeit und Unparteiischkeit. Was immer ich tue, geschieht um dieses Tuns willen, und niemals verbinde ich damit weiterreichende Absichten und Pläne: Jede Handlung spielt ihr eignes Spiel; wenn sie kann, gewinne sie's!

Im übrigen lasse ich mich in meinen Beziehungen zu den Großen von keinerlei Leidenschaft treiben, von Haß sowenig wie von Liebe, und mein Wille ist weder durch erlittne Kränkungen noch durch mir erwiesne Dienste geknebelt. Ich betrachte unsre Könige mit einer lediglich von Gesetzestreue und Bürgerpflicht bestimmten Anhänglichkeit, die meine Privatinteressen nicht mehren und nicht mindern – und dazu beglückwünsche ich mich.

Auch die öffentlichen Angelegenheiten und die gerechte Sache beschäftigen mich nur in Maßen, ohne jeden Überschwang. Gegen Bindungen und Verpflichtungen, die sich unsres Innern bemächtigen wollen, bin ich gefeit. Zorn und Haß liegen jenseits dessen, was der Gerechtigkeitssinn uns auferlegt; solche Leidenschaften sind nur ein Notbehelf für jene, denen die Vernunft allein nicht reicht, ihre Schuldigkeit zu tun: *Möge sich seiner Gemütserregungen bedienen, wer sich der Vernunft nicht zu bedienen weiß.* Alles rechtmäßige und Ausgleich erstrebende Wollen ist in sich ausgeglichen und von rechtem Maß; wo nicht, wird es unrechtmäßig und entartet zum Aufruhr.

Das ist es, was mich stets erhobnen Hauptes einherschreiten läßt, offenen Herzens und offnen Blicks. Ich könnte im Notfall wahrhaftig – und ich scheue mich nicht, es zu gestehn – wie jenes alte Weiblein in der Sage ohne Bedenken dem heiligen Michael eine Kerze darbringen und eine zweite seinem Drachen. Ich will der gerechten Sache bis an den Scheiterhaufen folgen, aber, wenn es sich vermeiden läßt, nicht hinein. Mag Montaigne, bricht alles zusammen, mit in den Abgrund stürzen, so es denn sein muß; doch so es nicht sein muß, werde ich dem Schicksal Dank wissen, wenn ihm das erspart bleibt; ich suche jedenfalls die Spielräume, die mir meine Pflicht läßt, für seine Verschonung zu nutzen.

War es nicht Atticus, der zur siegenden wie zur verlierenden Sache im gleichen Verhältnis stand und sich so im Schiffbruch der Welt über Wasser hielt, inmitten all der Spaltungen und Umstürze?

Nun ist dies für Privatleute, wie er einer war, natürlich

leichter; und in den Auseinandersetzungen, um die es damals ging, finde ich es durchaus berechtigt, wenn einer dem Ehrgeiz entsagt, sich ungefragt aufzudrängen und einzumengen. Angesichts von Wirren jedoch, die das eigne Land und Gemeinwesen spalten, ungerührt in einer Haltung des Sowohl-als-auch und Weder-noch zu verharren, finde ich sowenig schön wie ehrenhaft. *Den Ausgang der Ereignisse abzuwarten, um dann die vom Schicksal begünstigte Partei zu ergreifen, ist nicht der mittlere, sondern gar kein Weg.*

Dergleichen mag allenfalls gegenüber den Händeln von Nachbarn erlaubt sein. Gelon zum Beispiel, der Tyrann von Syrakus, ließ im Krieg der Barbaren gegen die Griechen seine Einstellung in der Schwebe, indem er zu Delphi eine Gesandtschaft unterhielt, die mit Geschenken versehn war und aufzupassen hatte, welcher Seite das Kriegsglück sich zuwenden werde, um im rechten Augenblick die Gelegenheit beim Schopf zu fassen und den Sieger für sich zu gewinnen.

Ein solches Verhalten gegenüber unsern eignen, inneren Zwistigkeiten wäre aber eine Art Treulosigkeit, da man in ihnen notwendigerweise seinen Vorstellungen gemäß Partei ergreifen muß. Hier sich nicht aktiv einzusetzen finde ich freilich bei einem Mann, den weder sein Amt noch ein ausdrücklicher Befehl dazu zwingt, immer noch entschuldbarer (obwohl ich diese Entschuldigung für mich nicht in Anspruch nehme) als in Kriegen gegen äußere Feinde, an denen nach unsren Gesetzen ja niemand wider Willen teilnehmen muß.

Indes können selbst jene, die sich für eine Sache voll und ganz einsetzen, dies so beherrscht und mit Augenmaß tun, daß der Sturm über ihre Häupter vermutlich hinwegbrausen wird, ohne ihnen ein Haar zu krümmen. Haben wir mit dieser Hoffnung im Fall des inzwischen verstorbnen Bischofs von Orléans, des Herrn de Morvilliers, nicht recht behalten? Und unter denen, die sich zur Zeit für ihre Sache tapfer ins Zeug legen, kenne ich einige, die dabei eine derart ruhige Hand haben und derart auf Ausgleich bedacht sind, daß sie in der Lage sein werden, aufrecht zu überstehn, was immer der Himmel noch an verheerenden Umwälzungen und Zusammenbrüchen für uns bereithalten mag.

Ich bin der Meinung, daß es ausschließlich Sache der Könige ist, gegen Könige in Harnisch zu geraten, und ich finde jene Geister lachhaft, die sich deren Händel, obwohl die sie doch gar nichts angehn, voller Inbrunst zu eigen machen; denn wenn einer um seiner Ehre und Pflichterfüllung willen wider einen Fürsten offen und beherzt zu Felde zieht, will er sich doch deshalb keineswegs privat mit ihm in die Haare kriegen. Mag der Fürst einen solchen Mann auch nicht eben lieben, so tut er etwas viel Beßres: Er achtet ihn. Und namentlich die Verteidiger der gesetzmäßigen alten Ordnung haben stets dies für sich, daß sie selbst von jenen entschuldigt, wenn nicht gar geehrt werden, die um ihrer andren Ziele willen Sturm dagegen laufen.

Ein Handeln aus innerer Erbittrung und Feindseligkeit, die eigennützigen Interessen und Leidenschaften entspringen, darf man hingegen keineswegs *Pflichterfüllung* nennen (wie wir es täglich tun), sowenig wie ein treuloses und hinterhältiges Vorgehn *Mut*. Solche Leute geben ihren Hang zu Heimtücke und Gewalt als *Eifer* aus; aber es ist nicht die Sache, die sie entflammt, sondern ihre Selbstsucht. Sie schüren den Krieg nicht um der Gerechtigkeit, sondern um des Krieges willen.

Nichts hindert einen daran, sich unter Menschen, die einander feind sind, unbefangen und unvoreingenommen zu bewegen. Verhaltet euch ihnen gegenüber wo nicht mit völlig gleichem Wohlwollen (denn es verträgt gewisse Abstufungen), so doch mit jeweils angemeßnem, ohne euch derart an den einen oder andern zu binden, daß er alles von euch verlangen kann! Gebt euch aber auch eurerseits mit einem mittleren Maß ihrer Gewogenheit zufrieden, und laßt es euch genügen, im trüben zu schwimmen, ohne darin fischen zu wollen.

Das entgegengesetzte Verhalten, nämlich sich bald dieser, bald jener Seite mit Leib und Seele anzudienen, zeugt nicht nur von Gewissenlosigkeit, sondern mehr noch von mangelnder Klugheit. Meint ihr etwa, der Mann, der euch mit ebenso offnen Armen empfängt wie vorher jener andre, den ihr nun an ihn verratet, sei sich nicht bewußt, daß ihr ihm bei nächster Gelegenheit dasselbe antun werdet? Er hält euch für einen Schuft, aber er hört euch an, forscht euch aus und macht sich eure Treulosigkeit für seine Sache zunutze; denn Leute, die ein doppeltes Spiel treiben, sind in dem, was sie einem zutragen, gewiß recht dienlich – man muß nur aufpassen, daß sie einem sowenig wie möglich *weg*tragen.

Ich sage nie dem einen etwas, was ich dem andern zu gegebner Zeit nicht (in nur leicht verändertem Tonfall) ebenso sagen könnte; und allein gleichgültige oder bekannte Dinge erzähle ich weiter oder solche, die beiden von Nutzen sind. Es gibt keinen Vorteil, dem zuliebe ich mir erlauben würde, sie zu belügen. Was meinem Stillschweigen anvertraut wurde, verwahre ich aufs peinlichste, aber ich nehme sowenig wie möglich zur Verwahrung an, denn die Geheimnisse der Fürsten sind für den, der nichts damit zu tun hat, eine lästige Bürde. Gewöhnlich schlage ich ihnen den Handel vor, daß sie mir möglichst wenig anvertraun, hierfür aber bedenkenlos dem vertrauen können, was ihnen von mir anvertraut wird. Dabei habe ich immer noch mehr erfahren, als ich wollte, denn offenes Reden gebiert offnes Reden und löst dem Gegenüber die Zunge – wie der Wein und die Liebe.

Auf die Frage des Königs Lysimachos: »An welchen meiner Schätze möchtest du teilhaben?« antwortete Philippides sehr weise: »An welchen du willst, nur an keinem deiner Geheimnisse!«

Wie ich sehe, empört sich jeder, wenn man ihm den tieferen Grund der Geschäfte verheimlicht, mit denen man ihn beauftragt, und ihm etwaige Hintergedanken vorenthält. Ich hingegen bin es zufrieden, wenn man mir nur das mitteilt, was man für die Erfüllung meines Auftrags als notwendig erachtet, und ich wünsche nicht, daß ein hierüber hinausgehendes Wissen meine Worte ihrer Unbefangenheit beraube. Falls man mich als Werkzeug eines Betrugs mißbrauchen will, bleibe wenigstens mein Gewissen rein! Ich möchte keineswegs als so ergebner und gehorsamer Diener gelten, daß man mich für tauglich hält, jemanden zu verraten. Nur wer sich selber untreu ist, hat einen Rechtfertigungsgrund, es auch gegenüber seinem Herrn zu sein.

Die Fürsten, an die ich hier denke, wollen sich freilich nicht mit dem halben Menschen zufriedengeben und verachten Dienste, die man ihnen nur beschränkt und bedingt zukommen läßt. Da bleibt mir nichts anderes, als ihnen rundheraus zu sagen, wo für mich die Grenzen liegen: Sklave muß ich lediglich dem sein, was recht und billig ist (und selbst das will mir nicht rundum gelingen). Auch finde ich es falsch, daß sie von einem freien Mann die gleiche Unterwürfigkeit und Dienstbeflissenheit verlangen wie von demjenigen, den sie sich gekauft und so zu ihrer Kreatur gemacht haben oder dessen Los auf besonders enge, vertraglich festgelegte Weise an das ihre gebunden ist.

Die Gesetze haben mich hier der Qual der Wahl enthoben und mir eine Partei und einen Herrn zugewiesen. Jede andere Bindung und Botmäßigkeit hat ihnen gegenüber zurückzustehn. Auch wenn ich innerlich der Gegenpartei zuneigte, würde dies folglich nicht besagen, daß ich ihr auf der Stelle zur Hand ginge. Wollen und Wünschen geben sich ihre Gesetze selbst, das Handeln aber hat sich nach denen des Gemeinwesens zu richten.

So widerspricht meine ganze Verhaltensweise erheblich unsren Gebräuchen; sie wäre kaum dazu angetan, große Dinge zu vollbringen, und schon gar nicht auf Dauer. Die Unschuld selber wüßte unter uns heute ebensowenig ohne Heuchelei zu verhandeln wie ohne Falsch zu feilschen. Deshalb sind die öffentlichen Tätigkeiten in keiner Weise mein Jagdrevier; was mein Stand mir abverlangt, dem komme ich nach, doch soweit ich irgend kann privat.

In meiner Jugend ging man daran, mich bis über die Ohren in sie hineinzutauchen, was auch gelang; doch ich vermochte mich rechtzeitig wieder freizustrampeln. Seither habe ich nie welche erbeten und selten welche angenommen; immer wieder wußte ich ihnen zu entgehn, indem ich jedem Ehrgeiz den Rücken kehrte – freilich wenn nicht wie die Ruderer, die sich ja rücklings voranbewegen, so doch dergestalt, daß ich die Tatsache, mich ihnen versagt zu haben, weniger meiner Festigkeit als meinem Glück verdanke; denn es gibt durchaus meinem Geschmack und meinen Fähigkeiten besser entsprechende Wege zu ihnen, und wäre ich auf solchen von Fortuna damals zu einer Karriere im Dienste der Öffentlichkeit und zum Aufstieg in die Würden der Welt gerufen worden, hätte ich mich gewiß über meine vernünftigen Einsichten hinweggesetzt, um ihrem Ruf zu folgen.

Jene, die meinen Beteuerungen keinen Glauben schenken und gewöhnlich behaupten, was ich in meinem Verhalten *Freimut*, *Arglosigkeit* und *Unbefangenheit* nenne, sei in Wirklichkeit raffinierte Selbstinszenierung: Schlauheit eher als Redlichkeit, Kunst eher als Natur, Kalkül eher als Glücksfall, tun mir mehr Ehre an, als sie mir nehmen. Jedenfalls machen sie meine Raffinesse allzu raffiniert, denn heftete sich einer von ihnen an meine Fersen und beobachtete mich aus der Nähe, würde ich ihm gewonnenes Spiel geben, wenn er mir nicht einräumen müßte, daß seine Schule keinerlei

Regel zu bieten habe, nach der man mein natürliches Auftreten imitieren könnte und beim Beschreiten so vieler unterschiedlicher und verschlungner Pfade ständig eine derart gleichbleibende, unbeirrbare Offenheit und Zwanglosigkeit vorzutäuschen vermöchte – ja, daß sie selbst bei größter Anstrengung ihrer Intelligenz samt und sonders hierzu außerstande wären.

Der Weg der Wahrheit ist grade und bleibt sich immer gleich, der des privaten Profits und des gewinnsüchtigen Betreibens übertragner Geschäfte krumm, unsicher und trügerisch. Ich habe oft erlebt, wie man solch freimütiges Gebaren künstlich nachzuahmen suchte, doch meist ohne Erfolg. Dergleichen läßt einen unwillkürlich an Äsops Esel denken, der es dem Hund gleichtun wollte und mit beiden Vorderbeinen freudig an seinem Herrn bis zu den Schultern hochsprang; aber statt der Liebkosungen, die der Hund für seine Ausgelassenheit erntete, erhielt der arme Esel doppelt soviel Prügel. *Jedem steht das am besten, was ihm am gemäßesten ist.*

Ich will den Betrügereien ihren angestammten Platz keineswegs streitig machen, denn das hieße die Welt schlecht verstehn. Ich weiß, daß sie oft schon nützliche Dienste geleistet haben und daß sie den größten Teil des menschlichen Tuns und Treibens speisen und in Gang halten. Es gibt rechtmäßige Untaten, und es gibt allerlei gute oder zumindest entschuldbare Taten, die unrechtmäßig sind. Das eigentliche, natürliche und allgemeingültige Recht hat andere, erhabnere Normen als die auf die gesellschaftlichen Erfordernisse des jeweiligen Landes zugeschnittnen Gesetze. *Wir besitzen kein klares, greifbares Bild von wahrem Recht und echter Gerechtigkeit – wir halten uns nur an deren Schemen und Schatten.*

Nachdem sich der indische Weise Dandamis die Lebensgeschichten von Sokrates, Pythagoras und Diogenes angehört hatte, urteilte er deshalb, sie seien in fast jeder Hinsicht große Männer gewesen, außer darin, daß sie sich zu sklavisch an die Ehrfurcht vor den Gesetzen gehalten hätten; und tatsächlich muß die wahre Tugend, wenn sie zu deren Durchsetzung beitragen will, viel von ihrer ursprünglichen moralischen Kraft aufopfern: Manche Missetaten werden ja verübt, weil die Gesetze sie nicht nur zulassen, sondern geradezu fordern: *Oft gehen Verbrechen auf Senatsbeschlüsse und Volksentscheide zurück.*

Ich folge in meinen Ausführungen dem vorherrschenden Sprachgebrauch, der zwischen dem *Nützlichen* und dem *Rechten* unterscheidet, so daß er etliche natürliche Handlungen, die nicht nur nützlich, sondern sogar notwendig sind, gleichwohl *unrecht* und *schmutzig* nennt.

Doch laßt uns mit unsrer Betrachtung des Verrats fortfahrn.

Zwei Anwärter auf das Königreich Thrakien waren in Streit über ihre Rechte geraten. Der Kaiser hinderte sie zwar daran, zu den Waffen zu greifen, aber der eine von ihnen lud unter dem Vorwand, durch ein persönliches Gespräch eine gütliche Einigung herbeiführn zu wollen, seinen Rivalen zum Gastmahl in sein Haus und ließ ihn dort gefangennehmen und töten. Die Gerechtigkeit gebot nun den Römern, diese ruchlose Tat zu sühnen. Es erwies sich jedoch als zu schwierig, das auf dem üblichen Wege zu tun; deshalb setzten sie durch Verrat ins Werk, was sie durch rechtmäßige Mittel ohne Kriegsrisiko nicht zu erreichen vermochten: Das Rechte tun konnten sie nicht, also taten sie das Nützliche.

Für die Ausführung ihres Plans fand sich ein gewisser Pomponius Flaccus geeignet. Er lockte den Schuldigen mit trügerischen Worten und Zusicherungen in sein Netz; statt ihm aber die versprochnen Ehren und Vergünstigungen zukommen zu lassen, schickte er ihn an Händen und Füßen gefesselt nach Rom. So verriet ein Verräter den andern, was an sich selten geschieht, denn sie sind voller Mißtraun, und es ist folglich schwer, sie mit ihrer eignen Kunst zu fangen (wie die bittre Erfahrung zeigt, die wir jüngst damit machen mußten).

Möge Pomponius Flaccus sein, wer da will – und es gibt genug, die es wollen! Was mich betrifft, erachte ich mein Wort und meine Treue wie alles übrige für Glieder dieses Gemeinwesens, in dessen Dienst sie daher auch am besten zum Tragen kommen. Das halte ich für ausgemacht. Doch wie ich die Aufforderung, die Präsidentschaft des Gerichts samt allen Prozessen zu übernehmen, mit: »Davon verstehe ich nichts« abschlägig beschiede oder die Aufforderung, die Schanzgräber zu befehligen, mit: »Ich bin zu einer würdigeren Rolle berufen«, so würde ich jedem, der mich dazu mißbrauchen wollte, andre um irgendeiner wichtigen Sache willen zu belügen und unter Meineid zu verraten (wenn auch nicht gerade zu vergiften oder meuchlings zu morden), ins Gesicht hinein sagen: »Habe ich einen bestohlen oder ausgeraubt, dann schickt mich lieber gleich auf die Galeere!« Denn es ist einem Ehrenmann erlaubt, wie die Spartaner zu sprechen, als sie, von Antipater besiegt, mit ihm über die Friedensbedingungen verhandelten: »Du kannst uns schwere, niederdrückende Bürden auferlegen, soviel es dir beliebt, aber keine schimpflichen und entehrenden – denn damit würdest du nur deine Zeit vergeuden!«

Jeder sollte sich selbst den Eid schwören, den die ägyptischen Könige ihre Richter in aller Form schwören ließen: niemals vom Pfad ihres Gewissens abzuweichen, welchen Befehl auch immer *sie selbst* ihnen erteilten.

Aufträge zum Verrat haben stets einen unüberhörbaren Beiklang von Schimpf und Schande. Wer sie euch gibt, verurteilt euch – er gibt sie euch, wenn ihr es recht versteht, zur Züchtigung und Strafe; und ebensoviel, wie das öffentliche Wohl durch eure Tat gewinnt, verliert dabei das eure: Je besser ihr eure Sache macht, desto schlimmer für euch. Und es wäre keineswegs ungewöhnlich und vielleicht nicht einmal ohne einen Anflug von Gerechtigkeit, wenn derselbe, der euch für den Auftrag gedungen hat, euch dafür büßen läßt. Verrat mag in Einzelfällen entschuldbar sein, doch nur, falls er begangen wird, um Verräter zu verraten und zu bestrafen.

So gibt es denn auch Fälle genug, in denen treulose Handlungen selbst von denen, zu deren Gunsten sie unternommen wurden, nicht nur zurückgewiesen, sondern sogar bestraft wurden. Wer erinnerte sich nicht, wie Fabricius mit dem sich ihm andienenden Arzt des Pyrrhos verfuhr? Und auch dafür finden sich Beispiele, daß ebenjener, der den Verrat befahl, ihn an dem hierzu Gedungnen unbarmherzig rächte, weil er damit den Eindruck verwischen wollte, er mache von seiner Macht und Verfügungsgewalt einen derart hemmungslosen Gebrauch und verlange von seinen Untertanen eine derartige Hingabe und hündische Hörigkeit.

Jaropolk, ein russischer Herzog, stiftete einen ungarischen Edelmann dazu an, am polnischen König Boleslaw Verrat zu üben, indem er ihn entweder umbringen lasse oder den Russen die Möglichkeit verschaffe, ihm schweren Schaden zuzufügen. Der Mann machte sich mit Samthandschuhen an die Arbeit und diente dem König noch hingebungsvoller als zuvor, so daß er zu einem seiner Ratgeber und engsten Vertrauten aufstieg. In solcher Vorzugsstellung nutzte er den günstigen Augenblick einer Abwesenheit seines Herrn, um Wieliczka an die Russen zu verraten, die diese große und reiche Stadt völlig plünderten und niederbrannten, wobei sie nicht nur alle Einwohner jedes Geschlechts und Alters hinmetzelten, sondern auch eine große Zahl Adlige aus der Umgebung, die der Treulose eigens dorthin einberufen hatte.

Nachdem Jaropolks Rachedurst gestillt und seine nicht

unberechtigte Wut (denn Boleslaw hatte ihm zuvor durch ein ähnliches Vorgehn erheblichen Schaden zugefügt) besänftigt war, ja, er sich vom Erfolg dieses Verrats geradezu übersättigt fühlte, sah er nun mit klarem, von seiner Leidenschaft nicht mehr getrübtem Blick dessen Häßlichkeit in ihrer ganzen Blöße und wurde von einem derartigen Widerwillen und einer derartigen Reue gepackt, daß er dem Missetäter die Augen ausstechen sowie Zunge und Geschlechtsteile abschneiden ließ.

Antigonos wiederum überredete die *Argyraspides*, die Elitesoldaten seines Feindes Eumenes, ihm diesen, der ihr Oberbefehlshaber war, zu verraten. Doch kaum hatte er ihn nach seiner Auslieferung töten lassen, als er auch schon darauf brannte, sich selbst zum Bevollmächtigten der göttlichen Gerechtigkeit zu machen, um eine derart abscheuliche Freveltat zu ahnden; daher übergab er die Soldaten dem Provinzgouverneur mit dem ausdrücklichen Befehl, ihnen ein übles Ende zu bereiten, ganz gleich auf welche Weise. So kam es, daß kein einziger von ihnen, wie viele ihrer auch waren, den heimatlichen Himmel Makedoniens jemals wiedersah: Je eifriger sie Antigonos gedient hatten, desto verwerflicher und strafwürdiger schien es ihm.

Der Sklave, der das Versteck des Publius Sulpicius, seines Herrn, verriet, wurde, wie Sullas Dekret es für Mithelfer beim Aufspüren geächteter Personen vorsah, freigelassen, sodann aber, wie das allgemeine Gesetz es für treulose Sklaven vorsah, gleichwohl vom Tarpejischen Felsen gestürzt. (Gewöhnlich ließen die Römer Verräter aufhängen – den Beutel mit ihrem schnöden Lohn am Hals.) Erst kam man der zweitrangigen, besonderen Verpflichtung nach, dann der erstrangigen, allgemeinen.

Sultan Mohammed II. wollte seinen Bruder loswerden, um der Tradition seines Stammes gemäß die Macht allein ausüben zu können; dazu dingte er einen seiner Offiziere, der den Bruder erstickte, indem er ihn eine große Menge Wasser auf einmal hinunterzuschlucken zwang. Zur Sühne für diesen Mord lieferte Mohammed den Täter nun der Mutter des Toten aus (denn sie waren nur vom Vater her Brüder), die in Gegenwart des Sultans dem Mörder die Brust aufschlitzte und sie, noch ganz warm, wie sie war, nach dem Herz durchwühlte, das sie ihm herausriß und den Hunden zum Fraße vorwarf.

Unser König Chlodwig schließlich ließ die drei Diener des Cannacare aufhängen, nachdem sie ihren Herrn an ihn verraten hatten – von ihm selbst dazu angestiftet!

Sogar die nichtswürdigsten unter solchen Auftraggebern empfinden es als wohltuend, sich, nachdem sie aus einer verräterischen Handlung ihren Vorteil gezogen haben, gefahrlos das Mäntelchen eines gewissen Tugend- und Gerechtigkeitssinns umzuhängen: zum Ausgleich sozusagen, und um ihr Gewissen zu beruhigen. Hinzu kommt, daß sie fürchten, jene, die solch schreckliche Verbrechen in ihrem Auftrag begehn, könnten sie eines Tages bloßstellen; durch die Tötung dieser Mitwisser und Zeugen suchen sie daher ihre Umtriebe zu vertuschen.

Wenn man euch aber doch einmal für einen Verrat belohnen sollte, weil man den Staat eines solch verzweifelten letzten Notbehelfs nicht berauben will, wird euer Wohltäter euch trotzdem für einen verruchten und verabscheuungswürdigen Menschen halten (wenn er denn nicht selbst einer ist), und für einen größeren Verräter, als der es tut, den ihr verratet: Jener kann die Niedertracht eures Herzens ja mit Händen greifen – mit euren eignen, da gibt es nichts zu leugnen und abzustreiten! Zu seinem Werkzeug macht er euch folglich ganz so, wie man sich des menschlichen Abschaums zur Vollstreckung der höchstrichterlich verhängten Todesurteile bedient: ein Amt, das als gleichermaßen nützlich und ehrenrührig gilt.

Von der Schändlichkeit derartiger Aufträge abgesehn, prostituieren sie auch das Gewissen. Als die zum Tod verurteilte Tochter des Seianus nach einer entsprechenden Bestimmung des römischen Rechts nicht hingerichtet werden konnte, weil sie noch Jungfrau war, wurde sie, um dem Gesetz Genüge zu tun, vom Henker, ehe er sie erdrosselte, vergewaltigt. Nicht nur die Hand eines solchen Menschen ist Sklave der Staatsraison, sondern auch seine Seele.

Als Murad I. die Bestrafung jener Untertanen, die der vatermörderischen Rebellion seines Sohns gegen ihn Beihilfe geleistet hatten, verschärfen wollte, indem er befahl, daß deren nächste Angehörige sich eigenhändig an ihrer Hinrichtung beteiligen sollten, waren etliche unter ihnen, die sich dem verweigerten, weil sie es vorzogen, zu Unrecht als der Begünstigung des Verwandtenmords eines andern schuldig zu gelten, statt durch eignen Verwandtenmord der Rachejustiz Murads zu dienen – was ich überaus ehrenhaft finde. Und wenn ich zu meiner Zeit sah, wie es bei der Einnahme notdürftig befestigter Plätze oft Lumpen gab, die, um selber mit dem Leben davonzukommen, sich dem Befehl fügten, ihre Kameraden und Freunde aufzuhängen, schienen sie mir erbarmungswürdiger als die Gehängten.

Es heißt, vom litauischen Großfürsten Witold sei ehedem gesetzlich bestimmt worden, daß die zum Tode verurteilten Verbrecher ihre Hinrichtung mit eigner Hand vollstrecken müßten, da er es absonderlich gefunden habe, einem an der Missetat unschuldigen Dritten die Tötung eines Menschen aufzubürden.

Ein Fürst, der durch dringende Umstände, etwa eine plötzlich eintretende Notlage seines Staats gezwungen wird, wider Treu und Glauben zu handeln oder sonstwie vom gewohnten Pfad seiner Pflichten abzuweichen, sollte eine solche Heimsuchung als Hieb der göttlichen Zuchtrute betrachten. Sünde ist sein Verhalten nicht, denn er opfert seine persönlichen Grundsätze ja umfassenderen, die gebieterischer sind; ein Unglück aber ist es gewiß. Als mich deshalb einer fragte: »Gibt es da keinen Ausweg?«, antwortete ich: »Keinen! Wenn der Fürst wirklich zwischen diesen beiden Extremen auf die Folterbank gespannt war, mußte er tun, was er tat – *doch hüte er sich, für seinen Wortbruch nur einen Vorwand zu suchen!* Geschah er ohne Bedauern und ohne ihn zu bedrücken, zeigt dies, daß es um sein Gewissen schlecht bestellt ist.«

Fände sich andrerseits ein Fürst, dessen Gewissen so zartbesaitet wäre, daß keine Notlage ihm eine derart schwerwiegende Abhilfe zu rechtfertigen schiene, würde ich ihn deswegen nicht geringer achten, könnte er doch auf keine verzeihlichere und anständigere Weise die Segel streichen!

Wir vermögen nicht alles. So oder so müssen wir unser Schiff oft der alleinigen Führung des Himmels anvertraun. Sie ist unser letzter Rettungsanker. Auf welch zwingendere Notlage will unser Fürst denn warten? Was ist ihm unmöglicher zu tun, als was er nur auf Kosten seiner Glaubwürdigkeit und Ehre tun kann – Dinge, die ihm doch teurer sein sollten als sein eigenes Wohl, ja als das seines Volks? Darf er, wenn er einfach Gott um Beistand anruft, nicht darauf hoffen, daß dessen himmlische Güte seinen fromm gefalteten, reinen Händen die allmächtige Handreichung ihrer Gnade keinesfalls versagen werde?

Jene Beispiele von Treubruch sind jedenfalls gefährlich: seltne und krankhafte Ausnahmen von unsren naturgegebnen Regeln. Wenn sie schon nicht zu vermeiden sind, sollte man dabei zumindest sehr maßvoll und umsichtig zu Werke gehn. Kein persönlicher Nutzen verdient es, daß wir um seinetwillen unser Gewissen derart vergewaltigen; um des öffentlichen willen, sei's drum – vorausgesetzt, er ist völlig klar und von beträchtlichem Gewicht.

Als dem Timoleon plötzlich bewußt wurde, daß der von

ihm eigenhändig getötete Tyrann sein Bruder war, suchte er die Widernatürlichkeit seiner Tat durch die Tränen von sich abzuwaschen, die er darüber vergoß; mit Recht bereitete es ihm Gewissensbisse, daß er sich vom Gebot der Stunde hatte zwingen lassen, den öffentlichen Nutzen um den so hohen Preis der Lauterkeit seiner Gesittung zu erkaufen. Selbst der durch ihn doch von der Sklaverei befreite korinthische Ältestenrat wagte nicht, sich über die hochherzige Tat ein eindeutiges Urteil zu bilden, da sie zwei derart ernste und völlig gegensätzliche Aspekte aufwies.

Gerade in diesem Augenblick baten jedoch syrakusische Abgesandte die Korinther um Schutz und die Entsendung eines Heerführers, der fähig sei, ihrer Stadt wieder den frühren Glanz zu verleihen und Sizilien von etlichen die Insel unterdrückenden Kleintyrannen zu befrein. Die korinthischen Ältesten bestimmten Timoleon zu dieser Aufgabe und hielten sich dadurch ein neues Hintertürchen offen: Sie verlautbarten, daß sie ihn je nachdem, wie er seine Sache verrichte, zum Befreier des Vaterlandes oder zum Brudermörder erklären würden.

Nun kann man dieser grotesken Entscheidung in Anbetracht der Bedenklichkeit und Tragweite der so widersprüchlichen Tat Timoleons eine gewisse Berechtigung nicht absprechen. Von den Ältesten war es insofern durchaus vernünftig, sich eines Urteils vorerst zu enthalten und es von anderweitigen Erwägungen abhängig zu machen [illegible] warf Timoleons Verhalten während der Expedition doch tatsächlich ein klares Licht auf seine Sache, da es in jeder Hinsicht ehren- und tugendhaft war; und das Glück, das ihm bei der Überwindung der Schwierigkeiten seines großartigen Unternehmens nicht von der Seite wich, schien ihm eigens von den um seine Rechtfertigung wetteifernden Göttern geschickt zu sein.

Das hehre Ziel Timoleons entschuldigt, wenn irgendeines

dies vermochte, das von ihm angewandte Mittel. Der Nutzen einer Steigerung der öffentlichen Einnahmen jedoch, auf den sich der römische Senat bei der folgenden schmutzigen Entscheidung berief, ist kein hinreichendes Argument, deren Ungerechtigkeit zu rechtfertigen: Bestimmte Städte hatten sich gegenüber Lucius Sulla durch Geldzahlungen ihre Freiheit erkauft – mit ausdrücklicher Zustimmung des Senats. Nach erneuter Beratung verurteilte dieser sie nun wieder zur Steuerpflicht und bestimmte, daß selbst das für ihren Freikauf gezahlte Geld für sie verloren sei.

In Bürgerkriegen kommt es oft zu solch schändlichen Beispielen, die darauf hinauslaufen, daß wir den gemeinen Mann für die Treue strafen, mit der er uns gefolgt ist, als wir der andern Partei folgten, und daß der Richter für seine Sinnesänderung den büßen läßt, der nichts dafür kann, und daß der Lehrer den Schüler prügelt, weil er sich gelehrig zeigt, und daß der Blindenführer auf seinen Blinden einschlägt – welch schreckliches Zerrbild von Gerechtigkeit!

In der Philosophie gibt es Regeln, die ebenso bequem wie falsch sind. Das folgende Beispiel, mit dem man uns beweisen will, daß der persönliche Nutzen gegenüber dem gegebnen Wort Vorrang haben kann, vermag angesichts der Umstände, die man zugrunde legt, schwerlich zu überzeugen: Man ist Räubern in die Hände gefallen, und sie haben einen gegen die eidliche Zusage wieder in Freiheit gesetzt, daß man ein gewisses Lösegeld entrichten werde. Selbst ein Ehrenmann, heißt es nun, sei, sobald er ihnen entronnen ist, von seinem Eid entbunden und brauche nicht zu zahlen. Nichts da! Was die Furcht mich einmal zu wollen gezwungen hat, muß ich auch dann noch wollen, wenn die Furcht von mir genommen ist; und hätte sie statt des Willens nur meine Zunge erpreßt, bin ich dennoch gehalten, mein Wort auf Heller und Pfennig einzulösen.

War mein Mundwerk leichtsinnigerweise einmal flinker

als mein Denken, glaubte ich für mein Teil es gleichwohl meinem Gewissen schuldig zu sein, von meinen Äußerungen keinesfalls abzurücken. Handelten wir anders, würden wir von Stufe zu Stufe soweit sinken, daß wir alle Rechte wieder umstießen, die ein andrer aus unsern Versprechungen und Schwüren erworben hat. *Dazu könnte einen wirklich mannhaften Mann nicht einmal Gewalt bringen.* Nur dann dürfen wir ein uns höherwertiges Interesse als Entschuldigungsgrund für einen Wortbruch geltend machen, wenn wir etwas an sich Unzulässiges und Böses versprochen haben; denn das Recht der Tugend muß gegenüber dem Recht unsrer Schuldigkeit Vorrang behalten.

Bereits an andrem Ort habe ich Epaminondas an die Spitze der vortrefflichsten Männer gestellt, und das nehme ich nicht zurück. Bis zu welcher Vollendung trieb er doch, was er sich als seine persönliche Pflicht setzte! Niemals machte er einen Menschen nieder, den er besiegt hatte; nicht einmal um des unschätzbaren Gutes willen, seinem Land die Freiheit zurückzugewinnen, brachte er es über sein Gewissen, einen Tyrannen oder dessen Helfershelfer ohne rechtmäßiges Verfahren zu töten; und er hielt jeden für einen Schuft (er mochte sonst ein noch so guter Bürger sein), der auf dem Schlachtfeld einen Freund oder Gastfreund unter den Feinden nicht verschonte. Welch durch und durch edle Seele! Mit den umgestümsten kriegerischen Taten vermählte er Tugend und Menschlichkeit – dazu die feinfühligste, welche die philosophische Lehre je hätte fordern können.

War es Natur oder Erziehung zur Selbstdisziplin, was dieses so große und reiche, dieses gegenüber Schmerz, Tod und Armut so unbeugsame Herz bis zu einer so äußerst milden und wohlwollenden Sinnesart erweicht hatte? Mit Blut und Eisen Schrecken verbreitend, geht Epaminondas daran, ein feindliches Volk zu zerschmettern, das für jeden andren unbesiegbar war, und dann hält er mitten im

Kampfgetümmel plötzlich ein, weil er auf einen Freund oder Gastfreund stößt! Dieser Mann, der die Kandare der Rücksichtnahme so dem vor Wut und Mordgier schäumenden Krieg im Augenblick seiner flammendsten Hitze aufzuzwingen vermochte, erwies sich damit wahrhaftig als dessen oberster Herr und Gebieter. Es gleicht an sich schon einem Wunder, einen Abglanz von Gerechtigkeit in solche Kampfhandlungen fallen zu lassen; ausschließlich der inneren Kraft des Epaminondas aber blieb es vorbehalten, dem die Sanftmut und Menschenfreundlichkeit der denkbar weichherzigsten Gesittung beizugesellen, lauter durch und durch.

Und während Pompeius zu den Mamertinern sagte, Rechtskonventionen hätten Bewaffneten gegenüber keine Gültigkeit, Caesar einem Volkstribunen erklärte, die Zeit der Gerechtigkeit und die des Krieges seien zweierlei, und Marius behauptete, der Lärm der Waffen hindre ihn, die Stimme des Gesetzes zu hören, fühlte sich Epaminondas durch ihn nicht einmal gehindert, die der Ritterlichkeit und des rückhaltlosen Anstands zu vernehmen. Ja, von seinen Feinden hatte er sogar den Brauch entliehn, den Musen zu opfern, ehe er in den Kampf zog, um durch deren Sanftmut und Heiterkeit das grausame Wüten des Krieges zu zügeln.

Von einem so großen Lehrmeister dürfen wir uns getrost die Auffassung aneignen, daß manche Dinge selbst gegenüber Feinden unzulässig sind, daß das Gemeinwohl nicht alles von allen zum Nachteil des persönlichen Wohls verlangen darf, *weil die Erinnerung an das Privatrecht sogar in den öffentlichen Auseinandersetzungen erhalten bleibt*, daß

es keine Macht gibt, die je einen Mann
die Freunde zu verraten zwingen kann,

und daß einem Ehrenmann weder im Dienste seines Königs noch des öffentlichen Wohls und der gesetzlichen Ordnung jegliches Tun und Treiben erlaubt ist, *denn auch das Vater-*

land geht nicht allen andren Pflichten vor, kommt es ihm selbst doch zugute, wenn seine Bürger die Familienbande hochhalten.

Dies ist eine für unsere Zeit sehr angebrachte Lehre: Wir brauchen keine mit Eisenplatten gepanzerten Herzen, es genügt, daß unsere Schultern es sind. Unsre Federn in Tinte zu tauchen genügt – wozu auch noch in Blut? Wenn man es als Seelengröße und Werk einer besonderen, einer außergewöhnlichen Tugend ansieht, Freundschaft und persönliche Bindungen, Verwandtschaft und das gegebne Wort um des Gemeinwohls und des Gehorsams vor der Obrigkeit willen zu mißachten, ist es für unsre Unfähigkeit zu solcher Größe wahrlich Rechtfertigung genug, daß sie nicht einmal in der Seelengröße des Epaminondas Aufnahme fand.

Mich widern wilde Anfeurungen aus allen Fugen geratner Seelen wie dieser hier an:

Nicht vom Waffenblitzen, auch vom Anblick nicht
eurer Nächsten in des Gegners Reihen laßt euch
rühr'n – zerfetzt mit eurem Schwerte ihr Gesicht!

Entreißen wir den bösartigen Naturen, diesen Bluthunden und Verrätern, ihren Deckmantel der Staatsraison; wenden wir einer solch wutschäumenden Spottgeburt von Gerechtigkeit den Rücken und halten wir uns an Vorbilder, die sie auf menschlichere Weise verkörpern!

Wie beredt sind doch über alle Zeiten hinweg die Beispiele: Als während des Bürgerkriegs gegen Cinna ein Soldat des Pompeius in einem Gefecht seinen bei den Gegnern kämpfenden Bruder unwissentlich getötet hatte, entleibte er sich vor Scham und Schmerz auf der Stelle selbst. Einige Jahre später hingegen verlangte in einem andren Bürgerkrieg desselben Volkes ein Soldat, der ebenfalls seinen Bruder getötet hatte, von seinen Hauptleuten eine Belohnung dafür!

Das Argument, die Ehrbarkeit und Schönheit einer Tat ergebe sich aus ihrer Nützlichkeit, ist ebenso irrig wie die

Folgerung, daß wegen dieser Nützlichkeit solche Taten zu vollbringen für jedermann recht und geboten sei.

Es schickt in keinem Falle
sich alles je für alle.

Nehmen wir die notwendigste und nützlichste Sache der menschlichen Gesellschaft, und das dürfte doch die Ausübung der ehelichen Pflichten sein: Der Rat der Heiligen findet aber den entgegengesetzten Weg ehrbarer und schließt die Priesterschaft als den hochwürdigsten Stand der Menschen folglich von ebendiesen Pflichten aus – wie wir ja auch das Beschälen der Stuten solchen Hengsten überlassen, die wir zu nichts andrem tauglich finden.

2

Über das Bereuen.

Die anderen bilden den Menschen, ich bilde ihn ab; und ich stelle hier einen einzelnen vor, der recht mangelhaft gebildet ist und den ich, wenn ich ihn neu zu formen hätte, gewiß weitgehend anders machen würde. Doch nun ist er halt so.

Obwohl die Züge meines Porträts wechseln und sich vielfach wandeln, bleiben sie doch stets wahrheitsgetreu. Die Welt ist nichts als ein ewiges Auf und Ab. Alles darin wankt und schwankt ohne Unterlaß: Die Erde, die Felsen des Kaukasus und die Pyramiden Ägyptens schaukeln mit dem Ganzen und in sich. Selbst die Beständigkeit ist bloß ein verlangsamtes Schaukeln.

So vermag ich den Gegenstand meiner Darstellung nicht festzuhalten, denn auch er wankt und schwankt in natürlicher Trunkenheit einher. Deshalb nehme ich ihn jeweils so, wie er in dem Augenblick ist, da ich mich mit ihm befasse. Ich schildere nicht das Sein, ich schildre das Unterwegssein: weniger von einem Lebensalter zum andern oder, wie das Volk sagt, *von Jahrsiebt zu Jahrsiebt*, als von Tag zu Tag, von Minute zu Minute.

Ich muß mich mit meiner Darstellung nach der Stunde richten, könnte ich mich doch bald wieder verändern, durch Vorsatz nicht minder denn durch Zufall. Dies hier ist also das Protokoll unterschiedlicher und wechselhafter Geschehnisse sowie unfertiger und mitunter gegensätzlicher Gedanken, sei es, weil ich selbst ein anderer geworden bin, sei es, weil ich die Dinge unter andern Voraussetzungen und andern Gesichtspunkten betrachte. Daher mag ich mir zwar zuweilen widersprechen, aber der Wahrheit, wie Demades sagte, widerspreche ich nie. Könnte meine Seele jemals Fuß fassen, würde ich nicht *Versuche* mit mir machen, sondern mich entscheiden. Doch sie ist ständig in der Lehre und Erprobung.

Ich führe ein Leben ohne Glanz und Gloria vor Augen – warum auch nicht? Man kann alle Moralphilosophie ebensogut auf ein niedriges und namenloses wie auf ein reicher ausgestattetes Leben gründen: Jeder Mensch trägt die ganze Gestalt des Menschseins in sich.

Andere Autoren pflegen sich in einer fachgebundnen, ihnen äußerlichen Eigenschaft an die Öffentlichkeit zu wenden, als Architekten etwa, als Ärzte oder Anwälte, ich hingegen als erster mit meinem vollen Sein, als Michel de Montaigne: nicht als Sprachgelehrter, nicht als Dichter, nicht als Jurist. Wenn die Leute mir vorwerfen, daß ich zuviel über mich selbst spreche, so werfe ich ihnen vor, daß sie nicht einmal über sich selbst nachdenken.

Aber ist es denn recht, daß ich, obwohl ich derart privat lebe, mich öffentlich bekannt zu machen suche? Und ist es recht, daß ich der Welt, in der das Geschniegelte und Gebügelte so viel Ansehn und Einfluß hat, simple Hervorbringungen der Natur im Rohzustand unterbreite – und einer recht schwächlichen Natur obendrein? Heißt es nicht eine Mauer ohne Steine bauen oder ähnliches wagen, wenn man Bücher ohne Wissen und Können zusammenbastelt? Die musikalischen Schöpfungen folgen den Regeln der Kunst, die meinen dem Zufall.

Und doch kann ich, was diese Regeln angeht, zumindest folgendes für mich geltend machen: Erstens hat noch nie ein Mensch einen Gegenstand behandelt, den er besser gekannt und erfaßt hätte als ich den meinen, so daß ich hierin der gelehrteste Mann der Welt bin. Zweitens vermochte noch nie einer tiefer in den seinen einzudringen, die Teile gründlicher bis in die feinsten Verästelungen zu untersuchen und so das

Ziel genauer und umfassender zu erreichen, das er seinem Vorhaben setzte. Um das meine zu vollenden, brauche ich nur bei meiner Wahrheitstreue zu bleiben – und sie bewährt sich hier als die redlichste und reinste, die man findet.

Ich sage in der Tat immer die Wahrheit, zwar nicht immer so weit, wie ich es gern täte, aber doch so weit, wie ich es wagen kann; und jetzt, wo ich in die Jahre komme, wage ich ein wenig mehr, denn es scheint Brauch zu sein, diesem Alter eine größere Freiheit zum Schwätzen und Ausplaudern persönlicher Dinge einzuräumen. Jedenfalls kann mir nicht passieren, was ich bei andren so oft beobachte: daß Mann und Werk sich widersprechen. »Hat dieser vortreffliche Gesellschafter«, hört man fragen, »tatsächlich ein so schwachsinniges Buch geschrieben?« Oder: »Stammt dieses vortreffliche Buch tatsächlich von einem so schwachsinnigen Gesellschafter?«

Wenn einer Gemeinplätze daherredet und dabei ungemein gut schreibt, besagt dies, daß seine Vortrefflichkeit da liegt, wo er sie erborgt hat, nicht in ihm. Ein Gelehrter ist keineswegs in allem gelehrt, der Tüchtige aber in allem tüchtig, sogar da, wo ihm das Wissen fehlt.

Wir gehen Hand in Hand und im gleichen Schritt: mein Buch und ich. Anderswo kann man ein Werk getrennt von demjenigen loben oder tadeln, der es bewerkstelligt hat, hier nicht – mit einem erfaßt man beide! Wer ein Urteil darüber abgibt, ohne dies zur Kenntnis zu nehmen, wird sich einen größeren Tort antun als mir; wer es aber zur Kenntnis nimmt, tut mir vollauf Genüge. Glücklicher, als mir zukommt, würde ich jedoch sein, fände ich wenigstens insoweit öffentliche Anerkennung, daß die verständigen Leute wahrnähmen, wie sehr ich fähig gewesen wäre, aus der Gelehrsamkeit, hätte ich sie denn besessen, Gewinn zu ziehn, und wie sehr ich es verdiente, von meinem Gedächtnis mehr Unterstützung zu bekommen.

Mir sei hier ein Wort der Rechtfertigung gestattet: Wenn ich immer wieder sage, daß ich selten etwas bereute und daß mein Gewissen mit sich im reinen sei, nicht als ein Engels- oder ein Pferdegewissen, sondern als das eines Menschen, füge ich doch stets den Kehrreim hinzu (und dies keineswegs der äußeren Form halber, sondern aus wahrhaft innrer Unterwerfung), daß ich nur als Fragender und Unwissender spreche – die Antworten überlasse ich voll und ganz den allgemeingültigen Glaubenssätzen. Ich lehre nicht, ich berichte.

Es gibt keine Laster, wirkliche Laster, die nicht abstoßend wären und von einem unbestechlichen Urteil verworfen würden, denn sie belasten einen derart und sind von derart offenkundiger Häßlichkeit, daß vielleicht jene recht haben, die sagen, sie seien hauptsächlich auf Dummheit und Unwissenheit zurückzuführn – so schwer fällt die Vorstellung, daß man sie kennen könne, ohne sie zu hassen.

Die Böswilligkeit saugt den größten Teil ihrer eignen Pestsäfte ein und vergiftet sich damit. Das Laster hinterläßt in der Seele eine Reue, die jenen Geschwüren im Fleische gleicht, die von selbst immer wieder blutig aufreißen; denn die Vernunft kann zwar allen andren Kummer und Schmerz tilgen, den der Reue hingegen verschärft sie, und er quält uns um so mehr, als er aus unserm Inneren aufsteigt – wie ja auch Hitze und Kälte, kommen sie vom Fieber, uns heftiger schütteln, als wenn sie von außen eindringen. Und für Laster halte ich nicht allein die von Vernunft und Natur verworfnen, sondern selbst jene (freilich jedes nach seinem Maß), die vom menschlichen Meinen fälschlich und irrtümlich dazu gemacht wurden, falls der Machtspruch von Gewohnheit und Gesetz sie gutheißt.

Umgekehrt gibt es keine Tugend, die ein wohlgeartetes Wesen nicht mit Freude erfüllte. Fest steht, daß uns selbst, tun wir das Rechte, ein, wie soll ich sagen, Glücksgefühl durchströmt und wir von jenem edlen Stolz erfaßt werden, der das gute Gewissen begleitet. Eine trotzig zu ihren Lastern stehende Seele hingegen kann hieraus vielleicht ein Gefühl der Sicherheit gewinnen, diese innre Genugtuung und Beglückung aber nie.

Es ist kein geringes Vergnügen, sich vor der Ansteckung durch ein verkommnes Zeitalter bewahrt zu fühlen und zu sich sagen zu können: »Wenn mir einer bis in die Seele blickte, würde er nur bestätigt finden, daß ich nie jemandem ein Haar gekrümmt oder ihn ins Verderben gestürzt habe und daß ich weder der Rachgier oder des Hasses noch einer öffentlichen Gesetzesüberschreitung schuldig bin, noch der Neuerungssucht oder der Unruhestiftung, noch des Wortbruchs. Und nie habe ich, obwohl die heutige Zuchtlosigkeit dies jedem gestattet, ja erst beibringt, meine Hand auf das Gut oder Geld eines Mitbürgers gelegt, sondern im Krieg nicht minder als im Frieden ausschließlich von dem Meinen gelebt; noch bediente ich mich je der Arbeit eines andern, ohne ihn gebührend zu bezahln.« Solche Zeugnisse eines reinen Gewissens tun wohl; die natürliche Freude hierüber ist ein großes Geschenk und der einzige Lohn, an dem es uns nie fehlen wird.

Die Vergütung für tugendhaftes Handeln jedoch auf fremde Billigung zu gründen heißt sich einem allzu unzuverlässigen und schwankenden Grund anvertraun. Namentlich in einer so verderbten und hirnlosen Zeit wie der jetzigen ist die Hochachtung der Menge geradezu beleidigend. Wem überlaßt ihr denn solcherart die Entscheidung, was als lobenswert zu gelten hat? Gott bewahre mich davor, ein Ehrenmann nach dem Bilde zu sein, das ich tagtäglich jeden zur Selbstbeweihräuchrung von sich machen sehe! *Die Laster von gestern sind die Tugenden von heute.*

Manche meiner Freunde unternahmen es zuweilen aus eignem Antrieb oder auf meine Ermuntrung hin, mir unverblümt und schonungslos die Leviten zu lesen. Damit erwiesen sie mir einen Dienst, der für eine wohlgeratne Seele nicht nur nützlicher, sondern auch erquicklicher ist als alle andren Freundschaftsdienste. Ich habe solche Ermahnungen stets mit den offensten Armen der Höflichkeit und Dankbarkeit aufgenommen. Freilich, das kann ich heute mit gutem Gewissen sagen, fand ich wie im Lob so auch im Tadel dieser Freunde oft ein derart falsches Maß, daß ich kaum schlecht daran getan hätte, in ihrem Sinne *schlecht* statt *recht* zu handeln.

Vor allem wir, die wir ein zurückgezognes, nur unsren eigenen Blicken zugängliches Leben führn, sollten in unserm Inneren ein Leitbild errichten, an dem wir unsre Handlungen prüfen und uns dementsprechend streicheln oder strafen. Ich jedenfalls habe meine eigenen Gesetze und mein eignes Tribunal, über mich zu urteiln, und an sie wende ich mich öfter als sonstwohin. Wohl richte ich mich bei der Grenzziehung für meinen Handlungsspielraum nach andern, bei dessen Nutzung jedoch nur nach mir.

Nur du selber weißt, ob du feige und grausam bist oder pflichttreu und gottesfürchtig; die andern haben kein wirkliches Bild von dir, sondern suchen sich anhand ungewisser Mutmaßungen eins zu machen. Sie sehen weniger, wie du bist, als wie du dich gibst. Halte dich darum nicht an *ihr* Urteil, halt dich an das deine. *Du mußt dich nach deiner eigenen Erkenntnis richten.* Und: *Die Gewissensentscheidung, was Tugend und was Laster ist, wiegt schwer. Entziehst du dich ihr, bricht alles zusammen.*

Wenn man aber sagt, die Reue folge der Sünde auf dem Fuß, scheint das für jene Sünde nicht zu gelten, die mit allen Insignien ihrer Macht bis ins Innerste von uns Besitz ergriffen hat. Laster, zu denen die Leidenschaften uns hinreißen und die daher plötzlich über uns kommen, kann man wieder abschütteln und aufgeben; solche jedoch auszumerzen, die sich durch lange Gewöhnung einem starken Willen eingewurzelt, sich in ihm verankert haben, bringt kein Widerruf zuwege.

Bereuen heißt nichts anderes als unserm Willen abschwören und unsren Wünschen widerstehn; das kann uns freilich wer weiß wohin führen – diesen hier gar dahin, seine frühre Tugend und Enthaltsamkeit zu bereun:

Warum stand mir als Knabe nicht nach dem der Sinn,
worauf ich, bleicher Greis nun, so begierig bin?

Köstlich ist ein Leben, das sich selbst im stillen tugendhaft erhält. Jeder vermag am allgemeinen Gaukelspiel teilzunehmen und auf der Schaubühne den Ehrenmann zu spielen; aber inwendig, in seiner Brust, wo alles erlaubt ist, weil alles verborgen bleibt, Disziplin zu wahren – darauf kommt es an. Als nächstes gilt es, dies auch in seinem Haus zu tun, im alltäglichen Handeln, über das wir niemandem Rechenschaft schulden und wo Mache und Maske fehl am Platze sind.

Deshalb sagt Bias bei seiner Schildrung einer idealen Hausgemeinschaft, deren Oberhaupt müsse sich darinnen aus eigenem Antrieb genauso verhalten wie draußen aus Furcht vor Gesetz und öffentlichem Gerede. Und Drusus gab den Arbeitern eine würdige Antwort, die ihm anboten, für dreitausend Taler sein Haus so umzubauen, daß seine Nachbarn nicht mehr wie bisher hineinsehn könnten: »Ich gebe euch sechstausend«, sagte er, »wenn ihr es so umbaut, daß jeder hineinsehn kann, von allen Seiten.«

Auch hebt man als ehrenvoll für Agesilaos dessen Gepflogenheit hervor, auf Reisen in den Tempeln Herberge zu nehmen, damit das Volk und die Götter höchstselbst in sein privates Tun Einblick hätten. Schon mancher galt der Welt als wunder wer, an dem seine Frau und sein Diener nichts entdecken konnten, das auch nur erwähnenswert gewesen wäre. Es gibt wenig Männer, die von ihrem Hausgesinde bewundert wurden.

Aber nicht nur im eignen Haus hat noch nie einer als Prophet gegolten, sondern auch, lehrt die geschichtliche Erfahrung, in seinem Vaterland. Genauso verhält es sich mit den Nichtigkeiten hier, denn dieses unbedeutende Beispiel ist ein Abbild der bedeutenden. Unter meinem heimatlichen Himmel der Gascogne findet man es zum Lachen, mich gedruckt zu sehn. Je weiter entfernt von meiner Klause man mich jedoch zur Kenntnis nimmt, desto höher steigt mein Wert. In der Guyenne bezahle ich die Verleger, anderswo bezahln sie mich.

Darauf, daß es ihnen ebenso ergehen möge, bauen jene, die, obwohl lebend und im Lande, sich versteckt halten, um Anerkennung zu finden, sobald sie tot und von hinnen sind. Da ist mir weniger denn doch wichtiger: Ich werfe mich der Welt nur für den Teil der Anerkennung in die Arme, den ich hier und jetzt daraus gewinne. Wenn ich von ihr scheide, sind wir quitt.

Jenen Mann dort geleitet das Volk nach seinem öffentlichen Auftritt voller Bewundrung bis zur Tür seines Hauses. Mit der Robe legt er jedoch auch seine Rolle ab, und er fällt um so tiefer, je höher er geklettert war: Daheim bricht alle Zuchtlosigkeit und Niedertracht aus ihm hervor. Selbst wenn er noch Spuren von Gesittung besäße, brauchte man schon einen ungewöhnlichen Scharfblick, sie in seinem alltäglichen, privaten Tun und Treiben zu entdecken.

Hinzu kommt, daß eine geregelte Lebensführung eine farb- und glanzlose Tugend ist. Durch eine Bresche stürmen, eine Delegation leiten oder ein Volk regieren – blendend! Aber beherrscht und im rechten Maße schelten und lachen, verkaufen und kaufen, hassen und lieben, Umgang pflegen mit den Seinen und sich selbst, ohne sich je gehnzulassen, ohne sich je untreu zu werden, das ist weitaus seltner, schwieriger und unscheinbarer.

Wer ein nichtöffentliches Leben führt, nimmt damit, was

immer man über ihn sagen mag, ebenso harte und mühsame Pflichten auf sich wie die andern, wenn nicht noch mühsamere, härtre. So betont Aristoteles, Privatpersonen dienten der Tugend auf viel schwierigere und wertvollere Weise als Menschen in Amt und Würden. Wir streben eine Teilnahme an den großen Ereignissen mehr um des Ruhmes als des Gewissens willen an; der kürzeste Weg zum Ruhm aber wäre, um des Gewissens statt des Ruhmes willen zu handeln.

Deshalb scheint mir die Tugend Alexanders auf seiner großen Schaubühne viel weniger Überzeugungskraft zu haben als die des Sokrates in seinem bescheidnen und unscheinbaren Tun. Ich kann mir ohne weitres Sokrates an Alexanders Stelle denken – Alexander aber an der des Sokrates, das kann ich nicht. Wenn man jenen fragte, worauf er sich verstehe, bekäme man zur Antwort: »Die Welt zu unterjochen.« Fragte man jedoch diesen, würde er sagen: »Das menschliche Leben gemäß seiner natürlichen Bestimmung zu führn.« Und das ist doch wohl eine weit legitimere, umfassendere und schwerere Kunst.

Nicht daß sie hoch hinauswill, zeichnet eine Seele aus, sondern daß sie ihren geordneten Gang geht. Ihre Größe erweist sich nicht in den großen Dingen, sondern in den mittleren. Wie jene, die unser Inneres zum Prüfstein ihres Urteils machen, sich vom Glanz unsrer öffentlichen Handlungen kaum blenden lassen, weil sie erkennen, daß es sich dabei bloß um das Geglitzer dünner Wasserstrahlen handelt, die aus einem schlammigen und versumpften Boden emporsprudeln, so schließen die anderen, die ihr Urteil nach ebenjenem schönen Schein richten, hieraus auf eine entsprechende innre Beschaffenheit, weil sie die enge Verwandtschaft dieser von ihnen aus weiter Ferne bestaunten Fähigkeiten mit den ganz gewöhnlichen, ihnen selber eignen nicht zu erkennen vermögen.

Daher geben wir ja auch den Dämonen so furchterregende

Fratzen und Körperformen. Und wer stellte sich Tamerlan nicht mit struppigen Augenbrauen vor, mit geblähten Nasenlöchern, abscheulichem Gesicht und monströsem Wuchs – nach dem Maß, das die Einbildungskraft sich aufgrund seines berüchtigten Namens zurechtphantasiert hat?

Andrerseits: Wenn man mich seinerzeit bei Erasmus eingeführt hätte, wäre es mir sicher schwergefallen, nicht all seine an den Diener oder die Wirtin gerichteten Anweisungen für Sinn- und Denksprüche zu halten. Wir stellen uns viel leichter einen Handwerker auf dem Abort oder seiner Frau vor als einen sich würde- und weisheitsvoll gebenden Präsidenten, denn wir meinen, von so hohen Thronen würde man sich nie dazu herablassen zu *leben*.

Wie die lasterhaften Seelen oft durch irgendeinen äußren Anstoß zu guten Taten getrieben werden, so die tugendhaften zu bösen. Man muß daher beide nach ihrem gewohnten Zustand beurteiln, wenn sie bei sich sind (so das je der Fall ist), zumindest aber nach der Verfassung, die ihrem natürlichen Zustand der Ruhe am nächsten kommt.

Die angebornen Neigungen können durch die Erziehung gefördert und gefestigt werden, aber sie ändern sich kaum, sondern behalten stets die Oberhand. (Tausend Naturen hat zu meiner Zeit ein konträrer Unterricht die Tugend sowenig wie das Laster verleiden können.)

Im Zwinger fügen sich die wilden Tiere dumpf dem Joch
des Menschen, wie betäubt und der Erinn'rung bar; und doch
genügt, all ihre Wut und Raubgier wieder zu entfachen,
ein Tropfen Blut auf ihre trocknen Lefzen: Ihrem Rachen,
weit aufgerissen, der ihn jetzt nun zu verschlingen droht,
entgeht der schreckensbleiche Wärter nur mit knapper Not.

Unsre ursprünglichen Anlagen lassen sich also nicht ausmerzen, allenfalls überdecken und kaschiern. Latein zum Beispiel ist mir gleichsam angeboren, ich verstehe es weitaus besser als Französisch; aber seit vierzig Jahren habe ich mich seiner überhaupt nicht mehr bedient, weder zum Sprechen noch zum Schreiben; dennoch entfuhren mir bei außerordentlichen und plötzlichen Erschüttrungen, wie sie mich zwei⸗, dreimal in meinem Leben überwältigten – so als mein Vater mir bei scheinbar völliger Gesundheit plötzlich bewußtlos in die Arme sank –, die ersten Worte aus dem tiefsten Innern stets auf Latein: Die Natur brach sich einfach gegen eine lange Gewohnheit Bahn und verschaffte sich herrisch Gehör. Und vielen andern ist es, sagt man, ebenso ergangen.

Jene, die zu meiner Zeit versuchen, die Sitten der Welt durch neue Lehren zu reformiern, beseitigen zwar die Laster des äußeren Scheins, die des innren Seins jedoch lassen sie unangetastet, wenn sie diese nicht gar mehren – und gerade dies ist zu befürchten: Mit solch willkürlichen äußeren Reformen, die weniger Anstrengung kosten und größere Ehre einbringen, glaubt man sich nur zu gern der Verpflichtung zu allem andren rechten Tun enthoben und läßt so wohlfeil den uns tief eingefleischten Lastern freien Lauf.

Schaut doch einmal, was die persönliche Erfahrung uns zeigt: Da ist keiner, der, falls er sich ausforscht, nicht in sich eine ihm eigene Form entdeckte, eine Grundform, die sich gegen die Erziehung und gegen den Sturm all der Anfechtungen zu behaupten sucht, denen sie ausgesetzt ist. Ich für mein Teil fühle mich kaum jemals hin und her gerissen, sondern bleibe fast immer in derselben Verfassung, wie es für schwere und träge Körper kennzeichnend ist. Wenn ich einmal nicht in mir zu Hause bin, dann doch stets nahebei, weil meine Ausschweifungen mich keineswegs sehr weit forttragen. Es ist nichts Maßloses und Außergewöhnliches an ihnen. (Dergleichen Anwandlungen *habe* ich freilich, und für sie lege ich mich dann auch tüchtig ins Zeug.)

Das wahrhaft Verwerfliche an der üblichen Lebensführung unsrer Zeitgenossen besteht darin, daß selbst ihre Ein⸗

kehr voller Schmutz und Unrat ist, ihre Vorstellung von einer Beßrung verworren und ihr Bereuen fast so krankhaft und schuldbeladen wie ihr Sündigen. Manche sind entweder aus natürlicher Neigung oder durch lange Gewöhnung dem Laster derart verfallen, daß sie dessen Häßlichkeit gar nicht mehr wahrnehmen. Andre wiederum (zu deren Regiment ich gehöre) empfinden das Laster zwar als niederdrückend, sie wiegen es jedoch gegen die Lust oder sonstige Begleitumstände auf; so lassen sie es gewähren oder geben sich ihm willfährig hin – gegen irgendeine schnöde Vergütung, gewiß, aber Laster bleibt Laster.

Indes ließe sich vielleicht ein derart unermeßlicher Gewichtsunterschied zwischen Laster und Lohn denken, daß die Lust (wie wir es vom nützlichen Zweck behaupten) die Sünde rechtfertigen würde, und dies nicht nur als beiläufig und getrennt von ihr sich einstellender Gewinn – etwa dem Kitzel beim Stehlen vergleichbar –, sondern als einer, der in ihrem Vollzug selbst liegt. Auch beim Beschlafen der Frauen ist der Reiz an sich schon gewaltig, so daß er zuweilen, sagt man, unwiderstehlich wird.

Als ich neulich auf dem Landgut eines meiner Verwandten in Armagnac war, traf ich einen Bauern, den jeder *der Dieb* nennt. Er erzählte mir seine Lebensgeschichte, und zwar so:

Da er als Bettler geboren war und sehen mußte, daß er, wenn er sein Brot mit ehrlicher Handarbeit hätte verdienen wollen, es niemals schaffen würde, sich hinlänglich gegen Not und Elend zu schützen, beschloß er, sich dem Diebstahl zu widmen, und während seiner ganzen Jugend übte er vermöge seiner Körperstärke diese Art *Handwerk* völlig ungestört aus, denn er erntete fremde Äcker und Weinberge in derartiger Entfernung voneinander und in derartigen Mengen ab, daß niemand sich vorzustellen vermochte, *ein* Mann könne ganz allein in *einer* Nacht so viel auf seinen

Schultern wegtragen. Zudem achtete er darauf, den Schaden, den er anrichtete, gleichmäßig gestreut zu verteilen – hierdurch sollte er für jeden Betroffnen leichter zu verkraften sein.

Dank diesem Gewerbe, aus dem er gar keinen Hehl mehr macht, ist er nun in seinen alten Tagen für einen Menschen seines Stands ein reicher Mann; und um wegen der Art seiner Vermögensbildung mit Gott ins reine zu kommen, hat er, wie er sagt, es sich zur täglichen Aufgabe gemacht, durch Wohltaten die Nachkommen der von ihm Bestohlnen zu entschädigen. Falls er das nicht ganz schafft (denn alle auf einmal bedenken kann er tatsächlich nicht), will er seine Erben anweisen, die Wiedergutmachung des jedem einzelnen zugefügten Schadens zu Ende zu führn: anhand der ihnen übermittelten Kenntnisse, die er bisher ja ganz allein besitzt.

Dieser Schilderung zufolge, wahr oder falsch, betrachtet der Mann das Stehlen durchaus als ein ehrenrühriges Tun, das er verabscheut – doch weniger als die Armut. An und für sich bereut er es; da es in seinem Fall aber aufgewogen und wiedergutgemacht wird, bereut er es nicht. Es handelt sich hier also weder um jene Gewöhnung, die uns mit dem Laster verwachsen läßt und sogar unsern Verstand ihm willfährig macht, noch um den Sturmwind, der mit seinen Stößen unsre Seele durcheinanderwirbelt, ihr Sand in die Augen streut und uns samt Urteilskraft und allem übrigen für die Dauer seines Wütens in des Lasters Fänge treibt.

Was ich tue, pflege ich ganz zu tun, und ich bin mit Leib und Seele dabei. In meiner Lebensführung gibt es kaum etwas, das sich vor meinem Verstand wegduckte und sich ihm entzöge, kaum etwas, das nicht unter Zustimmung fast aller Teile meines Selbst erfolgte oder gar inneren Zwiespalt und Aufruhr auslöste. Lob oder Tadel dafür gebührt allein meiner Urteilskraft. Hat sie einmal Tadel verdient, dann für immer, denn fast von Geburt an ist sie sich gleichgeblieben: dieselbe Richtung, derselbe Weg, dieselbe Stärke. Und was die allgemeinen Anschauungen angeht, habe ich in der Jugend schon ebenden Standpunkt eingenommen, den ich auch später stets beibehalten sollte.

Es gibt ungestüme, einen Menschen plötzlich überfallende Sünden – lassen wir die beiseite. Hinsichtlich jener andren aber, die mit Vorbedacht und Vorsatz ständig wiederholt werden oder die dem Triebe folgen oder denen man gar offen und gewerbsmäßig frönt, finde ich es undenkbar, daß sie sich ohne die ständige Billigung, ja Anstiftung durch Verstand und Gewissen so lange in einem Herz einnisten könnten; und mir von dem Bereuen ein Bild und einen Begriff zu machen, das solche Sünder, wie sie sich eigens rühmen, zu bestimmten vorher festgelegten Zeiten überkomme, fällt mir erst recht schwer.

Ich vermag der Lehre des Pythagoras und seiner Schule nicht zu folgen, nach der die Menschen eine neue Seele annehmen, wenn sie sich den Bildnissen der Götter zum Empfang ihrer Orakelsprüche nähern – es sei denn, der Meister habe sagen wollen, eine neue, fremde und für die Dauer der Kulthandlung ausgeliehne Seele müsse es deswegen unbedingt sein, weil der Menschen eigene wenig Anzeichen der dieses Rituals würdigen Läuterung und Reinheit aufweise.

Die sich ihrer Reue rühmenden Gewohnheitssünder tun das genaue Gegenteil dessen, was die Stoiker vorschreiben, die uns zwar anweisen, allen von uns im Inneren erkannten Mängeln und Unvollkommenheiten abzuhelfen, uns jedoch gleichzeitig untersagen, derentwegen in Trauer und Zerknirschung zu verfallen. Jene hingegen wollen uns glauben machen, daß sie im Innern größte Reue und heftigste Gewissensbisse empfänden; von einer Umkehr und Beßrung oder auch nur Unterbrechung im Sündigen aber lassen sie uns nichts sehn. Schüttelt man das Übel jedoch nicht ab, kann von Heilung keine Rede sein. Nur dann würde die Sünde von der Reue aufgehoben, wenn diese ihr ganzes Gewicht in die Waagschale würfe.

Ich finde keine Eigenschaft so bequem nachzuahmen wie die Frömmigkeit, solange man nicht seinen ganzen Lebenswandel danach ausrichtet. Ihr Wesen ist dunkel und schwer zu ergründen, ihren Schein zur Schau zu stellen hingegen einfach und leicht.

Was mich betrifft, mag ich noch so sehr wünschen, durch und durch anders zu sein, mir mag meine ganze Wesensart mißfallen, ich mag sie ablehnen und Gott anflehn, mir meine natürliche Schwachheit zu vergeben und mich völlig neu zu machen – gleichwohl darf ich das, meine ich, sowenig Reue nennen wie mein Mißvergnügen, daß ich weder Engel noch Cato bin. Ich lasse meine Handlungen in geordneten Bahnen laufen, sie entsprechen meinem Wesen und Stand. Besser vermag ich's nicht: Bereuen kann man doch keine Dinge, die unsrer Macht entzogen sind! Allenfalls bedauern.

Gewiß male ich mir zahllose erhabnere und gesittetere Naturen aus als die meine; zu einer Vervollkommnung meiner eignen Fähigkeiten führt das aber ebensowenig, wie mein Arm oder mein Geist dadurch kraftvoller wird, daß ich mir kraftvollre ausmale. Wenn die Vorstellung von einer edleren Handlungsweise und der Wunsch danach die Wirkung hätte, daß wir die unsre bereuten, müßten wir unser unschuldigstes Tun bereun, weil wir zu Recht annehmen, ein höherwertiges Wesen wüßte es würdevoller und vollendeter zu verrichten, so daß wir es ihm am liebsten nachtäten.

Vergleiche ich meinen Lebenswandel in der Jugend mit dem im Alter, finde ich, daß ich mich nach Maßgabe meiner Möglichkeiten meist recht ordentlich aufgeführt habe.

Mehr Beharrlichkeit kann man von mir nicht verlangen. Ohne mir schmeicheln zu wollen: Unter denselben Umständen wäre ich immer wieder derselbe. Dabei habe ich keine bloß äußeren Makel, sondern ich bin in der Wolle makelhaft gefärbt. Dementsprechend kenne ich keine bloß oberflächliche, mittelmäßige und scheinheilige Reue. Sie muß mich durch und durch ergreifen, bevor ich sie so nenne; sie muß mir Bauchgrimmen machen und nicht minder tief in mein Innres dringen als der Blick Gottes und nicht minder umfassend.

Hinsichtlich meiner Verhandlungen ist mir manch günstige Gelegenheit entgangen, weil ich keine glückliche Hand hatte; dennoch waren meine Überlegungen, so wie sich mir die Lage jeweils darstellte, durchaus stichhaltig: Mir geht es stets darum, den einfachsten und sichersten Weg zu wählen. Ich meine deshalb, daß ich bei meinen bisherigen Entscheidungen diesem Grundsatz und dem Stand der mir unterbreiteten Sache gemäß richtig vorgegangen bin; noch in tausend Jahren würde ich bei ähnlichen Anlässen genauso handeln. Ich richte mein Augenmerk nicht darauf, wie diese Sache zur Stunde steht, sondern darauf, wie sie stand, als ich hierüber zu befinden hatte. Wenn der Gang der Ereignisse nun den Weg genommen hat, den ich zu verhindern suchte, läßt sich das nicht mehr ändern, und ich laste mir keinesfalls an, es nicht vorausgesehn zu haben: Ich gebe statt meinem Tun dem Schicksal die Schuld – das aber nennt man wohl kaum *bereuen!*

Was Pläne wert sind, entscheidet die Zeit. Die Dinge und Umstände rollen in unaufhörlichem Wandel dahin. Mir sind in meinem Leben einige schwere und folgenreiche Irrtümer unterlaufen, nicht aus Mangel an rechtem Urteil, sondern aus Mangel an rechtem Glück. Alles, womit wir umgehn, steckt voller Geheimnisse und Rätsel, und namentlich in der Natur des Menschen gibt es verborgen schlafende

Wesenszüge, die oft ihm selbst unbekannt sind und erst bei plötzlich wechselnden Umständen erwachen und zutage treten. Wenn mein Verstand nicht bis zu ihnen vorzudringen und sie zu prophezein vermochte, bin ich ihm deswegen keinesfalls gram – er kann seines Amtes nur innerhalb der ihm gesetzten Grenzen walten: Das Unvorhersehbare ist's, was mich besiegt.

Phokion hatte den Athenern einen bestimmten Rat gegeben, der aber nicht befolgt wurde. Da alles gleichwohl glücklich verlief, fragte ihn einer: »Nun, Phokion, freust du dich nicht auch, daß es mit der Sache so gut steht?« Darauf er: »Gewiß freue ich mich darüber. Trotzdem bereue ich nicht, euch anders geraten zu haben.«

Wenn meine Freunde mich um einen Rat angehn, gebe ich ihn so freiheraus wie klipp und klar, ohne mich, wie es fast alle tun, durch die Überlegung abhalten zu lassen, daß die Sache angesichts ihrer Ungewißheit ja auch ganz anders als von mir erwartet verlaufen könnte und die Freunde mir meinen Rat dann vielleicht zum Vorwurf machten. Das läßt mich kalt, denn sie hätten unrecht: Den erbetnen Dienst durfte ich ihnen auf keinen Fall verweigern.

Meine Fehler und Fehlschläge habe ich kaum einem anderen vorzuwerfen als mir selbst, bitte ich doch selten jemand um Rat (es sei denn aus Höflichkeit und Ehrerbietung). Hiervon weiche ich lediglich dann ab, wenn ich mich über ein Fachgebiet oder einen bestimmten Tatbestand informieren muß. In denjenigen Dingen aber, wo ich nur meine Urteilskraft einzusetzen brauche, mögen fremde Argumente zwar manchmal dazu dienen, mich in meiner Auffassung zu bestärken – mich von ihnen abzubringen sind sie hingegen kaum geeignet. Ich höre sie mir alle mit geziemender Aufmerksamkeit an, doch soweit ich mich entsinne, habe ich mich bis zur Stunde ausschließlich an die meinen gehalten. Die der andern sind für mich bloß Glühwürmchen und

Sonnenstäubchen, die meinen Willen bald hier-, bald dorthin ablenken.

Dabei gebe ich wenig auf meine Meinungen, aber halt wenig auch auf die der andern. Der Lohn des Schicksals fällt dementsprechend aus. Ich nehme kaum einen Ratschlag an, und so gut wie nie erteile ich einen. Selten bittet man mich darum, noch seltner befolgt man ihn, und ich wüßte keine verfahrne öffentliche oder private Unternehmung, die durch meine Empfehlungen wieder auf die rechte Bahn geführt worden wäre. Selbst jene Menschen, die, von Fortuna meiner Führung anvertraut, sich nach ihnen hätten richten müssen, haben es vorgezogen, irgendeinem andren Kopf zu folgen und sich von ihm gängeln zu lassen.

Weil ich aber ein Mann bin, der auf seine Ruhe mindestens ebenso großen Wert legt wie auf seine öffentliche Geltung, ist es mir lieber so. Indem man mich unbehelligt läßt, handelt man nach meinem erklärten Wunsch, ganz zu mir selbst zu finden, ganz mir selbst genug zu sein. Ich bin heilfroh, mich nicht mehr um andrer Leute Angelegenheiten kümmern zu müssen, sondern der Verantwortung dafür ledig zu sein.

Eine Sache mag ausgehen, wie sie will – ist sie einmal vergangen, empfinde ich kaum je Bedauern: Die Überlegung, daß sie so ausgehn *mußte*, nimmt mir jeden Schmerz, sehe ich sie doch in den großen Gang des Weltalls und die von den Stoikern gelehrte Verkettung der Ursachen eingefügt. Unser Wunschdenken kann kein Jota darin verrücken, ohne die ganze Ordnung der Dinge samt deren Vergangenheit und Zukunft aus den Angeln zu heben.

Im übrigen hasse ich jenes nur von den äußeren Umständen ausgelöste Bereuen, welches das Alter mit sich bringt. Jener Mann, der in der Antike sagte, er sei den Jahren dankbar, daß sie ihn von der Wollust befreit hätten, war andrer Auffassung als ich. Niemals werde ich der Impotenz

Dank wissen, und wenn sie mir noch so gut bekäme. *Mitnichten wird die Vorsehung ihrem Werk je derart feind sein, daß man Schwäche zu den höchsten Gütern zählen müßte.* Unsre Gelüste regen sich im Alter nur noch selten. Nach dem Akt ergreift uns eine tiefe Übersättigung. Doch hierin sehe ich nichts, was mit Gewissen und Reue zu tun hätte.

Trübsinn und Schwäche erzeugen in uns eine triefäugige und lendenlahme Tugend. Wir dürfen uns vom natürlichen Alterungsprozeß aber nicht derart übermannen lassen, daß auch unsre Urteilskraft davon gebrechlich wird. Die Jugend und der Spaß an der Sache haben seinerzeit keineswegs bewirkt, daß ich die Züge des Lasters in der Wollust verkannt hätte, noch bewirkt nunmehr der mit den Jahren in mir aufsteigende Überdruß, daß ich die Züge der Wollust im Laster verkenne. Jetzt, da mich die Sache nicht mehr betrifft, urteile ich keineswegs anders darüber, als wenn sie mich noch beträfe.

Da ich meinen Verstand kräftig und gründlich durchzuschütteln pflege, sehe ich nämlich, daß er derselbe geblieben ist, wie ich ihn schon in meiner ausschweifendsten Jugend besaß – wenn ihn die Jahre vielleicht auch etwas geschwächt und gemindert haben. Jedenfalls finde ich, daß er, obwohl er mir jetzt rein aus Rücksicht auf meine körperliche Gesundheit verwehrt, mich in den Feuerofen der Lüste zu stürzen, dies keineswegs mehr als ehedem aus Rücksicht auf meine geistige Gesundheit tun würde. Ihn aber so außer Gefecht zu sehn, macht ihn mir nicht tapfrer. Meine Versuchungen, gebrochen und hinfällig, lohnen ja auch die Mühe gar nicht mehr, daß er sich ihnen entgegenstellt: Ich brauche nur die Hand zu heben, und sie sind gebannt. Kämen wieder die einstigen Begierden auf ihn zu, würde er, fürchte ich, sogar weniger Kraft als früher aufbringen, ihnen zu widerstehn. Nichts sehe ich ihn an und für sich anders beurteilen, als er es damals schon tat, und eine neue Klarheit vermag ich nicht auszumachen. Wenn das Gesundung sein soll, dann ist sie des Teufels: Welch Elend, sie dem Gebrechen zu schulden!

Dieses Amts unserer Gesundung zu walten steht nicht unserm Unglück zu, sondern dem Glück unsrer Urteilskraft. So bewirken denn auch die Übel und Kümmernisse bei mir nichts anderes, als daß ich sie verfluche. Sie mögen für Leute gut sein, die nur mit Peitschenhieben aufzuwecken sind. Mein Geist schreitet freier aus, wenn es mir gutgeht. Das Verdauen der Leiden belästigt und belastet ihn wesentlich stärker als das der Lüste. Bei heitrem Himmel sehe ich weitaus klarer. Die Gesundheit geht mir nicht nur fröhlicher zur Hand als das Kranksein, sondern auch nutzbringender. Solange ich sie genießen durfte, bin ich auf dem Weg zu meiner Läutrung und geordneten Lebensführung am weitesten vorangekommen. Ich empfände es als Schimpf und Schande, wenn man der Mißlichkeit und Misere meines Verfalls den Vorzug gegenüber meinen guten und gesunden, unternehmungslustigen und kraftvollen Jahren geben müßte und man mich nicht deswegen schätzte, weil ich so war, sondern weil ich aufgehört habe, so zu sein.

Glücklich zu leben und nicht, wie Antisthenes sagte, glücklich zu sterben führt meiner Meinung nach zur menschlichen Glückseligkeit. Ich habe es nicht darauf angelegt, einen Menschen, mit dem es aus und vorbei ist, zum Spottbild seiner selbst zu machen, indem ich seinem Kopf und Rumpf einen philosophischen Schwanz anhänge: Solch klägliches Anhängsel soll mir den schönsten und längsten Teil meines Lebens, da ich mich im Vollbesitz meiner Kräfte befand, nicht verleugnen und widerrufen! Ich will mich als rundum ein und derselbe sehen lassen.

Wenn ich noch einmal zu leben hätte, würde ich wieder leben, wie ich gelebt habe. Ich beklage weder die Vergangenheit, noch fürchte ich die Zukunft; und so ich mich nicht täusche, ist es mir innerlich und äußerlich ziemlich gleich ergangen. Zu den Dingen, für die ich meinem Los größten Dank schulde, gehört die Tatsache, daß im Verlauf meines körperlichen Daseins alles zu seiner Zeit erfolgte. Ich habe sein junges Grün erlebt, seine Blüte und seine Frucht, und nun erlebe ich, wie es verdorrt – welch glücklicher, weil natürlicher Gang! Ich ertrage die Leiden, die mich befallen haben, wesentlich leichter, da sie zu ihrer Zeit kommen und mich mithin auch der langen Glückseligkeit meines vergangenen Lebens um so offneren Sinns gedenken lassen.

Gleichermaßen kann mein Geist in Jugend und Alter durchaus vom gleichen Zuschnitt gewesen sein. Früher war er freilich weitaus anmutiger und frischer, fröhlicher und unbefangner sowie zu verwegneren Taten aufgelegt, als er es heute ist: abgestanden, mürrisch und der Mühsal voll.

Ich verzichte also gern auf solch angebliche *Läuterungen*, die doch nur von den schmerzlichen Umständen des Alters bewirkt werden. Es ist Gott, der unser Herz rühren muß. Es ist unser Gewissen, das sich durch die Stärkung unsrer Vernunft aus sich heraus läutern muß, nicht durch das Erlahmen unsrer Begierden. Die Wollust wird, wenn wir sie mit trübem und triefäugigem Blick betrachten, deswegen doch nicht fahl und farblos. Man muß die Mäßigung um ihrer selbst und der Verehrung Gottes willen lieben, der sie uns befohlen hat; das gleiche gilt für die Enthaltsamkeit. Was mir die Erkältungen auferlegen und was ich meinen so fürsorglichen Nierenkoliken verdanke, ist weder Mäßigung noch Enthaltsamkeit. Man rühme sich nicht, die Wollust zu verachten und zu bekämpfen, wenn man sie nicht kennt, wenn man weder etwas von ihren Reizen und Machtmitteln noch von ihrer höchst verlockenden Schönheit weiß!

Ich kenne beide Lebensspannen und kann daher mitreden. Im Alter scheint mir jedenfalls die Seele lästigeren Leiden und Unzulänglichkeiten unterworfen als in der Jugend. Das sagte ich bereits, als ich jung war, und man schalt mich deswegen einen Grünschnabel und gab mir einen Nasenstüber; und ich sage es jetzt, wo mein graues Haar mir Glaubwürdigkeit gibt.

Unseren Widerwillen gegen die Dinge, wie sie jetzt stehn, unser mürrisches Herummäkeln daran nennen wir *Weisheit*. In Wahrheit aber legen wir unsre Laster weniger ab, als daß wir sie gegen neue und, wie ich meine, schlimmere eintauschen: Neben all der so dummen wie tattrigen Wichtigtuerei und anödenden Geschwätzigkeit, neben all den stachlig abweisenden Launen und abergläubischen Grillen, neben all dem lächerlichen Festhalten an den unsrer Nutzung längst entzognen Reichtümern finde ich das Alter auch durch wesentlich mehr Neid, Ungerechtigkeit und Hinterlist gekennzeichnet. Es läßt unsren Geist tiefer verrunzeln als unser Gesicht, und man trifft keine Seelen, oder nur sehr wenige, die im Altern nicht sauer und schimmlig zu riechen begännen. Der ganze Mensch schreitet seinem Wachstum entgegen, und der ganze Mensch seinem Welken.

Wenn ich die Weisheit des Sokrates und verschiedne Umstände seiner Verurteilung betrachte, wage ich fast zu glauben, daß er dieser in gewissem Umfang von sich aus Vorschub geleistet hat, weil er angesichts seiner siebzig Jahre fürchtete, schon in nächster Zukunft das Erlahmen seines weit ausgreifenden Geistes und das Verdämmern seines gewohnten Klarblicks erleiden zu müssen.

Welche Veränderungen sehe ich Tag für Tag das Altern in vielen meiner Bekannten anrichten! Es ist eine gewaltige Krankheit, die sich jedoch auf ganz natürlichem Wege einschleicht und unmerklich. Es bedarf einer langen Einübung und großer Umsicht, um den Gebrechen zu entgehn, mit denen sie uns zusetzt, oder zumindest deren Fortgang zu verlangsamen. Ich fühle, wie sie mir trotz all meiner Verschanzungen Schritt für Schritt näher auf den Leib rückt. Ich halte stand, so gut ich kann. Wohin sie mich aber letztlich führen wird, weiß ich nicht. Doch wie es auch ausgehn mag – mir genügt, daß die Welt wisse, von welcher Höhe ich gefallen bin.

3

Über dreierlei Umgang.

Man sollte sich nicht zu fest an seine Anlagen und Neigungen fesseln. Unser wichtigstes Vermögen besteht darin, uns unterschiedlichen Tätigkeiten widmen zu können. Wenn man immer demselben Trott verhaftet bleibt und nie mehr von ihm loskommt, heißt das zwar *dasein*, nicht aber *leben.* Die schönsten Seelen sind jene, welche die größte Bieg- und Schmiegsamkeit haben. Es ehrt Cato den Älteren, daß man ihn als Zeugen dafür anführt: *Sein Geist war derart beweglich, daß er sich allen Gegebenheiten anzupassen wußte, so daß man, was immer er tat, meinen konnte, er sei ausschließlich hierzu geboren.*

Stünde es in meiner Macht, mich nach meiner Vorstellung zu entwerfen, wüßte ich keine noch so gute Form, in die ich derart eingezwängt werden wollte, daß ich sie nie mehr abschütteln könnte. Das Leben ist eine schwankende, unregelmäßige und vielgestaltige Bewegung. Man ist keinesfalls Freund und noch weniger Herr seiner selbst, sondern sein Sklave, wenn man unablässig in den festen Gleisen seiner Neigungen dahinrollt, so daß es einem unmöglich wird, sie je zu verlassen oder anders zu biegen.

Ich sage das zu dieser Stunde, weil es mir selbst nicht recht gelingen will, mich der Fesseln einer lästigen Eigenschaft meines Geistes zu entwinden: Er kann sich gewöhnlich nur mit Dingen befassen, die ihn fordern und in denen er voll und ganz aufgeht. Ein ihm vorgelegter Gegenstand mag noch so unerheblich sein – auf der Stelle vergrößert er ihn und dehnt ihn so weit aus, daß er, um ihm gewachsen zu sein, all seine Kräfte anspannen muß.

In Zeiten der Untätigkeit macht er mir mit seiner Tätigkeit

daher schwer zu schaffen und setzt meiner Gesundheit zu. *Die Laster des Müßiggangs müssen durch Beschäftigung vertrieben werden.* Die meisten Geister brauchen hierzu fremde Stoffe, die sie aufrütteln und an denen sie ihre Fähigkeiten üben; der meine hingegen braucht sie eher, um Atem zu schöpfen und zur Ruhe zu kommen, denn sein eigentliches und anstrengendstes Studium ist die Erforschung seiner selbst. Die Bücher gehören deshalb für ihn zu der Art von Beschäftigungen, die ihn gelegentlich hiervon ablenken, ohne ihm jedoch zu schaden.

Bei den ersten Gedanken, die ihm in dieser Selbsterforschung kommen, gerät er in suchende Bewegung, um seine Tauglichkeit nach allen Seiten zu erproben und sich in die Handhabung sei es von gestalterischer Kraft, sei es von Anmut und Ordnung einzuüben. So erstarkt er, indem er sich im rechten Maße zu entfalten lernt. Er hat das Zeug in sich, seine Fähigkeiten selbst zu erwecken, denn die Natur hat ihm (wie ursprünglich allen) genug eigenen Stoff zur Nutznießung gegeben und eigne Gegenstände genug für seinen Spür- und Scharfsinn.

Die Selbsterforschung ist für den, der sich ihr rückhaltlos zu widmen weiß, ein reichhaltiges und all seine Kräfte forderndes Studium. Ich will meinen Geist formen, nicht ihn möblieren; ich will ihn weiten, nicht vollstopfen. Es gibt, je nachdem, wie er beschaffen ist, keine seichtere und keine tiefer schürfende Beschäftigung als die mit den eignen Gedanken. Die größten Geister machen sie zu ihrem Daseinszweck, denn *leben heißt für sie denken.* Die Natur hat dieser Beschäftigung ja auch das Privileg zuerkannt, daß wir keiner anderen so lange nachgehn können und keiner andren häufiger und leichter. »Sie ist«, sagt Aristoteles, »der Götter Tätigsein; ihr entspringt sowohl ihre wie unsre Glückseligkeit.«

Das Lesen dient mir vor allem dazu, durch vielerlei Gegenstände mein Denken anzuregen und meine Urteilskraft zu betätigen, nicht mein Gedächtnis.

Was die Unterhaltungen betrifft, interessieren sie mich kaum, wenn sie ohne Saft und Kraft sind. Charme und Schönheit hingegen fesseln und erfüllen mich, und dies in gleichem, ja stärkerem Maß als Gewicht und Tiefe. Da ich nun aber den andren Gesprächen – all dem Reden um des Redens willen mit seinen abgedroschnen Phrasen, dem Gewicht und Charme zugleich fehlen – bloß die äußerste Schale meiner Aufmerksamkeit zuwende und daher schläfrig werde, widerfährt mir oft, daß ich wirres und lächerliches Zeug von mir gebe, dessen sich sogar ein Kind schämen müßte, oder mich in ein verstocktes Schweigen hülle, das noch törichter und ungehöriger ist. Ich habe eine versponnene Art, die mich in mich selbst versinken läßt, und in vielen alltäglichen Dingen zudem eine infantile Unwissenheit und Unbeholfenheit. Diesen beiden Eigenheiten verdanke ich es, daß man über mich fünf, sechs wahre Anekdoten erzählen könnte, in denen ich nicht besser als irgendein andrer Einfaltspinsel wegkomme.

Solch schwierige Sinnesart, um mein Thema fortzuführn, macht mich im Umgang mit den Menschen wählerisch, da ich sie mir ja sorgfältig aussieben muß – und zu den üblichen Geschäften fast untauglich. Wir leben mit dem gemeinen Volk und haben mit ihm zu tun. Wenn der Verkehr mit ihm uns lästig ist, wenn wir es für unter unsrer Würde halten, uns mit den niederen und gewöhnlichen Gemütern abzugeben (wo die niedren und gewöhnlichen Gemüter sich doch oft genauso vernünftig verhalten wie die feinsinnigsten und jedes Wissen, das sich auf die landläufige Unwissenheit nicht einzustellen weiß, unwissend ist), dann sollten wir von unsern eignen wie von andrer Leute Angelegenheiten künftig die Finger lassen, denn die öffentlichen wie die privaten müssen ja mit ebendem gemeinen Volk angepackt und geregelt werden.

Die entspanntesten, natürlichsten Verhaltensweisen unsrer Seele sind die schönsten; am besten verrichtet sie ihr Werk, wenn sie am ungezwungensten ist. Mein Gott, welch guten Dienst leistet die Weisheit doch denen, deren Wollen sie auf ihr Können abstimmt! Es gibt keine Wissenschaft, die nützlicher wäre. *Soweit man kann*, lautete der Wahlspruch und Kehrreim des Sokrates, ein höchst bedenkenswertes Wort: Wir sollten unser Wollen auf die nächstliegenden, uns am leichtesten erreichbaren Dinge richten – und beschränken.

Ist es da nicht eine ausgemachte Dummheit von mir, mit tausend Menschen uneins zu sein, an die mich das Schicksal bindet und über die ich mich folglich nicht hinwegsetzen kann, und mich statt dessen an einen oder zwei zu halten, mit denen persönlich zu verkehren mir verwehrt bleibt, ja mehr noch: mich an ein unsinniges Verlangen nach Dingen zu klammern, die mir doch unerreichbar sind?

Mein ruhiges Wesen, dem alle Härte und Heftigkeit zuwider ist, mag mich durchaus vor Mißgunst und Feindseligkeit bewahrt haben, denn noch nie gab ein Mensch mehr Anlaß, ich will nicht gerade sagen: geliebt, so doch wenigstens nicht gehaßt zu werden. Andrerseits aber haben mich meine kühlen Umgangsformen verdientermaßen das Wohlwollen vieler Leute gekostet, denen man es nachsehn muß, daß sie ihnen einen andern, schlimmeren Sinn beilegen. (Und gewiß darf ich mich heute gar nicht zu beschweren wagen, so wenig geliebt zu werden, da ich selbst ja so wenig liebe, während ich früher nie wahrhaft geliebt habe, ohne daß es erwidert worden wäre.)

Außergewöhnliche, erlesne Freundschaften zu schließen und zu bewahren bin ich jedoch sehr wohl fähig. Geradezu heißhungrig greife ich nach Bekanntschaften, die meinem Geschmack entsprechen, und gehe dann so aus mir heraus und stürze mich so gierig auf sie, daß es mir kaum je fehlschlägt, mich an sie zu heften und da einzudringen, wo ich andringe. Diese glückliche Erfahrung habe ich schon oft gemacht.

Bei den gewöhnlichen Freundschaften hingegen bleibe ich recht unbeteiligt und kalt, denn nur mit vollen Segeln kommt mein Naturell in Fahrt. Überdies verwöhnte mein Schicksal mich bereits in jungen Jahren durch das Erlebnis einer einzigartigen und vollkommnen Freundschaft, wodurch der Geschmack an den andren mir wahrhaftig verleidet wurde und sich mir nur allzu tief jenes Wort eines Alten einprägte, die Freundschaft sei ein geselliges, aber kein Herdentier. Auch fällt es mir von Natur aus schwer, mich bloß zurückhaltend, bloß halb mitzuteilen und mich der so argwöhnischen wie knechtischen Vorsicht zu befleißigen, die man uns für den Umgang mit jener Dutzendware von unvollkommnen Freundschaften einschärft – vor allem heutzutage, wo man über Land und Leute nicht mehr reden kann, ohne sich zu gefährden oder zu lügen.

Trotzdem sehe ich durchaus, daß einer, der wie ich die Güter des Lebens (und damit meine ich die wahren Güter) zum Ziel hat, diese schwierige und wählerische Sinnesart meiden sollte wie die Pest. Ich würde mir eine Seele mit mehreren Stockwerken loben, ein Wesen, das sich zu spannen und zu entspannen wüßte, das sich überall wohl fühlte, wo sein Schicksal es hinführt, das sich mit einem Nachbarn über sein Bauvorhaben, seine Jagd und seinen Prozeß unterhalten könnte und gern mit einem Zimmermann oder einem Gärtner plauderte. Ich beneide jene, die sich mit dem geringsten ihrer Diener gemein zu machen und mit ihrem Gesinde in dessen Sprache umzugehn vermögen.

Nicht gefällt mir hingegen der Rat Platons, man solle mit seinen Dienern, ganz gleich, ob männlich oder weiblich, stets in herrischem Tonfall sprechen, ohne Scherzwort, ohne Freundlichkeit und Familiarität; denn es ist, von meinen dargelegten Gründen ganz abgesehn, ungerecht und menschenunwürdig, wenn man seinen bloß einer Schicksalslaune entsprungnen Vorrang derart herauskehrt. Ich finde jedenfalls die Gemeinwesen am gerechtesten, die am wenigsten Ungleichheit zwischen Herr und Diener zulassen.

Die andern suchen durch ihre Selbsterforschung zu bewirken, daß ihr Geist sich in schwindelnde Höhen aufschwinge, ich durch die meine, daß er sich niederlasse und am Boden halte. Wenn er zu hoch ausgreift, greift er daneben.

Vom Kampf um Ilion erzählst du uns genug
und vom Geschlecht des Aeacus; doch was ein Krug
von Chierwein uns kosten wird und wer fürs Bad
das Wasser wärmt, bei wem, wenn grimme Kälte naht
im Bergland der Paeligner, und an welchem Ort
wir Obdach finden – hiervon hören wir kein Wort.

Wie bei den Spartanern der Mannesmut einer Mäßigung durch die süßen und lieblichen Klänge des Flötenspiels bedurfte, die man im Krieg besänftigend auf ihn einwirken ließ, damit er nicht in Tollkühnheit und Raserei ausarte (während doch alle andren Völker sich gemeinhin schmetternder Klänge und schriller Schreie bedienen, um das Herz der Krieger aufs äußerste anzuspornen und zu entflammen), so brauchten auch wir, scheint mir, bei der Betätigung unsres Geistes entgegen der landläufigen Meinung meistens eher Blei als Flügel und eher Kühle und Gelassenheit als Glut und Überschwang.

Vor allem aber macht man sich meines Erachtens zum Narren, wenn man unter Unkundigen den Kundigen spielt und ständig gespreizt daherredet – *favellar in punta di forchetta* nennen das die Italiener: die Worte mit der Gabelspitze aufnehmen. Man sollte sich vielmehr auf die Ebene derer hinabbequemen, mit denen man zusammenlebt, und sich zuweilen unwissend geben. Laßt Geisteskraft und Scharfsinn beiseite, denn für den üblichen Umgang reicht es, sich der üblichen Mittel zu bedienen; und wenn die andern wollen, daß ihr mit auf dem Boden kriecht, so kriecht mit!

Gerade dies aber ist für die Gelehrten meistens der Stein des Anstoßes. Sie stellen lieber ständig ihr Buchwissen zur Schau und streun es überallhin aus. In unsren Tagen vermochten sie Gemächer und Ohren der Damen damit so vollzustopfen, daß diese, auch wenn sie vom Wesentlichen nichts verstanden haben, es nun wenigstens mit Kennermiene vorzutragen wissen: Über jederlei Stoff und Gegenstand, und sei er noch so gewöhnlich und alltäglich, reden und schreiben sie in einem neumodischen Gelehrtenstil,

sie äußern Furcht und Zorn heut allerorten
wie Freud und Kummer in gestelzten Worten.
Noch schlimmer ist, daß selbst beim Liebesakt
sie statt der Liebes- die Dozierlust packt,

und Platon und den heiligen Thomas zitieren sie bei Dingen, für die der erstbeste, der ihnen über den Weg läuft, ebensogut als Zeuge dienen könnte. Was sie lernten, vermochte nicht bis zum Geist vorzudringen: Es blieb ihnen an der Zunge hängen.

Wenn die von Geburt wohlgebildeten Damen meinem Rat folgten, würde es ihnen genügen, ihre natürlichen Reichtümer zur Geltung zu bringen. So aber verbergen sie ihre eigne Schönheit hinter fremder. Es ist jedoch höchst einfältig, seinen Glanz zu verdunkeln, um mit geliehnem Licht zu leuchten. Ihre Künstlichkeit deckt sie rundum zu, in ihr liegen sie beerdigt und begraben, *von Kopf bis Fuß verpuppt.*

Das rührt daher, daß sie sich nicht genug kennen: In Wahrheit hat die Welt nichts Schöneres als sie. Sie sind es, die der Kunst zur Zierde gereichen, nicht umgekehrt; ihnen ist es gegeben, der Schminke Schmelz zu verleihn. Was brauchen sie anderes, als geehrt und geliebt zu leben? Hierfür aber besitzen und wissen sie mehr denn genug – sie müssen nur die in ihnen steckenden Fähigkeiten ein bißchen munter machen und anfeuern. Wenn ich sehe, wie sie sich der Rhetorik und der Jurisprudenz, der Logik und dergleichen eitlem und für ihre Bedürfnisse unnützem Plunder widmen, wandelt mich die Befürchtung an, daß die Männer, die ihnen zu so etwas raten, nur darauf aus sind, sie auf diese Weise unter ihre Fuchtel zu bringen; denn welch andre Entschuldigung ließe sich hierfür finden?

Es genügt, daß sie ohne unsre Hilfe ihren schönen Augen den Ausdruck der Fröhlichkeit, der Strenge oder der Sanftmut zu geben wissen, daß sie ihrem Nein einen Beiklang von schroffer Ablehnung, von Zögern oder von Ja verleihen können und daß sie auf keine gelehrte Auslegung unsrer werbenden Worte angewiesen sind. Dies ist ihre Wissenschaft, dies ist der Kommandostab, mit dem sie das Regiment führn und die Schulmeister samt Schule schulmeistern.

Wenn es sie jedoch wurmt, uns in irgend etwas nachzustehn, und sie aus Neugier sich nun ebenfalls mit Büchern abgeben wollen, so entspricht die Beschäftigung mit der Poesie am besten ihren Bedürfnissen: Sie ist eine leichtblütige und feinsinnige Kunst, die mit schön herausgeputzten Wörtern spielt: rein zum Vergnügen und rein zur Schau – wie sie.

Mancherlei Gewinn werden sie auch aus der Beschäftigung mit der Geschichte ziehn. In dem Teil der Philosophie wiederum, der dem Leben dient, können sie sich jenen Betrachtungen zuwenden, die ihnen dazu verhelfen, sich ein Urteil über unsre Neigungen und Charaktereigenschaften zu bilden, sich gegen die Untreue der Männer zu schützen, die Wildheit ihrer eignen Begierden zu zügeln, mit ihrer Freiheit sinnvoll umzugehn, die Freuden des Daseins zu verlängern sowie die Unzuverlässigkeit eines Verehrers, die Roheit ihres Gatten und das Ärgernis des Alterns samt Runzeln mit menschlicher Würde zu ertragen – und dergleichen Dinge mehr. Das also wäre der Teil der Wissenschaften, den ich ihnen bestenfalls empfehlen würde.

Es gibt ungesellige, nach innen gewandte und verschloßne Naturen. Mein wesentlicher Charakterzug hingegen ist die Neigung, mich mitzuteilen und zu offenbaren: Zu Geselligkeit und Freundschaft geborn, bin ich vor aller Augen ganz nach außen gewandt. Wenn ich dennoch auch die Einsamkeit liebe und lobe, so im Grunde nur deswegen, weil sie mir dazu dient, mich mit meinen Gefühlen und Gedanken zu sammeln, meine Wünsche und Ängste, nicht meine Schritte zu zähmen und zu zügeln, mich um keine fremden Angelegenheiten mehr zu kümmern und jede Dienstbarkeit und Verpflichtung wie den Tod zu fliehen. Weniger dem Andrang der Menschen als dem der Geschäfte suche ich mich zu entziehn.

Die Wahrheit ist freilich, daß die Einsamkeit meines Schlupfwinkels mich eher in die Weite wachsen und nach draußen ausgreifen läßt: Ich werfe mich bereitwilliger auf die Staats- und Weltgeschäfte, wenn ich allein bin. Am Königshof hingegen treibt mich die Menge in mich selbst zurück; ich schließe mich dann in meine Haut ein, und nie unterhalte ich mich mit meinen Gedanken so ausgelassen, ja hemmungslos wie an solchen Orten der Ehrfurcht und feierlichen Zurückhaltung. Nicht unsere Narrheiten machen mich lachen, sondern unsre Weisheiten.

Dabei bin ich von Natur aus dem Treiben an den Höfen gar nicht feind. Ich habe dort ja einen Teil meines Lebens zugebracht, und meine Veranlagung ist so, daß ich mich in großen Gesellschaften durchaus wohl fühle – vorausgesetzt, ich brauche sie nur in Abständen zu besuchen, und nur dann, wenn es mir paßt.

Meine schwierige und wählerische Sinnesart jedoch, von der ich gesprochen habe, läßt mich zwangsläufig immer wieder die Einsamkeit suchen, selbst bei mir, inmitten einer vielköpfigen Familie und Dienerschaft sowie eines Hauses, wo die Besucher ein und aus gehn. Da sehe ich Leute genug, aber selten die, mit denen ich mich gern zu unterhalten pflege; deshalb billige ich sowohl mir als auch den andern ein ungewöhnliches Maß an Freiheit zu. Den Besuchern beim Empfang entgegenzugehn und sie beim Abschied hinauszubegleiten – solche Förmlichkeiten und all die andren lästigen Höflichkeitsregeln (o diese uns knechtenden Konventionen!) sind bei uns außer Kraft gesetzt. Jeder kann sich hier benehmen, wie es ihm gefällt, und, wenn er will, seinen Gedanken nachhängen. Ich meinerseits bleibe stumm und träumerisch in mich verschlossen, ohne daß meine Gäste daran Anstoß nehmen.

Die Männer, deren Gesellschaft und nähere Bekanntschaft ich suche, sind jene, die man als *wohlgeartet* und *lebenstüchtig* bezeichnet. Ihr Vorbild verleidet mir den Geschmack an den andern. Genaugenommen verkörpern sie die seltenste Menschenart – eine Art, die sich im wesentlichen der Natur verdankt. Beim Umgang mit solchen Männern geht es einfach um Vertraulichkeit, Geselligkeit und Meinungsaustausch, kurz: um seelisch-geistige Betätigung als Selbstzweck. In unsern Gesprächen ist mir jedes Thema recht, und es kümmert mich kaum, ob es den Worten an Gewicht und Tiefe fehlt, denn an Trefflichkeit und Anmut fehlt es ihnen nie. Alles ist hier von einer reifen und sich gleichbleibenden Urteilskraft geprägt, der stets Offenheit und Frohsinn, Wohlwollen und freundschaftliche Zuneigung beigesellt sind.

Nicht nur bei der Erörterung des Erbfolgerechts, nicht nur in den Haupt- und Staatsaktionen zeigt der menschliche Geist seine Kraft und Schönheit, sondern ebenso im privaten Geplauder – ja, ich erkenne die mir sympathischen Leute schon daran, wie sie schweigen und wie sie lächeln, und wahrscheinlich gewinne ich bei Tisch mehr Aufschluß über sie als im Ratssaal. Hippomachos sagte einleuchtend, er brauche, um einen guten Ringer zu erkennen, ihn nur über die Straße gehen zu sehn.

Sollte die Schulweisheit an unsren Gesprächen teilzunehmen wünschen, werden wir ihr das keineswegs verwehren, falls sie sich nicht (wie zumeist) aufdringlich belehrend und herrisch benimmt, sondern einfügsam und ihrerseits lernwillig. Mit unserm Meinungsaustausch suchen wir uns nur die Zeit zu vertreiben; sobald wir der Belehrungen und Moralpredigten bedürfen, werden wir uns vor dem Thron der Schulweisheit einfinden. Wenn sie will, soll sie also getrost zu uns herabsteigen – für diesmal; denn wie nützlich und erstrebenswert sie auch sei, glaube ich doch, daß wir zur Not ganz ohne sie auskommen können, ganz ohne sie unser Ziel erreichen. Eine von Geburt wohlgebildete und im Verkehr mit Menschen erfahrne Seele macht sich von selbst rundum liebenswert. Kunst ist nichts anderes als das aufgeschlagne Buch dessen, was solche Seelen hervorgebracht haben.

Der Umgang mit schönen und edlen Frauen behagt mir ebenfalls, *denn auch wir betrachten sie mit Kennerblick*. Soweit die Seele darin nicht den gleichen Genuß findet wie im erstgenannten, wiegt die stärkere Beteiligung der körperlichen Sinne dies doch fast auf (freilich eben, meine ich, nie ganz). Aber es ist ein Umgang, bei dem man sich ein wenig in acht nehmen muß; und das gilt namentlich für Männer, über die der Körper große Macht hat, wie bei mir.

Ich habe mir in der Jugend die Finger daran verbrannt, denn ich mußte all die Feuersbrünste durchmachen, von denen, sagen die Dichter, jene heimgesucht werden, die sich den Frauen ohne Sinn und Verstand hingeben. Seither ließ ich mir diesen Hieb mit der Zuchtrute freilich zur Warnung dienen.

Wer je gescheitert ist am kaphare'schen Kap,
dreht künftig vor Euböas Fluten immer ab.

Es ist Torheit, all seine Gedanken an eine Liebesbeziehung zu heften und sich mit wilder, ja völlig blinder Leidenschaft hierin zu verstricken. Sich andrerseits aber ohne Zuneigung und gefühlsmäßige Bindung hineinbegeben, nach dem Brauch unsrer Zeit wie ein Schauspieler eine Rolle mimen und an Eigenem nur Worte beisteuern heißt zwar für seine Sicherheit sorgen, jedoch auf höchst feige Weise: wie einer, der seine Ehre aus Angst vor der Gefahr drangäbe oder seinen Gewinn oder seinen Genuß. Was man mit wahrem Vergnügen genießen will, muß man mit wahrer Inbrunst ersehnt haben.

Fest steht, daß Männer, die eine Beziehung auf jene Art handhaben, sich davon nichts erhoffen können, was eine edle Seele zu berühren, geschweige zu befriedigen vermöchte. Das gilt selbst für die Fälle, in denen ein unverdientes Glück das falsche Spiel dieser Männer begünstigt; und das geschieht durchaus häufig, weil es keine Frau gibt, die, wie stiefmütterlich das Schicksal sie auch behandelt haben mag, sich nicht für besonders liebenswert hielte und folglich nicht irgendwelche Reize hervorkehrte: sei es ihre Figur oder ihre Jugend, ihr Haar oder ihr Lachen, ihre Art, sich zu bewegen – oder ihr Loch; denn rundum häßliche kommen sowenig vor wie rundum schöne. (Jene Töchter der Brahmanen, denen es an andren Reizen mangelt, stellen denn auch vor dem vom Ausrufer eigens hierzu bestellten Volk ihre Geschlechtsteile auf dem Marktplatz zur Schau, um zu sehn, ob sie sich nicht wenigstens dadurch als würdig erweisen, einen Mann zu bekommen.) Kurz, es gibt keine einzige, die sich nicht vom ersten Treueschwur eines Freiers leicht erweichen ließe.

Jene bei den heutigen Männern allgemein übliche Verlogenheit muß notgedrungen dazu führen (und hat in der

Tat, wie die Erfahrung zeigt, dazu geführt), daß die Frauen, um unsern Nachstellungen zu entgehen, sich auf sich selbst oder ihresgleichen zurückziehn – oder aber dem schlechten Beispiel, das wir ihnen liefern, nun ihrerseits folgen und ihre Rolle in dieser Farce übernehmen, indem sie die Sache ohne innere Teilnahme, ohne Leidenschaft und ohne Liebe erledigen, *von keiner eigenen und keiner fremden Gefühlsregung bewegt:* im Glauben, sie könnten sich uns auf diese Weise (gemäß der Überzeugung des Lysias bei Platon) um so unbeschwerter und erfolgversprechender hingeben.

Nicht anders als im Schauspiel werden sich die Zuschauer daran ebenso ergötzen wie die Schauspieler oder noch mehr.

Ich aber kenne eine Venus ohne Amor sowenig wie eine Mutterschaft ohne Empfängnis – das sind doch Dinge, die sich ihr Wesen wechselseitig borgen und verdanken. So fällt die Verlogenheit jener Männer auf sie selbst zurück: Sie kostet sie kaum etwas, doch sie bringt ihnen auch kaum etwas ein. Als man die Venus zur Liebesgöttin erhob, sah man in ihr vor allem die unkörperliche, die geistige Schönheit; *die* Venus aber, hinter der diese Männer her sind, ist nicht einmal von menschlicher, ja, nicht einmal von tierischer Gestalt; denn selbst die Tiere wollen sie weniger grob und erdenschwer:

Wir sehen doch, wie Vorstellung und Verlangen die Tiere oft schon vor der körperlichen Berührung erregen und erhitzen; wir sehn, wie beide Geschlechter sich aus der Herde genau aussuchen, wem sie ihre Zuneigung gewähren wollen, und wie sie einen langen und zärtlichen Umgang miteinander pflegen. Sogar jene, die das Alter der Körperkräfte beraubt hat, läßt die Liebe noch zusammenfahrn und erbeben, und die Pferde wiehern noch leise vor sich hin. Wir sehn, wie sie vor der Paarung von sehnsüchtiger Glut erfüllt sind und wie sie, wenn der Körper sein Werk beendet hat, eine Weile in süßer Erinnrung weiterschwelgen. Und manche sehn wir nach vollbrachter Tat jubelnde Triumphgesänge anstimmen, stolzgeschwellt, ehe sie vom Glück gesättigt ermatten.

Ein Tier, das sich nur eines natürlichen Drangs entledigen wollte, brauchte das andre nicht durch derart erfindungsreiche Vorspiele auf sich aufmerksam zu machen: An solch liebevollem Werben findet ein dumpfer, bloß triebhafter Hunger keinen Geschmack.

Da ich nicht verlange, daß man mich für besser hält, als ich bin, möchte ich folgendes über die Irrungen meiner Jugend sagen:

Nicht allein um eine Gefährdung meiner Gesundheit zu vermeiden (was mir jedoch nur unvollkommen gelungen ist, denn ich wurde zweimal angesteckt, freilich leicht und bloß bis zum Anfangsstadium), sondern auch aus Widerwillen habe ich mich kaum auf den Geschlechtsverkehr mit Dirnen eingelassen. Vielmehr wollte ich aus einem gewissen Ehrgeiz den Genuß der Liebe erhöhen, indem ich mein Verlangen danach durch die Überwindung von Hindernissen anstachelte, und ich war von der Art des Kaisers Tiberius angetan, der sich in seinen Liebschaften ebensosehr von Sittsamkeit und Adel wie von irgendwelchen andren Vorzügen einnehmen ließ. Gleichermaßen gefiel mir das Verhalten der Kurtisane Flora, die sich darauf kaprizierte, keinem ihre Gunst zu gewährn, wenn er nicht mindestens Diktator, Konsul oder Zensor war; sie gewann also aus dem hohen Rang der Liebhaber ihre Lust – und gewiß tragen ja Perlen und Brokat, Titel und großes Gefolge manches hierzu bei.

Im übrigen legte ich großen Wert auf Geist, vorausgesetzt freilich, daß es auch am Körper nichts zu bemängeln gab, ja, ich muß ehrlich gestehn, daß ich, hätte ich unbedingt der Schönheit des einen oder des andern entsagen müssen, eher zum Verzicht auf die des Geistes bereit gewesen wäre: Für sie gibt es schließlich bessere Betätigungen. In der Liebe jedoch, wo Gesichts- und Tastsinn die wesentliche Rolle spielen, kann man einiges ohne geistige, nichts aber ohne körperliche Anziehungskraft zuwege bringen.

Der wahre Vorzug der Damen ist die Schönheit. Sie haben sie derart in Alleinbesitz, daß die unsere, obwohl sie etwas andre Züge verlangt, nur die kurze Zeit vollkommen ist, da sie der ihren gleicht: im bartlosen Jünglingsalter. Man sagt, daß beim Großtürken die unzähligen jungen Männer, die er ihrer Schönheit wegen in Dienst genommen hat, spätestens mit zweiundzwanzig Jahren ihren Abschied erhalten.

Betätigung der Urteilskraft, Umsicht und die Dienste der Freundschaft hingegen zeichnen eher die Männer aus. Daher führen sie die Geschäfte der Welt.

Die abgehandelten zwei Arten des Umgangs sind Glückssache – sie hängen nicht nur von uns ab: Der mit wohlgearteten und lebenstüchtigen Männern hat das Ärgernis der Seltenheit, den mit schönen und edlen Frauen läßt das Alter welken. Daher hätten beide meine Lebensbedürfnisse keineswegs hinlänglich befriedigen können, wäre als dritter nicht der Umgang mit Büchern hinzugekommen. Er ist weitaus zuverlässiger und mehr uns selbst an die Hand gegeben.

Er tritt an die ersten beiden zwar die ihnen gebührenden Vorzüge ab, dafür bietet er uns aber den der Beständigkeit und leichten Verfügbarkeit. Er weicht mir auf meiner ganzen Lebensbahn nicht von der Seite und steht mir allenthalben zu Diensten. Er tröstet mich im Alter und in der Einsamkeit. Er entlastet mich von der Bürde eines öden Müßiggangs und hält mir zu jeder Stunde unerwünschte Gesellschaft vom Leibe. Er stumpft die stechenden Schmerzen, falls sie nicht übermächtig sind. Um einen lästigen Gedanken loszuwerden, brauche ich bloß zu den Büchern zu greifen – sie befreien mich davon, indem sie mich sogleich voll in Anspruch nehmen. Sie verübeln es mir nicht einmal, daß ich immer nur dann ihre Gesellschaft suche, wenn ich jene andren, wirklicheren, lebendigeren und natürlicheren Genüsse entbehren muß, sondern empfangen mich stets mit gleich freundlicher Miene.

Wer ein Pferd am Zügel führt, hat gut zu Fuß gehn, sagt das Sprichwort. Unser König Jakob von Neapel und Sizilien beispielsweise pflegte, jung, schön und gesund wie er war, auf einer Tragbahre durchs Land zu reisen, unterm Kopf ein schäbiges Federkissen, angetan mit einem Gewand aus grauem Tuch und einer ebensolchen Kappe; ihm folgte jedoch ein großer Prunkzug mit Sänften und Handpferden jeder Art, mit Edelleuten und hohen Hofbeamten. Hierdurch bewies er, daß seine Büßerstrenge noch recht schwach und schwankend war: Ein Kranker, der seine Heilung im Hinterhalt hat, verdient kein Mitleid.

Daß sich das obige Sprichwort durch seine Nutzanwendung mir bewahrheitet hat, ist freilich der ganze Gewinn, den ich aus den Büchern ziehe. Ich bediene mich ihrer nämlich kaum häufiger als jene, die überhaupt keinen Umgang damit haben. Ich genieße sie so, wie der Geizhals seine Schätze genießt: Die Gewißheit, sie genießen zu *können*, wann es mir beliebt, reicht mir, und meine Seele gibt sich mit diesem Verfügungsrecht vollauf zufrieden.

Ich reise daher zwar nie ohne Bücher, ob Krieg oder Frieden; doch es pflegt Tage und Monate zu dauern, ehe ich sie zur Hand nehme. Ich werde es demnächst tun, sage ich mir, morgen vielleicht oder wann immer ich Lust hierauf habe. Inzwischen läuft die Zeit dahin und vergeht, ohne mich zu ängstigen; denn es läßt sich gar nicht sagen, ein wie beruhigendes Gefühl mir das Bewußtsein gibt, daß die Bücher mir zur Seite stehn, um mich, sobald ich ihrer bedarf, zu erfreuen. Die Erkenntnis, welch große Hilfe sie für mein Leben bereithalten, gibt mir Sicherheit. Sie sind die beste Wegzehrung, die ich für unsre irdische Reise gefunden habe, und ich bemitleide zutiefst alle Menschen von Verstand, die ihrer ermangeln. Ich lasse mich nun um so eher auf jede andre Art von Vergnügen ein, wie belanglos es auch sei, weil ich weiß, daß ich jederzeit zu diesem zurückkehrn kann.

Wenn ich zu Hause bin, widme ich mich den Büchern etwas häufiger. Von meiner Bibliothek aus überschaue ich mein ganzes Hauswesen mit einem Blick. Sie liegt über dem Eingangstor, und ich sehe unter mir meinen Garten, meine Stallungen, meinen Innenhof und die meisten Teile meines Anwesens. Da oben blättre ich einmal in diesem, einmal in jenem Buch, ohne Ordnung, ohne Plan: wie es sich eben ergibt. Bald hänge ich im Hin- und Hergehen meinen Tagträumen nach, bald halte ich meine Hirngespinste fest und schreibe sie auf, wie sie hier nun stehn.

Die Bibliothek liegt im zweiten Stockwerk eines Turms. Das Erdgeschoß wird von meiner Kapelle eingenommen, das erste Stockwerk besteht aus einem Schlafgemach mit Nebenraum, wo ich mich oft hinlege, um allein zu sein; und darüber nun befindet sich die Bibliothek, die früher als große Kleider- und Wäschekammer diente und der unnützeste Raum meines Hauses war. Hier verbringe ich die meisten Tage meines Lebens und die meisten Stunden der Tage. Nachts aber halte ich mich dort nie auf. Daneben liegt ein recht wohnliches kleines Arbeitszimmer, das wohltuend licht ist und in dem winters Feuer gemacht werden kann.

Ich könnte, wenn ich die mit einem Umbau verbundnen Plackereien nicht noch mehr als die Ausgaben fürchtete (und Plackereien lassen mich vor welcher Unternehmung auch immer zurückschrecken), leicht auf jeder Seite und gleicher Höhe eine Galerie anbringen lassen, hundert Schritt lang und zwölf breit, da ich festgestellt habe, daß die dafür erforderlichen Mauern zu andern Zwecken samt und sonders bereits so weit hochgezogen sind, wie ich es benötigte.

Jeder Ort der Zurückgezogenheit braucht einen Wandelgang. Meine Gedanken schlafen ein, wenn ich sitze; mein Geist rührt sich nicht, wenn meine Beine ihn nicht bewegen – wie es allen ergeht, die ohne Buch studiern.

Die Form der Bibliothek ist rund (außer einem geraden Stück Wand, das für Tisch und Stuhl so eben ausreicht). Daher läßt sie mich mit einem Blick all meine in fünf Reihen übereinander aufgestellten Bücher sehn. Sie hat drei Fenster mit großartiger freier Aussicht und mißt sechzehn Schritt im Durchmesser.

Im Winter halte ich mich nicht ständig darin auf, denn mein Anwesen liegt, wie schon sein Name *Montaigne* sagt, auf einem Hügel, und kein Raum darin ist stärker den Winden ausgesetzt als dieses Turmzimmer; doch gerade daß es abgelegen und ein bißchen mühsam zu erreichen ist, gefällt mir, weil es mir so die Leute vom Leib hält und die körperliche Anstrengung mir guttut.

Hier also bin ich ganz zu Hause, hier suche ich ganz mein eigner Herr zu sein und diesen einzigen Winkel sowohl der ehelichen und töchterlichen als auch der gesellschaftlichen Gemeinschaft zu entziehn. Überall sonst bin ich Herr nur dem Namen nach, in Wirklichkeit aber redet mir jeder dazwischen. Arm dran ist meines Erachtens, wer bei sich zu Hause nichts hat, wo er bei sich zu Hause ist, wo er sich verbergen, wo er mit sich selbst hofhalten kann. Wie fein entlohnt doch der Ehrgeiz seine Diener, indem er sie zeitlebens einer Marktsäule gleich zur Schau stellt! *Großes Glück ist große Knechtschaft.* Nicht einmal das Örtchen bietet ihnen einen Zufluchtsort.

An der Strenge des Lebenswandels, die sich unsre Mönche auferlegen, kommt mir nichts so hart vor wie die Regel einiger Orden, nach der sie bei all ihrem Tun mit einer großen

Zahl andrer in immerwährender Gemeinschaft zusammensein müssen. Ich fände es notfalls erträglicher, immer allein zu sein, als es nie sein zu können.

Wer mir nun einwendet, es heiße die Musen entwürdigen, wenn man sich ihrer nur als Spielzeug und zum Zeitvertreib bediene, der weiß im Gegensatz zu mir nicht, welch hohen Wert Spaß, Spiel und Zeitvertreib haben – fast bin ich versucht zu sagen, jedes andre Ziel sei lächerlich. Ich lebe in den Tag hinein; und, mit Verlaub, ich lebe nur für mich: Hier endet all mein Sinnen und Trachten.

Als ich jung war, studierte ich, um damit großzutun, später ein wenig, um weiser zu werden, und jetzt, um mich zu vergnügen – nie aber, um Profit zu machen. Zwar trieb mich früher ein eitles und kostspieliges Verlangen dazu, mit den Büchern nicht nur meinen Bedarf zu decken, sondern überdies drei von vieren gleichsam als Möbel zu betrachten, die mein Zimmer schmücken und so für mich Eindruck schinden sollten; doch diese Flause habe ich längst abgeschüttelt.

Die Bücher bieten denen, die sie recht auszuwählen wissen, viele Annehmlichkeiten. Doch kein Licht ohne Schatten: Auch diese Freude am Umgang mit ihnen ist sowenig wie alle andern rein und ungetrübt. Sie hat durchaus ihre Unannehmlichkeiten, sogar recht schwerwiegende; denn während der Geist sich beim Lesen betätigt, bleibt der Körper, dessen Wohlergehn ich auch nie aus dem Auge verloren habe, völlig untätig, so daß er verkümmert und verfällt. Ich wüßte daher kein Übermaß, das für mich schädlicher wäre und das ich nunmehr, da mein Leben zur Neige geht, mehr meiden müßte als das des Lesens.

Soviel also über meine drei liebsten privaten Beschäftigungen. Von denen, die ich aus Bürgerpflicht dem Gemeinwesen schulde, ist hier keine Rede.

4

Über die Ablenkung.

Ich mußte einmal eine Dame trösten, die wahrhaft bekümmert war – ich sage *wahrhaft*, weil die meisten Bekümmernisse der Damen unecht und aufgesetzt sind:

Tränen halten sie bereit für alle Fälle,
fließend nach Belieben – nie versiegt die Quelle.

Es wäre ein falsches Verfahren, wenn man ihnen ihren Schmerz ausreden wollte, denn Widerworte verbittern sie und verstricken sie tiefer in ihre Trübsal – man macht das Übel durch rechthaberisches Räsonieren nur noch schlimmer. Schon bei gewöhnlichen Gesprächen zeigt sich ja, daß man, sobald etwas achtlos Hingeworfnes bestritten wird, in Rage gerät und sich nun ganz darauf versteift; und erst recht gilt das für Dinge, die einen wirklich berührn.

Mit solch grobem Vorgehn gibt man dem Unternehmen einen wahrhaft schlechten Auftakt, wo doch gerade die erste Begrüßung des Patienten durch den Arzt locker, freundlich und einnehmend sein sollte; noch nie hat einer, der finster dreinblickt und abstoßend wirkt, etwas ausgerichtet.

Man muß also im Gegenteil zunächst auf die Klagen eingehn, zu ihrem Vorbringen ermuntern und bekunden, daß man ihnen eine gewisse Berechtigung zuerkennt. Durch dieses Einvernehmen gewinnt man das für den nächsten Schritt erforderliche Zutraun, so daß man sie nun in sanft gleitendem, unmerklichem Übergang für handfestere, dem Verschmerzen ihres Leids dienlichere Argumente aufnahmebereit machen kann.

Ich, dem es damals hauptsächlich darum ging, den Anwesenden, die ihre Augen auf mich gerichtet hatten, etwas vorzumachen, beschloß nun, dem Übel mit einem Trostpflaster abzuhelfen – zumal ich aus Erfahrung wußte, daß ich bei Überzeugungsversuchen eine ungeschickte und unglückliche Hand habe: Entweder trage ich meine Argumente zu spitz und zu trocken vor oder zu aufbrausend oder zu unbeteiligt.

Nachdem ich eine Weile auf den Schmerz der Dame eingegangen war, machte ich daher gar nicht erst den Versuch, sie mit triftigen, einleuchtenden Vernunftgründen hiervon zu kurieren, weil mir keine zu Gebote standen oder weil ich mein Ziel auf andre Weise besser zu erreichen gedachte; noch griff ich auf eine der verschiednen Tröstungen zurück, die uns die Philosophie verordnet: etwa daß wir uns sagen sollten, worüber man klage, sei überhaupt kein Übel (so Kleanthes), oder es sei nur ein leichtes (so die Peripatetiker), oder Klagen sei ein weder angemeßnes noch löbliches Tun (so Chrysippos); nicht einmal der meiner Sinnesart näherstehenden Lehre Epikurs bediente ich mich, der zufolge man die Gedanken von den unerfreulichen auf die erfreulichen lenken solle; und anders als Cicero wählte ich auch keineswegs eine geballte Ladung aus der ganzen Masse solcher Anweisungen, um das Ungemach dieser Dame zu bekämpfen.

Vielmehr lenkte ich unser Gespräch ganz sanft, Schritt um Schritt erst auf die nächstliegenden Dinge, dann in dem Maße, wie ihr Vertrauen zu mir wuchs, auf etwas weiter abliegende; solcherart befreite ich sie, ohne daß sie es gewahr wurde, von ihren quälenden Gedanken und versetzte sie in einen ruhigen, völlig entspannten Zustand, der auch anhielt, solang ich bei ihr war – kurz, ich bediente mich der Ablenkung.

Freilich fanden jene, die mein Tröstungswerk fortzusetzen suchten, keinerlei Beßrung mehr vor, denn ich hatte die Axt ja nicht an die Wurzel des Übels gelegt.

Ich glaube, ich habe eine bestimmte Form politischer Ablenkungsmanöver bereits gestreift. Auch jene militärischen, deren sich Perikles im Peloponnesischen Krieg und tausend andre anderswo bedienten, um feindliche Heere aus ihrem Land zu vertreiben, kommen in der Geschichte sehr oft vor.

Durch einen genialen Winkelzug rettete der Herr de Himbercourt sich und andre Männer seiner Begleitung in der Stadt Lüttich, wohin der sie belagernde Herzog von Burgund ihn entsandt hatte, um deren Übergabe gemäß den vereinbarten Bedingungen zu vollziehn. Die Einwohner, die des Nachts für die entsprechenden Vorkehrungen zusammengekommen waren, lehnten sich jedoch plötzlich gegen die getroffnen Abmachungen auf, und viele von ihnen beschlossen, die ihnen schutzlos ausgelieferten Unterhändler anzugreifen.

Als der Herr de Himbercourt das Getöse der ersten Angriffswelle dieser Leute vernahm, die im Begriff waren, sich in seine Gemächer zu stürzen, schickte er ihnen kurzentschlossen zwei ihrer Mitbürger (denn es befanden sich mehrere bei ihm) mit neuen, milderen Vorschlägen zur Beratung entgegen, die er sich auf der Stelle ausgedacht hatte, um mit heiler Haut davonzukommen.

Diesen beiden gelang es auch tatsächlich, dem ersten Sturm Einhalt zu gebieten, indem sie die wütende Menge zur Anhörung und Erörterung der ihnen aufgetragnen Vorschläge ins Rathaus führten. Die Beratung war freilich nur kurz, denn prompt brach ein zweiter Sturm los, genauso wild wie der erste.

Unverweilt schickte der Herr de Himbercourt den Angreifern nun vier weitere derartige Mittelspersonen entgegen, die beteuerten, daß sie ihnen diesmal noch verlockendere Angebote zu unterbreiten hätten, die sie voll und ganz zufriedenstellen würden. Damit wurden die Leute wiederum in den Ratssaal gelockt. Indem er sie auf diese Weise die ganze Zeit über beschäftigt hielt und ihre Wut auf völlig fruchtlose Beratungen ablenkte und so verrauchen ließ, lullte er sie schließlich ein und vermochte deshalb die Nacht bis zum Tagesanbruch durchzustehn – und hauptsächlich darum ging es ihm ja.

Meine andre Geschichte gehört in dieselbe Kategorie. Atalante war ein außergewöhnlich schönes und unglaublich schnellfüßiges Mädchen; um die Masse der tausend Freier loszuwerden, die sie zur Heirat begehrten, stellte sie ihnen folgende Bedingung: Dem, der ihr im Wettlauf gleichkäme, wolle sie ihr Jawort geben, vorausgesetzt, daß die andern ihr Scheitern mit dem Leben bezahlten. Hierauf meldeten sich viele, die meinten, daß der Preis das Risiko wert sei – und in diesem grausamen Handel alle den Tod fanden.

Hippomenes, der dennoch den Versuch wagen wollte, wandte sich an die Schutzgöttin der Liebe und erflehte ihren Beistand. Sie erhörte sein Gebet, überreichte ihm drei goldene Äpfel und unterwies ihn in ihrem Gebrauch. Als der Wettlauf beginnt und Hippomenes merkt, daß die Umworbne ihm dicht auf den Fersen ist, läßt er wie aus Versehen einen der Äpfel fallen, und das Mädchen, von dessen Schönheit angezogen, kann natürlich der Versuchung nicht widerstehn, einzuhalten und sich danach zu bücken:

Sie stutzt, sie unterbricht sogleich den Lauf
und hebt, vom Gold gebannt, den Apfel auf.

Dasselbe tat er im jeweils rechten Augenblick mit dem zweiten und dem dritten, bis er durch diese wiederholten Ablenkungsmanöver schließlich den Sieg errang.

Wenn die Ärzte einen Katarrh nicht austreiben können, leiten sie ihn in einen Körperteil ab, wo er weniger Schaden anrichtet. Ich habe festgestellt, daß dies auch das vorherrschende Verfahren zur Behandlung seelischer Krankheiten ist: *Zuweilen muß man das Gemüt auf andere Gedanken bringen, es durch andre Besorgnisse, Aufgaben und Geschäfte ablenken, so wie man oft auch einen zu langsam Genesenden durch einen Ortswechsel zu heilen sucht.* Die Ärzte lassen also die Seele den Kampf mit dem Übel selten direkt aufnehmen; sie wollen ihr ersparen, dessen Angriff aushalten oder zurückschlagen zu müssen: Sie soll ihm ausweichen und sich wegducken.

Der andre Weg ist zu steil und steinig: Allein Männer von höchstem Rang vermögen sich mit dem Übel unmittelbar zu befassen, ihm ins Auge zu sehen und es richtig zu beurteiln. Allein einem Sokrates ist es gegeben, dem Tod gelaßner Miene entgegenzugehn, sich mit ihm vertraut zu machen und schließlich seiner zu spotten. Er sucht keinen Trost außerhalb der Sache selbst; das Sterben scheint ihm ein natürlicher Vorgang, der weder gut noch schlecht ist; unmittelbar auf dieses Sterben heftet er seinen Blick, nur hierauf – fest entschlossen, sich dem Tod zu stellen.

Die Schüler des Hegesias hingegen, die, entflammt von den verführerischen Argumenten seiner Vorlesungen, sich dem Hungertod auslieferten (und das so scharenweise, daß König Ptolemaios ihm verbieten ließ, in seiner Schule weiter solch mörderische Lehren zu verbreiten), wollten damit nicht dem Sterben an sich ins Auge sehn, nicht es richtig beurteilen lernen – keineswegs hierauf hefteten sie ihre Gedanken: Ihnen schwebte ein neues Sein vor, dem sie entgegenzueilen suchten.

Und jene armen Sünder, die man auf dem Schafott stehen sieht, wie sie voll glühender Inbrunst die Ohren, ja all ihre Sinne so angespannt wie irgend möglich auf die ihnen vom Priester zugerufnen Ermahnungen richten, Augen und Hände gen Himmel erhoben, die Stimme in heftigster Verzückung unablässig laute Gebete hersagend, sie handeln gewiß löblich und einer solchen Not angemessen – löblich freilich nur ihrer Frömmigkeit, nicht aber, recht besehn, ihrer Standhaftigkeit wegen: Sie fliehen ja den Kampf. Sie lenken ihre Gedanken vom Tode ab (so wie man Kinder, die mit der Lanzette gestochen werden müssen, hiervon ablenkt). Ich habe gesehen, daß manche von ihnen, wenn ihr Blick einmal auf die gräßlichen Zurüstungen fiel, die um sie herum vorgingen, erschauerten und in wilder Verzweiflung ihre Gedanken anderswohin zu treiben schienen.

Denen, die einen gähnenden Abgrund überqueren müssen, rät man, ihre Augen zu schließen oder sich abzuwenden.

Subrius Flavius sollte auf Befehl Neros hingerichtet werden, obendrein durch die Hand Nigers, eines Feldherrn wie er selbst. Als man ihn nun an den Ort der Exekution führte und er sah, daß das Loch, das Niger für ihn als Grab hatte ausheben lassen, unordentlich und schief war, wandte er sich an die umstehenden Soldaten und sagte: »Nicht einmal das entspricht der militärischen Dienstordnung!« Und auf Nigers Ermahnung, er solle ihm den Kopf ohne Wanken entgegenhalten, antwortete er: »Schau lieber, daß du ohne Wanken zuschlägst!« Und seine Befürchtung bewahrheitete sich, denn in der Tat zitterte Nigers Arm so stark, daß er für die Enthauptung mehrere Streiche brauchte. Dieser Mann scheint mir seine Gedanken wirklich gradewegs und ohne mit der Wimper zu zucken dem Tod zugewandt zu haben.

Wer jedoch mit bewaffneter Hand im Kampfgetümmel fällt, macht sich in solchem Augenblick über den Tod keine Gedanken: Von der Hitze des Gefechts hingerissen, kümmert er ihn nicht, ja, er nimmt ihn nicht einmal wahr. Ein Ehrenmann aus meiner Bekanntschaft, der im Zweikampf gestürzt war und am Boden liegend spürte, wie sein Gegner neun-, zehnmal seinen Dolch in ihn stieß, während alle Umstehenden ihm zuriefen, er solle sein Seelenheil bedenken, hat mir später erzählt, daß diese Stimmen zwar seine Ohren erreicht, sein Inneres jedoch nicht im geringsten berührt hätten, da seine Gedanken ausschließlich darauf gerichtet gewesen seien, wieder auf die Füße zu kommen und sich zu rächen. Und tatsächlich tötete er seinen Gegner noch im selben Kampf.

Jener Hauptmann, der Lucius Silanus das Todesurteil überbrachte, hat ihm mit seinem Verhalten einen großen Dienst erwiesen, denn als er die Antwort des Verurteilten hörte, daß er wohl zu sterben bereit sei, nicht aber von so verbrecherischen Händen, stürzte er sich mit seinen Soldaten auf ihn, um ihn zu überwältigen; und obwohl Silanus, unbewaffnet wie er war, sich verbissen mit Fäusten und Füßen wehrte, wurde er niedergekämpft und getötet. So ersparte der Hauptmann ihm durch seinen jähen und wilden Wutausbruch das lange und schmerzliche Warten auf die Vollstreckung seines Todesurteils, das beschloßne Sache war.

Im Augenblick des Todes denken wir stets an andres: Wir klammern uns an die tröstliche Hoffnung auf ein beßres Leben im Jenseits oder auf die Tüchtigkeit unserer Kinder oder auf den künftigen Ruhm unsres Namens; wir klammern uns an die Vorstellung, daß wir den Übeln des Lebens entfliehen werden oder daß den an unserm Tod Schuldigen Rache droht:

Doch du, so hoffe ich, wirst – durch der Götter Macht! –
umringt von Meeresklippen in durchstürmter Nacht
mir büßen, Didos Namen flehentlich im Munde…
Denn bis ins Reich der Schatten dringt mir dann die Kunde!

Xenophon war gerade mit bekränztem Haupt bei einer Opferhandlung, als man ihm die Nachricht vom Tode seines Sohnes Gryllos in der Schlacht von Mantineia überbrachte. Erschüttert riß er sich den Kranz herunter und warf ihn zu Boden; als er dann aber vernahm, wie tapfer sich Gryllos bis zum letzten Atemzug geschlagen habe, setzte er ihn sich wieder auf.

Selbst Epikur tröstete sich, als sein Ende nahte, mit der

Nützlichkeit und Unvergänglichkeit seiner Schriften. *Alle Mühen, die zu Ruhm und Ansehn führen, sind leicht zu ertragen.* Und Xenophon erklärte, daß die gleiche Verwundung und die gleiche Beschwernis für einen Heerführer weniger beschwerlich seien als für einen gemeinen Soldaten. Nachdem man Epaminondas berichtet hatte, der Sieg sei seiner Seite treu geblieben, nahm er seinen Tod viel frohgemuter hin: *Dies ist Linderung, dies ist Balsam im größten Schmerz.* Und so gibt es dergleichen Umstände mehr, die unsre Aufmerksamkeit beanspruchen und uns damit von der Betrachtung des Sterbens ablenken.

Ja, sogar die Argumente der Philosophie laufen, als scheuten sie den Zugriff, ständig neben der Sache her und berühren kaum auch nur deren äußerste Schale. Dem führenden Mann der führenden und maßgeblichsten Philosophenschule, dem großen Zenon, fällt über den Tod nichts anderes ein als: »Kein Übel ist ehrwürdig; der Tod jedoch ist es; also ist er kein Übel.« (Und über die Trunksucht sagt er: »Niemand vertraut sein Geheimnis einem Trunkenbold an, jeder aber dem Weisen; also wird dieser kein Trunkenbold sein.«) Heißt das etwa ins Schwarze treffen? Wie freut es mich zu sehen, daß selbst solch überragende Geister Dummheiten machen und unsresgleichen nicht abschütteln können! Sie bleiben, so vollkommne Menschen sie auch sein mögen, eben Menschen, mit aller Erdenschwere.

Rache ist süß und die Gier danach eine uns von der Natur zutiefst eingepflanzte Leidenschaft. (Ich sehe es wohl, obschon ich sie an mir selbst nie erfahren habe.) Um neulich einen jungen Fürsten hiervon abzuhalten, bin ich deshalb nicht so vorgegangen, daß ich ihm etwa gesagt hätte, man müsse dem, der einem auf die rechte Backe schlägt, aus christlicher Nächstenliebe nun die linke darbieten; noch malte ich ihm die tragischen Folgen aus, die von der Dichtung dieser Leidenschaft zugeschrieben werden. Vielmehr ließ ich sie auf sich beruhn und ging eifrigst daran, ihm die Schönheit der entgegengesetzten Vorstellung schmackhaft zu machen: Welche Ehre nämlich, welchen Beifall und welches Wohlwollen er sich durch Milde und Güte erwerben könne. Ich lenkte also seinen Rachedurst auf die Ehrliebe ab. So muß man's machen!

Wenn in der Liebe eure Leidenschaft zu mächtig wird, so teilt sie auf, rät man uns; und man rät es uns zu Recht, denn ich habe das oft erfolgreich ausprobiert. Zerstückelt sie in verschiedne Einzellüste, von denen eine, wenn ihr wollt, bestimmen und das Regiment führn mag; doch damit diese euch nicht unter ihre Fuchtel nehme, zügelt und zähmt sie, indem ihr sie ihrerseits so breit wie möglich aufteilt!

Den Samen, klopft im Glied euch das erhitzte Blut, //
spritzt irgendeinem Leib ein, denn das kühlt die Glut.

Hierauf seid aber rechtzeitig bedacht, damit ihr nicht in Bedrängnis geratet, wenn dergleichen Lust euch erst einmal ganz in der Gewalt hat:

Die alten Wunden flugs durch neue überwunden!
Im Streunen hast du Venus, streunend, schnell gefunden.

Ich wurde einst von einem mächtigen Schmerz ergriffen, mächtig nicht nur wegen meiner Wesensart, sondern mehr noch wegen seines Grunds. Ich wäre vielleicht daran gestorben, wenn ich mich allein auf meine Kräfte verlassen hätte. Da ich also einer starken Ablenkung bedurfte, um mich seinem Zugriff zu entwinden, beschloß ich, mich nach allen Regeln der Kunst zu verlieben – wobei mir mein damaliges Alter zu Hilfe kam. Auf diese Weise verschaffte mir die Liebe Erleichtrung und entriß mich dem Schmerz, in den mich der Verlust eines Freundes gestürzt hatte.

So ergeht es mir allenthalben. Ein quälender Gedanke bedrängt mich – und schon habe ich ihn ausgetauscht, denn das finde ich einfacher, als ihn zu bändigen: Kann ich ihn nicht durch einen gegenteiligen verdrängen, so zumindest durch einen andern. Jede Veränderung erleichtert, löst und zerstreut. Wenn ich aber den Gedanken nicht niederzukämpfen vermag, entwische ich ihm, und auf der Flucht schlage ich Haken und überliste ihn, indem ich Ort, Tätigkeit und Gesellschaft wechsle. Ich rette mich ins Gewühl andrer Beschäftigungen und Gedanken, wo er meine Spur verliert und mich nicht mehr finden kann.

So waltet die Natur durch die Wohltat der Unbeständigkeit; denn die Zeit, die sie uns als unfehlbare Ärztin für unsere Leiden zugewiesen hat, erzielt ihre Heilerfolge hauptsächlich, indem sie unsre Einbildungskraft mit immer wieder andern Dingen beschäftigt und auf diese Weise die ursprüngliche Schmerzempfindung, wie stark sie auch gewesen sei, abklingen und vergehen läßt.

Ein Weiser hat zwar nach fünfundzwanzig Jahren seinen sterbenden Freund kaum weniger deutlich vor Augen als in den ersten Monaten und Epikur zufolge überhaupt nicht weniger – war er doch der Meinung, daß weder die Vorwegnahme noch das Altern unsres Ungemachs es auch nur im geringsten lindre; aber soviel andere Gedanken durchkreuzen die Erinnrung, daß sie schließlich doch dahinsiecht und verblaßt.

Weil Alkibiades die über ihn umlaufenden Gerüchte in eine andre Richtung lenken wollte, schnitt er seinem schönen Hund Ohren und Schwanz ab und jagte ihn so auf den Marktplatz, damit die Leute nun hierüber klatschen könnten und ihn bei seinem übrigen Tun in Ruhe ließen. Auch habe ich gesehn, daß Frauen, um ebenfalls die Leute von ihren Meinungen und Mutmaßungen abzubringen und die Schwätzer auf eine falsche Spur zu lenken, ihre wirklichen Liebschaften hinter vorgeschobnen verbargen. Eine freilich beobachtete ich, die bei einem solchen Täuschungsmanöver ernstlich Feuer fing und ihre ursprüngliche, ihre wahre Liebe zugunsten der gespielten aufgab.

Hieraus habe ich gelernt, daß Männer, die sich gut gebettet finden, Einfaltspinsel sind, wenn sie diesem Mummenschanz zustimmen. Da der Besuch der öffentlichen Empfänge einem solch fingierten Verehrer vorbehalten bleibt, müßte er, glaubt mir, schon recht begriffsstutzig sein, wenn er am Ende nicht euren Platz einnähme und euch auf den seinen verwiese. So etwas heißt doch einen Schuh zuschneiden und zusammennähn, damit ein andrer ihn anzieht!

Es braucht wenig, uns abzulenken und zu zerstreun, denn es braucht wenig, uns festzuhalten. Wir betrachten die Dinge selten in ihrer ganzen Größe und ganz für sich. Es sind unerhebliche Umstände und bloße Oberflächenreize, die uns beeindrucken, es sind die abgeworfnen leeren Hüllen der Dinge,

den Häutchen gleich, von denen, leicht und fein,
im Sommer die Zikaden sich befrein.

Selbst Plutarch wird jedesmal von Trauer über den Tod seiner Tochter ergriffen, wenn ihm ihre harmlosen Kinderpossen wieder in den Sinn kommen. Die Erinnrung an ein Abschiedswort, eine bestimmte Handlung, eine besondre Liebenswürdigkeit, eine letzte Empfehlung bedrückt uns. Die blutverschmierte Toga Caesars versetzte ganz Rom in Aufruhr – sein Tod hatte es nicht vermocht!

Nehmen wir einmal uns in den Ohren klingende Ausrufe wie »Mein armer Herr!« oder »Mein teurer Freund!«, »Ach, mein liebster Vater!« oder »Meine gute Tochter!«. Wenn dergleichen Klagen mir mit ihrer ständigen Wiederholung hart zusetzen und ich über das Warum nachzudenken beginne, wird mir erst so recht bewußt, daß es sich lediglich um sprachliche Laute handelt: Die Worte und der Tonfall also sind es, die mir unter die Haut gehn (bewegen die Ausrufe der Prediger die Zuhörer doch ebenfalls oft stärker als ihre Argumente, und es ist, wenn man uns zur

Speise ein Tier schlachtet, sein klägliches Wimmern, das uns erschüttert), ohne daß ich deswegen zum wahren und wirklichen Wesen der Sache durchstieße und sein Gewicht ermäße.

Des Schmerzes Klagelied in unserm Ohr –
sein Klang allein ruft unsern Schmerz hervor;

allein hierauf also gründet unsre Betroffenheit.

Da sich meine Nierensteine hartnäckig festzusetzen pflegen, vor allem in der Rute, haben mich zuweilen lange Harnverhaltungen von drei, vier Tagen Dauer heimgesucht und mich dem Tod so nahe gebracht, daß es Torheit gewesen wäre zu hoffen, ich könnte ihm entgehn – ja, es angesichts der in diesem Zustand losbrechenden teuflisch grausamen Schmerzattacken auch nur zu wünschen. (Was war jener abgefeimte Kaiser Tiberius, der seinen Verbrechern die Rute zubinden ließ und sie so, da am Pissen gehindert, in den Tod trieb, doch für ein genialer Meister der Folterkunst!)

Wenn ich mich nun in solcher Bedrängnis fand, sann ich darüber nach, welch belanglose Dinge meine Einbildungskraft zum Anlaß nahm, mich den Verlust des Lebens bedauern zu lassen, aus welchen Stäubchen sich in meiner Seele das Bedrückende und Beschwerliche dieses Abschieds zu Bergen türmte und welch lächerlichen Gedanken wir inmitten einer so ernsten Bedrohung Raum geben: Ein Hund und ein Pferd, ein Buch und ein Glas (und was sonst noch alles) gingen voll in meine Verlustrechnung ein. Für andre sind es ihre ehrgeizigen Hoffnungen, ihr Geldbeutel oder ihr Wissen – und das ist, dünkt mich, nicht minder dumm.

Der Tod brachte mich keineswegs aus der Ruhe, wenn ich ihn mir als unser aller Los ansah, als jedermanns Ende. Im ganzen meistere ich ihn, im einzelnen er mich: Die Vorstellung der Tränen eines Bediensteten, der letztwilligen Verteilung meiner Kleider, der Berührung durch eine vertraute Hand, ja, der mir dann zufließenden unbeholfen-banalen Trostworte macht mich untröstlich.

So wühlen auch die Klagelieder der Sagen unsre Seelen auf; die Trauer der Dido und der Ariadne ergreift selbst jene, die der Erzählung Vergils oder Catulls nicht im geringsten glauben. (Es beweist ein hartes und herzloses Naturell, keinerlei Bewegung dabei zu empfinden, wie man es als verblüffend von Polemon berichtet; aber schließlich erbleichte er nicht einmal beim Biß eines tollwütigen Hundes, der ihm die Wade vom Bein fetzte.) Ein Mensch mag noch so weise sein, niemals wird er allein durch seinen Verstand ein Herzeleid in seiner ganzen Tiefe derart nachzuempfinden vermögen, daß er nicht noch mehr erschüttert würde, wenn es unmittelbar vor ihn tritt, wenn Auge und Ohr es wahrnehmen – Sinne also, die doch nur durch Oberflächenreize zu erregen sind!

Ist es recht, daß selbst die Freien Künste sich unserer angebornen Unzulänglichkeit und Dummheit bedienen und sie sich zunutze machen? Der Anwalt soll, lehrt die Rhetorik, im Possenspiel seines Plädoyers sich durch den Klang seiner Stimme und sein Hingabe vortäuschendes Gebaren in Erregung versetzen und schließlich von der Leidenschaft, die er darstellt, selbst hinters Licht führn lassen. Er soll folglich durch die so von ihm inszenierte Gaukelei einen wirklichen, wahren Schmerz seinem Innern einpflanzen und ihn den Richtern vermitteln, die an der Sache noch weniger interessiert sind als er – wie jene Klageweiber, die man bei Leichenbegängnissen zur Förderung der Trauer des Festgefolges dingt und die ihre Betrübnis nach Umfang und Gewicht der Tränen verkaufen; denn wenn sie ihre Erschüttrung zunächst auch nur spielen, werden sie, indem sie sich in das den andern abgesehne Gebaren einüben und es übernehmen, zweifellos oft voll und ganz mitgerissen und von echter Wehmut befallen.

Ich habe seinerzeit mit vielen seiner Freunde die Leiche des Herrn de Grammont von La Fère, bei dessen Belagrung er gefallen war, nach Soissons zu Grabe geleitet. Dabei sah ich, wie überall, wo wir durchkamen, die Leute beim bloßen Anblick unsres prunkvollen Leichenzugs in Weinen und Wehklagen ausbrachen, obwohl ihnen nicht einmal der Name des Verstorbnen bekannt war.

Quintilian behauptet, Schauspieler gesehn zu haben, die von einer Trauerrolle derart ergriffen worden seien, daß sie noch zu Hause geweint hätten; und er selbst habe sich den Schmerz, den er jemand anderm zugefügt, einmal so zu eigen gemacht, daß er plötzlich nicht nur erbleicht und in Tränen ausgebrochen, sondern auch wie ein wirklich gramgebeugter Mann zusammengesunken sei.

In einer Gegend nahe unsren Bergen spielen die Witwen den *Priester Martin*, der in der Messe sein eigner Ministrant war: Sie vergrößern einerseits die Trauer um den entschlafnen Gatten, indem sie seiner guten und angenehmen Eigenschaften gedenken, andrerseits heben sie im gleichen Atemzug all seine Unzulänglichkeiten hervor. So wollen sie gleichsam das Beklagenswerte durch das Verächtliche abschwächen und damit sich selbst wieder etwas ins Gleichgewicht bringen.

Auf diese Weise verhalten sie sich weitaus natürlicher als wir, die wir uns beim Tod des erstbesten Bekannten in den Kopf setzen, ihm nie dagewesne Vorzüge anzudichten und ihn nun, da wir ihn aus den Augen verlorn haben, zu einem Mann zu machen, der mit dem, wie er uns vorher zu sein schien, nichts mehr gemein hat: als ob das Trauern ein Lehrstück wäre oder als ob die Tränen, indem sie uns den Verstand auswaschen, ihn klarer machten.

Ich verzichte hiermit im voraus auf alle schmeichelhaften Zeugnisse, die man mir dereinst vielleicht ausstellen wird – man tut es dann ja nicht, weil ich sie verdiene, sondern weil ich tot bin.

Wenn einer den dort fragte: »Welchen Gewinn versprichst

du dir von der Teilnahme an dieser Belagrung?«, erhielte er die Antwort: »Keinen! Ich will nur dem Beispiel der andern folgen und meinem Fürsten gehorsam sein – für mich suche ich nicht den geringsten Nutzen; und was den Ruhm betrifft, weiß ich wohl, welch kleinen Teil hiervon ich als kleiner Mann erwarten kann. Ich gehe jedenfalls ohne Leidenschaft und innre Teilnahme in den Kampf.« Doch seht ihn euch nur anderntags an, wie er völlig verändert in seiner Schlachtreihe steht, rot und kochend vor Wut zum Sturm bereit! Das Blitzen der vielen Waffen um ihn herum ist es, das Feuer der Kanonen und das Gedröhn der Trommeln, was ihm auf einmal diesen Grimm und Haß in die Adern jagt.

Welch nichtiger Grund, werdet ihr mir sagen. Wieso Grund? Es bedarf keines Grunds, um unsre Seele aufzurühren – schon ein ungreifbares, wesenloses Hirngespinst kann sie erregen und seiner Herrschaft unterwerfen. Wenn ich mich darauf einlasse, Luftschlösser zu bauen, zimmert mir meine Phantasie Annehmlichkeiten und Vergnügungen zurecht, die meine Seele so kitzeln und aufkratzen, als wären sie wirklich. Und wie oft geschieht es andrerseits, daß dunkle Wahngebilde unsern Geist in Wut oder Trübsal treiben und wir uns in eingebildete Leiden verrennen, die Leib und Seele am Ende tatsächlich krank machen!

Zu welchen Grimassen des Lachens, des Erschreckens oder der Bestürzung verzerren solche Halluzinationen unsre Gesichter! Wie lassen sie die Gliedmaßen herumfuchteln und die Stimme aufkreischen! Scheint jener Mensch da drüben, obwohl allein, nicht von der Zwangsvorstellung besessen, er müsse verzweifelt auf einen gegen ihn andringenden Haufen einreden – oder fühlt er sich gar von einem innren Dämon verfolgt?

Fragt euch einmal selbst, wer als einziges Wesen solchen Obsessionen unterliegt: Gibt es in der Natur irgendein anderes, dessen Nährmutter und Gebieterin die Wesenlosigkeit ist?

Weil Kambyses im Schlaf träumte, seinem Bruder sei es bestimmt, König von Persien zu werden, ließ er ihn umbringen: einen Bruder, den er liebte und der seit eh und je sein volles Vertrauen besaß!

Aristodemos, König von Messenien, beging Selbstmord, weil er was weiß ich welch Geheul seiner Hunde in seiner Einbildung für ein böses Omen hielt. Und König Midas tat aus Unruhe und Verstörung über einen lästigen Traum desgleichen. Das heißt mir sein Leben nach seinem rechten Wert einschätzen, wenn man es eines Traumes wegen von sich wirft!

Doch hört euch an, wie auftrumpfend unser Geist über die Misere des Körpers spricht, über dessen Mangelhaftigkeit, die ihn für alle erdenklichen Verletzungen und Krankheiten anfällig macht – ausgerechnet er glaubt sich berechtigt, so daherzureden!

O unglücksel'ger Ton, den allzu unbedacht
zu formen einst Prometheus sich ans Werk gemacht:
Dem Körper nur galt seine Kunst und nicht dem Geist.
So bleibt nun jener, diesen missend, stets verwaist.

5

Über einige Verse des Vergil.

Je gehalt- und bedeutungsvoller die uns förderlichen Gedanken sind, desto stärker nehmen sie uns in Anspruch. Laster und Tod zum Beispiel, Armut und Krankheit sind gewichtige Gegenstände, und ihr Gewicht ist drückend. Unsre Seele sollte daher in den Mitteln, wie man dergleichen Übeln standhält und sie bekämpft, unterwiesen sein, unterwiesen auch in den Geboten des rechten Lebens und des rechten Glaubens; es gilt, sie immer wieder zum edlen Bemühen um deren Aneignung zu ermuntern und sie hierin einzuüben. Bei einer Seele der gewöhnlichen Art jedoch sollte dies mit Maßen geschehn: Sie braucht Erholungspausen, denn sie gerät durcheinander, wenn man ihr eine ununterbrochne Anstrengung abverlangt.

In meiner Jugend mußte ich mich ständig zur Ordnung und Besinnung rufen. Lebenslust und Gesundheit, sagt man, tun sich schwer mit der so weisen und ernsten Stimme der Vernunft. Gegenwärtig aber bin ich in einer andren Lage: Nun sind es die Altersbeschwerden, die mich mehr als genug zur Ordnung und Besinnung rufen und mich ins Gebet nehmen. Aus einem Zuviel an Lustigkeit bin ich in ein Zuviel an Ernst verfallen, und das ist mißlicher.

Aus diesem Grund lasse ich mich zur Zeit absichtlich ein wenig gehn und befasse den Geist zuweilen gar mit jugendlich übermütigen Gedankenspielen, in denen er sich entspannt. Ich bin mittlerweile allzu gesetzt, allzu bedächtig, allzu gereift. Die Jahre üben mich Tag für Tag in kühle Zurückhaltung und Enthaltsamkeit ein. Dieser Körper fürchtet inzwischen die Ausschweifungen und meidet sie. Jetzt ist er an der Reihe, die Führungsrolle zu übernehmen und seinerseits den Geist zur Umkehr zu zwingen – wobei er ein noch härteres und herrischeres Regiment führt: Er verbietet mir, ob ich schlafe oder wache, seinen Lehrgang über Leiden, Buße und Tod auch nur eine Stunde zu schwänzen.

Aber wie ehedem gegen die Wollust wehre ich mich nun gegen die Enthaltsamkeit. Sie zieht mir die Zügel zu straff an – bis zum Empfindungsverlust. Ich will jedoch Herr meiner selbst sein, in jedem Sinne. Auch die Weisheit kann man übertreiben, sie bedarf somit der Mäßigung nicht minder als die Torheit. Aus Furcht, vor lauter Vernünftigkeit zu welken, auszutrocknen und zusammenzusinken, stehle ich mich daher in den Ruhepausen, die mir meine Beschwerden gewährn, auf leisen Sohlen davon,

daß nicht ständig meine Seele
sich mit ihren Leiden quäle,

und wende meinen Blick von diesem wolken- und gewitterschweren Himmel, der sich vor mir türmt. (Zwar kann ich ihn Gott sei Dank ohne Entsetzen betrachten, doch nicht ohne Beklemmung und Nachdenklichkeit.) So lustwandle ich in der Erinnerung an meine verfloßnen Jugendjahre.

Der Seele steht nach dem, was sie verlor, der Sinn:
Sie gibt den Bildern der Vergangenheit sich hin.

Daß die Jugend nach vorne blickt, das Alter nach hinten – war es nicht dies, was das Doppelgesicht des Janus besagte? Sollen die Jahre, wenn es ihnen beliebt, mich doch mit sich ziehen, aber bitte rücklings! Solang meine Augen die entschwundne Zeit noch in ihrer Schönheit erkennen können, wende ich sie ihr wieder und wieder zu. Mag die Jugend mir auch aus Blut und Adern fliehn, will ich wenigstens ihr Bild nicht meinem Gedächtnis entreißen,

denn zweimal lebt, wer heut
sich seines Gestern freut.

Platon verordnet den Greisen, sie sollten den Übungen,

Tänzen und Spielen der Jugend beiwohnen, damit sie an andern die ihnen selbst verlorengegangne Geschmeidigkeit und Schönheit des Körpers genießen und sich ihre eigne Anmut ins Gedächtnis rufen, die das Vorrecht dieses blühenden Alters sei; und er wünscht, daß sie bei diesen Lustbarkeiten die Ehre des Sieges demjenigen Jüngling zusprächen, der die meisten unter ihnen ungemein entzückt und begeistert habe.

Ehedem verzeichnete ich die drückenden und düstren Tage als Ausnahmen; nun sind sie mir die gewöhnlichen, Ausnahmen hingegen die beschwingten und hellen. Bald bin ich so weit, daß ich wie über eine beispiellose Gnade Freudensprünge mache, wenn mich einmal gar nichts plagt. Selbst durch Kitzeln kann ich meinem elenden Körper kaum noch ein armseliges Lachen entlocken. Lediglich mit Träumereien und Gedankenspielen vermag ich mich aufzuheitern und durch diese List den Gram des Alters zeitweise zu verscheuchen. Doch ihn auf Dauer fernzuhalten bedürfte es gewiß einer anderen Arznei als der Träumereien – welch kläglicher Kunstgriff wider die allmächtige Natur!

Es ist höchst einfältig, die Widrigkeiten des menschlichen Lebens durch Vorwegnahme zu verlängern, wie es jeder tut. Ich will lieber weniger lange alt sein als alt sein, ehe ich es bin. Noch die geringsten Gelegenheiten zum Vergnügen, die sich mir bieten, packe ich mit beiden Fäusten. Vom Hörensagen kenne ich zwar vielerlei Arten der Lust, die als weise, mannhaft und rühmlich gelten; andrer Leute Meinung hat jedoch nicht genug Macht über mich, meinen Appetit auf so etwas zu wecken: Weniger um Größe, Glanz und Gloria geht es mir bei der Lust als vielmehr darum, daß sie keine Mühe mache, leicht zur Hand sei und meinen Sinnen schmeichle. *Wir entfernen uns von der Natur und folgen der Mehrheit, von der nie etwas Gutes kommt.*

Meine Philosophie besteht im Tun, in der natürlichen Praxis des Hier und Heute – im Spekulieren kaum. Ich könnte mich ohne weiteres mit dem *Nüßchenspiel* oder einem Kreisel vergnügen.

Der Leute Reden ließ ihn völlig kalt,
da seinem Wohl allein sein Streben galt.

Die Sinnenlust hat wenig mit Ehrgeiz zu tun. Sie findet sich selbst so reich, daß keine Reputation sie reicher machen könnte. Am wohlsten fühlt sie sich daher im Schatten. Den Mann müßte man verprügeln, der in seiner Jugend die Zeit damit verschwendete, die Geschmacksunterschiede von Weinen und Soßen herauszufinden. Ich wüßte jedenfalls nichts, was ich einst weniger gekannt und geschätzt hätte – jetzt aber bin ich drauf und dran, es zu lernen. Hierüber empfinde ich große Scham, doch was soll ich tun? Noch größere Scham und Verärgerung empfinde ich über den Grund, der mich dazu treibt: daß es nämlich nun an uns Alten ist, unsre Zeit mit Albernheiten zu verschwenden, und an der Jugend, auf ihr Ansehn und Fortkommen zu achten. Sie geht der großen Welt, der öffentlichen Wertschätzung entgegen, wir kehrn von dort zurück. *Für sie die Waffen und Pferde, für sie die Lanzen, Keulen und Bälle, für sie das Schwimmen und Wettrennen; mögen sie uns von so vielen Lustbarkeiten wenigstens das Würfelspiel lassen!*

Selbst die Gesetze schicken uns nach Hause. Alles, womit ich mich in dieser erbärmlichen Lage, der mein Alter mich ausliefert, noch abgeben kann, sind Spielzeug und sonstiger Klimbim – als wäre ich wieder in der Kindheit; und in sie fallen wir ja wirklich zurück. So werden Weisheit und Torheit ganz schön zu tun haben, sich abwechselnd mir in der Kalamität meines Greisentums zu helfen und Halt zu geben.

Misch zuletzt auch Narretei
deinem ernsten Sinnen bei!

Auch schrecke ich mittlerweile vor den leichtesten Stichen

zurück, und was mich früher kaum gekratzt hätte, geht mir jetzt durch Mark und Bein – so empfindlich beginnt mein Naturell auf jedes Übel zu reagiern. *Einen anfälligen Körper wirft das geringste Leiden um,*

und keinerlei Beschwer
erträgt die Seele mehr.

Dünnhäutig und wenig abgehärtet gegen Schmerzen bin ich immer gewesen; jetzt aber habe ich noch weniger Widerstandskraft und sehe mich ihnen von allen Seiten ausgesetzt.

Was schon geborsten, dauert nicht:
ein leichter Stoß, und es zerbricht.

Mein Verstand bewahrt mich zwar davor, gegen die Mißlichkeiten zu maulen und zu murren, die hinzunehmen mir die Natur auferlegt, nicht jedoch davor, sie zu empfinden. Ich würde von einem Ende der Welt zum andern laufen, könnte ich ein glückliches Jahr heitrer und wohlgemuter Ruhe finden, denn mein einziges Ziel ist es, zu leben und guter Dinge zu sein. Düstre und dumpfe Ruhe gibt es für mich genug, doch sie schläfert mich ein und macht mir einen schweren Kopf. Nie werde ich mich damit zufriedengeben. Fände sich irgendein Mensch, fände sich irgendeine angenehme Gesellschaft auf dem Lande oder in der Stadt, in Frankreich oder anderswo, ansässig oder reisend, denen meine Gemütsart ebenso zusagte wie mir die ihre, brauchten sie nur auf den Fingern nach mir zu pfeifen, und stracks versorgte ich sie mit neuen *Essais* – aus Fleisch und Blut!

Da es das Vorrecht des Geistes ist, sich über das Alter zu erheben, rate ich dem meinen eindringlich, es zu tun. Möge er, soweit es in seinen Kräften steht, wie die Mistel auf dem abgestorbnen Baum grünen und blühn! Ich fürchte nur, er ist ein treuloser Gesell: So eng hat er sich bereits mit dem Körper verbrüdert, daß er mich alle Augenblicke im Stich läßt, um ihm in seine Misere zu folgen. Vergeblich nehme ich ihn mir beiseite und rede mit Schmeichelworten auf ihn ein. Ich mag mich noch so angestrengt bemühn, ihm diese Kumpanei zu verleiden, indem ich ihm Seneca und Catull oder die Damen am Hofe und ihre königlichen Tänze zum Ausgleich anbiete – kaum hat sein Kumpan die Kolik, und schon hat er sie offensichtlich auch. Selbst zu seinem ureigensten Tun kann er sich dann nicht mehr aufschwingen: Er wirkt auf einmal so, als hätte ihn die Kopfgrippe gepackt – all seine Munterkeit ist mit der des Körpers dahin.

Unsere philosophischen Lehrmeister haben unrecht, wenn sie die außerordentlichen Aufschwünge unsres Geistes nur einer göttlichen Verzückung oder der Liebe zuzuschreiben suchen oder kriegerischem Kampfeseifer oder der Dichtkunst oder dem Wein, ohne dabei auch der körperlichen Gesundheit ihren Anteil einzuräumen: einer unbeschwerten, umfassenden und kraftvollen, ja überschäumenden Gesundheit, wie ich sie in meinen grünenden und sorgenfreien Jahren immer wieder genießen durfte.

Solch feurige Lebensfreude zündet im Geist helleuchtende Blitze, die ihn über unser natürliches Fassungsvermögen hinaustragen und uns mit einer Begeistrung der ausgelassensten, überschwenglichsten Art erfüllen. Da ist es doch wahrhaftig kein Wunder, wenn der umgekehrte Gesundheitszustand meinen Geist niederdrückt, vernagelt und so das Gegenteil bewirkt:

Zu keinem Werk mehr kann er sich erheben.
So welkt ihm wie dem Leib das Leben.

Dabei möchte er, daß ich ihm auch noch dankbar bin, weil er, wie er behauptet, sich auf diese Kumpanei weit weniger als menschenüblich einlasse!

Verjagen wir zumindest während der uns gewährten Ruhepausen unsre Leiden und Beschwernisse aus unserm Umgang,

haltet eure Stirn, ihr Alten,
möglichst frei von Kummerfalten,

und *den Trübsinn heitre man durch Scherze auf.* Ich jedenfalls liebe eine fröhliche, gesellige Weisheit und fliehe alle harten und strengen Sitten. Schon eine zugeknöpfte Miene kommt mir verdächtig vor,

weil aus verkniffenem Gesicht
doch meist nur eitler Dünkel spricht. //
Wenn's steif zugeht, trifft man auf Schritt und Tritt
die geilsten Böcke – und die heucheln mit!

Ich glaube Platon von ganzem Herzen, wenn er sagt, daß man aus einem freundlichen Verhalten bereits auf eine gutartige Seele schließen könne, wie aus einem unfreundlichen auf eine böse. Sokrates und der alte Crassus hatten stets denselben Gesichtsausdruck; bei jenem war er jedoch gelöst und heiter, während man diesen niemals lachen sah.

Tugendhaftigkeit ist eine fröhliche und einnehmende Eigenschaft.

Ich weiß genau, daß von denen, die über die Zügellosigkeit meiner Schriften die Stirn runzeln, sehr wenige nicht eher über die Zügellosigkeit ihrer Gedanken die Stirn runzeln müßten. Im Innern sehen sie die Dinge wie ich, ihre Augen aber tun beleidigt. Wie anständig ist es doch, sich mit den Schriften Platons auseinanderzusetzen und dabei seine vermutlich intimen Beziehungen zu Phaidon und Dion, zu Aster und Archeanassa mit Stillschweigen zu übergehn! *Was zu fühlen man sich nicht schämt, das schäme man sich auch nicht zu sagen.*

Ich hasse einen mißmutigen und mürrischen Geist, der über die Freuden des Lebens hinwegschleicht und lieber auf dessen Widerwärtigkeiten verweilt, um sich daran zu weiden: wie die Schmeißfliegen, die auf einem glatten und glänzenden Gegenstand keinen Halt finden und sich statt dessen auf rauhen und rissigen Stellen niederlassen und festsetzen; oder wie die Schröpfköpfe, die nur das schlechte Blut in sich saugen.

Wie dem auch sei – ich habe mir zur Regel gemacht: Alles, was du zu tun wagst, wage auch zu sagen! Schon Gedanken, die ich nicht öffentlich aussprechen kann, sind mir zuwider. Die schlimmste meiner Handlungen oder Eigenschaften scheint mir nicht so häßlich, wie ich es häßlich und feige fände, wenn ich mich nicht traute, sie zuzugeben. Jeder ist zurückhaltend im Eingestehn einer Verfehlung, man sollte es aber in ihrem Begehen sein: Der Wagemut, etwas Unrechtes zu tun, erhielte durch den Wagemut, sich hierzu offen zu bekennen, ein Gegengewicht und würde so ziemlich gezügelt: Wer es sich zur Pflicht machte, alles zu sagen, würde es sich auch zur Pflicht machen, nichts zu tun, was man zu verschweigen gezwungen ist.

Wollte Gott, daß die allzugroßen Freiheiten, die ich mir beim Schreiben herausnehme, in unseren Menschen den Mut zu eigener Freiheit weckten: über all die feige nur vorgeheuchelten Tugenden hinweg, diese Ausgeburten unsrer Mängel und Makel – und daß ich sie mittels meiner Maßlosigkeit bis zum Richtmaß der Vernunft führte! Man muß seine Fehler erst einmal durchschauen, ehe man sie offenbarn kann. Jene, die sie vor andern verbergen, pflegen dies auch vor sich zu tun, denn sie halten sie für nicht verborgen genug, solang sie ihnen selbst noch sichtbar sind; sie verhüllen und verhehln sie daher vor ihrem eignen Gewissen. *Warum bekennt niemand seine Laster? Weil er ihnen noch immer verfallen ist. Nur ein Erwachter kann seine Alpträume erzählen.*

Die Krankheiten des Körpers klären sich, indem sie sich verschlimmern. So entdecken wir etwa, daß das, was wir Grippe oder Verstauchung nannten, in Wirklichkeit Gicht ist. Die Krankheiten der Seele hingegen werden mit zunehmender Verschlimmrung immer dunkler: Der Kränkste spürt sie am wenigsten. Ebendarum müssen wir sie oft mit unerbittlicher Hand dadurch in den Griff zu bekommen suchen, daß wir sie der Nacht unsrer Brust entreißen und ans Tageslicht zerrn – wie ja auch bei Missetaten nicht minder als bei empfangnen Wohltaten schon das offne Sprechen hierüber zuweilen Genugtuung genug ist. Kann etwa die Häßlichkeit einer Verfehlung uns von der Pflicht entbinden, sie zu beichten?

Mir ist jede Verstellung derart zuwider, daß ich es meide, mir Geheimnisse andrer anvertraun zu lassen, da ich es kaum fertigbringe abzustreiten, was ich weiß. Stillschweigen darüber zu bewahren vermag ich wohl, aber es ohne Widerwillen und Überwindung zu leugnen – nie. Wirklich verschwiegen sein setzt voraus, daß man es von Natur aus ist, nicht einer Verpflichtung wegen. Im Dienste der Fürsten gilt es aber als unzureichend, Geheimnisse bewahrn zu können: Man muß auch Lügner sein.

Wenn jener, der den Thales von Milet fragte, ob er unter Eid abstreiten solle, Unzucht getrieben zu haben, sich an mich gewandt hätte, wäre meine Antwort abschlägig gewesen, denn lügen finde ich noch schlimmer als Unzucht treiben. Thales freilich gab ihm die entgegengesetzte Empfehlung: Er solle den Eid leisten, um so das Mehr hinter dem Minder zu verbergen – was doch weniger auf eine Wahl zwischen zwei Verfehlungen hinauslief als darauf, beide zu begehn!

Hierzu sei beiläufig gesagt, daß man einem Mann mit Gewissen, den man vor die Wahl zwischen der Hinnahme irgendeiner Mißlichkeit und der Hingabe an ein Laster stellt, die Sache recht leicht macht, während man ihm eine schwere Entscheidung abverlangt, wenn man ihn zwischen zwei Lastern in die Klemme zwingt. Das geschah zum Beispiel dem Origenes: Er sollte entweder einen Götzen anbeten oder sich zur Lustbefriedigung eines großen und häßlichen Afrikaners mißbrauchen lassen, den man vor ihn führte. Er unterwarf sich der ersten Alternative – sündhafterweise, wie es in der Kirchengeschichte heißt. Demnach hätten jene Frauen gar nicht so unrecht, die uns heutzutage ihrem Irrglauben gemäß versichern, sie nähmen lieber die Hingabe an zehn Männer auf ihr Gewissen als eine Messe!

Wenn es ein Mangel an Zurückhaltung sein sollte, so wie ich hier die eignen Fehler zu veröffentlichen, besteht doch kaum Gefahr, daß dieses Beispiel Schule macht. Ariston pflegte denn auch zu sagen, die von den Leuten am meisten gefürchteten Stürme seien jene, die ihre Häuser abdeckten. Dabei gälte es doch gerade, jenen lächerlichen Lappen zu lüpfen, der unser Tun und Lassen deckt!

Man schickt sein Gewissen ins Bordell und spielt zugleich den Biedermann. Selbst Verräter und Meuchelmörder halten auf Etikette – für sie der Inbegriff von Pflicht. Dem Unrecht steht es jedoch nicht zu, Mangel an Höflichkeit, noch der Niedertracht, Taktlosigkeit zu beanstanden. Bedauerlich, daß ein Bösewicht nicht zugleich ein Tölpel ist, sondern seine Manieren seine Missetaten maskiern: Solch schöner Putz paßt nur zu einer gut und solid gemauerten Wand, die es verdient, erhalten und geweißt zu werden.

Ganz im Sinne der Hugenotten, die unsre Ohrenbeichte ablehnen, beichte ich in aller Öffentlichkeit, und dies gewissenhaft und rückhaltlos. Der heilige Augustinus, Origenes und Hippokrates haben die Irrtümer in ihren Anschauungen öffentlich eingestanden, ich obendrein die in meiner Lebensführung. Ich hungere danach, mich bekannt zu machen – wie vielen, kümmert mich nicht, solang es wahrheitsgetreu ist. Oder besser gesagt: Ich hungre nach nichts, sondern habe eine tödliche Angst davor, daß jene, denen mein Name zufällig bekannt wird, mich für anders halten könnten, als ich bin.

(Komische Marotte: Manches, was ich an sich keinem sagen möchte, sage ich hier allen, und meine vertrautesten Freunde verweise ich, wenn sie über mein geheimstes Wissen und Denken Aufschluß wünschen, an mein Buch.)

Was vermeint denn der zu gewinnen, der alles um der Ehre und des Ruhmes willen tut, wenn er sich der Welt in einer Maske zeigt und so den Menschen die Kenntnis seines wahren Wesens vorenthält? Man beglückwünsche einen Buckligen zu seiner schönen Figur, und er wird es als Beleidigung empfinden. Wenn du ein Hasenfuß bist und man dich als Haudegen ehrt – spricht man dann von dir? Nein, man verwechselt dich mit einem andern. Ebenso lächerlich fände ich es, wenn einer, vor dem man den Hut lüftet, weil man ihn versehentlich für den Obersten der Truppe hält, dies tatsächlich stolz auf sich bezöge, obwohl er nur einer der untersten Troßknechte ist.

Als König Archelaos von Makedonien durch eine Straße ritt, goß jemand Wasser über ihn aus; daraufhin rieten ihm seine Begleiter, den Mann zu bestrafen. »Ja, ja«, antwortete er, »aber schließlich hat er das Wasser nicht über mich ausgegossen, sondern über den, für den er mich hielt.« Und Sokrates erwiderte einem, der ihm hinterbrachte, daß man schlecht über ihn rede: »Alles falsch! In mir ist nichts von dem, was sie mir nachsagen!«

Was mich betrifft, würde mich einer, der mir schmeichelte, ich sei ein guter Steuermann oder sehr bescheiden oder völlig enthaltsam, zu keinerlei Dank rührn. Und bezeichnete mich umgekehrt einer als Verräter, Dieb oder Trunkenbold, ließe mich das ebenso unberührt. Jene, die sich verkennen, mögen sich an unverdientem Beifall weiden, nicht aber ich, der ich bis in mein Allerinnerstes schaue und es durchforsche und daher wohl weiß, was mir zukommt. Ich will gerne weniger gelobt werden, wenn man mich nur desto besser erkennt. Man könnte mich für weise halten – im Sinne einer Weisheit freilich, die ich *Torheit* nenne.

Es verdrießt mich, daß meine *Essais* den Damen gewöhnlich nur als Einrichtungsgegenstand dienen, den sie sich in den großen Salon stellen. Dieses Kapitel hier dürfte mir freilich in ihre Privatgemächer Eintritt verschaffen: Ich liebe den etwas intimeren Umgang mit ihnen – die öffentlichen Beziehungen bieten weder Wonne noch Würze. Beim Abschiednehmen flammt unsere Liebe zu den Dingen, die wir lassen müssen, heißer auf als je zuvor. Ich sage den Spielen der Welt für immer Lebewohl, dies hier ist unsre letzte Umarmung.

Doch kommen wir zu meinem Thema.

Was hat der Geschlechtsakt, dieser so natürliche, nützliche, ja notwendige Vorgang den Menschen eigentlich angetan, daß sie nicht ohne Scham davon zu reden wagen und ihn aus den ernsthaften und sittsamen Gesprächen verbannen? Wir haben keinerlei Hemmung, die Worte *töten*, *rauben* und *verraten* offen auszusprechen – und da sollen wir uns dieses eine bloß zwischen den Zähnen zu murmeln getraun? Meinen wir gar, wir hätten, je weniger Worte wir darüber machen, ein um so größeres Recht, mit unsren Gedanken ständig darin zu schwelgen?

Es ist doch ein Witz, daß die Worte, die am wenigsten in den Mund genommen, am seltensten geschrieben und am häufigsten verschwiegen werden, zugleich die bekanntesten und am besten verstandnen sind. Da ist niemand, wie alt und geartet auch immer, dem sie minder geläufig wären als das Wort *Brot*. Jedem prägen sie sich ein, keiner drückt sie aus: Worte ohne Laut, ohne Buchstabe – und just dem Geschlecht, das die Sache am meisten betreibt, hat man auferlegt, am beharrlichsten hierüber zu schweigen.

Ein genauso großer Witz ist es, daß diesen Akt dem Bann des Schweigens zu entreißen, mit dem wir ihn belegt haben, selbst dann noch als Verbrechen gilt, wenn es nur geschieht, um ihn anzuklagen und zu verurteiln. Sogar ihn zu geißeln wagen wir nur in bildhaften Umschreibungen. Welch Glück für einen Verbrecher, derart verworfen zu sein, daß das Recht es für Unrecht erklärt, ihn anzusehn oder gar Hand an ihn zu legen – verdankt er so doch ebender Schwere seiner Verurteilung seine Rettung und Freiheit!

Geht es damit nicht wie mit den Büchern, die, wenn sie verboten sind, um so mehr gekauft und verbreitet werden? Ich für mein Teil habe vor, Aristoteles beim Wort zu nehmen, der sagt, Schamhaftigkeit gereiche der Jugend zur Zierde, dem Alter aber bringe sie nur Spott ein. Die folgenden Verse werden von der Schule der Alten gepriesen, an die ich mich wesentlich stärker als an die der Heutigen halte (denn ihre Vorzüge scheinen mir die Mängel bei weitem zu überwiegen):

Es irrt, wer Venus zu sehr flieht,
wie wer zu sehr für sie erglüht. //
O Göttin, die du über alles waltest, nichts
Erquickliches entstünde jemals ohne dich,
und nichts erhöb' zu den Gestaden sich des Lichts.

Ich weiß nicht, wem es einfallen konnte, der Pallas und den Musen eine feindselige Haltung gegenüber Venus und eine kalte Zurückweisung Amors zu unterstellen. Ich jedenfalls kenne keine Gottheiten, die sich besser vertrügen und einander mehr verdanken. Wer den Musen ihre Liebesträume nähme, würde sie ihrer schönsten Spiele und des edelsten Stoffs ihrer Werke berauben; und wer Amor den Umgang mit der Dichtkunst und den Genuß ihrer Dienste verlieren ließe, brächte ihn um seine besten Waffen. Der Gott der intimen Zuneigung und die Schutzgöttinnen der menschlichen Künste und Wissenschaften stünden dann so da, als hätten sie, dem Laster der Undankbarkeit frönend, völlig vergessen, wieviel sie einander schulden.

Ich bin noch nicht so lange von der Hofliste der Bedienten und Gefolgsleute Amors gestrichen, daß meinem Gedächtnis seine bezwingende Macht entschwunden wäre,

noch durchwärmt mein Blut
jene alte Glut,

und nach dem Fieber verbleibt mir eine Spur von Erregtheit und Hitze –

möge diese Glut lang weiterschwelen,
nie in meines Lebens Winter fehlen!

Ausgetrocknet und gebeugt, spüre ich doch immer noch ein paar laue Reste des frühren Feuers,

wie auch, erlahmt der Süd, erlahmt der Nord,
das Meer, zuvor gepeitscht und aufgewühlt,
sich nicht sofort beruhigt, nicht sofort
sich glättet, weil's der Stürme Nachwehn fühlt.

Soweit ich mich aber darauf verstehe, kommt die bezwingende Macht dieses Gottes in den Darstellungen der Dichtkunst noch lebendiger und eindringlicher zur Geltung, als sie es an sich schon ist, denn

Verse haben Finger.

Die Dichtkunst überflügelt deswegen mit ihrem mir unergründlichen Liebeszauber die Liebe selbst, ist Venus doch in ihrer ganzen Nacktheit und vor Lust keuchenden Wirklichkeit nicht so schön wie hier bei Vergil:

Die Göttin, ihre Arme weiß wie Schnee, umschlingt
gelind Vulkan, den Zögernden, und schon durchdringt
die altvertraute Flamme, altvertraute Glut
des bebend Hingestreckten Mark und Bein und Blut:
Die Wolken spaltet so des Blitzes jäher Strahl,
mit Donner Feuergarben sprühend sonder Zahl.
. . . . *So liegt Vulkan,*
vom Liebesdienst die Glieder schlaff, nun regungslos
und wohlig hingegossen in der Gattin Schoß.

Freilich ist dazu meines Erachtens anzumerken, daß der

Dichter sie für eine verheiratete Venus doch etwas zu leidenschaftlich darstellt. Im vernunftgelenkten Geschäft der Ehe sind die sinnlichen Begierden nicht derart wild, sondern abgestumpfter und eher trübselig. Die Liebe haßt es, wenn zwei Menschen nicht ausschließlich um ihretwillen zusammenhalten, und nimmt deshalb nur als lustloser Gast an Verbindungen teil, die zu andren Zwecken eingegangen und aufrechterhalten werden, und das ist bei der Ehe der Fall: Familienbande und Vermögen haben darin zu Recht ebensoviel Gewicht wie Anmut und Schönheit, oder noch mehr.

Man heiratet nicht für sich, was immer man sagen mag, sondern in gleichem, wenn nicht stärkerem Maße für seine Nachkommen, für seine Familie. Der Brauch der Eheschließung nutzt weit über uns hinaus unserm ganzen Geschlecht. Daher gefällt mir die Gepflogenheit, eine Heirat eher durch Dritte als durch das Paar selbst ausrichten zu lassen und sie auf das Urteil andrer statt aufs eigne zu gründen.

Wie entgegengesetzt ist das alles zu den Liebeshändeln! Deshalb finde ich es eine Art Unzucht (was ich, entsinne ich mich recht, schon an andrer Stelle sagte), wenn man sich im so verehrungswürdigen und geheiligten Ehebund den maßlosen Ausschweifungen der Sinnenbrunst hingibt. Der Mann, sagt Aristoteles, dürfe seine Frau nur zurückhaltend und zuchtvoll berührn, damit sie, falls er sie allzu ungestüm reize, vor Wollust nicht außer Rand und Band gerate.

Und was dieser des Gewissens wegen rät, raten die Ärzte der Gesundheit wegen: Eine allzu heftige und hitzige Wollust, erklären sie, verderbe den Samen und hemme die Empfängnis. Andrerseits sagen sie, daß man einen lauen Geschlechtsverkehr, wie es der eheliche von Natur aus ist, nur in beträchtlichen Abständen ausüben solle, damit sich die gebotene Inbrunst speichre,

weil des Mannes Samen nur zur Zeugung taugt,
wenn der Gattin Schoß ihn gierig in sich saugt.

Ich kenne keine Ehen, die schneller in Schwierigkeiten geraten und scheitern als jene, die sich auf Schönheit und Liebesverlangen gründen. Es bedarf hierzu festerer und dauerhaftrer Fundamente sowie eines stets umsichtigen Vorgehns – überschäumendes Ungestüm ist da fehl am Platz.

Die Leute, die den Ehestand zu ehren glauben, indem sie ihm die Liebe beigesellen, kommen mir vor wie jene, die meinen, sie erwiesen der Tugend mit der Behauptung einen Dienst, sie und Adel seien letztlich eins. Das sind aber zwei Dinge, zwischen denen, auch wenn sie eine gewisse Verwandtschaft aufweisen, erhebliche Unterschiede bestehn. Man sollte deshalb ihre Namen, und was ihnen gebührt, nicht durcheinanderbringen, denn damit tut man beiden unrecht.

Der Adel ist etwas Schönes und wurde zu Recht eingeführt; da er sich aber andern verdankt und selbst einem lasterhaften Taugenichts zufallen kann, steht er an Achtbarkeit weit unter der Tugend. Wenn man ihn trotzdem als Tugend bezeichnen wollte, dann ist sie künstlich und ihm äußerlich: abhängig von Zeit und Glück, je nach Landstrich unterschiedlich in der Form, fortdauernd oder aussterbend, nicht anders als der Nil ungeklärten Ursprungs, einzeln vererbt und doch vielen gemein sowie nach- und nebeneinander bestehend infolge von Herleitungen, die äußerst dürftig sind. Wissen und Stärke hingegen, Güte und Schönheit, innrer Reichtum und dergleichen sonstige Eigenschaften nehmen Verbindung miteinander auf und tauschen sich aus – einzig der Adel verzehrt sich in sich selbst. Er ist daher für den Dienst an Dritten völlig untauglich.

Einem unsrer Könige schlug man für ein und dasselbe Amt zwei Bewerber vor, von denen der eine adlig war, der andre nicht. Er befahl, daß man ohne Rücksicht auf diesen

Standesunterschied den wähle, der am fähigsten sei; nur bei völlig gleicher Eignung solle dem Adel Rechnung getragen werden. Damit wies er diesem den ihm genau angemeßnen Rang zu. Und Antigonos antwortete einem jungen Mann, der sich noch in nichts hervorgetan hatte, ihn aber um das Amt seines gerade verstorbnen Vaters bat, eines Mannes von Rang: »Mein Freund, bei solchen Beförderungen achte ich weniger auf das hohe Herkommen meiner Soldaten als auf ihren Kampfesmut.«

Jedenfalls sollte es nicht so gehn wie mit den Hofbediensteten der Könige von Sparta – Trompetern, Spielleuten und Köchen –, deren Kinder, wie unfähig auch immer, sie in diesen Ämtern beerbten und so den jeweils Erfahrensten des Metiers vorgezogen wurden.

Die Bewohner von Calicut machen aus ihren Adligen eine Art Übermenschen. Heiraten ist ihnen gleichermaßen untersagt wie jedwede Betätigung, vom Kriegshandwerk abgesehn. Konkubinen können sie sich ebenso in beliebiger Zahl halten wie die Frauen Beischläfer, ohne daß sie deswegen wechselseitig von Eifersucht ergriffen würden. Es ist jedoch ein nicht wiedergutzumachendes, todeswürdiges Verbrechen, mit jemandem aus einem anderen Stand als dem eignen zu schlafen; ja, sie halten sich schon für verunreinigt, wenn sie von einem solchen Menschen im Vorübergehn gestreift werden. Wer ihnen auch nur ein wenig zu nahe kommt, wird deshalb, als ob er damit ihren Adel ungeheuer befleckte und in den Schmutz zöge, auf der Stelle niedergemacht.

Um Zusammenstöße zu vermeiden, sind die Nichtadligen gleich den Gondolieri in Venedig gehalten, an den Straßenecken laut zu schreien, wobei die Adligen ihnen befehln, nach welcher Seite sie auszuweichen haben. Solcherart kommen die einen jener Schmach zuvor, die sie unauslöschlich finden, und die andern einem sichren Tod.

Keine Zeitdauer, keine fürstliche Huld und kein öffentliches Amt, weder Tugend noch Reichtum vermögen dort einen Gemeinen zum Adligen zu machen. Hierzu trägt auch der Brauch bei, daß Heiraten zwischen den verschiednen Ständen verboten sind: Ein Mädchen aus einer Schuhmacherfamilie kann niemals einen Zimmermann ehelichen, und die Eltern sind verpflichtet, die Kinder in keinem anderen Handwerk als dem des Vaters auszubilden. Auf diese Weise bleiben die Standesunterschiede für immer erhalten.

Eine gute Ehe, falls es das gibt, macht sich mit der Liebe nicht gemein; sie strebt vielmehr dem Vorbild der Freundschaft nach: Sie ist eine linde Lebensgemeinschaft voller Beständigkeit und Vertraun, mit einer unendlichen Zahl nützlicher und handfester wechselseitiger Dienste und Pflichten. Keine Frau, die auf den Geschmack gekommen ist,

weil den Rechten sie gefunden,
sich im Brautkleid ihm verbunden,

möchte jemals die Rolle einer Mätresse oder eines Liebchens ihres Gatten übernehmen. Wenn sie als Ehefrau in seinem Herzen wohnt, so wohnt sie darin weit ehrenvoller und sichrer. Sollte er bei einer andern den leidenschaftlich Entflammten spielen, frage man ihn doch nur, wem er lieber eine Schande zustoßen sähe, seiner Frau oder seiner Mätresse, wessen Unglück ihn tiefer treffen würde und welcher von beiden er mehr Ansehn wünsche! In einer gesunden Ehe steht die Antwort außer Zweifel.

Daß man so selten gute Ehen findet, zeigt deren Wert und Würde. Wenn man sie recht zu nehmen und zu gestalten weiß, gibt es keine trefflichere Einrichtung in unsrer Gesellschaft. Wir können sie nicht entbehren, und doch gehn wir daran, sie herabzusetzen. So tritt ein, was wir an den Käfigen beobachten: Die Vögel, die draußen sind, suchen verzweifelt hineinzukommen, und ebenso verzweifelt wollen jene, die drinnen sind, hinaus. Als man Sokrates fragte, ob man besser eine Frau nehme oder nicht, gab er zur Antwort: »Was immer man tut – beides wird einen gereun!«

Die Ehe ist eine Zweckgemeinschaft, auf die dieses Wort genau zutrifft: *Der Mensch ist dem Menschen entweder ein Gott oder ein Wolf.* Es müssen sich viele Eigenschaften verbinden, um sie aufzubaun. Die einfachen Seelen des Volkes kommen heutzutage eher damit zurecht, weil sie bei ihnen weniger durch Genußsucht, Neugierde und Müßiggang beeinträchtigt wird. Ausschweifende Naturen hingegen wie die meine, der jede Art von Bindung und Zwang zuwider ist, sind weniger für sie geeignet,

fühle ich mich wohler doch
ohne Kette, ohne Joch.

Von mir aus würde ich sogar der Weisheit, falls sie mich gewollt hätte, die Ehe ausgeschlagen haben. Doch was immer wir auch daherreden – Sitte und Brauch führen uns im gewöhnlichen Leben doch am Gängelband. Die meisten meiner Handlungen folgen dem mir vorgehaltnen Beispiel, nicht dem freien Willen. Jedenfalls habe ich mich eigentlich nicht selbst zur Ehe entschlossen, sondern wurde hineingeführt: Es waren äußre Anstöße, die mich dazu bestimmten. (Nicht nur die lediglich unbequemen Dinge nämlich, sondern schlechthin alle, und seien sie noch so abstoßend, verwerflich und im Grunde unannehmbar, können unter gewissen Bedingungen und Umständen annehmbar werden. Auf so wackligen Füßen steht der Mensch!)

Als ich zur Ehe bestimmt wurde, war ich gewiß schlechter für sie gerüstet und von größerem Widerwillen erfüllt denn heute, da ich die Probe aufs Exempel gemacht habe. Und für wie zügellos man mich auch halten mag, befolgte ich in Wahrheit die Gesetze des Ehestands strenger, als ich es versprochen und selbst erwartet hatte. Die Zeit, wider den Stachel zu löcken, ist vorbei, wenn man sich erst einmal die Fesseln anlegen ließ. Man sollte wohlweislich auf die Wahrung seiner Freiheit bedacht sein; sobald man sich jedoch dem Zwang gebeugt hat, muß man sich auch an das Gesetz der gemeinsamen Pflichten halten, zumindest aber sich darum bemühn.

Jene hingegen, die diesen Handel nur eingehen, um hernach ihren Widerwillen und Haß hieran auszulassen, verhalten sich ungerecht und machen die Lage beschwerlich. Ebenso ungerecht und abträglich freilich ist die famose Lebensregel, die ich bei den Ehefrauen wie einen heiligen Orakelspruch von Hand zu Hand gehn sehe:

Dien deinem Mann als deiner Obrigkeit,
mißtrau dem Schurken aber jederzeit!

Das heißt doch nichts anderes als: »Benimm dich ihm gegenüber mit geheuchelter, argwöhnischer, ja feindseliger Ehrerbietung« und kommt deshalb einem hingeworfnen Fehdehandschuh gleich, einer Kriegserklärung. Für solche Ausstechereien mit eingelegter Lanze bin ich zu dünnhäutig.

Ich will gerne zugeben, daß ich an Geschick und geistiger Gewieftheit noch nicht jene Perfektion erreicht habe, für recht nur das zu halten, was mir billig scheint, und alle Regel und Ordnung mit Hohn und Spott zu übergießen, die meinem Geschmack widerspricht. Bloß weil ich dem Aberglauben feind bin, stürze ich mich doch nicht kopfüber in den Unglauben. Auch wenn man nicht immer seine Pflicht tut, muß man sie wenigstens immer anerkennen und hochhalten. Es ist Untreue, eine Frau zu ehelichen, ohne sich mit ihr zu verheiraten.

Doch weiter.

Unser Dichter stellt uns eine Ehe voller Eintracht und gutem Einvernehmen dar, in der trotzdem nicht viel Treue herrscht. Hat er sagen wollen, daß es keineswegs unmöglich sei, dem Liebestrieb außerehelich zu frönen und dennoch den ehelichen Pflichten in gewissem Umfang nachzukommen – daß man die Ehe also knicken könne, ohne sie zu brechen? Mancher Knecht zweigt ja manches von dem, was seinem Herrn gehört, für sich ab, ohne daß er es aus Abneigung gegen ihn täte.

So haben etwa Schönheit, Gelegenheit und Schicksal (denn auch dieses hat seine Hand im Spiel,

beherrscht es doch sogar, was dein Gewandbausch birgt,
und wenn die Sterne dir nicht flugs zu Hilfe kommen,
wird selbst dein Glied, das riesenlange, dir nichts frommen)

eine verheiratete Frau zwar zu einem Fremden hingezogen, doch vielleicht nicht so völlig, daß sie keinerlei Verbundenheit mehr mit ihrem Mann empfände. Liebe und Ehe sind eben Vorhaben, die zwei verschiedne, unverwechselbare Wege gehn. Eine Frau kann sich diesem oder jenem hingeben, den sie keineswegs würde heiraten wollen – ich meine hier nicht wegen seiner Vermögenslage, sondern wegen seiner innren Eigenschaften.

Es gibt wenig Männer, die ihre Geliebten heirateten und es hernach nicht bereut hätten, und das bis ins Jenseits. Welch mißmutige Ehe führte Jupiter doch mit ebender Frau, die er zuvor so draufgängerisch umbuhlte! Das nennt man: *In seinen Hut scheißen und ihn sich dann aufsetzen!*

Ich habe zu meiner Zeit erlebt, wie in einem ehrbaren Haus der Ehe die Liebe mit Schimpf und Schande ausgetrieben wurde. Ihre Beweggründe sind einfach zu verschieden. Getrennt können wir beiden, die derart voneinander abweichen, daß sie sich widersprechen, ohne Schwierigkeit huldigen.

Isokrates sagte, die Stadt Athen finde nach Art jener Damen Gefallen, denen man Minnedienste leiste: Jeder liebe es, sie zu besuchen und flanierend seine Zeit dort zu verbringen; niemand aber liebe sie derart, daß er sie ehelichen, also sich darin niederlassen und ansiedeln wollte.

Mit Befremden habe ich manchen Ehemann seine Gattin nur deswegen hassen sehn, weil er ihr untreu war; man sollte die Frauen doch zumindest nicht wegen unsrer eigenen Verfehlungen weniger lieben, sondern sie aus Reue und Mitgefühl gerade dann desto höher schätzen.

Unser Dichter will also sagen, Ehe und Liebe verfolgten zwar unterschiedliche Ziele, könnten aber in gewissem Maße nebeneinander bestehn. Die Ehe hat den Nutzwert, die Rechtmäßigkeit, das Ansehn und die Beständigkeit für sich: Sie ist ein fades, doch dafür umfassenderes Vergnügen. Die Liebe hingegen gründet sich allein auf die Lust, deswegen kitzelt sie uns zweifellos lebhafter und heftiger. Durch Schwierigkeiten wird sie erst recht entfacht. Sie muß brennen und stechen. Wenn einen Amors Pfeil nicht mehr in Feuer und Flamme versetzt, hat die Liebe ausgespielt. Daß die Frauen den Männern in der Ehe allzu ausgiebig zur Verfügung stehn, stumpft Zuneigung und Begehren ab – man sehe doch nur, welcher Mühe sich Lykurg und Platon in ihren Gesetzen unterziehn, um dieser Mißlichkeit abzuhelfen!

Die Frauen haben gar nicht so unrecht, wenn sie die in die Gesellschaft eingeführten Sittengesetze ablehnen – sind sie doch von den Männern ohne ihre Mitwirkung festgelegt worden. Es ist somit nur natürlich, daß es zwischen den Frauen und uns zu Reibereien und Auseinandersetzungen kommt; selbst wenn wir uns in noch so vielem einig sind, bleibt das Verhältnis turbulent und stürmisch. Nach Auffassung unsres Dichters liegt das daran, daß wir sie in Anbetracht der folgenden Tatsachen völlig widersinnig behandeln:

Nachdem wir haben erkennen müssen, daß sie im Lieben unvergleichlich fähiger und feuriger sind als wir – was schon jener Priester der Antike bezeugte, der erst Mann und dann Frau war,

so daß auf beide Art
der Liebe Lust ihm ward;

und nachdem wir aus ihrem eignen Mund den Beweis hierfür vernahmen, den im Abstand von einigen Jahrhunderten ein Kaiser und eine Kaiserin ehedem zu Rom erbrachten, die beide für ihre Meisterschaft auf diesem Gebiet berühmt waren (denn er entjungferte zwar in einer einzigen Nacht zehn gefangne sarmatische Mädchen, sie jedoch öffnete, wiederum in einer einzigen Nacht, sogar fünfundzwanzig Angriffen Tür und Tor, wobei sie die Männer ganz nach ihrem Bedarf und Begehr wechselte,

zuletzt erschöpft zwar, aber voll vom Schaume
blieb unersättlich ihre heiße Pflaume);

und nachdem wir von dem Streit zwischen einer Frau in Katalonien und ihrem Manne wissen, in dem sie sich über seine zu eifrigen Liebesattacken beschwerte (und dies meines Erachtens weniger, weil sie sich hierdurch tatsächlich belästigt fühlte – an Wunder glaube ich nur in Glaubensdingen –, als um die Herrschaft der Männer über ihre Frauen unter solchem Vorwand in ebendem Akt zu beschneiden und zu drosseln, der das Fundament der Ehe bildet, und so zu zeigen, daß das Weib, wenn erbost und in Harnisch geraten, nicht einmal vor dem Ehebett Halt macht, sondern selbst die süßen Wonnen der Liebesgöttin zu zertrampeln bereit ist), während er, ein wirklich entarteter und viehischer Kerl, dagegen vorbrachte, sogar an Fastentagen käme er nicht ohne zehnmal aus; woraufhin das bemerkenswerte Gebot der Königin von Aragonien erging, mit dem die Gute nach reiflicher Beratung im Staatsrat als Regel und Beispiel für die in einer ordentlichen Ehe erforderliche Zurückhaltung und Mäßigung die gesetzliche Begrenzung der Geschlechtsakte unabdingbar auf sechsmal täglich festlegte; damit habe sie, wie sie erklärte, Bedarf und Begehr ihres Geschlechts freilich weitgehend unberücksichtigt gelassen und aufgeopfert, um zu einem Maß zu gelangen, das bequem stets und ständig eingehalten werden könne (so daß die Gelehrten losschrein: »Wie groß muß die weibliche Lüsternheit und Begierde sein, wenn sie nach ihrer Begrenzung auf das von Vernunft und Sitte Gebotne noch immer so hoch veranschlagt wird!«);

und nachdem wir vor den Unterschieden der geschlechtlichen Bedürfnisse zwischen Männern und Frauen folglich nicht mehr die Augen verschließen können (so setzt Solon, der oberste Rechtslehrer, die Anzahl der ehelichen Beiwohnungen sogar auf nur dreimal monatlich fest, damit es zu keinem Versagen des Mannes komme) –

nachdem wir all das wissen, glauben und verkünden, gehn wir gleichwohl hin und verordnen ausgerechnet den Frauen besondre Enthaltsamkeit, unter Androhung der allerhöchsten Strafen!

Keine Leidenschaft ist unabweisbarer als diese, und dennoch wollen wir, daß allein die Frauen ihr widerstehn – nicht nur wie jedem andren Laster auch, sondern wie einem besonders abscheulichen Frevel, schlimmer als Ketzerei oder Vatermord; wir aber geben uns ihr ohne Schuldgefühl und Gewissensbisse hin. Selbst jene unter uns, die ihrer Herr zu werden suchten, haben offen genug bekannt, wie schwierig, ja wie unmöglich es sogar bei Anwendung materieller Mittel sei, den Leib abzukühlen, zu mäßigen und matt zu setzen. Von unsern Frauen hingegen verlangen wir nicht nur Gesundheit und Lebenskraft, Frische und Fülle, sondern Keuschheit obendrein – wir wollen sie heiß und kalt in einem!

Die Ehe aber, wie wir sie zu führen pflegen und von der wir behaupten, sie habe die Aufgabe, die Frauen vor der Feuersbrunst zu bewahrn, ist kaum dazu angetan, auch nur ihre Glut zu dämpfen. Nehmen sie einen Mann, in dem die Kräfte der Jugend noch wallen und brodeln, wird er sich alsbald rühmen, sie anderswohin zu verströmen. Diese hier droht daher:

Bereue, Bassus, weil, falls nicht, ich prozessier'!
Dein Glied, ich zahlte schließlich Tausende dafür,
gehört dir längst nicht mehr – gehören tut es mir!

Dem Philosophen Polemon wurde so von seiner Frau tatsächlich – und zu Recht – der Prozeß gemacht, weil er auf einen unfruchtbaren Acker den Samen verstreute, der auf ihren fruchtbaren gehört hätte.

Nehmen sie aber einen Tattergreis, sind sie mitten in der Ehe schlimmer dran als Jungfrauen und Witwen. Wir halten sie dann, nur weil sie einen Mann bei sich haben, für gut versorgt (so wie die Römer die Vestalin Clodia Laeta gar für vergewaltigt hielten, obwohl Caracalla sich ihr nachweislich kaum genähert hatte) – in Wirklichkeit wird ihre Not hierdurch gesteigert, so daß die Berührung und Gesellschaft mit welcher Mannsperson auch immer ihre Leidenschaft, die in der Einsamkeit gedämpft geblieben wäre, zum Entflammen bringt. Wahrscheinlich wollten in Anbetracht dieses Umstands König Boleslaw von Polen und seine Gemahlin Kinge ihre Enthaltsamkeit besonders verdienstvoll machen, indem sie sich deren Befolgung schon beim Zusammenliegen in der Hochzeitsnacht durch gegenseitige Absprache gelobten und das Gelübde trotz all der verführerischen Gelegenheiten des Ehelebens tatsächlich einhielten.

Von Kindheit an bringen wir dem weiblichen Geschlecht bei, wie es mit dem Rüstzeug der Liebe umzugehen habe: Anmut und Aufmachung, Wissen und Wortschatz – alles, worauf es abgerichtet wird, dient lediglich diesem einen Ziel. Die Gouvernanten prägen schon den kleinen Mädchen das Bild der Liebe ein, und sei es nur, um sie ihnen durch die Art seiner ständig wiederholten Darstellung zu verleiden.

Meine Tochter (und das ist alles, was ich an Kindern habe) befindet sich in dem Alter, wo die Gesetze heißblütigen Mädchen bereits erlauben, sich zu verheiraten. Sie ist jedoch von zarter, schwächlicher Konstitution und in der Entwicklung zurückgeblieben; von ihrer Mutter wurde sie deshalb abgesondert und privat erzogen, so daß sie eben erst beginnt, ihre kindliche Naivität abzustreifen.

Als sie mir nun aus einem französischen Buch vorlas, kam das Wort *fouteau* darin vor, der provenzalische Name für die Buche. Sogleich fuhr ihr die Gouvernante ziemlich schroff dazwischen und hieß sie diese vermeintlich schlüpfrige Stelle überspringen, wohl weil sie den Anklang an *foutre* (also *ficken*) gefährlich fand. Ich ließ sie gewähren, um nicht gegen die Regeln der weiblichen Erziehung zu verstoßen, denn damit gebe ich mich in keiner Weise ab. Sie geht wunderliche, uns verschloßne Wege, die wir deshalb den Frauen selbst überlassen müssen. Aber ein sechsmonatiger Umgang mit zwanzig Lakaien hätte (ich müßte mich denn sehr irren) die Bedeutung und Verrichtungsweise sowie alle Folgen der von diesen vermaledeiten zwei Silben nahegelegten Tätigkeit der Vorstellung meiner Tochter nicht so fest einprägen können, wie es diese gute Alte mit ihrem Verweis und Verbot getan hat.

In wild ion'schen Tänzen sich geschwind
zu drehen lernt die Jungfrau schon als Kind.
Mit welcher Kunst sie einen Mann gewinnt –
das ist's, worauf die Frau von klein auf sinnt.

Laßt doch die Frauen die Förmlichkeiten einmal etwas lockern, laßt sie doch einmal kein Blatt mehr vor den Mund nehmen, und ihr werdet sehn, daß wir mit unserm Wissen im Vergleich zu ihnen Kinder sind. Hört euch an, wie sie über unsre Nachstellungen und Redereien reden, und euch wird klar, daß wir ihnen nichts mitzuteiln vermögen, was sie nicht schon vor uns gewußt und verstanden hätten. Sollte der Grund etwa der sein, daß sie, wie Platon behauptet, in einem frühren Leben Lotterbuben gewesen sind (denn seines Erachtens besteht für einen lasterhaften Mann die erste

Stufe der Bestrafung nach seinem Tod darin, Frau zu werden – und hernach, falls noch immer nicht geläutert, Tier)?

Eines Tages befand ich mich zufällig an einer Stelle, wo mein Ohr unbemerkt etwas von den Gesprächen aufschnappen konnte, die sie miteinander führten. Was soll ich sagen! Heilige Jungfrau, dachte ich bei mir, und da gehn wir hin und studieren die Sprache des *Amadis* sowie die Geschichten von Boccaccio und Aretino, um als große Fachmänner zu gelten – wie wahrhaft weise wir doch unsere Zeit verwenden! Es gibt kein Wort, kein Beispiel und keine Verhaltensweise, über welche die Frauen nicht besser Bescheid wüßten, als unsre Bücher es tun.

Die Liebeskunst ist ihren Adern eingeborn,
der Venus Glut
in ihrem Blut,
und von ihrer Natur, ihrer Jugend und ihrer Gesundheit, diesen trefflichen Lehrerinnen, wird sie ihrer Seele ständig neu eingehaucht: Sie brauchen sie nicht zu erlernen, sie bringen sie hervor.

Noch nie hat eine Taube wonnevoller je
mit schnellem Picken ihrem Tauber, weiß wie Schnee,
so viele Küsse abgeschnäbelt nimmermüd
als ihrem Mann ein Weib, in Liebesbrunst erglüht.

Hätte man diese natürliche Heftigkeit ihres Begehrens durch die Angst vor ihrem Ehrverlust, die man ihnen einflößte, nicht ein wenig im Zaum gehalten, wären wir bloßgestellt. Die Bewegung der ganzen Welt läuft auf die Paarung hinaus. Alles ist von der Begierde danach durchdrungen, sie ist der Mittelpunkt, nach dem sich alles richtet.

Man kann noch Anweisungen sehn, die das alte weise Rom für die Liebesdienste gegeben hat, ebenso die Vorschriften des Sokrates zur Unterrichtung der Kurtisanen.

Leg's gelehrte Buch beflissen
auf dein seidnes Lotterkissen!

Zenon regelte in seinen Gesetzen sogar die Öffnungs- und Stoßarten bei der Entjungferung. Und worum ging es wohl im Buch des Philosophen Straton über die fleischlichen Lüste? Und wovon handelte Theophrast in seinen Schriften *Der Liebhaber* und *Von der Liebe*? Und Aristippos in dem Werk *Über die Liebesfreuden der Altvorderen*?

Worum geht es Platon denn mit seinen weitläufigen und so lebhaften Beschreibungen der gewagtesten Liebeshändel seiner Zeit? Worauf zielt das Buch *Über den Liebhaber* des Demetrios von Phaleron ab? Und *Clinias oder Der vergewaltigte Liebhaber* des Herakleides Pontikos? Und *Über das Heiraten oder Wie man Kinder zeugt* des Antisthenes und sein anderes: *Herr oder Liebhaber?* Und *Über die Liebesübungen* des Ariston? Was bezweckt Kleanthes mit seinen Büchern *Über die Liebe* und *Die Liebeskunst*, wozu dienen des Sphairos *Liebesgespräche* und des Chrysippos Erzählung *Jupiter und Juno*, auf unerträgliche Weise obszön, sowie seine fünfzig geilen Briefe? Die Aufzählung all jener Philosophen, die der lustbejahenden Schule des Epikur gefolgt sind, kann ich mir hier ersparn.

Fünfzig Gottheiten waren in vergangnen Zeiten für die Liebe zuständig, und es gab ein Volk, bei dem man in den Tempeln, um die Wollust der Gottesdienstbesucher zu dämpfen, Jungen und Mädchen bereithielt – es stellte einen geradezu feierlichen Akt dar, sie vor der Teilnahme an den Kulthandlungen zu genießen. *Zweifellos bedarf die Enthaltsamkeit der Unenthaltsamkeit; einen Brand löscht man mit Feuer.*

Bei den meisten Völkern wurde das männliche Glied zum Gott erhoben. In einer Gegend enthäuteten es sich manche und brachten ein Stück davon den Göttern als Opfergabe dar und manche ihren Samen. In einer andern durchbohrten es die jungen Männer öffentlich, indem sie an mehreren Stellen Löcher in Haut und Fleisch schlitzten und die längsten und dicksten Pflöcke hineinsteckten, die sie aushalten konnten; diese verbrannten sie dann – ebenfalls als Opfergabe an ihre Götter; und wenn sie hierbei unter der Gewalt der grausamen Schmerzen zusammenbrachen, galten sie als zuwenig tugendhaft und tapfer. Wiederum anderswo erfolgte die Anerkennung und Verehrung des höchsten Staatsbeamten nach Maßgabe seiner Geschlechtsteile, und in zahlreichen Kulthandlungen wurden Nachbildungen davon zu Ehren verschiedner Gottheiten in prächtiger Aufmachung herumgetragen.

Die ägyptischen Frauen schmückten sich beim Fest der Bacchanalien am Hals mit einem hölzernen Penis, erlesen gestaltet und so groß und schwer, wie sie es verkraften konnten; die Statue ihres Gottes stellte sogar einen zur Schau, dessen Ausmaße die des ganzen Körpers übertrafen.

Hier in der Nähe formen die verheirateten Frauen aus ihren Kopftüchern einen Penis über ihrer Stirn, um sich des Genusses zu rühmen, den das Original ihnen bietet; sobald sie jedoch verwitwet sind, schieben sie das Abbild nach hinten und verstecken es unter ihrem Haarputz.

In Rom fiel den tugendhaftesten Familienmüttern die Ehre zu, dem Gott Priapus Blumen und Kränze darzubringen; und die Jungfrauen hieß man bei der Hochzeitsfeier, sich auf dessen unanständigste Teile zu hocken. Ich frage mich, ob das, was ich zu meiner Zeit gesehen habe, nicht Züge einer ähnlich abgöttischen Verehrung trägt: Denn welchem andern Zweck diente wohl jener den Hosen unsrer Väter aufgenähte lächerliche Beutel, wie man ihn jetzt noch bei unsern Schweizern sieht? Und warum stellen wir heutzutage die Form unsres sich den Hosen eindrückenden Glieds so offen zur Schau und, was schlimmer ist, vergrößern es oft gar durch betrügerische Manipulationen über sein natürliches Maß?

Ich möchte freilich glauben, daß diese Art Kleidung in

besseren und ehrlicheren Zeiten nicht zur Täuschung, sondern zu deren Verhindrung erfunden wurde: Jeder Mann sollte damit aller Welt mit gleicher Offenheit vor Augen führn, wie er ausgerüstet war (und bei den einfachsten Völkern entspricht dergleichen Veranschaulichung heute noch ungefähr der wirklichen Größe). Damals wollte man über das, was dieses arbeitsame Glied zu bieten hat, genauso Bescheid wissen wie wir heute über die Abmessungen von Arm und Fuß.

Der wackre Mann, der, als ich noch jung war, in seiner großen Stadt viele schöne alte Statuen kastrierte, auf daß die Augen daran keinen Anstoß nähmen – ganz im Sinne jenes andern aus der Antike:

Der letzte Schritt zur Schandtat ist geschehn,
läßt nackt du dich vor aller Augen sehn –,

hätte bedenken sollen, daß er hiermit nichts ausrichten würde, falls er nicht (wie in den Mysterien der *Guten Göttin*, die jede Darstellung männlicher Merkmale verbannten) auch die Hengste und Esel kastrieren ließe – und schließlich die Natur selbst.

Es stürzen all die Menschen, wilden Tiere, Herden
und all die Vögel, all die Fische sich auf Erden
in diese Brunst, von der sie überwältigt werden.

Die Götter, sagt Platon, haben uns Männer mit einem aufsässigen und tyrannischen Glied ausgestattet, das wie ein reißendes Tier sich durch die Gewalt seiner Begierde alles zu unterwerfen trachtet, und die Frauen ihrerseits mit einem gefräßigen, unersättlichen Tier, das keinerlei Aufschub der Füttrung duldet und, falls es diese nicht rechtzeitig erhält, außer sich gerät; der Brodem seiner Wut durchdringt dann ihren ganzen Körper, verstopft die Gänge, benimmt ihnen den Atem und verursacht tausenderlei Krankheiten, die so lange anhalten, bis das Tier den Erguß, der unsern gemeinsamen Trieb befriedigt, eingesogen und die Tiefe ihres Schoßes damit reichlich getränkt und besamt hat.

Mein wackrer Mann und Sittenrichter hätte überdies bedenken sollen, daß es vielleicht ein züchtigeres und erfolgreicheres Verfahren wäre, die Frauen beizeiten mit dem wahren Wesen der Sache bekannt zu machen, statt sie es nach Maßgabe ihrer schweifenden und erhitzten Phantasie erraten zu lassen; denn so werden sie von ihrer Begierde und Hoffnung nur dazu verführt, unsre Geschlechtsteile sich dreimal größer vorzustellen, als sie tatsächlich sind. Ein Mann aus meiner Bekanntschaft hatte verlornes Spiel, weil er die seinen sehen ließ, ehe sie für ihre wichtigste Verwendung gerüstet waren.

Welch schädliche Vorstellungen erwecken doch die maßlosen Gebilde, mit denen jugendliche Pagen alle Gänge und Treppenhäuser der königlichen Paläste bekritzeln! Von daher rührt die maßlose Verachtung, mit der die Frauen unserm natürlichen Gemächte begegnen. Wer weiß, ob Platon nicht gerade im Hinblick hierauf dem Beispiel andrer Staaten mit vernünftigen Institutionen folgte und befahl, daß Männer und Frauen, ob jung oder alt, sich in den gymnastischen Spielen völlig nackt voreinander zeigen sollten. Auch die Indianerinnen sehen die Männer unverpackt – das kühlt ihnen zumindest den Gesichtssinn ab.

Jene Frauen des großen Königreichs Pegu wiederum, die sich unterhalb der Gürtellinie mit nichts als einem engen und vorne so weit aufgeschlitzten Tuch bedecken, daß man bei ihnen, obwohl sie der Form halber eine gewisse Schicklichkeit aufrechtzuerhalten suchen, mit jedem Schritt, den sie tun, alles sehen kann – jene Frauen mögen zwar behaupten, auf diesen glücklichen Einfall seien sie gekommen, um die Männer von ihrer Vorliebe für Männer (wie sie in diesem Volke gang und gäbe ist) zu eignem Nutz und Frommen abzulenken; gleichwohl ließe sich sagen, daß sie damit mehr verlieren als gewinnen und daß ein voller Hunger heftiger ist denn einer, der durch die Augen vorgesättigt wurde.

Wie obigen Indianerinnen erging es auch Livia, denn sie pflegte zu sagen, für eine tugendhafte Frau sei ein nackter Mann nicht begehrenswerter als eine kalte Bildsäule.

Die Spartanerinnen, die noch als Frauen jungfräulicher waren als unsre Jungfraun, sahen die jungen Männer ihrer Stadt Tag für Tag ihre Leibesübungen nackt verrichten und waren auch selbst nicht allzusehr darauf bedacht, ihre Oberschenkel im Gehen bedeckt zu halten, da sie sich, wie Platon sagt, von ihrer Tugend ausreichend geschützt fanden – auch ohne das Tugendwächteramt unsrer Reifröcke.

Eine erstaunliche Verführungskraft hingegen haben der Nacktheit jene zugeschrieben, die, wie der heilige Augustinus berichtet, es für möglich hielten, daß am Tage des jüngsten Gerichts die Frauen als Männer auferstehn, um uns nicht noch in solch entrücktem Zustand zu verführn. (Würden die Frauen, falls einmal sie das Theoretisieren in diesen Dingen übernehmen müßten, nicht ebensogut sagen können, aus demselben Grund wäre es besser, daß wir uns in *ihr* Geschlecht verwandelten?)

Kurz, mit allen Mitteln ködern wir sie und machen sie scharf; wir reizen und erhitzen ihre Phantasie ohne Unterlaß – und dann schreien wir Zeter und Mordio. Gestehn wir doch die Wahrheit: Da ist kaum einer unter uns, der die ihm von Fehltritten seiner Frau drohende Schande nicht stärker fürchtete als die von seinen eignen heraufbeschworne; dem es nicht weitaus mehr – welch bewundernswerte Selbstlosigkeit! – um die Gewissensreinheit seiner guten Gattin ginge als um die seine; und der nicht lieber wollte, er wäre ein Dieb und Kirchenschänder und seine Frau eine Ketzerin und Mörderin, als daß sie minder keusch sei denn er.

Die Frauen wiederum würden sich gerne erbieten, wie die Männer bei Gericht dem Gelderwerb nachzugehn oder auf dem Schlachtfeld Ruhm zu ernten, statt inmitten müßiger Vergnügungen ständig angespannt auf der Hut sein zu müssen. Meint ihr denn, sie sähen nicht, daß kein Kaufmann, kein Staatsanwalt und kein Soldat je zögern würde, sein Tun zu unterbrechen, um sich Hals über Kopf in jenes andre zu stürzen? Und kein Lastträger und kein Flickschuster, wie müde von der Plackerei, wie erschöpft vor Hunger sie auch seien?

Für der Perser Schätze, der Mygdonen
Reichtum in den phrygischen Regionen,
für arabischer Gezelte Pracht –
gäbst du, wenn Licymnias Mund dir lacht,
eine ihrer Locken dafür her?
Oder, wenn sie spröde tut, doch mehr
Lust auf Räuberküsse hat als du,
Räuber gern? Im Nu beißt selbst sie zu!

Ungerechte Zuordnung der Laster! Männer und Frauen sind zu tausend schädlicheren und schändlicheren Verfehlungen imstande als dem Ausleben der Sinnenlust. Doch wir richten uns bei der Festlegung und Bewertung der Laster nicht nach der Natur, sondern nach unserm Eigennutz: von daher bekommen sie die vielen ungleichen Ausprägungen. Die Schwere unsrer Moralgebote macht die Hingabe der Frauen an dieses Laster schwerer und lasterhafter, als es seiner Beschaffenheit nach ist, und beschwört für sie deshalb Folgen herauf, die schlimmer sind als ihre Ursache.

Ich frage mich, ob die kühnen Taten Caesars und Alexanders an Härte die Standhaftigkeit einer schönen jungen Frau übertreffen, die, auf unsre Weise erzogen, im glanzvollen gesellschaftlichen Treiben um sie herum nun all den Beispielen unsittlichen Verhaltens ausgesetzt ist und gleichwohl ihre Reinheit bewahrt – auch dann noch, wenn sie selber von tausend hartnäckigen Nachstellungen bedrängt wird. Es gibt kein dornenreicheres Tun als dieses Nichttun und kein tatkräftigeres. Ich fände ein Leben lang eine

Ritterrüstung tragen leichter als eine Jungfernschaft. Das Gelübde der Keuschheit ist von allen das hehrste, da am schwersten einzuhalten: *Des Teufels Macht liegt in den Lenden*, sagt der heilige Hieronymus.

Zweifellos haben wir also die mühsamste, am meisten Kraft erfordernde aller menschlichen Pflichten den Damen aufgebürdet – und den Ruhm hierfür überlassen wir ihnen gern. Gerade das aber sollten sie zum Ansporn nehmen, unbeirrbar daran festzuhalten, bietet sich ihnen so doch die schöne Gelegenheit, uns zu trotzen und dem Vorrang an Tugend und Tapferkeit, den wir uns ihnen gegenüber einbilden, den Boden zu entziehn. Sie werden dann feststellen, daß ihnen dies, wenn sie umsichtig zu Werke gehn, nicht nur höchste Achtung einbringt, sondern auch mehr Liebe.

Wird ein ritterlicher Mann abgewiesen, gibt er sein Werben deswegen keineswegs auf, falls die Abweisung aus Sittsamkeit und nicht um eines Rivalen willen geschieht. Wir mögen noch so sehr drohen und fluchen und uns bejammern – alles Lüge, denn wir lieben die Frauen darum nur um so mehr. Nichts wirkt verlockender als eine gelaßne Selbstsicherheit, die sich hinter keiner kalt abweisenden Miene zu verschanzen braucht. Es ist würdelos und dumm, gegen Verachtung und Haß weiter anzudringen; es jedoch gegen eine gleichmäßig tugendfeste Haltung zu tun, die mit Wohlwollen und Wertschätzung einhergeht, lädt eine hochherzige Seele zum edlen Wettstreit ein.

Die Frauen dürfen, ohne ihrer Ehre Abbruch zu tun, sich für unser Werben bis zu einem gewissen Grad durchaus erkenntlich zeigen und uns fühlen lassen, daß sie uns nicht geringschätzen; denn das Gebot, das ihnen befiehlt, uns zu verabscheun, weil wir sie anbeten, und uns zu hassen, weil wir sie lieben, ist schon wegen der seelischen Schwierigkeiten, in die es sie stürzt, allzu grausam. Warum sollten sie unsren Anerbietungen und Bitten nicht Gehör schenken, solang diese sich in den Grenzen des Schicklichen halten? Warum sollten wir mutmaßen, daß in ihrem Innern dadurch unschicklichere Gedanken ausgelöst würden? Eine Königin unsrer Tage sagte einmal klugerweise, sich Annäherungen von vornherein zu verschließen sei ein Zeugnis der Schwäche und verrate die eigne Verführbarkeit, und eine Frau, die ihre Keuschheit noch keiner Bewährungsprobe ausgesetzt habe, dürfe sich ihrer nicht rühmen.

Die Grenzen der Ehrbarkeit sind nie derart eng gezogen, daß sie nicht einen gewissen Spielraum böten, denn sie gehn in einen freien und neutralen Streifen Niemandsland über, den zu nutzen keine Übertretung darstellt. Gelingt es einem Mann, die Ehrbarkeit einer Frau mit Macht so in die Enge zu treiben, daß sie sich nur noch in ihren innersten Befestigungsgürtel zu retten vermag, ist er ein ausgemachter Dummkopf, wenn er sich mit seinem Glück nicht zufriedengibt.

Der Wert eines Sieges bestimmt sich nach seiner Schwierigkeit. Wollt ihr wissen, wie tief der Eindruck ist, den euer werbendes Bemühen im Herzen einer Frau hinterlassen hat? Dann meßt ihn von ihrer Tugendhöhe aus! Manche gibt mehr, die weniger gibt. Die Erkenntlichkeit, die man einer Gunst schuldet, richtet sich ausschließlich nach deren Beweggrund. Die zufällig hinzutretenden äußeren Umstände besagen nichts, sie sind daher null und nichtig. Das Wenige kostet jene mehr als eine andre ihr Alles. Wenn irgendwo die Seltenheit über den Wert einer Sache entscheiden muß, dann hier. Seht deshalb nicht darauf, wie wenig ihr bekommt, sondern darauf, wie wenige es haben: Der Wert der Münzen ändert sich je nach Prägung und Beizeichen.

Was manche Männer aus blinder Verbittrung über eine Zurückweisung auch an Verleumdungen vorbringen mögen

– Tugend und Wahrheit werden doch stets obsiegen. Ich habe junge Frauen erlebt, die, nachdem ihr Ruf durch üble Nachrede lange Zeit geschädigt war, sich die allgemeine Achtung der Männer mühelos und ohne Machenschaften zurückgewannen: allein durch ihre Standhaftigkeit. Auf einmal bedauert jeder, daß er dies alles geglaubt hat, und widerruft es; sie aber, die zuvor als leicht anrüchig galten, nehmen nun den ersten Rang unter den hochachtbaren Damen der Gesellschaft ein. Als jemand zu Platon sagte: »Die Leute reden alle schlecht von dir«, erwiderte er: »Laß sie reden – ich werde so leben, daß sie ihren Ton bald ändern müssen.«

Abgesehn davon, daß die Gottesfurcht und der Preis des so raren Ruhms der Tugendhaftigkeit den Frauen Antrieb genug sein sollte, sich rein zu erhalten – heute zwingt sie schon die Verkommenheit unsres Jahrhunderts dazu! Deshalb würde ich an ihrer Stelle lieber sonstwas tun, als meinen Ruf in so gefährliche Hände zu legen. Zu meiner Zeit schickte sich das Vergnügen, von einer Liebschaft zu erzählen (und dieses Vergnügen steht dem der Sache selber an Köstlichkeit kaum nach), nur für jene, die einen treuen Freund hatten und sich ihm allein anvertrauten; heute aber besteht die übliche Unterhaltung in Gesellschaft und bei Tisch aus Angebereien mit den Gunstbezeigungen und geheimen Freigebigkeiten der Frauen. Es ist wahrhaftig zuviel der Verworfenheit und Niedertracht des Herzens, diese zärtlichen Zuwendungen derart grausam von flatterhaften, undankbaren und schwatzhaften Männern öffentlich in den Schmutz ziehn, entstellen und ausschlachten zu lassen!

Unser maßloser, nicht zu rechtfertigender Groll gegen die weibliche Wollust entspringt der wahnhaftesten und verheerendsten Krankheit, von der die menschliche Seele befallen wird: der Eifersucht.

Daß vom andren Licht, vom flammend-roten,
Licht sie nehmen – es gehört' verboten! //
Die Frau kann geben noch und noch
und bleibet unerschöpflich doch.

Die Eifersucht und der Neid, ihr Zwillingsbruder, scheinen mir in der Tat von der ganzen Sippschaft der Laster am hirnverbranntesten zu sein. Über den Neid vermag ich nichts weiter zu sagen: Dieser Trieb, den man als so stark und mächtig hinstellt, hat mir den Gefallen getan, sich jedes Zugriffs auf mich zu enthalten. Was den andern betrifft, kenne ich ihn zumindest vom Anblick. Schon die Tiere verspüren ihn. Als der Schäfer Crastis sich in eine Ziege verliebt hatte, fiel ihn, während er im Schlaf lag, ihr Bock aus Eifersucht an und zermalmte ihm mit seinen Hörnern den Kopf.

Wir haben dieses Fieber nach dem Beispiel einiger barbarischer Völker ins Maßlose gesteigert; auch die gesitteteren wurden davon erfaßt, gewiß, doch nicht überwältigt:

Kein Ehebrecher färbte je mit seinem Blut,
durchbohrt vom Schwerte des Gemahls, die styg'sche Flut.

Trefflichen Männern wie Lucullus, Caesar und Pompeius, wie Antonius, Cato und manch andern wurden Hörner aufgesetzt; sie wußten es – und machten deswegen trotzdem keinen Tumult. Nur ein Tölpel wie Lepidus grämte sich zu jener Zeit darüber zu Tode:

Oh, übel soll es ihr ergehn:
Man müßte Stachelbarsch und Rettich
ins schandbar offne Loch ihr drehn!

Als Vulkan, von dem unser Dichter spricht, seine Frau mit einem seiner Gefährten überraschte, begnügte er sich damit, sie vor den andren Göttern zu beschämen:

Und einer aus der heitren Schar
wählt' so die eigne Schande gar.

Danach verschmähte er es nicht einmal, sich von den süßen Liebkosungen seiner Gattin wieder entflammen zu lassen, wobei er sich lediglich beklagte, daß sie wegen einer solchen Kleinigkeit an seiner unverminderten Zuneigung habe zweifeln können.

Weit hergeholt ist, Göttin, deines Zweifels Grund!
Warum entschwand dir das Vertraun in unsern Bund?

So zögert sie nicht, ihn um eine Gunst für eines ihrer unehelichen Kinder zu bitten, für Aeneas:

Meinen Sohn, er sei dir's wert,
rüste nun mit Schild und Schwert!

Großzügig erfüllt Vulkan ihr den Wunsch und spricht sogar mit Hochachtung von ihm:

Diesem Helden ganz allein
will ich Waffenschmied nun sein.

Das ist mir fürwahr eine mehr als menschliche Menschlichkeit; daher bin ich einverstanden, ein solches Übermaß an Güte den Himmlischen zu überlassen.

Der Mensch, er wähne nie, ihm sei's gegeben,
sich bis zur Göttergröße zu erheben.

Was eine gemeinsame Aufzucht der Kinder betrifft, kann sie (ganz abgesehn davon, daß die ernsthaftesten Gesetzgeber sie in ihren Staaten fordern und fördern) für die Frauen eigentlich kein Anlaß zur Eifersucht sein; und dennoch pflegt sie sich bei ihnen was weiß ich warum noch fester einzunisten als bei uns:

Selbst Juno, höchste Herrscherin der Himmel, kann
gar oft den Zorn nicht zähmen, trifft sie ihren Mann
bei seinem Tag für Tag betriebnen Fremdgehn an.

Wenn die Eifersucht jene armen Seelen, die ihr ohne Widerstandskraft erliegen, am Wickel hat, ist es mitleiderregend, wie grausam sie davon hin und her geworfen und tyrannisiert werden. Zunächst schleicht sie sich bei ihnen unter dem Vorwand liebender Zuneigung ein – sind sie aber erst einmal von ihr voll erfaßt, wandelt sich dieser angebliche Beweggrund in eine Triebfeder tödlichen Hasses.

Unter allen Seelenkrankheiten ist sie jene, der die meisten Dinge zur Nahrung und die wenigsten zur Heilung dienen. Alles: Kraft und Gesundheit des Mannes, seine Verdienste und sein Ansehn schüren den Brand ihrer rachsüchtigen Wut immer weiter.

Von Lieb' gespeister Haß:
ein bodenloses Faß.

Dieses Fieber verdirbt und verhäßlicht alles, was die Frauen an Gutem und Schönem haben; bei einem eifersüchtigen Weib, wie sittsam und hausfraulich sie sonst sei, gibt es nichts, was nicht auf Zank lauerte, um uns zu quälen: Ihr innrer Aufruhr schleudert sie in eine Maßlosigkeit, die in völlig umgekehrtem Verhältnis zum Anlaß steht.

Eine erstaunliche Geschichte wird von einem gewissen Octavius in Rom berichtet. Nachdem er mit Pontia Postumia geschlafen hatte, steigerte sich durch die genoßne Lust seine Zuneigung derart, daß er sie inständig bedrängte, ihn zu heiraten; da es ihm aber nicht gelang, sie zu überreden, riß ihn seine unbändige Liebe zu einer grausamen Tat tödlichen Hasses hin: Er brachte sie um.

Ähnlich pflegen die Symptome jener andren Liebeskrankheit zu sein, der Eifersucht: dem Innern eingefreßne Haßgefühle, die zu regelrechten Anschlägen und Verschwörungen führn.

Was ein rasend' Weib vermag,
sieht man wahrlich Tag für Tag;

und diese Wut ist um so selbstzerstörerischer, als sie unter dem Zwang steht, sich mit dem Vorwand zu rechtfertigen, sie meine es mit dem andern nur gut.

Was nun die Pflicht zur Keuschheit betrifft, ist sie ein weites Feld. Was sollen die Frauen nach unserm Willen denn zügeln? Den ihren? Da haben wir es mit einem recht biegsamen und regsamen Ding zu tun! Er ist viel zu agil, als daß wir ihm Fesseln anlegen könnten. Wie denn auch, wo die Träume sie manchmal so weit mit sich reißen, daß sie nicht mehr davon loskommen! Es übersteigt einfach ihre Macht, vielleicht sogar die der Keuschheit selbst (da sie ja ein Weib ist), sich der Gelüste und Begierden zu erwehrn.

Wollten wir andrerseits alles ihrem Willen überlassen – wie geschähe uns dann? Stellt euch einmal das Gedränge vor, das um den entstünde, der den Vorzug hätte, daß er sich gleich einem schnellflügigen Jagdfalken verkappten Auges und ohne ausplauderfähige Zunge auf der Hand einer jeden tragen ließe, die ihn begehrte! Die skythischen Frauen stachen denn auch all ihren Sklaven und Kriegsgefangnen die Augen aus, um sich ihrer auf diese Weise um so unerkannter und hemmungsloser bedienen zu können.

Welch ungeheure Macht hat doch die Gelegenheit! Wenn man mich fragte, was in der Liebe die erste Rolle spiele, würde ich antworten: den rechten Augenblick zu ergreifen wissen; und dies spielt auch die zweite Rolle und die dritte. Alles vermag die Gelegenheit.

Oft hat es mir an Glück gefehlt, zuweilen aber auch an Draufgängertum. Doch Gott bewahre den vor Übel, der sich heute darüber lustig zu machen wagt! Zur Zeit muß man in der Liebe ja bedenkenloser sein, was unsre jungen Leute mit ihrer angeblichen Leidenschaftlichkeit entschuldigen; sähen die Frauen jedoch etwas genauer hin, würden sie erkennen, daß dies vielmehr der Verachtung entspringt. Ich hingegen hatte eine abergläubische Angst, eine Frau zu verletzen, denn mir ist es ein Bedürfnis, wen ich liebe, auch zu achten. Überdies nimmt man diesem Geschäft allen Glanz, sobald man es ohne Ehrerbietung betreibt.

Es gefällt mir, wenn der Mann dabei ein bißchen den schüchternen Jüngling und ergebnen Diener spielt. Sicher nicht gerade in Liebesdingen, so doch anderweitig eignen mir selbst einige Züge dieser unbeholfnen Scheu, von der Plutarch spricht (und die mir im Laufe meines Lebens verschiedentlich geschadet und blaue Flecken eingebracht hat): einer Eigenschaft, die gar nicht recht zu meiner allgemeinen Wesensart paßt. Aber was sind wir schon anderes als Zwiespalt und Zwist!

Abgewiesen zu werden tut mir ebenso weh wie abzuweisen; und jemanden zu belästigen belastet mich derart, daß ich, wenn die Pflicht mich zwingt, die Absichten eines andern in einer zweifelhaften und für ihn unangenehmen Sache auszuloten, nur halbherzig, ja widerwillig ans Werk gehe. Handelt es sich aber um ein eignes Anliegen, schicke ich gewöhnlich einen Dritten vor (obwohl Homer mit Recht sagt, für einen Bittsteller sei Schamhaftigkeit eine törichte Tugend) und lasse ihn an meiner Stelle erröten. Ebenso große Schwierigkeiten bereitet es mir andrerseits, jemanden hinauszukomplimentiern, der mich um einen derartigen Dienst angeht, weshalb es mir zuweilen widerfahren ist, daß ich nein sagen wollte, doch nicht die Kraft dazu hatte.

Der Versuch, bei den Frauen ein Verlangen zu zügeln, das sie von Natur aus als so brennend empfinden, ist, wie gesagt, reine Narretei. Und wenn ich höre, wie sich etliche ihres jungfräulich-kalten Sinnes rühmen, kann ich darüber nur lachen – sie ziehn sich dieserart allzu unglaubhaft ins Schneckenhaus zurück. Sagt eine zahnlose und zittrige Alte so etwas oder eine magre und schwindsüchtige Junge, ist es zwar immer noch nicht ganz glaubhaft, erscheint aber zumindest möglich. Doch die noch kregel und gut bei Atem sind, verderben damit nur ihren Handel, denn wer sich ungefragt entschuldigt, klagt sich an.

Umgekehrt erging es einem Edelmann aus meiner Nachbarschaft, den man der Impotenz verdächtigte,

weil sein winzig' Möhrchen, welk und abgeschlafft,
im Gewand sich nicht einmal mehr halbwegs strafft.

Um den Verdacht nun zu widerlegen, schwor er drei, vier Tage nach der Hochzeit Stein und Bein, daß er die Nacht zuvor zwanzigmal auf seiner Frau geritten sei. Wenig später nahm man dies zum Anlaß, ihn der völligen Ahnungslosigkeit zu überführn und die Ehe aufzulösen.

Wessen aber jene Frauen sich rühmen, ist sowieso völlig belanglos, denn von Enthaltsamkeit und Tugend kann keine Rede sein, wenn man nicht gegen Versuchungen ankämpfen muß. »Ich sehe mich ihnen in der Tat ausgesetzt«, müßten sie ehrlicherweise sagen, »aber ich bin nicht bereit, mich ihnen zu ergeben.« Selbst die Heiligen sprechen so.

Es versteht sich von selbst, daß dies nur für jene gilt, denen es mit den Beteurungen ihrer Unzugänglichkeit und Kälte ernst ist und die dies durch ein entsprechendes Gesicht glaubhaft machen wollen. Bei Frauen jedoch, wo das mit aufgesetzter Miene geschieht und wo die Augen die in der heuchlerischen Sprache ihres Standes vorgebrachten Worte Lügen strafen (denn sie muß immer gegen den Strich gebürstet werden), empfinde ich es als Witz.

Solche Maskeraden und Mätzchen täuschen jedenfalls nur Trottel. Das Lügen sitzt bei diesen Frauen zwar auf dem Ehrenthron; geht man aber um ihn herum, gelangt man durch die Hintertür doch zur Wahrheit.

Hinsichtlich Offenherzigkeit und Freimut andrerseits kann ich, obwohl deren eifriger Verfechter, nicht umhin zu warnen: Falls sie nicht einem völlig unbefangnen und kindlichen Gemüt entspringen, dienen sie den Damen keineswegs zur Zierde und sind in Liebesdingen fehl am Platz, denn sie arten dann nur allzuschnell in Schamlosigkeit aus.

Wenn wir also die Wunschvorstellungen der Frauen nicht einzudämmen vermögen – was wollen wir dann von ihnen?

Keuschheit zumindest im Tun? Aber es gibt Taten genug, die ihre Unberührtheit berührn, ohne daß es Außenstehenden jemals zur Kenntnis gelangte,

bedenkt, daß just, was niemand sieht,
bei ihnen ziemlich oft geschieht,

und bei den von uns am wenigsten beargwöhnten handelt es sich vielleicht gerade um jene, die wir am meisten beargwöhnen sollten: Die von den Frauen verschwiegnen Sünden sind die schlimmsten:

Eine Nutte, die ich kauf,
regt mich weitaus wen'ger auf.

Es gibt sogar Handlungen, durch die Frauen ihre Unschuld ohne Schuld verlieren können – und, was noch schlimmer ist, ohne daß sie es bemerken. *Zuweilen hat eine Hebamme, um mit den Fingern die Jungfräulichkeit eines Mädchens festzustellen, sie dabei aus Böswilligkeit, Ungeschick oder Zufall entjungfert.* Und manchen ist das Jungfernhäutchen beim Nachsehn, ob es noch vorhanden sei, abhanden gekommen, während andre es zuschanden machten, indem sie damit herumspielten.

Wir wüßten den Frauen das Tun, das wir ihnen verbieten, nicht einmal genau zu umschreiben, sondern müssen unser Gesetz in allgemeine und unklare Worte fassen. Schon die Idealvorstellung, die wir uns von ihrer Keuschheit machen, ist lächerlich. Zu den ausgefallensten mir bekannten Beispielen gehören einmal Fatua, die Frau des Faunus, die sich nach ihrer Hochzeit niemals wieder vor irgendeinem Mann sehen ließ, und dann die Frau des Hieron, die nicht roch, daß ihr Gemahl einen stinkenden Atem hatte, weil sie glaubte, das sei bei allen Männern so. Um uns zufriedenzustellen, müssen sie sich folglich unsichtbar und empfindungslos machen.

Gestehen wir uns also ein, daß der wichtigste Prüfstein für die Einhaltung der Treuepflicht der Wille ist. Es hat

Ehemänner gegeben, die das Ungemach der Hahnreischaft hinnahmen, ohne beleidigt zu sein und ihrer Frau Vorwürfe zu machen, sondern mit ausdrücklicher Anerkennung und Würdigung ihres tugendhaften Beweggrunds. Manche, die ihre Ehre höher schätzte als ihr Leben, lieferte sich gleichwohl der rasenden Begierde eines Todfeinds aus, um ihren Mann zu retten; sie tat somit etwas um seinetwillen, was sie um ihretwillen nie getan hätte. Es ist hier nicht der Ort, weitre Beispiele anzuführn: Sie sind zu erhaben und zu großartig, als daß ihr Glanz in dieser Beleuchtung gebührend zur Geltung käme. Behalten wir ihnen einen würdigeren Rahmen vor!

Was jedoch die gewöhnlicheren und weniger glanzvollen Beispiele betrifft – finden sich da nicht Tag für Tag Frauen, die sich zum alleinigen Nutzen ihrer Männer auf deren ausdrücklichen Befehl hin preisgeben, ja von ihnen selber verkuppelt werden? So bot im Altertum Phaulios von Argos die seine aus Renommiersucht König Philipp an; aus Höflichkeit wiederum ließ ein gewisser Galba, der Maecenas zum Essen eingeladen hatte und plötzlich bemerkte, daß seine Frau und der Gast Zeichen auszutauschen und miteinander zu liebäugeln begannen, sich wie vom Schlaf übermannt auf sein Kissen niedersinken, um ihr abgekartetes Spiel zu erleichtern.

Daß dies tatsächlich seine Absicht war, ließ er sie zudem auf recht elegante Weise wissen; denn als sich im gleichen Augenblick ein Bediensteter erdreistete, die Hand nach dem Weinkrug auf dem Tisch auszustrecken, schrie er ihn an: »Merkst du nicht, Schurke, daß ich nur für Maecenas schlafe?«

Manch eine Frau führt sich unordentlich auf und ist doch von anständigerer Gesinnung als eine andre, die sich dem äußren Schein nach ordentlich aufführt; und so wie wir etliche sich darüber beklagen hören, vor ihrer Mündigkeit der Keuschheit geweiht worden zu sein, kenne ich auch welche, die sich ehrlichen Herzens darüber beklagten, daß man sie vor ihrer Mündigkeit der Unzucht geweiht habe. Daran kann die Lasterhaftigkeit der Eltern schuld sein, aber ebenso der Zwang der Not, die ja kein Gebot kennt.

Obwohl in Ostindien die Sittenreinheit besondre Achtung genoß, hat es einer verheirateten Frau der Brauch erlaubt, sich jedem hinzugeben, der ihr einen Elefanten schenkte – und sogar einen gewissen Stolz darüber zu zeigen, daß man sie eines so hohen Preises würdig befand.

Der Philosoph Phaidon, ein Mann aus vornehmer Familie, verkaufte, nachdem sein Land Elis erobert worden war, seine jugendliche Schönheit, solang sie währte, an jeden, der dafür mit klingender Münze zahlte, und verdiente sich so seinen Lebensunterhalt. Und Solon war, wie es heißt, der erste in Griechenland, der durch seine Gesetze den Frauen das Recht einräumte, auf Kosten ihrer Keuschheit für ihr Auskommen zu sorgen – eine Sitte, die Herodot zufolge in vielen Gesellschaften vor seiner Zeit gang und gäbe war.

Und dann: Was kann einem die quälende Unruhe der Eifersucht denn einbringen? Wie berechtigt diese Leidenschaft manchmal auch scheinen mag, bliebe doch zu prüfen, ob sie irgend etwas Sinnvolles bewirkt. Traut sich denn wirklich einer zu, seine Frau durch kluge Vorsichtsmaßnahmen unter Verschluß halten zu können?

Sperr sie ein und laß von Wächtern sie bewachen –
grad mit ihnen wird sie schlau den Anfang machen.

Wie gewitzt wüßte sie in unserm so gewitzten Jahrhundert nicht jede Gelegenheit für sich zu nutzen!

Neugier schadet stets und überall, hier aber wird sie verhängnisvoll. Es ist Torheit, sich über ein Ungemach Klarheit verschaffen zu wollen, gegen das es keine Arznei gibt, die es nicht verschlimmerte und hoffnungsloser machte, dessen Schmach sich gerade durch die Eifersucht immer weiter ausbreitet und für das uns zu rächen unsren Kindern mehr zum Unheil gereicht als uns zum Heil. Ehe man den derart im Dunkel liegenden Wahrheitsbeweis ans Licht zu ziehn vermag, stirbt man an Auszehrung. Wie jämmerlich aber ist es zu meiner Zeit erst jenen ergangen, die doch noch fündig geworden sind!

Wenn einer dir die Untreue deiner Frau hinterbringt und nicht im selben Atemzug seine Hilfe zur Abhilfe anbietet, ist seine Mitteilung niederträchtig, und er verdient dafür eher einen Dolchstoß denn einer, der dich des Lügens bezichtigt. Über den, der sich die Sache zu bereinigen müht, lacht man ebensosehr wie über den, der keine Ahnung von ihr hat. Hörner haften: Wem sie einmal aufgesetzt sind, behält sie zeitlebens, und die Bestrafung der Treulosen läßt sie noch deutlicher hervortreten als die Verfehlung selbst.

Schönes Schauspiel, unsere privaten Mißlichkeiten dem Schatten des Zweifels entrissen zu sehn, sie auf dem Jahrmarkt ausposaunt zu hörn – Mißlichkeiten, die wir gerade hierdurch als so schlimm empfinden! *Gute Ehefrauen* und *gute Ehen*, das sagt man nicht von denen, die es sind, sondern von denen, über die man nichts Nachteiliges hört.

Der Mann sollte sich lieber etwas einfallen lassen, um dieser lästigen und unnützen Aufklärung zu entgehn. Bei den Römern zum Beispiel war es Brauch, jedesmal wenn sie von einer Reise zurückkehrten, einen Boten in ihr Haus vorauszuschicken, der ihrer Frau die baldige Ankunft zu melden hatte, damit sie nicht überrascht würde. Und aus dem gleichen Grund hat ein gewisses Volk die Sitte eingeführt, am Hochzeitstag den Priester die Pforte der Braut öffnen zu lassen, um dem Ehemann bei seinem ersten Probestoß das Hangen und Bangen zu ersparen, ob sie wohl als Jungfrau oder durch die Liebe eines andern entsiegelt zu ihm komme.

»Aber alle Welt redet doch über unser Pech!« Na und? Ich kenne hundert Ehrenmänner, die ohne Einbuße an Ehre Hahnreie sind. Ein rechtschaffner Mann wird deswegen beklagt, aber nicht verachtet. Laßt eure Tugend euer Ungemach überstrahlen, so daß die anständigen Leute den, der es euch angetan hat, verfluchen und er schon beim Gedanken daran zu zittern beginnt.

Zudem: Über wen redet man nicht in diesem Sinne, vom Kleinsten bis zum Größten,

und bis zum Feldherrn gar, der mächt'ge Heere führt?
Welch höhrer Wert ihm doch als dir, du Wicht, gebührt!

Sieh, wie man in deiner Gegenwart so viele ehrenwerte Männer in den Schmutz zieht! Glaub ja nicht, daß dir das anderswo erspart bleibt.

»Aber selbst die Damen werden sich darüber lustig machen!« Ach, worüber machen sie sich in dieser Zeit nicht lieber lustig als über eine friedliche und einträchtige Ehe!

Jeder von euch hat schon irgendwann einen andern zum Hahnrei gemacht – die Natur aber zahlt stets mit gleicher Münze heim und gleicht so im Wechselspiel alles wieder aus. Die Häufigkeit der Untreue sollte daher mittlerweile deren Bitterkeit abgemildert haben, ist sie doch fast schon zum festen Brauch geworden.

Und doch – erbärmliches Leiden! Zudem hat es die mißliche Eigenschaft, nicht mitteilbar zu sein,

vor den Klagen von uns armen Toren
schließen sich sogar des Schicksals Ohren;

denn welchem Freund wagt ihr eure Kümmernisse anzuvertraun, ohne fürchten zu müssen, daß er euch auslacht oder sich ihrer gar als Anleitung und Wegweisung bedient, um selber ein Stück von der Jagdbeute abzubekommen?

Alle Süße und alle Bitterkeit der Ehe halten Weise geheim; für einen redseligen Menschen wie mich aber gehört es zu den größten Widrigkeiten, die sie mit sich bringt, daß es nach allgemeinem Brauch als unschicklich und der Beziehung abträglich gilt, sich mit irgend jemandem darüber auszusprechen, wie man sie erlebt und empfindet.

Den Frauen wiederum die Eifersucht auch nur durch Ratschläge verleiden zu wollen wäre verlorne Zeit. Ihr ganzes Wesen ist derart von Argwohn, Einbildungen und Neugier durchtränkt, daß man sich nicht der Hoffnung hingeben sollte, sie auf einem gangbaren Weg davon kuriern zu können.

Oft befreien sie sich freilich von diesem Leiden durch eine Form der Gesundung, die mehr zu fürchten ist als die Krankheit selbst: So wie es Zaubermittel gibt, die ein Übel dergestalt beseitigen, daß sie es einem andern auf den Hals laden, sind auch sie fähig, sich dieses Fiebers zu entledigen, indem sie es einfach auf ihre Männer übertragen.

Jedenfalls, die Wahrheit zu sagen, weiß ich nicht, ob es etwas gibt, mit dem sie uns schlimmer quälen können als mit der Eifersucht; von all ihren Gemütszuständen ist dieser am gefährlichsten, wie von ihren Körperteilen der Kopf – pflegte doch schon Pittakos zu sagen, jeder habe seine schwache Stelle, und bei ihm sei es der Kopf seiner Frau, da er voller Argwohn stecke; wäre dies nicht der Fall, würde er sich rundum glücklich schätzen. Wenn selbst ein so gerechter, so weiser und so tapfrer großer Mann seine ganze Lebenslage von der Eifersucht beeinträchtigt sieht, muß sie in der Tat ein schweres Ungemach sein. Was sollen da wir Winzlinge gegen sie ausrichten können?

Der Stadtrat von Marseille bewilligte zu Recht das Gesuch eines Mannes, sich umbringen zu dürfen, um vor dem Toben seiner Frau Ruhe zu finden; denn es handelt sich hierbei um einen krankhaften Wahn, der erst mit dem Verschwinden seines Gegenstands verschwindet und folglich keinen anderen Ausweg duldet als Flucht oder Unterwerfung – und beides ist höchst problematisch.

Mir scheint, jener kannte sich genau aus, der gesagt hat, eine gute Ehe werde zwischen einer blinden Frau und einem tauben Mann geschlossen.

Sehen wir uns auch vor, daß dieser große und so grausame Zwang, den wir den Frauen auferlegen, nicht zwei unserm Ziel zuwiderlaufende Folgen zeitige: die ihnen Nachstellenden nämlich hitziger und sie selbst hingebungsfreudiger zu machen!

Was den ersten Punkt betrifft, steigern wir mit dem Wert der Festung Wert und Wünschbarkeit ihrer Einnahme. Könnte es nicht Venus selbst gewesen sein, die listigerweise ihre Ware dadurch verteuerte, daß sie die Sittengesetze als Zuhälter dingte, weil sie erkannte, ein wie tumbes Vergnügen die Liebe wäre, wenn Phantasie und hoher Preis sie nicht aufwerteten? Schließlich handelt es sich immer um Schweinefleisch, das allein durch die Soßen unterschiedlich schmeckt, wie der Gastgeber des Flaminius sagte.

Amor ist ein durchtriebner Gott. Er macht sich ein Spiel daraus, gegen Frömmigkeit und Gerechtigkeitssinn anzukämpfen; seine Brust schwellt es, daß seine Macht jede andre aus dem Felde schlägt und daß alle andern Regeln den seinen weichen müssen,

ihn drängt's in seiner Brust
nach steter Sündenlust.

Zum zweiten Punkt: Würden wir nicht seltener zum Hahnrei gemacht, wenn wir es weniger fürchteten? Denn ihrer Natur nach empfinden die Frauen Verbote als Anreiz und Einladung, sie zu übertreten:

Was du willst, das tun sie nie und nimmer,
was du aber nicht willst, stets und immer. //
Zum Wandeln auf der Tugend Pfad
sind alle sich seit je zu schad'.

Könnten wir für das Verhalten Messalinas eine einleuchtendere Erklärung finden? Sie setzte ihrem Mann zunächst heimlich Hörner auf, wie das eben üblich ist. Doch da sie wegen seiner Begriffsstutzigkeit ihre Affären allzuleicht betreiben konnte, gefiel ihr auf einmal dieses Versteckspiel nicht mehr, und sie tätigte ihre Liebeshändel nun unverhohlen, indem sie öffentlich mit ihren Verehrern auftrat, sich mit ihnen unterhielt und vor aller Augen ihnen ihre Gunst bezeigte: Ihr Mann sollte es endlich zur Kenntnis nehmen.

Als sich dieses Schaf hiervon jedoch immer noch nicht aufrütteln ließ und er durch seine allzu schlafmützige Duldsamkeit ihre Vergnügungen gar zu erlauben und zu billigen schien, so daß sie schließlich allen Geschmack und Spaß daran verlor – was tat sie da? Frau eines lebenden Kaisers von ungebrochner Gesundheit, geht sie am hellichten Tage hin und ehelicht während der Abwesenheit ihres Mannes mitten in Rom, Schauplatz der Welt, auf einer öffentlichen Feier und Festlichkeit den Silius, dessen Liebesdienste sie schon seit langem in Anspruch genommen hatte.

Gewinnt man nicht den Eindruck, als ob sie drauf und dran gewesen wäre, vor lauter Gleichgültigkeit des Gatten sich zur Jungfrau zurückzuentwickeln, und sie ebendarum einen andern Mann geheiratet hätte, in der Hoffnung, daß er durch eifersüchtiges Verwehren ihr Begehren wecke und wetze? Doch hiermit stieß sie auf ihre erste Schwierigkeit, die zugleich ihre letzte war, denn plötzlich fuhr das Schaf mit einem wilden Sprung hoch: Der Kaiser ließ Messalina umbringen, und überdies eine große Zahl derer, die mit ihr unter einer Decke steckten – sogar etliche, die nichts dafür konnten, weil sie von ihr mit der Lederpeitsche ins Bett geladen worden waren.

In der Tat ergeht es einem mit solch dickfelligen Schlafmützen oft am übelsten. Die Erfahrung hat mir gezeigt, daß eine derart außergewöhnliche Duldsamkeit, ist die Grenze einmal erreicht, zu desto grausameren Racheakten führt, denn Zorn und Raserei flammen dann so plötzlich auf, daß sie ineinander verschmelzen und gleich beim ersten Ausbruch ihre Wucht geballt hervorschleudern.

All die aufgestaute Wut
bricht sich Bahn in wilder Flut.

Was Vergil über die eheliche Sinnenlust von Venus und Vulkan sagt, trifft noch mehr auf die der außerehelichen, in aller Heimlichkeit genoßne von Venus und Mars zu, wie sie uns Lukrez darstellt:

So wühlt der waffenmächt'ge Mars, der Herr des Krieges,
sich lechzend oft in deinen Schoß, erliegt des Sieges
Gewalt der ew'gen Liebeswunde; und er hebt
den Blick zu dir, o Augenweide, und erbebt,
vereinen eure Odem sich an deinem Mund.
Dein heil'ger Leib umfließe den Erschlafften, und
aus deinen Lippen, Göttin, laß der zärtlich-süßen,
der liebestrunknen Worte Labsal sich ergießen!

Wenn ich mir Lukrezens und Vergils so erhabne wie anmutige Wörter und Wendungen vorsage und sie überdenke, habe ich für die armseligen Wortspiele und Witzigkeiten der Nachgebornen nur noch Verachtung übrig.

Die alten Dichter waren derart gut, daß sie keiner gesuchten und spitzfindigen Pointen bedurften; eine nie nachlassende natürliche Kraft erfüllt ihre Sprache – bei ihnen ist nicht erst das Ende Epigramm, sondern alles, von Kopf bis Fuß. Nichts Angestrengtes, nichts Schleppendes findet sich hier, das Ganze geht seinen gleichmäßigen Gang. *Wort an Wort fügen sie mit männlicher Hand, blumige Rede meidend.*

Nicht mit einer bloß schönrednerischen Eloquenz, einer Eloquenz ohne Biß haben wir es also zu tun; sie ist vielmehr muskulös und markig, weniger gefällig als packend und mitreißend, und am stärksten reißt sie die stärksten Geister mit. Wenn ich diese treffliche Ausdrucksweise betrachte, so lebendig, so tief, sage ich nicht, das sei gut geschrieben – ich sage: »Das ist gut gedacht!« Die Kühnheit der Vorstellungen ist es, welche der Alten Worte schwellen und in die Höhe schweben läßt. *Unser Innres ist es, das uns beredt macht.*

Unsre Zeitgenossen nennen *Stil*, was in Wirklichkeit Urteilskraft, und *Wortschönheit*, was Anschauungsreichtum ist. Jene Darstellungen der Alten verdanken sich weniger einer geschickten Hand als dem lebhaften Eindruck, den der Gegenstand in der Seele des Dichters erweckt hat. Gallus schreibt unkompliziert, weil er unkompliziert denkt. Und Horaz gibt sich nie mit einem oberflächlichen Ausdruck zufrieden, denn der würde seinem Bestreben in den Rücken fallen, alles aufs klarste und gründlichste zu erfassen. Die ganze Schatzkammer der Wörter und Wendungen hebelt sein Geist auf und durchstöbert sie nach denen, die am besten wiedergeben, was er sagen will. Sie müssen über das Gewöhnliche hinausgehn, denn über das Gewöhnliche hinaus geht auch seine Sicht.

Plutarch sagt, er habe die lateinischen Wörter durch die Dinge gelernt. Dementsprechend gilt hier: Es ist der Sinn, der die Wörter erzeugt und verständlich macht. Nicht mehr aus Wind bestehn sie, sondern aus Fleisch und Blut. Sie bedeuten mehr, als sie sagen. Selbst den Unbedarften dämmert eine Ahnung davon. (So konnte ich mich auf meiner Italienreise in der Umgangssprache durchaus verständlich machen, hätte aber in anspruchsvollen Gesprächen keinesfalls gewagt, mich einem Idiom anzuvertrauen, das ich nicht über seinen Alltagsgebrauch hinaus durchzuformen vermochte. Zu wichtigen Erörterungen will ich jedoch etwas Eignes beisteuern können.)

Es ist die Art, wie die wahrhaft schöngeistigen Autoren die Sprache handhaben und mit ihr umgehn, die sie kostbar macht – weniger weil sie Neuerungen einführn, als weil sie ihr durch Geschmeidigen und Weiten eine Fülle lebendigerer und vielfältigerer Dienste abgewinnen. Sie gesellen ihr nicht willkürlich andere Wörter bei, sondern bereichern die vorhandnen, indem sie deren Bedeutung vertiefen und ihnen damit Verwendungsmöglichkeiten von größerem Gewicht erschließen. So üben sie die Sprache in eine ihr noch ungewohnte Bewegungsfreiheit ein, doch stets mit Sinn und Verstand.

Wie wenig dies aber jedem gegeben ist, sieht man an etlichen französischen Schriftstellern dieses Jahrhunderts. Dem üblichen Weg zu folgen hindert sie ihre dreiste Hochnäsigkeit, auf freiem Feld jedoch sind sie mangels Erfindungs- und Urteilskraft verlorn. Nichts als eine erbärmliche Originalitätssucht sieht man bei ihnen, nichts als kalte und widersinnige Einkleidungen, die ihren Gegenstand, statt ihn zu erhöhen, zu Boden drücken – Hauptsache, sie können sich mit dergleichen Neuerungen brüsten; ob sie zweckmäßig sind, kümmert sie nicht im geringsten. Um ein ungewohntes Wort zu erhaschen, geben sie das gewohnte dran, und das hat oft mehr Muskel und Mark.

Ich finde, unsere Sprache besitzt Tuch zur Genüge; nur mit der Verarbeitung hapert es etwas. Was könnte man nicht alles aus unserer Jäger-, aus unsrer Soldatensprache herausholen, die doch wahre Fundgruben sind! Wie die Kräuter veredeln und kräftigen sich auch die Redeweisen, wenn man sie verpflanzt. Französisch hat also, meine ich, hinlänglich Fülle, doch nicht hinlänglich Flexibilität und Federkraft. Eine mächtige Eingebung wirft es gewöhnlich um. Wenn man ihm die Zügel anzieht, fühlt man oft, wie es unter einem nachgibt und wegsackt, so daß einem Latein zu Hilfe kommen muß – andren wiederum Griechisch.

Bei einigen der Wörter von Vergil und Lukrez fällt es uns heute recht schwer, ihre ursprüngliche Ausstrahlung noch wahrzunehmen, weil sie sich durch den ständigen Gebrauch abgenutzt haben und ihr Reiz banal geworden ist.

So finden sich ja auch in unsrer Volkssprache vortreffliche Wendungen und Bilder, deren Schönheit mit dem Alter dahinwelkt und deren Farbe durch allzu häufige Handhabung nun blaß und abgegriffen wirkt. Damit verlieren sie jedoch bei denen, die eine feine Nase haben, nichts von ihrem Duft, noch schmälern dergleichen Abnutzungserscheinungen den Ruhm der antiken Autoren, die wahrscheinlich als erste jenen Worten ihren Glanz zu verleihen wußten.

Die gelehrten Werke behandeln ihrerseits die Dinge auf zu spitzfindige, zu künstliche und vom Üblichen und Natürlichen zu weit abliegende Weise. Mein Kammerjunge beschläft sein Mädchen und versteht sich darauf. Lest ihr ihm aber den Leo Hebraeus oder den Ficino vor, so ist zwar von *ihm* die Rede, von seinen Gedanken und seinem Tun – und doch versteht er kein Wort. Ich selbst erkenne bei Aristoteles mein alltägliches Sinnen und Trachten zum größten Teil nicht wieder, denn ihm wurde für den Gebrauch der Philosophenschulen ein Talar übergeworfen. Gebe Gott, daß sie sich darin nicht verheddern! Wäre ich vom Fach, würde ich jedenfalls so, wie sie die Natur verkünsteln, die Künste naturalisiern.

Auf Bembo und Equivola brauchen wir hier nicht einzugehn.

Wenn ich schreibe, verzichte ich weitgehend auf die Gesellschaft der Bücher und meine Erinnerung hieran, damit sie die Darstellung meiner Gedanken nicht unterbrechen – und auch, um die Wahrheit zu sagen, weil die guten Autoren mich gar zu sehr verzwergen und entmutigen. Ich halte es daher gern wie jener Maler, der einige Hähne erbärmlich schlecht abgebildet hatte und daraufhin seinen Gesellen verbot, je wieder einen richtigen Hahn in seine Werkstatt zu lassen.

Ja, mehr noch müßte ich, um mir überhaupt etwas Glanz zu geben, mich des Einfalls jenes Musikers Antigenaidas bedienen, der befohlen hatte, daß man jeweils vor oder nach seinen Auftritten den Zuhörern von schlechten Sängern die Ohren volldröhnen lasse.

Ohne Plutarch freilich komme ich nicht so leicht aus. Er ist in allem derart bewandert, daß er sich bei jeder Gelegenheit, man mag eine noch so ausgefallne Sache aufgreifen, sogleich erbietet, aus seinem unerschöpflichen Vorrat mit freigebiger Hand Verschönerungen und Reichtümer beizusteuern. Wann immer ich auch nur die geringste Zeit in seiner Gesellschaft verbringe, bedenkt er mich mit einem saftigen Flügel oder Schenkel von seiner Tafel. Deshalb ärgert es mich, nun ständig den Plünderungen derer ausgesetzt zu sein, die sich auf diese Weise ebenfalls daran gütlich tun wollen.

Für mein Vorhaben kommt es mir auch zustatten, daß ich zu Hause schreibe, in einer ländlichen Gegend, unter Hinterwäldlern, von denen keiner mir helfen oder mich berichtigen kann, und wo ich gewöhnlich mit niemandem verkehre, der auch nur das Latein seines Paternosters verstünde, geschweige die französische Hochsprache. In andrer Umgebung hätte ich mein Werk besser geschrieben, aber es wäre minder mein gewesen; ebendarin besteht jedoch sein Hauptzweck, seine Vollkommenheit: ganz mein eigenes zu sein.

Ich fände mich durchaus bereit, Flüchtigkeitsfehler zu verbessern, wie sie mir bei meinem achtlosen Drauflosschreiben ständig unterlaufen; aber die Unvollkommenheiten zu tilgen, die meinem Wesen als Grundzug eingeborn sind, wäre Betrug.

Wenn man mir sagt, wenn ich selbst mir sage: »Du überlädst deine Sprache mit Metaphern« oder: »Dieses Wort ist ein Gascogner Gewächs« oder: »Diese Wendung ist zu gewagt« (denn ich scheue vor keinem der Kraftausdrücke zurück, wie sie in Frankreichs Gassen gebräuchlich sind, und jene, die unsre Alltagssprache mit der Grammatik bekämpfen wollen, machen sich lächerlich) oder: »Diese Ausführungen sind von keiner Sachkenntnis getrübt« oder: »Diese widersprechen sich selbst« oder: »Diese sind geradezu hirnrissig« oder: »Oft hältst du die Leute zum besten; was aber für dich nur Spielgeld ist, wird man für bare Münze nehmen« – dann erwidre ich: »Gewiß, aber ich verbeßre eben bloß, was mir aus Unachtsamkeit entschlüpft, keineswegs jedoch Gewohnheitsfehler. Rede ich nicht immer so? Porträtiere ich mich etwa nicht nach dem Leben? Genug! Ich habe erreicht, was ich wollte: Jeder erkennt mich in meinem Buch und mein Buch in mir.«

Nun neige ich freilich auch zum Nachahmen und Nachäffen. Als ich mich ehedem daranmachte, Verse zu schmieden (und nie anders als auf Latein), merkte man ihnen auf Anhieb den Dichter an, den ich grade gelesen hatte; und von meinen ersten *Essais* riechen etliche noch ziemlich nach Raub. In Paris spreche ich eine etwas andere Sprache als auf Montaigne. Ich brauche einen nur näher anzusehn, und schon habe ich von seiner Wesensart etwas abbekommen. Worauf mein Blick fällt, das eigne ich mir an: eine alberne Haltung, eine abstoßende Grimasse oder eine lächerliche Redewendung – und mehr noch die Laster. Sobald sich meine Aufmerksamkeit ihnen zuwendet, hängen sie sich an mich, und um sie wieder loszuwerden, muß ich heftigst rütteln und schütteln. Man hat mich öfter aus Nachahmungstrieb als aus innerer Notwendigkeit fluchen hörn. (Manchmal fluche ich ohne Unterlaß, manchmal über einen langen Zeitraum überhaupt nicht – je nachdem, in welcher Gesellschaft ich mich befinde.)

Solcher Nachahmungstrieb kann selbstmörderisch sein – wie bei jenen entsetzlich großen und starken Affen, denen König Alexander in einem bestimmten Landstrich Indiens begegnete: Sie zu überwältigen wäre ihm wohl kaum gelungen, wenn sie ihm durch diese Neigung, alles nachzuahmen, was man ihnen vormachte, nicht selbst das Mittel hierzu geliefert hätten. Sie brachte nämlich seine Jäger auf die Idee, vor den Augen der Affen sich die Stiefel anzuziehn und dabei zahlreiche Knoten in die Schnürsenkel zu knüpfen, sich dann einen Kopfputz voller Laufschlingen aufzusetzen und schließlich so zu tun, als ob sie sich die Augen mit Vogelleim beschmierten. Unvorsichtigerweise ließen sich nun die armen Tiere von ihrem Hang zum Nachäffen ins Verderben reißen: Sie verklebten sich ebenfalls die Augen, fesselten ihre Füße mit Schnürsenkeln und erdrosselten sich in den Kopfschlingen selbst.

Jene andere Fähigkeit freilich, auf erfindungsreiche Weise Gebärden und Worte andrer vorsätzlich derart nachzuahmen, daß es allgemeine Heiterkeit und Bewundrung erregt, ist mir so wenig eigen wie einem Baumstumpf!

Wenn ich aus innerer Notwendigkeit fluche, dann nur, indem ich »Herrgott noch mal!« rufe – und das ist schließlich der gradlinigste Fluch von allen. Angeblich pflegte Sokrates »Beim Hunde!« zu fluchen, Zenon (wie die Italiener heute mit dem Ausruf *Capperi!*) »Beim Kapernstrauch!« und Pythagoras schließlich »Bei Wasser und Luft!«

Ich nehme die oberflächlichsten Eindrücke derart schnell und gedankenlos in mich auf, daß mir, wenn ich drei Tage hintereinander »Eure Majestät« oder »Eure Hoheit« im Munde führte, diese Anreden noch eine Woche später statt »Eure Exzellenz« und »Eure Herrlichkeit« entfahrn; und was ich mir heute aus Jux und Tollerei zu sagen herausnehme, werde ich morgen im Ernst vertreten. Daher gehe ich beim Schreiben den allgemein erörterten Themen lieber aus dem Weg – könnte es mir doch passieren, daß ich sie mit andrer Leute Worten abhandle.

Alle Themen sind für mich gleichermaßen fruchtbar. Mir reichte als Gegenstand eine Fliege. (Gebe Gott, daß der, den ich hier unter den Händen habe, nicht auf Geheiß eines Willens in Angriff genommen wurde, der ein ebensolcher Luftikus ist!) Welcher mir auch in den Sinn kommen mag – frisch ans Werk damit! Sie sind samt und sonders ineinander verflochten.

An meiner Seele mißfällt mir jedoch, daß sie das, was mir am meisten an ihr gefällt, ihre tiefsten und zugleich ausgelassensten Gedankenspiele nämlich, gewöhnlich unerwartet unternimmt, wenn ich also am wenigsten darauf eingestellt bin; so verflüchtigen sie sich plötzlich wieder, weil ich, sei es zu Pferde, bei Tisch oder im Bett, nichts zur Hand habe, um sie festzuhalten; vor allem zu Pferd, und gerade da schweifen meine Gedanken am weitesten.

Wenn ich über etwas ernsthaft spreche, lege ich Wert darauf (und hierin bin ich recht empfindlich), daß man mir aufmerksam und schweigend zuhört; werde ich unterbrochen, sage ich kein Wort mehr. Auf Reisen hält schon die Notwendigkeit, den Weg zu beachten, die Gespräche kurz – ganz abgesehn davon, daß ich meistens ohne solche Begleiter reise, die für eingehende Erörterungen tauglich wären, so daß ich mir alle Muße nehmen kann, mich mit mir selbst zu unterhalten.

Mit jenen Gedankenspielen ergeht es mir wie mit meinen Träumen: Während ich sie träume, nehme ich mir vor, sie im Gedächtnis zu behalten (denn ich träume oft, daß ich träume), doch am nächsten Tag kann ich mir zwar ihre Tönung noch vergegenwärtigen: heiter, traurig oder wundersam, aber wie sie im übrigen waren, entschwindet mir in ein um so tieferes Grab des Vergessens, je atemloser ich es ihm zu entreißen suche.

So bleibt mir, wie gesagt, auch von den unerwartet mich überfallenden Gedankenspielen nichts als ein flüchtiges Schattenbild in Erinnrung – gerade noch deutlich genug, um mich zur quälenden und aufreibenden Suche nach dem Entschwundnen anzutreiben. Vergebens.

Nun denn, laßt uns die Bücher vergessen und einfach zur Sache sprechen: Ich finde, daß die Liebe letzten Endes nichts anderes ist als das Dürsten nach dem Genuß eines begehrten Menschen und die von Venus verkörperte Sinnenlust uns Männern nichts anderes als das Wonnegefühl beim Entleeren der Hoden (wie es die Natur ja auch bei dem sonstiger Körperteile gewährt). Wahl- und maßlos betrieben aber, wird die Liebe zum Laster. Für Sokrates ist sie der von der Schönheit ausgelöste Fortpflanzungstrieb.

Wenn ich mir immer wieder den lächerlichen Kitzel dieser Sinnenlust betrachte, die absonderlichen und hirnverbrannten, ja völlig blinden Gefühlsregungen, die sie in Zenon und Kratippos aufwühlte, diese hemmungslose Raserei, dieses beim lieblichsten Werk der Liebe vom Furor der Grausamkeit durchglühte Gesicht, dann dieses inmitten solch ausgelaßnen Tuns auf einmal völlig entrückte, todernste Sichanstarrn; und wenn ich weiter bedenke, daß die Organe unserer Wonnen mit denen unsres Unrats wahllos nebeneinander untergebracht sind und die höchste Wollust gleich dem Schmerz von Klagelauten und Ohnmachtsängsten begleitet ist – wenn ich all das betrachte und bedenke, dann glaube ich, daß Platon mit seiner Bemerkung recht hat, der Mensch sei das Spielzeug der Götter –

wie grausam, daß aus Lust am Quälen
sie uns zu ihren Opfern wählen –,

und daß die Natur aus schierer Spottsucht uns das aufwühlendste Tun als unser gewöhnlichstes vermacht hat, um uns alle gleichzusetzen und Narren wie Weise, Menschen wie Tiere auf eine Stufe zu stellen.

Male ich mir aus, den vergeistigtsten und weisesten Mann im Liebesakt anzutreffen, würde ich ihn als Schelm bezeichnen, wenn er mir aufbinden wollte, er sei vergeistigt und weise am Werk: Schaut sich der Pfau auf die Füße, schrumpft ihm augenblicklich das Rad.

Warum denn solln wir uns versagen,
die Wahrheit lachend vorzutragen?

Jene wiederum, die aus den Spielen jeden ernsthaften Gedanken verbannen wollen, handeln, hat jemand gesagt, wie ein Mann, der die Statue eines Heiligen anzubeten fürchtet, wenn die Schamteile unverhüllt sind.

Wir essen und trinken zwar wie die Tiere; gleichwohl behindern diese Verrichtungen nicht das Schalten und Walten unseres Geistes, durch das wir unsren Vorrang ihnen gegenüber behaupten. Der Liebesakt jedoch bringt all unser Denken unter sein Joch und zwingt mit seinem unabdingbaren Herrschaftsanspruch sogar die Theologie und Philosophie Platons zu diesbezüglich rein *tierischen* Betrachtungen – ohne daß er sich darüber beklagte.

Bei allen sonstigen Dingen kann man einen gewissen Anstand wahrn, alle sonstigen Verrichtungen gehorchen gewissen Regeln der Ehrbarkeit; diese aber empfindet man schon in der Vorstellung als lasterhaft oder lächerlich. Probiert doch einmal, ob sie sich mit Sinn und Verstand handhaben läßt!

Alexander pflegte zu sagen, er erkenne, daß er sterblich sei, vorwiegend am Schlaf und an ebendieser Verrichtung: Der Schlaf unterdrücke und ersticke unsere seelischen Kräfte, und der Beischlaf ziehe sie von uns ab und verstreue sie. In der Tat ist er ein Brandmal nicht nur unserer Erbsünde, sondern auch unsrer Verunstaltung und Nichtigkeit.

Einerseits drängt uns die Natur hierzu, hat sie dem Geschlechtstrieb doch die edelste, nützlichste und angenehmste Aufgabe ihres Waltens zugewiesen; andrerseits läßt sie es geschehn, daß wir, als wäre diese unanständig, ja schändlich, über sie erröten, ihr aus dem Wege gehn und sie verurteiln – mit der Empfehlung, sich ihrer zu enthalten. Machen wir uns aber nicht zu Tieren, wenn wir den Akt *tierisch* nennen, der uns hervorbringt?

In ihrer Religionsausübung weisen die Völker viele Ähnlichkeiten auf: fromme Gaben und Lichter, Weihrauch und Fastentage sowie Opferrituale; und häufig eben auch die Verurteilung des Liebesakts. Alle erdenklichen Auffassungen und Gepflogenheiten kommen vor, sogar der weitverbreitete Brauch der Beschneidung – als Strafe!

Doch vielleicht haben wir sogar recht, wenn wir es uns zum Vorwurf machen, etwas so Dummes wie einen Menschen zu zeugen, wenn wir diese Verrichtung *schändlich* nennen und wenn wir die dazu benutzten Organe als *Schamteile* bezeichnen. (Die meinen sind zur Zeit wirklich in einem schändlichen und erbärmlichen Zustand.)

Bei den Essenern, von denen Plinius spricht, sah man weder Ammen noch Säuglinge, und dennoch blieb ihre Bevölkerungszahl über mehrere Jahrhunderte gleich: durch den ständigen Zustrom von Fremden, die sich ihnen anschlossen und ihre wunderlichen Anschauungen übernahmen. So setzte sich ein ganzes Volk lieber der Gefahr der Selbstauslöschung aus, als daß die Männer zur Umarmung einer Frau bereit gewesen wären. Lieber ließen sie all ihre Menschen aussterben, als einen zu zeugen!

Zenon soll ein einziges Mal in seinem Leben einer Frau beigewohnt haben – und dies nur aus Höflichkeit, um nicht den Eindruck zu erwecken, er lehne das weibliche Geschlecht allzu starrsinnig ab.

Jeder läuft weg, wenn der Mensch geboren wird, jeder läuft herbei, wenn er stirbt. Um ihn fertigzumachen, wählt man ein weites Schlachtfeld im hellen Tageslicht; um ihn anzufertigen, verkriecht man sich in den engsten und dunkelsten Winkel: Die Pflicht gebietet, ihn heimlich zu erschaffen und hierbei zu erröten, Ruhm aber bringt es ein, ihn hinwegzuraffen und zu töten, und eine ganze Reihe Tugenden folgt dem nach. Das eine ist Missetat, das andre Wohltat – wie ja schon Aristoteles sagte, in seinem Land bedeute die Wendung *jemandem etwas Gutes tun*, daß man ihn töte.

Um Zeugen und Töten als gleichermaßen verwerflich zu erklären, verboten die Athener, als sie zur Besänftigung Apolls die Insel Delos einem Reinigungsritual unterzogen, für deren gesamten Bereich sowohl jede Geburt als auch jedes Begräbnis.

Da wir unser ganzes Sein für verfehlt halten,

sind wir vor Scham
uns selber gram.

Es gibt Völker, die sich sogar beim Essen verbergen. Und ich kenne eine Dame, eine der höchsten, die der Meinung ist, daß Kauen die Gesichtszüge entstelle und Anmut und Schönheit der Frauen wesentlich mindre; wenn sie Hunger hat, läßt sie sich deshalb ungern in der Öffentlichkeit sehn. Und einen Mann kenne ich, der andern beim Essen zuzuschauen ebensowenig erträgt, wie selber hierbei Zuschauer zu haben; aus diesem Grunde meidet er, wenn er sich füllt, jede Gesellschaft noch mehr, als wenn er sich leert.

Im Reich des Großtürken gibt es eine beträchtliche Zahl von Männern, die, um sich hervorzutun, ihre Mahlzeiten nie in Gesellschaft einnehmen, und sie essen nur einmal in der Woche. Auch schlitzen sie sich Gesicht und Gliedmaßen auf und zerfetzen sie, und mit keinem sprechen sie je ein Wort: Fanatiker samt und sonders, die ihre Natur durch Denaturierung zu ehren glauben, die sich der eignen Geringschätzung wegen wertschätzen und sich durch ihre Verschandlung zu vervollkommnen wähnen.

Was für ein Ungeheuer ist doch ein Tier, das vor sich selbst erschrickt, dem seine Lust zur Last wird und das sich für eine Mißgeburt hält!

Es gibt Menschen, die ihresgleichen aus den Augen gehn und so ihr Leben verbergen,

die in eine fremde Ferne ziehn,
Herd und Heim, dem trauten, zu entfliehn;

Menschen, die Gesundheit und Glücklichsein für abträglich und schädlich halten und sie daher zu meiden suchen. Nicht nur für viele Sekten, sondern für ganze Völker ist die Geburt ein Fluch und der Tod ein Segen. Bei andren wiederum wird die Sonne verabscheut und die Finsternis angebetet.

Wir entfalten unseren Einfallsreichtum nur zur eignen Peinigung: Sie ist das wahre Jagdwild, hinter dem unsre Geisteskraft her ist – diese so gefährliche Waffe, wenn sie mißbraucht wird.

Die Ärmsten! Ihre Freuden sind vergällt,
da jeder sie für ein Verbrechen hält.

O Mensch, erbärmlicher Wicht, du bist hinreichend mit unabänderlichen Übeln behaftet, du brauchst keine dazuzuerfinden! Du bist von Natur aus elend genug, du brauchst nicht künstlich nachzuhelfen! Du weist an wirklichen und wesentlichen Häßlichkeiten so viele auf, daß du es dir ersparen kannst, neue auszudenken. Meinst du, dein Glück wäre zu groß für dich, wenn es dich nicht alsbald unglücklich machte? Meinst du, alle dir von der Natur auferlegten Pflichten bereits erfüllt zu haben, und sie wüßte nun mit dir nichts mehr anzufangen, wenn du dir nicht selbst neue auferlegst?

Du schreckst keineswegs davor zurück, ihre über jeden Zweifel erhabnen, allgültigen Gesetze zu übertreten, setzt aber deinen Stolz darein, dich an deine so fragwürdigen eigenen, nur auf dich zugeschnittnen zu halten; und je mehr sie nur auf dich zugeschnitten sind, je fragwürdiger und widersprüchlicher, desto eifriger folgst du ihnen. Allein um die Einhaltung der von dir selbst ausgedachten Regeln ist es dir zu tun und um die deiner Gemeinde: Diejenigen Gottes und der Welt hingegen berühren dich nicht. Geh einmal ein paar entsprechende Beispiele durch – dein ganzes Leben findest du darin!

Die Verse von Vergil und Lukrez scheinen mir die Fleischeslust durch deren zurückhaltende und verhüllende Darstellung nur um so deutlicher zu enthülln. Die Frauen bedecken ihren Busen mit einem Flor und die Priester ihr Kultgerät mit Tüchern. Die Maler durchschatten ihre Bilder, um deren Leuchtkraft zu erhöhen, und man sagt, daß Sonnenstrahlen und Windstöße gebrochen größere Kraft entfalten als ungebrochen.

Jener Ägypter, den einer fragte, was er da verborgen unter seinem Mantel trage, antwortete sehr weise: »Es ist unter meinem Mantel verborgen, damit du nicht erfährst, was es ist.« Freilich gibt es auch bestimmte Dinge, die man verbirgt, um sie zu zeigen. Wenn ich aber diesen hier freiweg sagen höre:

So drückte ich das nackte Weib
mir immer enger an den Leib,

ist mir, als wollte er mich zum Kapaun machen.

Martial mag die Röcke der Venus so hoch heben, wie er will – im Gegensatz zu Vergil und Lukrez gelingt es ihm dennoch nicht, sie uns in ihrer vollen Schönheit zu zeigen. Wer alles sagt, übersättigt uns derart, daß er uns den Appetit nimmt; wer sich hingegen zurückhaltend ausdrückt, regt unsre Gedanken an, in seinen Worten mehr zu suchen, als drinsteckt.

Zurückhaltung ist folglich eine Art List, besonders dann, wenn man, wie die beiden Dichter es tun, unsrer Phantasie gleichzeitig einen schmalen Durchblick auf den schönen Weg zum Verheißnen öffnet: In der Liebe müssen Dichtung und Verrichtung nach Diebesgut schmecken.

Spanier und Italiener gehen hier mit mehr Respekt und Rücksicht zu Werke als wir, verstohlener und verschwiegner

– und das gefällt mir. Irgendwer unter den Alten wünschte sich, sein Schlund wäre so lang wie der eines Kranichs, um länger schmecken zu können, was er verschlingt. Einen solchen Wunsch fände ich bei der überstürzten und flüchtigen Wollust des Liebesakts noch angebrachter (namentlich für Naturen wie die meine, deren Fehler das Ungestüm ist). Um deren Flucht aufzuhalten und das Vergnügen in Vorspiele hinein zu erweitern, werten Spanier und Italiener denn auch alles als Beweis von Gunst und Gegenliebe: einen zugeworfnen Blick, eine Neigung des Kopfes, ein Wort, einen Wink. Wen der Duft des Bratens sättigen könnte – würde der nicht ganz schön was sparen?

Die Liebe ist eine Leidenschaft, die sehr wenig Wesentlichem sehr viel Eitelkeit und leeres Wähnen beimischt. Dementsprechend sollte man ihr zu Diensten sein. Laßt uns also die Frauen lehren, sich ins rechte Licht zu setzen, sich zu schätzen und uns mit ihren Spielen beschäftigt zu halten, indem sie uns ein X für ein U vormachen.

Bei uns kommt der Sturmangriff immer vorm Scharmützel – nie vermögen wir Franzosen unser Draufgängertum zu zügeln. Ließen wir die Frauen ihre Gunstbezeigungen gemächlich ausspinnen und uns stückchenweise zuteilen, bliebe für jeden bis in sein kümmerliches Greisenalter ein seinem Wert und Verdienst angemeßner Zipfel davon übrig.

Wer Genuß nur am Genuß findet, wer nur alles oder nichts gewinnen will, wer an der Jagd nur die Beute liebt, der hat in unsrer Schule nichts zu suchen. Je mehr Stufen zu ersteigen sind, desto höher und ruhmvoller ist die letzte. Es sollte uns Freude machen, wie in prächtigen Palästen auf mancherlei Umwegen durch verschiedne Portale und Passagen, durch lange und luftige Säulenhallen zu dieser letzten geführt zu werden, denn ein solch bedächtiges Voranschreiten käme uns zugute: Wir würden immer wieder verweilen wollen, und unsre Liebe gewänne so an Dauer. Bleiben Sehnen und Hoffen nicht erhalten, gelangen wir nirgendwohin.

Nichts sollten die Frauen mehr fürchten, als daß wir sie voll und ganz in Besitz nehmen und unserer Herrschaft unterwerfen: Haben sie sich erst einmal auf Gnade und Ungnade unsrer Treue und Beständigkeit ausgeliefert, wird es für sie recht gefährlich, denn diese Tugenden sind anstrengend und daher selten. Kaum gehören die Frauen uns, gehören wir nicht mehr ihnen,

weil für die Männer, ist die Fleischeslust gestillt,
kein feierlich gegebnes Wort, kein Eid mehr gilt.

Thrasonides, ein junger Grieche, war derart in die Liebe verliebt, daß er, nachdem er das Herz eines Mädchens gewonnen hatte, es ablehnte, sie anzurühren, weil er fürchtete, hierdurch das flammende Feuer zu dämpfen, abzuschwächen und zu ersticken, das sein Stolz und Lebenselement war.

Teures Fleisch mundet am besten. Seht euch doch an, wie sehr der für unser Land bei der Begrüßung so kennzeichnende Austausch von Küssen deren Reiz abgenutzt hat – und dabei sagt Sokrates, ihnen wohne die gefährliche Macht inne, unsre Herzen zu stehlen! Unser Brauch jedenfalls ist abstoßend und namentlich den Damen gegenüber eine Zumutung, müssen sie doch ihre Lippen jedem darbieten, der drei Lakaien zum Gefolge hat, wie widerwärtig sie ihn auch finden,

selbst dem da mit der feuchten Hundenase, zum Erschrecken!
Sehn Fäden blauen Rotzes sie in seinem Barte stecken,
wär's ihnen hundertmal wohl lieber, ihm den Arsch zu lecken.

Aber auch wir selber fahren dabei kaum besser; denn so, wie die Welt nun einmal aufgeteilt ist, müssen wir für drei schöne Frauen fünfzig häßliche küssen; für einen schwachen Magen, wie ihn Männer meines Alters haben, ist jedoch ein appetitlicher Kuß mit einem unappetitlichen allzu teuer bezahlt.

Die Italiener spielen selbst bei jenen Frauen den schmachtenden Verehrer, die käuflich sind; und sie verteidigen dies wie folgt: Es gebe Stufen im Liebesgenuß, und indem sie auch Dirnen hofierten, wollten sie dessen höchste für sich erreichen. Dergleichen Frauen verkauften ja nur den Körper, ihre Gefühle aber stünden nicht zum Verkauf, denn hierüber behielten sie ihr freies Verfügungsrecht; darum, sagen diese Männer, machten sie gerade die Gefühle zum Ziel ihres Werbens. Wie recht sie haben!

In der Tat sind es die Gefühle, die man umwerben und gewinnen muß. Die Vorstellung entsetzt mich, daß ich einen Körper als mir gehörend umarmen könnte, der ohne Seelenregung ist. Ein solcher Furor käme, scheint mir, dem jenes Jünglings nahe, der aus abgöttischer Liebe die von Praxiteles geschaffne schöne Statue der Venus befleckte, oder der des wahnsinnigen Ägypters, der, während er die Leiche einer Frau einbalsamierte und ins Grabtuch wickelte, in heftiger Begierde zu ihr entbrannte. Dies war der Anlaß zu dem später in seinem Land verkündeten Gesetz, daß die toten Körper schöner junger Frauen und edler Damen drei Tage zurückgehalten werden müßten, ehe man sie den Leichenbestattern aushändigt.

Periander handelte noch ungeheuerlicher, als er seine vom Sittengesetz gebotne eheliche Liebe zu Melissa übersteigerte, indem er ihr noch beiwohnte, als sie längst verblichen war.

Muß man es nicht als geradezu lunatische Laune der Luna bezeichnen, daß sie ihren Geliebten Endymion, da sie seiner nicht anders habhaft werden konnte, mehrere Monate in Schlaf versetzte, um an einem Jüngling ihre Lust zu befriedigen, der sich nur traumumfangen zu regen vermochte?

Ebenso, behaupte ich, liebt man nur einen Körper ohne

Seele und Gefühl, wenn es ihm am eignen Wunsch und Willen fehlt. Nicht alle sinnlichen Genüsse sind gleich. Es gibt deren magre und müde. Tausend andere Gründe als Gewogenheit können uns die Gunst der Damen gewinnen. Ihre Einwilligung ist jedenfalls kein ausreichender Beweis der Zuneigung: Hier wie anderswo kann Vortäuschung im Spiele sein, denn oft geben sie sich nur mit einer Gesäßbacke hin,

so kühl, als brächten Weihrauch sie und Opferwein
den Göttern dar – aus Marmor scheinen sie zu sein.

Ich kenne welche, die ihr Ding lieber als ihre Kutsche verleihen und nur solcherart verkehrn. Du mußt darauf achten, ob sie deine Gesellschaft auch zu anderen Zwecken oder allein zu diesem schätzen, wie es sicher bei einem stämmigen Stallknecht der Fall ist; und darauf, welchen Rang und Wert sie dir beimißt.

Gibt sie sich dir hin als einz'gem Mann?
Streicht sie rot sich's im Kalender an?

Wie, wenn sie, während sie dein Stangenbrot kaut, es mit der Soße lustvollrer Vorstellungen würzte?

Kein Zweifel: Diese Frau umarmt dich gerne –
und seufzt nach dem Geliebten in der Ferne.

(Doch was bringt's? Haben wir nicht erlebt, wie in unsren Tagen einer sich des Liebesakts zu einer schrecklichen Rache bediente, indem er eine Dame tödlich infizierte?)

Wer Italien kennt, wird sich nicht wundern, daß ich Beispiele zu unserm Thema nirgendwoher anders nehme – kann sich dieses Land in Liebesdingen doch als Lehrmeister der Welt bezeichnen. Im allgemeinen gibt es dort mehr schöne und weniger häßliche Frauen als bei uns; was freilich ungewöhnliche, herausragende Schönheiten betrifft, ziehn wir meines Erachtens gleich. Genauso beurteile ich den Intellekt der Italiener: Geister mittleren Zuschnitts haben sie wesentlich mehr als wir, und Fälle tierischer

Dummheit scheinen unvergleichlich seltner vorzukommen; an höchstrangigen, einzigartigen Geistern aber stehn wir ihnen in nichts nach.

Wollte ich diesen Vergleich ausdehnen, könnte ich wahrscheinlich sagen, daß umgekehrt die Tapferkeit bei uns zwar naturgegeben und daher allgemein verbreitet ist, bei ihnen aber zuweilen eine derartige Vollkommenheit erreicht, daß sie unsre beweiskräftigsten Beispiele übertrifft.

Mit den Ehen dieses Landes hapert es in folgendem: Die dortige Sitte stellt die verheirateten Frauen gemeinhin unter ein so strenges, ja sklavisches Gesetz, daß schon die lockerste Beziehung zu einem andern Mann ein ebenso schlimmes Vergehen darstellt wie die denkbar engste. Das macht jedwede Annäherung zwangsläufig zum Ernstfall; da für sie folglich alles auf dasselbe hinausläuft, bleibt ihnen die Qual der Wahl erspart – haben sie erst einmal ihre Fesseln gesprengt, sind sie, das könnt ihr mir glauben, sofort Feuer und Flamme. *Die Wollust ist ein gefangnes wildes Tier, das, von seinen Ketten zur Raserei getrieben, plötzlich losbricht.*

Neulich sah ich, wie ein renitentes Roß
in den Zaum verbissen wild von dannen schoß.

Die Italiener sollten ihren Frauen daher die Zügel etwas lockern, denn das Verlangen nach andren wird schwächer, läßt man ihm eine gewisse Freiheit.

Aber unser Weg ist kaum weniger riskant: Die Italiener übertreiben den Zwang, wir die Freiheit. Es ist daher ein schöner Brauch in unserem Land, daß unsre Söhne von guten Häusern als einer Art Adelsschule zur Erziehung und Ausbildung zum Pagen aufgenommen werden, und man sagt, unhöflich, ja beleidigend sei es, einem jungen Edelmann die Aufnahme zu verweigern.

Hinsichtlich der jungen Mädchen habe ich beobachtet, daß die von ihnen bedienten Damen (aber so viele Häuser, so viele Lebensstile), wenn sie ihnen strengste Regeln auf⸗

erlegten, dabei nicht besser fuhren als die andern. Hier ist Mäßigung geboten: Man muß den Mädchen einen Großteil ihres Betragens dem eigenen Ermessen überlassen; denn so oder so gibt es keine Lehre, die sie rundum ans Gängelband nehmen könnte. Fest steht jedenfalls, daß ein Mädchen, das trotz einer Erziehung an der langen Leine unberührt bleibt, wesentlich vertrauenswürdiger ist als eins, das aus einem Gefängnis von Schule jungfräulich hervorgeht.

Unsre Vorväter haben ihren Töchtern Schamgefühl und furchtsames Gebaren anerzogen (so daß Empfinden und Begehren gleich zurückhaltend waren), und wir, ohne zu wissen, was wir uns damit einbrocken, erziehen ihnen Stolz und Selbstbewußtsein an. Wohin das führt, sehn wir bei den sarmatischen Mädchen: Sie dürfen erst dann mit einem Mann schlafen, wenn sie einen andern eigenhändig im Krieg getötet haben!

Mir, der ich in diesen Dingen bei den Frauen nur noch auf ihre Ohren Anspruch erheben kann, reicht es, wenn sie, den Vorteil meines Alters nutzend, mich als Ratgeber behalten. So rate ich ihnen denn (wie uns selber) zur Enthaltsamkeit – wenigstens aber, falls ihr der Brauch dieses Jahrhunderts zu sehr entgegensteht, zu Maß und Mäßigung. Von Aristippos wird erzählt, er habe jungen Leuten, die darüber erröteten, daß sie ihn das Haus einer Dirne betreten sahn, zugerufen: »Ein Laster ist es, wenn man nicht mehr herauskommt, nicht aber, wenn man hineingeht.«

Wer sein Gewissen nicht verschonen will, verschone wenigstens seinen Ruf – gibt das Fundament nach, halte die Fassade stand!

Ich lobe mir, wenn die Frauen uns ihre Gunst stufenweise und über längre Zeit verteilt gewährn. Platon zeigt, daß in jeder Liebe dem Umworbnen abgeraten wird, allzuschnell gefügig zu sein. Sich unbeherrscht und ungestüm sofort ganz hinzugeben verrät bei den Frauen einen Heißhunger, den sie mit all ihrer Kunst überdecken sollten; denn wenn sie uns ihre Gunst maßvoll und beherrscht zukommen lassen, locken sie unsre Begierde, die ihre verbergend, viel wirksamer hervor.

Laßt sie stets vor uns wegrennen – ich sage: besonders jene, die es darauf anlegen, sich fangen zu lassen. Wie die Skythen besiegen sie uns am sichersten durch die Flucht! Nach dem von der Natur ihnen auferlegten Gesetz ist das Wollen und Wünschen in der Tat nicht ihre Rolle; vielmehr besteht sie darin, passiv zu sein, zu gehorchen und einzuwilligen. Deshalb hat ebendie Natur es gefügt, daß sie ständig können, wir aber nur selten und ohne Verlaß: Ihre Stunde ist stets, damit sie für die unsre stets bereit seien, *zum Hinnehmen geborn.* Und während die Natur wollte, daß unsere Erregung sich durch etwas Hervorstehendes kundtue, richtete sie es so ein, daß die ihre nach innen gekehrt und den Augen verborgen bleibt, indem sie die entsprechenden Körperteile zur offensiven Schaustellung untauglich machte, tauglich zur Defensive allein.

Handlungen wie die folgende sollten der Zügellosigkeit der Amazonen vorbehalten bleiben: Als Alexander durch Hyrkanien zog, suchte ihn Königin Thalestris mit dreihundert Kriegerinnen auf, die alle gut beritten und bewaffnet waren; den Rest ihres großen Heeres hatte sie hinter den benachbarten Bergen zurückgelassen. Vor allen Versammelten und mit lauter Stimme erklärte sie ihm, die Kunde von seinen Siegen und seiner Tapferkeit habe sie bewogen, ihn hier zu treffen und ihm zur Unterstützung seiner Feldzüge ihre Macht und Mittel anzubieten; und da sie ihn so schön, jung und kraftvoll fand, unterbreitete sie, die seine Eigenschaften in gleicher Vollkommenheit besaß, ihm unverweilt den Vorschlag, daß sie miteinander schlafen sollten, damit von der tapfersten Frau der Welt und dem unter allen Lebenden tapfersten Mann für die Zukunft ein großes und außergewöhnliches Wesen gezeugt werde. Das zuerst Vorgebrachte lehnte Alexander dankend ab, doch die letzte Bitte wollte er ihr erfüllen, und um sich dafür genügend Zeit zu lassen, legte er auf der Stelle dreizehn Tage lang Halt ein, die er im Liebesdienst für diese mutige Fürstin, so munter er konnte, zum wahren Fest machte.

Wir Männer sind in nahezu allem ungerechte Richter über die Handlungen der Frauen – wie sie über die unsren. (Ich pflege die Wahrheit unabhängig davon zu bekennen, ob sie mir zum Nach- oder Vorteil gereicht.) Gewiß ist es eine schlimme Zuchtlosigkeit, die sie so oft zum Wechsel treibt und es ihnen unmöglich macht, ihrer Zuneigung zu wem auch immer Dauer zu geben – was man schon an unsrer Venus sieht, der man sich ständig ändernde Beziehungen nachsagt. Fest steht aber auch, daß es der Natur der Liebe widerspricht, wenn sie nicht heftig ist, und der Natur der Heftigkeit, wenn sie Bestand hat.

Jene, die das für widernatürlich, für eine unglaubliche Entartung halten und hierüber ein Geschrei erheben – warum suchen sie die Ursachen der Krankheit ausschließlich in den Frauen? Warum wollen sie nicht sehen, daß sie selbst oft von ihr befallen werden, ohne sich wunder wie darüber aufzuregen? Vielleicht hätte man eher Grund zum Staunen, wenn die Liebe von Dauer wäre. Schließlich ergreift diese Leidenschaft mehr als den Körper; und wenn Habgier und Ehrgeiz schon unersättlich sind, dann ist es die Geilheit erst recht: Sie überlebt ihre eigne Sättigung. Weder eine dauerhafte Befriedigung noch ein Ende läßt sie sich vorschreiben, denn stets will sie mehr, als sie hat.

Vielleicht ist im Hinblick auf diese Tatsache die Unbeständigkeit bei den Frauen sogar eher zu entschuldigen, denn sie können nicht nur wie wir unsren gemeinsamen Hang zur Abwechslung und zu immer Neuem ins Feld führn, sondern anders als wir auch den Umstand, daß sie stets die Katze im Sack kaufen. (Johanna, Königin von Neapel, ließ zum Beispiel ihren ersten Gatten Andreas am Gitter ihres Fensters mit einer eigenhändig geknüpften Schnur aus Seide und Gold aufhängen, nachdem sie, als er sich ans eheliche Werk machen sollte, feststellen mußte, daß weder seine Organe noch sein Vermögen den Erwartungen entsprachen, die sie angesichts seiner Schönheit und Statur, seiner Jugend und Munterkeit hierein gesetzt hatte, so daß sie sich von ihm hintergangen und betrogen fühlte.)

Kurz, die Frauen können geltend machen, daß bei ihnen als dem passiven Teil stets alles Notwendige bereitgestellt ist, während wir als der aktive uns erst zurüsten müssen – mit zweifelhaftem Erfolg. Wohlweislich legte Platon daher in seinen *Gesetzen* fest, daß sich jenen, die über die Ehefähigkeit verlobter Paare zu befinden hatten, die Mädchen nur bis zum Gürtel entkleidet, die Jünglinge aber völlig nackt zeigen müßten.

Sobald die Frauen also darangehen, uns der Härteprüfung zu unterziehn, werden sie uns soundso oft ihrer Wahl nicht würdig finden:

Sie tastet prüfend sich hinan an seine Lenden,
sein Glied jedoch hängt ihm nur kläglich schlaff und schlapp,
als wär's 'ne feuchte alte Lederschnur, herab,
und selbst mit flinkster Hand kann sie die Not nicht wenden.

Mit gutem Willen allein ist es da nicht getan. Dem Gesetz zufolge machen Impotenz und Zeugungsunfähigkeit eine Ehe ungültig:

Sie suchte einen andern, dessen stark' Gemächte
den Jungferngürtel ihr zu lösen fertigbrächte –

warum auch nicht? Oder sie hätte,

wenn das Werk, worauf sie seufzend dringt,
das so süße, immer ihm mißlingt,

von vornherein eine ihren Bedürfnissen gemäßre, ausschweifendere Liebesbeziehung eingehn müssen.

Ist es nicht überhaupt eine Unverschämtheit, wenn wir uns mit unsren Mängeln und Schwächen ausgerechnet dorthin begeben, wo wir zu gefallen, wo wir Wertschätzung und Ansehn zu gewinnen suchen? Um des wenigen willen, was mir zur Stunde überhaupt noch abgeht,

denn kaum kann ich mit meinem Schlaffen
das Werk ein einz'ges Mal nur schaffen,

möchte ich keine Dame behelligen, der ich Achtung und Ehrerbietung schulde.

Vor Männern über fünfzig Jahren
laßt alle Furcht – und Hoffnung fahren!

Die Natur hätte sich damit begnügen sollen, das Alter zur Qual zu machen, ohne es auch noch der Lächerlichkeit preiszugeben. Es stößt mich ab zu sehen, wie es sich mit jenem Fünkchen armseliger Manneskraft, von dem es dreimal wöchentlich kurz aufgeheizt wird, als wild entbrannter Krieger aufspielt und so vorzutäuschen sucht, es hätte noch ein ordentliches, ja großartiges Tagewerk in den Lenden. Nichts als Strohfeuer! Immer wieder bin ich verblüfft, daß eine scheinbar so lebhaft hochzüngelnde Flamme mir nichts dir nichts wieder verlöscht und erkaltet. Dies Gelüste sollte der in Schönheit erblühenden Jugend vorbehalten bleiben.

Wollt ihr euch hiervon überzeugen, dann beauftragt doch euer Alter einmal, die in euch aufwallende Leidenschaft zu einem beständigen, ausgreifenden, die ganze Seele erfassenden, unverlöschlichen Feuer zu schüren – es wird euch gerade dann im Stich lassen, wenn ihr auf dem besten Wege seid! Habt deshalb den Mut, euch damit abzufinden, daß dies Sache des zarten, unwissenden und unerfahrnen jungen Blutes ist, das vor der Rute noch erzittert und errötet,

wie mit Purpur übermaltes indisch' Elfenbein,
wie auf weißen Lilien roter Rosen Widerschein.

Ein Mann, der am Morgen danach ohne vor Scham zu sterben die ihn seiner nächtlichen Schwäche und Untüchtigkeit wegen mit Verachtung strafenden Augen seiner Schönen ertragen kann,

die ihm, während ihre Lippen schweigen,
voller Zorn nur Hohn und Spott bezeigen,

der hat niemals den Stolz und das Glück dessen erlebt, der sie ihr kraft einer ungestüm durchwerkten Nacht zu ermatten und umschatten wußte.

Wenn ich eine mit mir unzufrieden fand, habe ich keineswegs gleich ihren lockren Lebenswandel dafür verantwortlich gemacht, sondern mich vielmehr gefragt, ob es nicht angebrachter wäre, meiner Natur die Schuld zu geben,

denn ist mein allerbestes Stück
nicht lang genug und stramm und dick
und zuckt der Damen kund'ger Blick
vor solchem Schwanz geschockt zurück,

dann hat sie jedenfalls Straf- wie Zivilrecht verletzt und mich *enormissime* geschädigt.

Jedes meiner Glieder macht mich gleichermaßen zu dem, was ich bin, keins aber mehr als dieses zum Mann. Ich schulde der Öffentlichkeit mein Porträt ohne jeden Abstrich. Allein seiner Wahrheitsliebe, seinem Wirklichkeitssinn und seinem Freimut verdankt mein Untersuchungsgegenstand seine Lebensklugheit. Sie verschmäht es, jene kleinlichen und künstlichen Alltagsregeln, die von Provinz zu Provinz wechseln, ins Register ihrer wahren Pflichten aufzunehmen, denn sie ist durch und durch natürlich, gleichbleibend und nach allen Seiten offen; gesittete und höfliche Umgangsformen sind zwar ihre Töchter, doch nur von zweitem Rang.

Die äußeren Laster werden wir leicht überwinden, haben wir erst einmal die innren überwunden. Sind diese bezwungen, mögen wir uns getrost auf jene werfen – falls wir meinen, daß es überhaupt noch nötig sei; denn es besteht doch die Gefahr, daß wir uns dabei immer neue Pflichten erklügeln, um eine Entschuldigung für die Vernachlässigung der natürlichen zu haben, bis wir beide schließlich miteinander vermengen.

Beweis: Wo schon läßliche Sünden Verbrechen sind, gelten Verbrechen nur noch als läßliche Sünden; und bei den Völkern, die über weniger und zudem weniger strenge Sittenregeln verfügen, werden die ursprünglichen und allgemeinen Gesetze der Natur dafür um so zuverlässiger eingehalten.

Die Bürde allzu vieler Pflichten läßt unsren Erfüllungseifer ermatten und erstickt ihn. Durch die Beschäftigung mit nebensächlichen Dingen werden wir von denen abgelenkt, die vordringlich sind. Ach, daß die oberflächlichen Menschen doch immer wieder einen so bequemen Weg einschlagen, weil er im Gegensatz zu dem unsrigen mit Beifall bedacht wird! All diese gesellschaftlichen Konventionen sind jedoch bloß Scheingeld, mit dem wir uns behängen und wechselseitig bezahlen – nicht aber bezahln wir damit, sondern erhöhen vielmehr unsre Schuld gegenüber jenem großen Richter, der uns die Flicken und Fetzen von den Schamteilen reißt und uns unerbittlich bis auf den Grund durchschaut: bis zu unserm innersten und verborgensten Schmutz. Deshalb hätte das Sittengebot jungfräulicher Schamhaftigkeit nur dann Sinn, wenn es ihm diesen alles aufdeckenden Blick verwehren könnte.

Wer den Menschen von seiner so törichten und abergläubischen Überängstlichkeit vor Worten befreite, würde der Welt also keinen großen Schaden zufügen; und wer über unser Leben, das teils aus Vernunft, teils aus Torheit besteht, nur ehrerbietig und den Anstandsregeln folgend schreibt, läßt mehr als die Hälfte weg. (Mein Vorwort zeigt, daß meine Hoffnungen damals zaghafter waren. Die Lektüre der klügsten und vernünftigsten Werke vieler großer Schriftsteller sowie die zustimmende Aufnahme meiner ersten Veröffentlichung ermutigten mich jedoch derart, daß ich mir in den Kopf gesetzt habe, das Eis nunmehr zu brechen.)

Ich entschuldige mich nicht vor mir selbst, und wenn ich es doch täte, würde ich mich eher für diese Entschuldigung als für irgend etwas anderes entschuldigen. Wohl entschuldige ich mich vor manchen, die andrer Meinung sind als ich (und sie dürften zahlreicher sein als jene, die auf meiner Seite stehn). An sie gerichtet füge ich daher hinzu – möchte ich doch auf jeden eingehen, obwohl es äußerst schwierig ist *für einen einzelnen Menschen, sich einer derartigen Vielfalt von Lebens-, Rede- und Empfindungsweisen anzupassen* –, daß sie bitte nicht mir ankreiden sollten, was ich die seit vielen Jahrhunderten anerkannten Autoritäten vorbringen lasse, und mir, nur weil ich keine Verse schreibe, nicht ungerechterweise die Freiheit verweigern mögen, die bei uns sogar dichtende Männer der Kirche genießen, und höchstrangige obendrein. Hier nur zwei Beispiele:

Und fall ich tot auch um – o Gott, erhalte
mir stets das zarte Strichlein ihrer Spalte.

Und:

Versorgt von ihres Freundes Rute
ist jeder Frau stets wohl zumute.

Was soll man da erst über die vielen andern sagen?

Ich liebe die Zurückhaltung. Nicht nach eignem Gutdunken habe ich daher meine skandalöse Redeweise gewählt – es war die Natur, die es für mich getan hat. Ich finde diese Redeweise ebensowenig lobenswert wie alle andren, die dem herkömmlichen Brauch zuwiderlaufen; aber ich nenne Entlastungsgründe und suche mildernde Umstände besonderer wie allgemeiner Art hierfür geltend zu machen.

Doch weiter zum Thema: Woher nehmt ihr die Dreistigkeit, euch zur Oberherrschaft selbst über jene Frauen aufzuwerfen, die euch ihre Gunst auf eigne Kosten schenken –

wie oft wird doch in schwarzer Nacht
ihr Liebesdienst euch dargebracht –,

und euch ihnen gegenüber sogleich die Vorrechte und das kalte Machtgebaren eines Ehemanns anzumaßen? Es handelt sich doch um eine freie Vereinbarung. Warum haltet ihr euch, wenn ihr wollt, daß sie sich daran halten, nicht selbst daran? Freiwilligkeit schließt Gänglung aus.

Es widerspricht dem üblichen Verhalten – dennoch ist es wahr, daß ich zu meiner Zeit diesen Handel, soweit seine Natur es zuließ, nicht minder gewissenhaft als irgendeinen andern betrieben habe und hierbei möglichst gerecht zu sein versuchte, denn ich täuschte den Frauen nie mehr Liebe vor, als ich tatsächlich empfand, sondern gab ihnen offen und ehrlich deren Aufkeimen, Erblühn und Dahinwelken zu erkennen, Flut und Ebbe. Man geht ja nicht immer mit gleichem Schwung zu Werke. Ich war so sparsam mit meinen Versprechen, daß ich glaube, mehr gehalten als versprochen zu haben; und mehr, als ich ihnen schuldete.

Auf meine Treue konnten sie selbst in ihrer Untreue bauen, ihrer zugegebnen und manchmal gar wiederholten. Nie habe ich mit einer gebrochen, solange ich an ihr hing – und sei's nur am Ende des dünnsten Fadens; und nie auch, sie mochte mir noch soviel Anlaß hierzu gegeben haben, ließ ich es beim Auseinandergehn zu Verachtung und Haß kommen; denn ich fühle mich in solch intimen Beziehungen, auch wenn man sie durch verwerflichste Absprachen erlangt hat, stets zur Aufrechterhaltung eines gewissen Wohlwollens verpflichtet.

Gewiß bekamen die Frauen, wenn ich sie bei ihren Ränkespielen und Winkelzügen ertappte und wir in Streit gerieten, zuweilen meinen Unwillen und meine dann ziemlich wild dreinfahrende Wut zu spüren – neige ich doch von Natur aus zum Jähzorn, der, obwohl nur oberflächlich und kurz, mir oft meinen Handel verdirbt. Und falls sie ausprobieren wollten, wie unverblümt ich meine Urteile vorzubringen wisse, habe ich nie mit scharfen väterlichen Ermahnungen hinterm Berg gehalten, sondern stets, wie weh es ihnen auch tun mochte, den Finger auf die Wunde gelegt.

Wenn ich ihnen je Grund gab, sich über mich zu beklagen, dann allenfalls darin, daß ich beim Lieben im Vergleich zum heutigen Brauch auf einfältige Weise gewissenhaft vorging. Ich habe mein Wort selbst da gehalten, wo ich leicht hiervon entbunden worden wäre. Ehe die Frauen sich damals hingaben, stellten sie, um ihren Ruf zu bewahrn, manchmal gewisse Kapitulationsbedingungen, die zu brechen sie dem Eroberer jedoch ohne weiteres zu gestatten pflegten. Um ihrer Ehre willen habe ich aber mehr als einmal auf dem Höhepunkt der Begierde die Segel gestrichen und sie gar, wenn die Vernunft mich dazu trieb, gegen mich gewappnet, so daß sie nach meinen Regeln, hatten sie diese erst einmal aus freien Stücken übernommen, sich sichrer und selbstbewußter zu geben vermochten, als es ihnen nach den eignen möglich gewesen wäre.

Soweit ich konnte, habe ich mir allein das Risiko unserer Verabredungen aufgebürdet, um die Frauen davon zu entlasten, und unsre Liebesabenteuer wurden von mir, damit sie weniger Argwohn erregten, auf den steinigsten, von keinem für gangbar erachteten und ebendarum, wie ich fand, gangbarsten Wegen ins Werk gesetzt. Dinge, um die man sich am wenigsten sorgt, werden auch am wenigsten im Auge behalten und geschützt. Etwas, von dem niemand glaubt, daß ihr es wagen werdet, könnt ihr um so unbekümmerter wagen – da es so schwierig ist, wird es leicht.

Nie war ein Mann, wenn er sich ans Werk machte, mehr auf Verhütung bedacht. Der Zeugungswunsch muß ausschließlich der Ehe vorbehalten bleiben. Meine Art des Liebens folgt eher der guten alten Regel der Rücksichtnahme; doch wie lächerlich meine Zeitgenossen sie finden und wie wenig Erfolg man damit heute hat, wer wüßte es besser als ich? Gleichwohl wird mir nie in den Sinn kommen, mein Verhalten zu bedauern, habe ich doch insoweit alles hinter mir:

Die Tafel an der Tempelwand,
sie kündet, daß ich Rettung fand
aus Schiffbruch und dem Gott der Meere
mein nasses Kleid dafür verehre.

Es ist deshalb an der Zeit, offen darüber zu sprechen. Aber wie ich zu einem andern vielleicht sagen würde: »Mein Freund, du träumst – die Liebe hat in deinen Tagen kaum etwas mit Treu und Glauben zu tun,

willst du nach verständ'gen Regeln sie regieren,
wirst du vor Verstand bald den Verstand verlieren«,

so würde umgekehrt ich für mein Teil, hätte ich noch einmal anzufangen, bestimmt wieder auf dieselbe Art und Weise vorgehn, und wenn es mir noch so wenig einbrächte. Unbeholfenheit und Einfalt sind bei unlöblichem Tun löblich. Je mehr ich mich hierin von den Zeitgenossen entferne, desto näher komme ich mir selbst.

In den Liebesbeziehungen habe ich mich nie völlig gehenlassen. Sie machten mir Spaß, aber ich vergaß mich dabei nicht. Das bißchen Verstand und Urteilsvermögen, das mir von der Natur mitgegeben wurde, wußte ich zum Vorteil der Frauen und zu meinem eignen voll und ganz zu bewahren: etwas Erregung, ja – aber bitte keine Raserei! Zwar belastete ich mein Gewissen manchmal gar mit Liederlichkeiten und Ausschweifungen, doch mit Undank oder Wortbruch, mit Niedertracht oder Grausamkeit nie und nimmer! Ich kaufte mir die Lust an diesem Laster nicht um jeden Preis, sondern ließ es schlicht und einfach mit dem ihr zustehenden genug sein, denn *ein Laster kommt selten allein.*

Mir ist ein schales und schläfriges Nichtstun fast in gleichem Maße zuwider wie ein anstrengendes und dorniges

Tun. Dieses sticht und stachelt zwar, doch jenes betäubt mich. Offne Verletzungen finde ich nicht schlimmer als Quetschungen, Wunden von scharfer Klinge nicht schlimmer als von stumpfer.

In meinen Liebesbeziehungen habe ich, als ich dafür noch tauglicher war, zwischen beiden Extremen stets den Mittelweg zu finden gewußt. Die Liebe ist eine fröhliche und springlebendige Gefühlsregung; sie hat mich nie in Verwirrung oder tiefes Leid gestürzt, sondern immer nur erhitzt und durstig gemacht – und genau da muß man einhalten. Allein Toren wird sie gefährlich.

Ein junger Mann fragte den Philosophen Panaitios, ob es sich für einen Weisen gezieme, verliebt zu sein. »Lassen wir den Weisen beiseite«, antwortete er, »aber du und ich, die wir keine sind, sollten uns nicht in etwas derart Ungestümes und Aufwühlendes hineinziehn lassen, das uns zu Sklaven anderer und zu Verächtern unser selbst macht!« Er hatte damit insoweit recht, als wir dieser abgründigen Leidenschaft keine Seele aussetzen sollten, die unzureichend gerüstet ist, ihrem Ansturm standzuhalten und jenen Ausspruch des Agesilaos, Weisheit und Liebe könnten nicht miteinander auskommen, durch die Tat zu widerlegen.

Es stimmt schon: Das Lieben ist ein nichtswürdiges und ungehöriges Tun, da verboten und schandbar; doch auf meine gemäßigte Art betrieben, halte ich es gleichzeitig für gesund und dazu angetan, einen müden Geist und Körper munter zu machen; und wäre ich Arzt, würde ich es einem Menschen meiner Beschaffenheit und Lebensweise genauso bereitwillig wie irgendein andres Mittel verordnen, um ihm bis in seine hohen Jahre Kraft und Regsamkeit zu erhalten und den Zugriff des Alters auf ihn hinauszuzögern. Solange es erst bis zum äußren Festungswall vorgedrungen ist, solange uns der Puls noch schlägt,

solange ich die Haare grade erst ergrauen sehe,
solange ich noch aufrecht an des Alters Schwelle stehe,
solange ich, daß sich der Parze Spindel weiterdrehe,
die Hoffnung heg' und ohne eines Stockes Stütze gehe,

so lange sollten wir uns durch heftige Gefühlsregungen, wie die Liebe sie auslöst, immer wieder hochkitzeln und anspornen lassen.

Seht doch nur, wie sie dem weisen Anakreon Jugend, Kraft und Fröhlichkeit wiedergab! Und Sokrates, älter schon als ich heute, sprach so von einem geliebten Wesen: »Als ich, während wir gemeinsam ein Buch ansahn, meine Schulter an die seine lehnte und meinen Kopf dem seinen zuneigte, spürte ich plötzlich einen Stich in der Schulter: wie von einem Insektenbiß, ungelogen! Mehr als fünf Tage danach ließ das Ameisenkribbeln immer noch nicht nach und pflanzte sich als immerwährende Unruhe in mein Herz hinein fort.« Eine leichte Berührung, zufällig nur und nur an der Schulter, vermochte also eine vom Alter geschwächte und erkaltete Seele zu entflammen und aus der Fassung zu bringen – und die geläutertste aller Menschenseelen! Ja, zum Teufel, warum denn nicht? Sokrates war ein Mensch, und etwas andres wollte er weder sein noch scheinen.

Die Philosophie ist den natürlichen Lüsten keineswegs feind, solange sie Maß halten. Sie lehrt, sie zu zügeln, nicht aber, sie zu fliehn: Nur gegen die widernatürlichen und entarteten kämpft sie mit aller Macht an. Sie schärft uns ein, daß die körperlichen Begierden keinesfalls durch den Geist hochgetrieben werden dürften, und wohlweislich ermahnt sie uns, wir sollten nicht versuchen, unsren Hunger durch Sättigung erst recht zu wecken, und den Bauch, statt ihn einfach zu füllen, auch noch zu farciern; jeden Genuß, der uns nach neuen lechzen lasse, müßten wir also meiden: alle Speise, die uns hungriger, und allen Trank, der uns durstiger mache. Gleichermaßen befiehlt sie uns, für das Lieben ein Lustobjekt zu wählen, das nur die körperlichen Bedürfnisse befriedige und die Seele unbehelligt lasse, die dieses Geschäft nicht zu ihrer Beschäftigung machen dürfe, sondern dem Körper einfach zu folgen und ihn zu begleiten habe.

Aber habe ich nicht recht, wenn ich meine, daß diese Vorschriften, die ich sowieso etwas streng und den Menschen überfordernd finde, allenfalls für einen voll seines Amtes waltenden Körper gelten könnten, während es erlaubt sein müsse, einen abgeschlagnen (wie ja schon bei einem angegriffnen Magen üblich) nach allen Regeln der Kunst zu erwärmen und zu kräftigen, um ihm mit Hilfe der Phantasie wieder zu jenem Appetit und jener Munterkeit zu verhelfen, die er von sich aus aufzubringen nicht mehr in der Lage ist?

Und könnten wir nicht sagen, daß es während dieser irdischen Gefangenschaft nichts rein Körperliches und nichts rein Geistiges in uns gibt und wir daher einen lebendigen Menschen zu Unrecht auseinanderreißen? Schiene es denn nicht vernünftiger, uns gegenüber der Lust mindestens ebenso einladend zu verhalten wie gegenüber dem Schmerz?

Er erreichte zum Beispiel in der Seele der Heiligen bei ihren Bußübungen ein Höchstmaß an Heftigkeit; aber der Körper hatte durch die enge Verbindung mit ihr an diesem Schmerz natürlich seinen Anteil (wenn auch kaum an dessen Ursache). Deshalb begnügten sie sich nicht damit, daß er einfach der gequälten Seele folge und sie begleite, sondern quälten ihn selber mit entsetzlichen, eigens für ihn ausgedachten Torturen, damit beide, Körper und Seele, den Menschen um die Wette in einen ihn gänzlich erfassenden Schmerz stürzten, der als um so heilsamer galt, je grausamer er war.

Ist es da, wenn es umgekehrt um die *Lüste* des Körpers geht, nicht etwa ungerecht zu behaupten, man müsse die

Seele ihnen gegenüber abkühlen und sie zu ihnen wie zu einer zwanghaften Notwendigkeit und sklavischen Pflichtübung hinzerrn? Ihre Sache ist es doch vielmehr, auf sie zuzugehn und ihre Dienste anzubieten, sie unter ihre warmen Fittiche zu nehmen und das Regiment über sie zu führn; wie es ihr meiner Meinung nach auch obliegt, an ihren eignen Freuden den Körper teilhaben zu lassen, indem sie ihm all die auf deren Wesen gründenden Empfindungen einflößt, ihn damit durchtränkt und hierbei Sorge trägt, daß sie ihm süß und heilsam seien. Es ist durchaus richtig, wenn man sagt, der Körper dürfe seinen Neigungen nie zum Schaden der Seele folgen; warum aber soll es nicht genauso richtig sein, daß die Seele nicht den ihren zum Schaden des Körpers folgen dürfe?

Ich kenne außer der Liebe keine Leidenschaft, die mich noch in Atem halten könnte. Was Habsucht und Ehrgeiz, was Streitereien und Rechtshändel bei andern zuwege bringen, die wie ich keiner festen Tätigkeit nachgehn, brächte die Liebe bei mir auf angenehmere Weise zuwege: Sie gäbe mir wieder wachen Sinn und klaren Blick, gefälliges Auftreten und Achtsamkeit auf mein Äußres; sie machte meine Mienen beherrschter, damit die häßlichen und beschämenden Grimassen des Alters sie nicht verunstalten; sie ließe mich zu einer mit Verstand und Vernunft betriebnen Erkenntnissuche zurückkehrn, durch die ich mir vielleicht mehr Ansehn und Zuneigung erwürbe; sie rettete meinen Geist davor, an sich und seiner Tauglichkeit zu verzweifeln, und versöhnte ihn mit sich selbst; sie lenkte mich von tausend quälenden Gedanken ab, von tausend schwarzgalligen Kümmernissen, die Müßiggang und schlechter Gesundheitszustand uns in so hohem Alter aufbürden; sie erwärmte zumindest für die Dauer der Träume noch einmal dieses Blut, das die Natur zunehmend erkalten läßt; und dem armen Mann, der da mit Riesenschritten seinem Verfall entgegengeht, höbe sie das Kinn ein bißchen höher und spannte die Sehnen seiner Seele immerhin so weit, daß ihr noch etwas Kraft und Lebensfreude erhalten bliebe.

Doch ich bin mir wohl bewußt, daß die Liebe ein Gut ist, das man nur äußerst schwer zurückgewinnt. Unseren Geschmack hat unsre Schwäche heikler und unsre lange Erfahrung anspruchsvoller gemacht. Wir verlangen um so mehr, je weniger wir zu geben haben. Wir wollen die größte Auswahl – jetzt, wo wir selbst es am wenigsten verdienen, gewählt zu werden.

Da wir aber wissen, daß es so um uns steht, wagen wir in Wirklichkeit weniger, und unser Kleinmut wird immer größer. Wenn wir uns unsre Verfassung und die der Kommenden vor Augen halten, kann uns nichts mehr zur Hoffnung verhelfen, je wieder geliebt zu werden. Ich schäme mich inmitten all der grünenden, überschäumenden Jugend:

Mächt'ger als des Eichbaums Stamm auf Bergeshöhn
sieht des Knaben Glied man auf den Lenden stehn.

Wozu sollten wir unser Elend dieser ausgelaßnen Schar auch noch vorführn?

Wie zur Asche die erloschne Fackel dir zerfällt –
soll es denn die feur'ge Jugend, soll's denn alle Welt
höhnend schaun, auf daß sie sich den Bauch vor Lachen hält?

Die Kraft und das Recht stehn auf der Seite der Jugend. Machen wir ihr Platz – wir können da nicht mehr mithalten!

Diese aufknospende Schönheit läßt nicht von altersklammen Händen an sich herumhantieren noch sich durch rein materielle Mittel zu sexuellen Beziehungen verführn. Ein antiker Philosoph antwortete jemandem, der sich darüber lustig machte, daß er die Gunst eines von ihm umworbnen jungen Mädchens nicht zu gewinnen wußte: »Lieber Freund, kein Backfisch beißt solch rostigen Angelhaken an!«

Das Lieben ist ein Handel, der auf Gegenseitigkeit beruht.

Für die übrigen Freuden, die man uns zukommen läßt, können wir uns durch Gaben andrer Art erkenntlich zeigen, diese aber lohnt man nur mit gleicher Münze – ja, hier umschmeichelt die Lust, die ich spende, mein Empfinden in Wahrheit noch süßer als die ihm gespendete. Dem, der Lust nur zu empfangen vermag, ohne welche zu geben, geht jede Großmut ab: Es verrät eine niedrige Seele, wenn einer alles schuldig bleiben will und sich gar darin gefällt, nur mit solchen Frauen zu verkehrn, auf deren Kosten er sich vergnügt. Es gibt keine noch so exquisite Schönheit, Anmut oder Intimität, in deren Genuß zu kommen sich ein Ehrenmann um diesen Preis wünschen dürfte.

Wenn die Frauen uns nur noch aus Mitleid Wohltaten erweisen, möchte ich tausendmal lieber gar nicht als von Almosen leben. Ich wünschte mir, sie zu Recht nach Art jenes Bettlers, den ich in Italien sah, um ihre Gunst angehn zu können: *Tut mir Gutes – um euretwillen!* Oder so, wie Kyros seine Soldaten anzufeuern pflegte: »Wer sich liebt, folge mir!«

Halte dich, wird man mir sagen, doch an die Frauen deines Alters, die dir eher entgegenkommen werden, weil sie dein Los teilen. Was für ein geschmackloser und dummer Vorschlag:

Der toten Löwin Fell zu zausen –
wie würde mir doch davor grausen!

Xenophon schreibt, er finde es tadelnswert und verwerflich, daß Menon Liebesbeziehungen mit Personen unterhalte, deren Blüte verblichen sei. Was mich angeht, bereitet es mir mehr Lust, zwei schöne junge Menschen in natürlicher und süßer Umarmung zu sehen oder mir auch nur vorzustellen, als in einer widernatürlichen und trübseligen Zweisamkeit selber der Umarmte zu sein. Ich überlasse solch ausgefallnes Gelüst lieber dem Kaiser Galba, der sich nur mit hartem alten Fleisch abgab – oder diesem Ärmsten:

Dürfte ich – o Götter gebt's! – dich Ferne doch erblicken,
meine heißen Küsse aufs ergraute Haar dir drücken,
deinen magren Körper eng umfangend mich erquicken!

Zu den abstoßendsten Häßlichkeiten zähle ich jede künstliche, gewaltsam aufgetakelte Schönheit. Haimon, ein junger Bursche aus Chios, wollte sich durch prächtige Aufmachung die Schönheit erwerben, welche die Natur ihm versagt hatte. Als er sich so herausgeputzt nun dem Philosophen Arkesilaos vorstellte und ihn fragte, ob ein Weiser sich jemals verlieben könne, erhielt er die Antwort: »Gewiß doch, aber nicht in eine derart unechte, da aufgedonnerte Schönheit wie deine!«

Eine Altershäßlichkeit, zu der man steht, ist meiner Meinung nach weniger alt und weniger häßlich als eine, die man künstlich glättet und übermalt.

Darf ich es sagen, ohne daß man mir an die Gurgel springt? Nun also: Für die Liebe scheint mir allein das der Kindheit unmittelbar folgende Alter die naturgegebne rechte Zeit zu sein. Und für die Schönheit gilt das Vorrecht der jungen Jahre nicht minder.

Befänd' ein Knabe sich in einer Mädchenschar,
die Wangen weich, im Winde wehend Lockenhaar,
dann wär', ob männlich er, ob weiblich sei, sogar
im Rund oft abertausend Gästen nicht recht klar.

Daß Homer dieses frühe Alter bis zu der Zeit verlängerte, da des Knaben Kinn sich zu umschatten beginnt, hat kein anderer als Platon mit der Bemerkung abgetan, nur selten blühe die Schönheit derart lange. Auch ist bekannt, warum der Sophist Bion die Flaumhaare der Heranwachsenden aus Spaß *Aristogeitonen* und *Harmodianer* nannte: Er meinte, sie töteten so wie Aristogeiton und Harmodios einen Tyrannen – die Liebe.

Jedenfalls finde ich die Liebe schon in den Mannesjahren etwas fehl am Platze, wieviel mehr daher erst im Greisenalter, da doch

auf der Eiche trockenem Geäst
Amor nimmermehr sich niederläßt.

Und Königin Margarete von Navarra verlängert aus ihrer weiblichen Sicht die Blüte der Frauen doch recht weit, wenn sie befindet, mit dreißig Jahren sei es für sie an der Zeit, statt auf Schönheit nur noch auf Tugend Anspruch zu erheben.

Je kürzer die Herrschaft, die wir Amor über unser Leben einräumen, desto besser für uns. Schaut ihn euch doch an: Er hat das Kinn eines Knaben. Wer wüßte nicht, daß man in seiner Schule nur lernt, alle Ordnung auf den Kopf zu stellen? Über Büchern sitzen und vorgeschriebne Lektionen einüben, damit ist man bei ihm auf dem Holzweg – den Unterricht erteilen hier die Anfänger. *Amor kennt keine Regeln.*

Ja, sein Gang wird um so anmutiger, je mehr sich ihm Acht- und Planlosigkeit beigesellen. Mißgriffe und Mißerfolge erhöhen seinen Reiz und seine Grazie. Solang ihn heftiges Verlangen bewegt, kümmert es keinen, ob er umsichtig zu Werke geht. Seht nur, wie übermütig er sich tummelt, wie er selbst über seine Fehltritte hinwegtänzelt! Wer ihn mit Kunst und Klugheit gängeln will, fesselt ihn, und seiner göttlichen Freiheit tut man Zwang an, wenn man zuläßt, daß sich die behaarten und gichtigen Hände der Alten auf ihn legen.

Indessen höre ich oft, wie Frauen die Liebesbeziehungen als etwas rein Geistiges darstellen und es verschmähn, auch den Anteil zu berücksichtigen, den die Sinne daran haben. Gewiß, alles wirkt hier mit; ich muß jedoch sagen, daß ich immer wieder erlebt habe, wie Männer bei Frauen die Schwäche ihres Geistes um ihrer körperlichen Schönheit willen hinzunehmen bereit waren; nie aber habe ich erlebt, daß die Frauen ihrerseits bereit gewesen wären, dem auch nur unwesentlich gealterten Körper eines Mannes um der Schönheit seines Geistes willen zur Hand zu gehn, mochte dieser noch so reich entfaltet und weise sein. Warum kommt keine die Lust zu jenem edlen sokratischen Tauschhandel *Körper gegen Geist* an, warum will sich keine mit der Schönheit ihrer Schenkel eine philosophische und geistige Umarmung und Begattung erkaufen – den höchsten Gegenwert, den je eine dafür zu erhalten vermag?

Platon bestimmte in den Gesetzen seines *Staates*, daß einem Mann, wie häßlich oder alt auch immer, der im Krieg eine außergewöhnlich nützliche Tat vollbracht habe, während der Dauer des Feldzugs niemand einen Kuß oder irgendeine andre Liebesgunst verweigern dürfe, ganz gleich, von wem er sie begehre. Könnte denn, was er als Belohnung für militärische Verdienste recht findet, nicht auch als Belohnung für sonstige Verdienste billig sein?

Warum also, wiederhole ich, kommt nie eine die Lust an, ihren Geschlechtsgenossinnen den Ruhm einer solch keuschen Liebe, wie Sokrates sie fordert, wegzuschnappen? Ich sage absichtlich *keuschen*, denn

wie oft, wenn Fleisches Liebe sich im Sturm erhoben,
ist schnell sie wieder, nur ein brennend Stroh, zerstoben!

Die Laster, die sich in Gedanken erschöpfen, sind die schlimmsten nicht.

Zum Abschluß dieser arg aus dem Rahmen fallenden Darlegungen, die mir in einem Schwall von Geschwafel entfahren sind, einem zuweilen ungestümen und mich bloßstellenden Schwall –

so sieht die Jungfrau aus dem bauschigen Gewand
den Apfel, des Geliebten heimlich' Unterpfand,
den vor der Mutter sie darin hat bergen wollen,
auf einmal, als sie eintritt, ihr zu Füßen rollen,
und schier durchbohrt vom Stachel der Gewissensnot
verdunkelt sich ihr reines Antlitz purpurrot –,

behaupte ich nun, daß Mann und Frau aus ein und demselben Lehm geknetet sind; wenn man von Erziehung und Brauch absieht, besteht jedenfalls kein großer Unterschied zwischen ihnen.

Platon beruft Männer wie Frauen in seinem *Staat* ohne Unterschied zur Teilnahme an allen Wissenschaften und Übungen, Ämtern und Tätigkeiten in Krieg und Frieden; und der Philosoph Antisthenes verneinte überhaupt jeden Unterschied zwischen der Frauen Tugend und unsrer.

Es ist weitaus leichter, das eine Geschlecht anzuklagen, als das andre freizusprechen. Daher pflegt man zu sagen: »Der rußige Schürhaken bespottet den Ruß des Kessels.«

6

Über Wagen.

Sehr leicht läßt sich nachweisen, daß große Autoren, wenn sie über die Ursachen der Dinge schreiben, keineswegs nur diejenigen anführn, die sie für wahr halten, sondern auch solche, die ihnen zwar unglaubwürdig, aber originell und reizvoll scheinen. Sind sie gut erfunden, sei uns das Wahrheit und Gewinn genug! Der Hauptursache können wir uns ohnehin nicht vergewissern; deshalb häufen wir alle erdenklichen Ursachen aufeinander, um zu sehn, ob sich jene zufällig darunter befinde.

Gib nicht nur einen, gib recht viele Gründe an,
worunter einer sich als wahr erweisen kann.

Wollt ihr wissen, woher die Gepflogenheit kommt, einem, der niest, »Gesundheit!« zuzurufen? Nun, wir erzeugen dreierlei Winde: Der uns unten entfährt, stinkt zu sehr; der aus dem Munde strömt, verdächtigt uns der Gefräßigkeit; der dritte aber ist das Niesen. Und da es aus dem Kopf kommt und folglich keinen Tadel verdient, bereiten wir ihm diesen ehrenhaften Empfang. (Lacht nicht über diese Spitzfindigkeit – sie stammt, sagt man, von Aristoteles!)

Wenn ich mich recht entsinne, habe ich bei Plutarch gelesen (und er ist von allen Schriftstellern, die ich kenne, derjenige, welcher Kunst mit Natur wie Urteilskraft mit Gelehrsamkeit am besten zu vereinen wußte), das Erbrechen, das Seereisende zu überkommen pflegt, rühre von ihrer Furcht her; denn er hatte einen Beweisgrund gefunden, daß sie tatsächlich eine solche Wirkung zeitigen könne.

Ich, der ich selbst sehr leicht seekrank werde, weiß aber genau, daß diese Ursache auf mich nicht zutrifft; und ich weiß es nicht aus der Theorie, sondern aus unwiderlegbarer Erfahrung. Ganz abgesehen davon, daß, wie man mir berichtete, dieses Übel oft auch Tiere, namentlich Schweine überkommt, die doch keinerlei Gefahrenbewußtsein haben, und daß andrerseits ein Bekannter mir erzählte, ihm sei, obwohl ebenfalls höchst anfällig hierfür, zwei-, dreimal der Drang zum Erbrechen vergangen, gerade weil ihm in einem großen Sturm die Furcht arg zugesetzt habe (wie es schon diesem Mann der Antike widerfuhr: *Ich war zu krank, um an die Gefahr zu denken*) – ganz abgesehn also von alledem muß ich sagen, daß ich weder auf dem Wasser noch sonstwo jemals von einer Furcht ergriffen wurde, die mich aus der Fassung gebracht oder auch nur unsicher gemacht hätte (und oft wäre aller Grund dafür vorhanden gewesen, wenn denn Todesgefahr einer ist).

Furcht entsteht manchmal nicht minder aus einem Mangel an Urteilskraft als aus einem Mangel an Mut. Allen Gefahren, denen ich begegnete, habe ich mit offnem und freiem, vollem und ungetrübtem Blick ins Auge gesehen. Zudem erfordert es bereits Mut, sich Furcht einzugestehn. Als ich einmal die Flucht ergreifen mußte, kam es mir wie andren zustatten, daß ich sie geordnet durchführen konnte, weil ich dabei wenn auch keineswegs frei von Furcht, so doch von Panik und kopflosem Entsetzen war: Sie verlief aufregend, nicht aber in irrwitziger Wirrnis.

Die großen Geister gehn darin noch wesentlich weiter: Sie zeigen uns, wie man nicht nur ruhig und gefaßt zu fliehen vermag, sondern sogar stolz. Nehmen wir zum Beispiel die Flucht des Sokrates, über die sein Waffengefährte Alkibiades berichtet: »Ich sah ihn nach der vernichtenden Niederlage unsres Heeres mit Laches unter den letzten Fliehenden, und ich konnte ihn in aller Ruhe und Sicherheit beobachten, da ich im Sattel eines guten Pferdes saß und er zu Fuß war, so wie wir auch gekämpft hatten. Als erstes fiel mir auf, wieviel Geistesgegenwart und Entschlußkraft er im Vergleich zu Laches an den Tag legte; dann, wie selbstsicher sein Gang war, der sich von seinem gewöhnlichen in nichts unterschied; und schließlich, wie er mit gleichmäßigem und festem Blick alles um sich herum verfolgte und einschätzte, wobei er bald die einen, bald die andern, Freunde und Feinde, auf eine Weise anschaute, die jene ermutigte und diesen zu verstehen gab, daß er Manns genug sei, sein Blut und Leben jedem, der ihm danach trachtete, so teuer wie möglich zu verkaufen. Auf diese Weise retteten sie sich, denn nur ungern greift man solche Männer an – man jagt die furchtsamen.«

So lautet das Zeugnis jenes großen Feldherrn, das uns lehrt, was die Erfahrung tagtäglich bestätigt: daß uns nichts stärker den Gefahren aussetzt als die hechelnde Begierde, ihnen zu entgehn. *Im allgemeinen gilt: Je weniger Furcht man hat, desto weniger ist man gefährdet.*

Von einem, der den Tod voraussieht und -bedenkt, sagen unsre einfachen Leute zu Unrecht, er fürchte ihn. Voraussicht ist in allem, was uns betrifft, sehr nützlich, sei es gut oder schlimm. Einer Gefahr ins Auge sehn und sie richtig einschätzen verhindert gerade umgekehrt, daß man sich von ihr umwerfen läßt.

Ich fühle mich nicht stark genug, dem Ansturm der Angst zu widerstehn, wenn er unerwartet über mich hereinbräche; das gleiche gilt für jede andre heftige Gemütsbewegung. Würde ich von einer plötzlich überwältigt und niedergestreckt, käme ich nie wieder ganz auf die Beine. Verlöre meine Seele einmal ihren Halt, gäbe es nichts, womit sie ihre rechte Fassung zurückgewinnen könnte. Zu lebhaft pflegt sie sich abzutasten und zu tief zu sondiern, als daß eine Wunde, die sie durchbohrt, sich je wieder zu schließen, je wieder zu heilen vermöchte. Es ist ein Glück für mich, daß bisher noch keine Krankheit sie zu Boden geschlagen hat.

Jedem Angriff, dem ich ausgesetzt bin, werfe ich mich mit meinem ganzen Rüstzeug entgegen, so daß ich, bezwänge mich der erste, gegen den zweiten nichts mehr aufzubieten hätte: Durchbricht die Sturmflut an welcher Stelle auch immer meinen Deich, bin ich allen Schutzes bar und ertrinke.

Epikur sagte, ein Weiser könne nie unweise werden. Ich würde eher umgekehrt sagen: Wer einmal töricht war, wird keinmal mehr weise sein können.

Gott schickt uns die Kälte nach Maßgabe unsrer Kleidung, und die Erschütterungen schickt er mir nach Maßgabe meines Vermögens, sie zu ertragen. Hat mich die Natur auf der einen Seite entblößt, so auf der andern bedeckt: An Stärke entwaffnete sie mich; doch sie bewaffnete mich dafür mit einem zuverlässig dicken Fell.

Was ich aber nicht lange auszuhalten vermag (und in meiner Jugend vermochte ich es noch weniger), sind Kutschen, Sänften und Schiffe – ja, ich verabscheue alle Fortbewegungsmittel außer Pferde, ob in der Stadt oder auf dem Land. Dabei ist mir eine Sänfte noch mehr zuwider als eine Kutsche, und aus demselben Grund ertrage ich eher das Geschüttel bei aufgewühlter See (obwohl es doch gewöhnlich Angst erregt) als die Bewegung, die man zu Wasser bei ruhigem Wetter verspürt: Die leichten Stöße, welche die Ruder dem von ihnen vorangetriebnen Boot mitteilen, erzeugen mir ein irgendwie schwummriges Gefühl in Kopf und Magen, wie ich auch das Schaukeln eines Tragsessels nicht aushalte.

Wenn hingegen das Segel und der Strom uns sanft mit sich führen oder wir ins Schlepptau genommen werden, stört mich solch gleichmäßiges Dahingleiten nicht im geringsten; es ist also nur eine mit kurzen Abständen fortwährend unterbrochne Bewegung, die mir Pein bereitet, vor allem wenn sie sich langsam und lange hinzieht – anders wüßte ich es nicht zu beschreiben. Die Ärzte verordneten mir zur Abwendung dieses Ungemachs, ich solle mir den Unterbauch fest mit einem Tuch umwickeln. Ich habe es jedoch nie ausprobiert, da ich gewohnt bin, meine Unzulänglichkeiten selber anzugehn und in den Griff zu bekommen.

Ich würde, hätte ich genug davon im Gedächtnis behalten, es nicht als Zeitverschwendung betrachten, hier über die von der Geschichte überlieferte unendliche Vielfalt an Kriegswagen zu berichten, die sich je nach Volk und Jahrhundert unterschieden und offenbar sehr zweckdienlich und schlagkräftig waren. Um so erstaunlicher ist es deshalb, daß sie allgemein in Vergessenheit geraten sind.

So will ich hier nur darauf hinweisen, daß vor kurzem noch, zur Zeit unsrer Väter, die Ungarn sich ähnlicher Wagen äußerst erfolgreich gegen die Türken bedienten. Auf jedem befanden sich ein Rundschild- und ein Musketenträger sowie eine große Zahl aufgereihter Arkebusen, alle scharf geladen. Nach Art einer kleinen Galeere war das Ganze von einer Schutzwehr aus Langschilden umkleidet. Dreitausend solcher Wagen bildeten die Front der Schlachtordnung, und nachdem die Kanonen ihr Werk verrichtet hatten, ließ man die Gefährte vorrücken und dem Feind eine Salve als Vorgeschmack von dem verpassen, was er anschließend zu schlucken bekam. So verschaffte man sich keinen geringen Vorteil.

Oder man stürmte mit den Wagen auf die feindlichen Schwadronen zu, um sie aufzubrechen und Gassen durch sie hindurch zu öffnen. Auch als hilfreichen Flankenschutz konnte man sie einsetzen, wenn die eignen Truppen durch gefährliches Gelände marschierten, oder dafür, in aller Eile ein Lager zu bewehrn.

Zu meiner Zeit gab es in einer unsrer Gegenden einen Edelmann, der so schwer war, daß kein Pferd ihn zu tragen vermochte; als er nun einmal eine Fehde auszufechten hatte, bediente er sich zur Fortbewegung eines Wagens der beschriebnen Art – und er fuhr sehr gut damit.

Doch genug nun mit den Kriegswagen! Ganz anders hielten es die letzten Könige unsrer ersten Dynastie: Als wäre ihre Nichtswürdigkeit nicht ohnedies schon hinlänglich bekannt gewesen, ließen sie sich auf einem von vier Ochsen gezognen Wagen durch die Lande kutschieren!

Marcus Antonius wiederum war der erste, der sich in einem mit Löwen bespannten Wagen durch Rom fahren ließ, neben sich eine junge Spielfrau. Heliogabal tat später dasselbe und nannte sich dabei Kybele, die Mutter der Götter; sein Wagen wurde nach Art des Gottes Bacchus von Tigern gezogen; zuweilen ließ er auch zwei Hirsche davorspannen, ein andermal vier Hunde, dann wieder vier nackte Mädchen, die ihn, ebenfalls völlig nackt, in feierlicher Prozession durch die Stadt ziehn mußten. Der Wagen des Kaisers Firmus wurde gar von ungeheuer großen Straußen gezogen, die so schnell waren, daß er mehr zu fliegen als zu fahren schien.

Die Absonderlichkeit dieser Einfälle bringt mich auf den Gedanken, daß Monarchen im Grunde nur zeigen, welch kleine Geister sie sind und wie unsicher sie sich ihres Ranges fühlen, wenn sie sich durch solch übermäßigen Aufwand Geltung zu verschaffen und groß in Szene zu setzen bemühn. Bei Auslandsbesuchen könnte man das noch entschuldigen, kaum aber, wenn es vor den eignen Untertanen geschieht, über die sie doch alle Macht haben, so daß ihnen dank dieser Stellung sowieso schon das höchste Maß an Ehren zufällt, das sie je erlangen können.

Desgleichen finde ich es bei einem Adligen überflüssig, sich daheim mit ausgesuchter Kleidung hervorzutun, wo ja Dienerschaft, Haus und Küche deutlich genug zeigen, daß er nicht irgendwer ist. Als ich jung war, liebte freilich auch ich es, mich mangels anderer Zierden fein anzuziehn, und es stand mir gut. (Schließlich gibt es Leute, die in den schönsten Kleidern eine traurige Figur machen!)

Der Rat, den Isokrates seinem König gab, scheint mir nicht unvernünftig: großzügig in seinen Ausgaben für Möbel und Tafelgeschirr zu sein, weil es sich hier um dauerhafte Dinge handle, die selbst seinen Nachfolgern noch von Nutzen seien, doch allen Aufwand für Luxusgüter zu vermeiden, die doch von heute auf morgen außer Gebrauch kämen und in Vergessenheit gerieten.

Wir haben erstaunliche Berichte über die Sparsamkeit unsrer Könige in allem, was sie selbst und ihre Geschenke betraf – Könige von großem Ansehn, Einfluß und Vermögen. Demosthenes seinerseits bekämpfte bis zum letzten das Gesetz seiner Stadt, das öffentliche Gelder für pompöse Spiele und Feste bereitstellte: Er wollte, daß sich die Größe der Athener in der Menge gut bestückter Kriegsschiffe und reich ausgerüsteter Heere zeige.

Theophrast hat man zu Recht vorgeworfen, er vertrete in seinem Buch über den Reichtum umgekehrt die Auffassung, derart verschwenderische Ausgaben seien die wahre Frucht des Wohlstands. Aristoteles sagt, in Wirklichkeit dienten sie Vergnügungen, die nur die untersten Volksschichten ansprächen; sobald man davon genug habe, entschwänden sie dem Gedächtnis, weshalb kein vernünftiger und ernsthafter Mensch sie schätzen könne.

Solche Gelder würden meines Erachtens viel königlicher für so nützliche, sinnvolle und dauerhafte Dinge wie Häfen und Werften, Stadtmauern und andre Befestigungen ausgegeben, für schöne Gebäude und Kirchen, für Hospitäler und Universitäten, für die Instandsetzung von Wegen und Straßen. Zu meiner Zeit hat Papst Gregor XIII. sich mit dergleichen einen ehrenhaften Ruf erworben, der ihn überdauern wird, und auch unsre Königin Katharina würde diesbezüglich für viele Jahre das Zeugnis ihrer natürlichen

Großzügigkeit und Spendenfreude hinterlassen, wenn ihre Wünsche mit ihren Mitteln Schritt hielten. Das Schicksal hat mir den großen Kummer bereitet, den schönen Bau des *Pont-Neuf* in unsrer Hauptstadt Paris unterbrochen zu sehn, und mich so der Hoffnung beraubt, noch zu erleben, wie er in Betrieb genommen wird.

Die Untertanen gewinnen als Zuschauer triumphaler Prachtentfaltung überdies den Eindruck, daß es ihr eigner Reichtum sei, mit dem hier geprahlt werde, und daß man ihnen Feste auf ihre Kosten gebe; denn das Volk teilt gegenüber seinen Königen gern die Einstellung, die wir gegenüber unsren Dienern haben: daß sie dafür sorgen müßten, uns reichlich mit allem zu versehn, was wir brauchen, selber jedoch nicht das geringste hiervon anrührn dürften. Deshalb ließ Kaiser Galba, nachdem ihn beim Tafeln das Spiel eines Musikanten entzückt hatte, seine Schatulle herbeibringen, fischte aus ihr eine Handvoll Taler und überreichte ihm diese mit den Worten: »Das sind keine öffentlichen Gelder, sondern meine!«

Meistens aber verhält es sich so, daß das Volk recht hat und man ihm die Augen mit dem sättigt, was es dringender für die Sättigung des Magens brauchte. Dabei kommt es den Königen eigentlich gar nicht zu, sich im Glanz ihrer Freigebigkeit zu sonnen: Privatleute können es mit wesentlich größerem Recht tun, denn genaugenommen gehört einem König überhaupt nichts – sogar seine Person verdankt er andern.

Nicht für den Rechtsprechenden ist die Rechtsprechung da, sondern für den, dem Recht gesprochen werden soll. Keiner wird zum Vorgesetzten um seinetwillen gemacht, sondern um des Untergebnen willen, und ein Arzt hat dem Kranken zu dienen, nicht sich. Jedem Amt ist wie aller Kunst und Wissenschaft ein darüber hinausweisender Zweck gesetzt: *Keine Kunst dreht sich um sich selbst.*

Die Erzieher der jungen Prinzen, die es sich in den Kopf setzen, ihnen Freigebigkeit als Tugend einzuimpfen, und die ihnen vorpredigen, sie dürften nichts abschlagen und nichts als so gut angelegt betrachten denn das, was sie verschenken (und diese Lehre stand zu meiner Zeit in hoher Blüte), sehen daher entweder statt auf den Vorteil ihres Herrn auf ihren eignen, oder sie verstehn nicht recht, zu wem sie da sprechen. Es fällt allzu leicht, jemandem Freigebigkeit beizubringen, der die Möglichkeit hat, sie auf Kosten andrer, so maßlos er will, zu betreiben. Da sich ihre Wertschätzung nicht nach der Größe der Geschenke, sondern der Mittel des Schenkenden bemißt, verliert sie, von solch mächtigen Händen geübt, ihren Sinn. Schon die Prinzen macht man dieserart eher als freigebig – verschwenderisch.

Daher verdient die Freigebigkeit im Vergleich zu andern königlichen Tugenden wenig Anerkennung, ist sie doch, wie der Tyrann Dionysios zu Recht sagte, die einzige, die sich sogar mit der Tyrannei bestens verträgt. Ich würde deshalb dem Prinzen lieber den Spruch dieses Bauern aus der Antike ans Herz legen:

Saat handgestreut bringt Erntefreud'.
Schütt aus den Sack, und nichts gedeiht!

Wenn ein König also Gaben zu verteilen hat – oder besser gesagt: einer Menge von Leuten ihre Dienste vergüten muß, sollte er dies auf umsichtige und gerechte Weise tun. Ist er hingegen wahl- und maßlos freigebig, wünschte ich ihn mir lieber geizig.

So scheint mir die Haupttugend der Könige in ihrer Gerechtigkeit zu bestehn, und unter allen Formen von Gerechtigkeit zeichnet sie wiederum die am meisten aus, die mit jener wahren Freigebigkeit Hand in Hand geht, die sie sich als ihre persönliche Obliegenheit vorbehalten haben (während sie alle sonstigen Formen gewöhnlich durch andre verwalten lassen).

Übermäßige Großzügigkeit jedoch kann ihnen kaum als taugliches Mittel dienen, sich Wohlwollen zu erwerben, denn sie macht ihnen mehr Leute abspenstig als gewogen. *Man vermag sie um so weniger zu üben, je mehr man sie geübt hat. Was aber ist törichter, als etwas, das man gerne tut, so zu tun, daß man es nicht weiterhin tun kann?* Wenn man sie selbst denen zuteil werden läßt, die sich keinen Anspruch hierauf erwarben, beschämt man sie eher, als daß man ihre Dankbarkeit erweckt. Manche Tyrannen wurden schon der Volkswut durch die Hände ebenderer geopfert, denen sie unverdiente Vorteile verschafft hatten, denn solche Leute glauben den Besitz der zu Unrecht empfangnen Güter gerade dadurch sichern zu können, daß sie mit Verachtung und Haß auf ihren Wohltäter zeigen und sich so der Meinung und dem Urteil der Öffentlichkeit anschließen.

Die Untertanen eines im Geben maßlosen Fürsten werden maßlos im Fordern. Nicht die Billigkeit machen sie zu ihrer Richtschnur, sondern das Beispiel. Wir hätten oft wahrhaftig allen Grund, über unsre Unverschämtheit zu erröten. Der Gerechtigkeit nach sind wir bereits überbezahlt, wenn die Vergütung unserem Dienst entspricht, denn schulden wir unserm Fürsten etwa nichts aus natürlicher Pflicht? Übernimmt er unsre Aufwendungen, tut er bereits mehr als genug – es reichte, wenn er nur hierzu beitrüge. Was darüber hinausgeht, muß man als Gunst bezeichnen, und auf sie hat man keinen Anspruch; schon in dem Wort *Freigebigkeit* schwingt ja *Freiheit* mit. Ginge es nach uns, hätten wir nie genug: Das Empfangne zählt nicht mehr – man liebt Freigebigkeit nur im Futur. Je mehr deshalb ein Fürst sich im Schenken verausgabt, desto ärmer wird er an Freunden.

Wie könnte er auch Wünsche jemals befriedigen, die mit ihrer Erfüllung wachsen? Wer seine Gedanken nur auf das Nehmen richtet, hat keinen mehr übrig für das, was er genommen hat. Nichts kennzeichnet die Begehrlichkeit so sehr wie Undank.

Das folgende Beispiel des Kyros dürfte an dieser Stelle nicht unangebracht sein, um unsern heutigen Königen als Prüfstein dafür zu dienen, ob sie ihre Gaben gut oder schlecht verwenden. Sie werden nämlich sehen, daß er sie mit glücklicherer Hand austeilte als sie. Ihre verschwenderische Art zwingt sie ja, letztlich Untertanen anzuborgen, die sie nicht einmal kennen – und häufiger gar solche, denen sie Böses, als solche, denen sie Gutes getan haben. Bei derartigen *Hilfen* ist es daher lediglich der Name, der sie nichts kosten wird.

Nun also: Dem Kyros warf Kroisos vor, er sei zu verschwenderisch, und er rechnete ihm aus, wie sehr er seinen Schatz hätte vermehren können, wenn er etwas weniger spendable Hände gehabt hätte. Da wandelte diesen die Lust an, die Berechtigung seiner Freigebigkeit nachzuweisen; deshalb sandte er in alle Himmelsrichtungen Boten an jene Großen seines Reiches, die er besonders gefördert hatte, und bat jeden, ihn wegen einer plötzlichen Notlage mit soviel Geld zu unterstützen, wie er aufbringen könne, und die Höhe der Summe ihm schriftlich mitzuteilen. Sobald ihm diese Erklärungen nun vorlagen, ergab es sich, daß jeder seiner Freunde es für unzureichend erachtete, ihm bloß den Gegenwert der erhaltnen Geschenke anzubieten, und daher viel vom eignen Reichtum hinzutat, so daß die Endsumme wesentlich höher war, als was er nach der Rechnung des Kroisos hätte sparen können.

Da sagte Kyros zu ihm: »Ich liebe den Reichtum keineswegs weniger als andre Fürsten, aber ich gehe bedachtsamer damit um. Ihr seht, mit welch geringem Einsatz ich den unschätzbaren Schatz so vieler Freunde erworben habe und wieviel treuere Schatzmeister sie mir sind, als es Mietlinge wären, die sich mir innerlich weder verbunden noch verpflichtet fühlten; so ist mein Reichtum bei ihnen besser aufgehoben denn in Kisten und Truhen, wo er mir doch nur die Verachtung, den Neid und den Haß der andern Fürsten einbrächte.«

Die römischen Kaiser suchten den übermäßigen Aufwand für die öffentlichen Spiele und Schaustellungen damit zu entschuldigen, daß ihre Autorität in gewissem Umfang zumindest dem Schein nach vom guten Willen des Volkes abhänge; und das sei es seit jeher gewohnt, durch derart verschwenderische Darbietungen umschmeichelt zu werden. Es waren jedoch Privatpersonen, die diesen Brauch eingeführt und weiterentwickelt hatten, um sich mit solch zumeist aus dem eignen Beutel bezahlter Prachtentfaltung bei ihren Mitbürgern und Standesgenossen beliebt zu machen; erst als die Herrscher sie nachzuahmen begannen, erhielt die Sache einen völlig andren Beigeschmack.

Den rechtmäßigen Besitzern Geld wegzunehmen, um es anderen zu geben, sollte nicht als Freigebigkeit gelten. Als König Philipp erfuhr, daß sein Sohn durch Geschenke das Wohlwollen der Makedonier zu gewinnen suchte, schalt er ihn deswegen in einem Brief wie folgt: »Wie? Bist du etwa darauf aus, daß deine Untertanen dich statt für ihren König für ihren Schatzmeister halten? Du willst sie für dich gewinnen? Dann gewinne sie, indem du ihnen mit deiner Tugend Gutes tust, nicht mit deiner Schatulle!«

Gewiß war es beeindruckend, wenn man unter Kaiser Probus eine Riesenmenge mächtiger Bäume voll grüner Zweige ins Amphitheater brachte und so einpflanzte, daß sie eine in schöner Symmetrie angeordnete schattige Waldung bildeten; am ersten Tag ließ man darin tausend Strauße los, tausend Wildschweine sowie tausend Rot- und Damhirsche, die vom Volk totgehetzt werden durften; am zweiten wurden vor dessen Augen hundert große Löwen, hundert

Leoparden und dreihundert Bären niedergemacht, und am dritten mußten dreihundert Paar Gladiatoren um ihr Leben kämpfen.

Und beeindruckend war schon der Anblick dieser gewaltigen Amphitheater: außen mit reliefdurchsetztem Marmor umkleidet und von Statuen gekrönt, während kostbare Ornamente das Innere durchglänzten.

Sieh den Umgang: Edelstein an Edelstein!
Sieh im Porticus des Goldes Widerschein!

Alle Seiten des riesigen Runds waren von oben bis unten mit sechzig bis achtzig Sitzreihen versehn, ebenfalls aus Marmor und mit Kissen bedeckt, auf denen hunderttausend Menschen bequem Platz finden konnten, nach ihrem Rang geschieden:

Fehlt es dir an Schamgefühl? Verschwinde!
Diese Plätze sind für Ritter da,
jene für euch Volk und fürs Gesinde.

Oft taten sich in der Arena unten, wo die Spiele stattfanden, durch einen kunstreichen Mechanismus zunächst Spalten auf, die sich immer weiter öffneten, bis sie Höhlen darstellten, aus denen die für die Schau bestimmten wilden Tiere hervorgeschossen kamen; dann wurde die ganze Fläche derart überflutet, daß ein regelrechtes Meer entstand, welches eine Unzahl Seeungeheuer mit sich führte und auf dem sich Kriegsschiffe eine Schlacht lieferten; als drittes ließ man die Arena wieder austrocknen und öffnete sie für die Fortsetzung der Gladiatorenkämpfe ein; und für die vierte Darbietung schließlich bestreute man sie anstelle des Sandes mit Zinnober und aromatischem Trockenharz, um darauf als Schlußakt ein prächtiges Fest für die unübersehbare Volksmenge zu veranstalten – und das alles an einem einzigen Tag!

Oft sahen wir, wie der Arena sand'ger Grund
sich öffnete und aus dem aufgerißnen Schlund
die Bestien stoben; dann entwuchs dem dunklen Spalt

aus goldbelaubten Bäumen, Rinde Safran, bald
ein Wald, in dem wir schreckliches Getier erspähten.
Auch Robben zwischen Bären, die im Kampf sich drehten,
und Schwärme jener kleinen Tiere ließ man sehn,
die »Pferdchen« heißen und im Wasser aufrecht stehn.

Zuweilen hat man auch ein hohes Gebirge voll grünender, Früchte tragender Bäume in der Arena entstehn lassen, von dessen Gipfel ein Wasserlauf wie aus einer natürlichen Quelle herabfloß, und zuweilen erschien darauf ein großes Schiff, das sich von selbst weit öffnete und, nachdem es aus seinem Bauch vier-, fünfhundert Kampftiere ausgespien hatte, ohne fremdes Zutun wieder schloß und verschwand. Ein andermal ließ man vom Boden der Arena Wasserfontänen in die Luft steigen und von einer schwindelnden Höhe herab die zahllose Menge mit Wohlgerüchen besprühn.

Zum Schutz gegen die Unbilden des Wetters war das ungeheure Rund von Zeltplanen überspannt, die bald aus purpurnem, reich besticktem Stoff bestanden, bald aus Seide von dieser oder jener Farbe; sie wurden freilich höchst willkürlich auf- und zugezogen:

Erscheint Hermogenes, so wird, wie auch die Sonne sticht,
das Dach geöffnet, ob's dem Volk genehm ist oder nicht.

Selbst die Netze, die man vors Volk spannte, um es gegen die losgelaßnen wilden Tiere zu schützen,

vermehren noch, da ganz
aus Gold, den Glitzerglanz.

Solche Exzesse an Prachtentfaltung wären allenfalls dann zu rechtfertigen, wenn die Bewundrung, die sie erregen, nicht dem Aufwand gälte, sondern dem Einfalls- und Erfindungsreichtum.

Noch an dergleichen eitlem Gepränge läßt sich nämlich ermessen, wie fruchtbar jene Jahrhunderte an ganz anderen Geistern waren, als wir sie heute aufweisen – womit aber keineswegs gesagt ist, daß die Natur damals schon ihre höchste Entfaltung erreicht habe. Mit solcher Art Fruchtbarkeit verhält es sich vielmehr wie mit all ihren sonstigen Hervorbringungen: Wir schreiten nicht voran, sondern wandern umher und wenden uns bald hier-, bald dorthin – wir drehen uns im Kreise auf den Spuren unsrer Schritte. Ich fürchte, daß unsere Erkenntniskraft in jede Richtung hin lahmt. Wir sehen kaum weit voraus, kaum weit zurück. Unser Wissen, kurzarmig und kurzlebig, ist der Ausdehnung von Raum, Zeit und Materie nicht gewachsen:

Vor Agamemnon schon gab's viele Helden,
von denen die Annalen nichts vermelden.
Der Namen keiner ist zu uns gedrungen;
so hat die Nacht sie unbeweint verschlungen. //
Warum besingen Dichter nur, wie Troja ward vernichtet?
Warum wird nicht von andren über andres auch berichtet?

Und Solons Erzählung, was er von den ägyptischen Priestern über die lange Dauer ihres Staates und ihre Art der Aufnahme und Bewahrung der Geschichte fremder Länder erfahren hatte, scheint mir meine Betrachtung alles andre als zu widerlegen. *Vermöchten wir die nach allen Seiten unermeßliche Größe von Raum und Zeit zu betrachten und mit unserm Geist in ganzer Länge und Breite zu durchwandern, ohne daß er jemals an eine Grenze stieße, die ihn zum Einhalten zwänge, würden uns in dieser endlosen Weite die von schöpferischer Kraft hervorgebrachten zahllosen Daseinsformen begegnen*

Auch wenn all das, was an Berichten über die Vergangenheit bis zu uns gelangt ist, wahr wäre, und auch wenn einer all dies wüßte, würde es doch im Vergleich zu dem, was keiner weiß, weniger als nichts sein. Und selbst was die Wißbegierigsten von dem zu unsren Lebzeiten vor uns ablaufenden Schauspiel der Welt zu erfassen vermögen – wie kümmerlich und verkürzt ist es doch! Nicht nur von einzelnen Geschehnissen, die der Schicksalslauf oft bedeutend und beispielhaft werden läßt, sondern auch vom Zustand großer Staatswesen und Völker entgeht uns hundertmal mehr, als uns davon zur Kenntnis gelangt.

Wir bilden uns wunder was auf die Erfindung des Schießpulvers und des Buchdrucks ein; andere Menschen aber am andern Ende der Welt, in China, bedienten sich ihrer schon tausend Jahre vorher! Sähen wir vom All ebensoviel, wie wir *nicht* sehn, würden wir vermutlich ein unaufhörliches Wechselspiel sich endlos vervielfachender Formen wahrnehmen. Für die Natur gibt es nichts Außergewöhnliches und Einmaliges, wohl aber für unser Erkenntnisvermögen. Da es uns folglich ein völlig falsches Bild der Dinge vermittelt, ist es ein viel zu erbärmliches Fundament, um unser Lehrgebäude darauf zu errichten.

Genauso falsch, wie wir heute aus unsrer eigenen Schwäche und Hinfälligkeit auf den Verfall und Untergang der Welt schließen,

erschöpft sind Land und Zeit nicht nur,
erschöpft ist alle Kreatur,

schloß folgender Dichter auf deren unverbrauchte Jugend, weil er an den Geistern seiner in vielerlei Künsten neuerungs- und erfindungsreichen Epoche eine große Kraft wahrnahm:

Fürwahr, mir scheint, die Welt ist neu und jung
und rundum voller Frische, voller Schwung.
Man sieht erst jetzt der Künste viele blühn,
erst jetzt durchs Meer so viele Schiffe ziehn.

Unsere Welt hat kürzlich eine andre entdeckt (und wer steht uns dafür ein, daß es die letzte unter ihren Schwestern sein wird, wo doch weder Orakel und Sibyllen noch wir selbst bisher von dieser gewußt haben?), die nicht weniger groß, weniger bevölkert und weniger vielgestaltig ist als unsre, jedoch derart neu und unberührt, daß man die Eingebornen erst jetzt das Abc zu lehren beginnt. Es sind noch keine fünfzig Jahre her, da kannten sie weder Buchstaben noch Gewichte, weder Maße noch Kleider, weder Getreide noch Wein. Ganz nackt lagen sie im Schoß ihrer Nährmutter Natur und lebten allein aus deren Brust.

Sollte aber unser Schluß auf den Untergang der Welt als der *unseren* ebensowenig falsch sein wie der jenes Dichters auf die Jugend der Welt als der *seinen*, wird diese andere erst dann ins Licht treten, wenn die unsre daraus scheidet. Dabei dürfte das All, während der eine Teil abstirbt und der andre vor Kraft überquillt, in Schüttellähmung verfallen.

Ich fürchte freilich, daß wir die neue Welt mit unserm Gift bereits angesteckt und so auch ihren schnellen Verfall und Untergang eingeleitet haben; die ihr von uns aufgedrängten Anschauungen und Künste werden sie jedenfalls überaus teuer zu stehn kommen. Es war eine kindliche Welt; doch wir zwangen sie nicht etwa durch einen Vorrang unserer Tapferkeit und natürlichen Stärke unter die Knute unsrer Herrschaft, und nicht Gerechtigkeitssinn, Rechtschaffenheit und Großmut waren es, mit denen wir sie für uns gewannen: Die meisten Antworten der Eingebornen bei den mit ihnen geführten Verhandlungen beweisen, daß sie uns an ursprünglicher Klarheit des Geistes und folgerichtigem Denken in nichts nachstanden.

Die überwältigende Pracht ihrer Städte Cuzco und Mexiko und, neben vielerlei ähnlichen Dingen, der künstliche Garten ihres Königs, wo alle Bäume, Früchte und Kräuter in derselben Größe und Anordnung wie in einem natürlichen aus wunderbar getriebnem Gold waren (und so in seinem Kabinett auch die Nachbildungen aller Land- und Wassertiere seines Reichs), zeigen zusammen mit der Schönheit ihrer aus Edelsteinen, Federn und Baumwolle gefertigten Arbeiten und ihrer Malerei, daß sie uns an Kunstfertigkeit nicht minder gleichkamen.

Was aber Gottesfurcht und Befolgung der Gesetze betrifft, Redlichkeit und Treue, Freigebigkeit und Freimut, kam es uns sehr zustatten, daß wir davon nicht soviel besaßen wie sie. So haben sie durch ebendiese Tugenden sich selbst ins Verderben gestürzt, sich selbst verraten und verkauft. Hinsichtlich Beherztheit und Mut, Entschlossenheit und Ausdauer sowie Standhaftigkeit gegenüber Schmerz, Hunger und Tod würde ich nicht einmal zögern, die sich bei ihnen findenden Beispiele den berühmtesten der Antike an die Seite zu stellen, von denen die Geschichtsbücher unsrer hiesigen Welt berichten.

Denkt euch doch bei den Eroberern einmal all die Listen und Winkelzüge weg, deren sie sich bedienten, um jene Völkerschaften zu hintergehn, und bei diesen das natürliche Erschrecken, das sie ergriff, als sie so plötzlich bärtige Menschen von anderer Sprache und anderem Glauben bei sich auftauchen sahen, von anderem Körperbau und anderem Gebaren, aus einem anderen und weit entlegnen Winkel der Welt kommend, den sie völlig unbewohnt glaubten, und auf großen, unbekannten Monstern gegen sie reitend – sie, die nicht nur nie ein Pferd, sondern überhaupt nie ein Tier gesehn hatten, das zum Tragen eines Menschen oder einer sonstigen Last abgerichtet gewesen wäre, nun Fremden in einer funkelnden Panzerhaut und mit Waffen von gleißender Härte und Schärfe konfrontiert, während sie selbst weder über die Kenntnisse noch das Material verfügten, unsern Stahl auch nur anzuritzen, geschweige zu durchbohrn, und statt dessen für das glänzende Wunder eines Spiegels oder eines Messers einen ganzen Schatz an Gold und Perlen hergaben; vergeßt auch den Blitz und Donner unsrer Geschütze und Arkebusen nicht, die selbst Caesar, da sie ihm ebenso unbekannt waren, aus der Fassung hätten bringen können, wenn er davon überrascht worden wäre, jetzt aber eingesetzt gegen Völkerschaften, die, außer wo sie bereits die

Erfindung irgendeines Baumwollgewebes zu nutzen wußten, völlig nackt waren, ohne andere Waffen als höchstens Bogen und Steine, Stöcke und hölzerne Schilde: Völkerschaften, die, nachdem man ihnen aufrichtige Freundschaft vorgespiegelt hatte, der Neugier zum Opfer fielen, ungewöhnliche, nie gesehne Dinge zu sehen – denkt euch, sage ich, diese enorme Ungleichheit einmal weg, und ihr entzieht den Eroberern die ganze Grundlage ihrer vielen Siege!

Wenn ich den unbezähmbaren Kampfeseifer bedenke, mit dem so viele Tausende von Männern, Frauen und Kindern für die Verteidigung ihrer Götter und ihrer Freiheit immer wieder unausweichlichen Gefahren trotzten, ja sich ihnen entgegenstürzten, diese hochgemute Unbeugsamkeit, lieber das Äußerste und Schwerste, gar den Tod zu erleiden, als sich der Herrschaft derer zu unterwerfen, von denen sie derart schmählich überlistet wurden (so zogen es manche als Gefangne vor, durch Fasten zu verhungern, statt Speisen aus den von so schändlichem Sieg besudelten Händen ihrer Feinde entgegenzunehmen) – wenn ich all das bedenke, dann ist mir von vornherein klar, daß jeder, der sie bezüglich Waffen, Zahl und Erfahrung von gleich zu gleich angegriffen hätte, ein genauso großes Risiko eingegangen wäre wie in irgendeinem der Kriege, die wir kennen, ja ein größres.

Ach, warum ist diese berüchtigte Eroberung nicht Alexander oder den alten Griechen und Römern als vielmehr *rühmliches* Unternehmen zugefallen? Warum erfolgte diese gewaltige Umwälzung im Dasein so vieler Reiche und Völker nicht unter Männern, die fähig gewesen wären, mit behutsamer Hand zu roden und zu eggen, was noch Wildwuchs war, und den von der Natur dort ausgestreuten guten Samen zu kräftigen und zur Entfaltung zu bringen, indem sie nicht nur zur Kultivierung des Bodens und zur Verschönrung der Städte mit den Kunstfertigkeiten von diesseits des Ozeans (soweit erforderlich) beigetragen, sondern auch den Tugenden der Eingebornen die griechischen und römischen zugesellt hätten?

Welcher Fortschritt wäre es gewesen, welche Verbeßrung des ganzen Weltgetriebes, hätten wir von Anfang an durch ein beispielhaftes Auftreten jene Völker zur Bewundrung und Übernahme ebendieser Tugenden angeregt und zwischen ihnen und uns eine verständnisinnige Beziehung, eine brüderliche Gemeinschaft hergestellt! Wie leicht wäre es gewesen, derart unberührte, derart lernbegierige Seelen, die schon von Natur aus meistens derart schöne Ansätze aufwiesen, fruchtbringend weiterzuentwickeln!

So aber haben wir im Gegenteil ihre Unwissenheit und Unerfahrenheit dazu mißbraucht, sie nach dem Muster und Modell unserer Lebensweise leichter an Habgier und Ausschweifung zu gewöhnen, an Wortbruch sowie jede Art Brutalität und Unmenschlichkeit. Wer hat der Geschäfte- und Profitmacherei jemals einen derartigen Wert beigemessen wie wir? So viele Städte dem Erdboden gleichgemacht, so viele Millionen Menschen hingemordet, so viele Völker ausgerottet, die reichste und schönste Gegend der Welt verwüstet – und all das für den Handel mit Perlen und Pfeffer! Siege aus eiskaltem Kalkül! Nicht einmal persönliche Ruhmsucht, nicht einmal politische Feindseligkeiten haben die Menschen je zu solch gräßlichen Gewalttaten gegeneinander getrieben und in solchen Jammer gestürzt.

Als die Spanier auf der Suche nach Goldminen die Meeresküste entlangfuhren, gingen einige von ihnen in einer lieblichen, fruchtbaren und stark bevölkerten Gegend an Land und gaben den Eingebornen ihre gewöhnlichen Erklärungen ab: Sie seien friedfertige Leute, kämen im Auftrag des Königs von Kastilien von weither gereist, des mächtigsten Fürsten der bewohnten Welt, dem der Papst, der Stellvertreter Gottes auf Erden, die Oberherrschaft über beide Indien verliehen habe; wenn sie seine Untertanen sein wollten, würden sie äußerst milde behandelt. Dann verlangten sie von ihnen Lebensmittel für ihren Unterhalt und soundso viel Gold, das sie zur Herstellung einer gewissen Arznei brauchten. Im übrigen erzählten sie ihnen vom Glauben an einen einzigen Gott und von der Wahrheit unsrer Religion, die anzunehmen sie ihnen rieten, wobei sie mancherlei Drohungen einflochten.

Hierauf erhielten sie folgende Antwort: Wenn sie behaupteten, friedfertig zu sein, sähen sie nicht eben danach aus. Was ihren König angehe, müsse er, da er andere anbettle, recht arm und bedürftig sein, und jener Mann, der ihm dieses Reich zugesprochen habe, scheine Zank zu lieben, weil er etwas, das ihm nicht gehöre, einem Dritten schenke, um ihn mit den alten Besitzern in Streit zu verwickeln. Ihrer Bitte um Lebensmittel würden sie nachkommen; Gold aber hätten sie wenig, und sie legten auch nicht den geringsten Wert darauf, da es ihnen für ihr tägliches Leben nichts nütze, das angenehm und glücklich zu verbringen ihr einziges Bestreben sei; deshalb sollten sie getrost mitnehmen, soviel sie davon fänden, außer jenem, das sie selber für die Anbetung ihrer Götter brauchten. Was sie über einen einzigen Gott gesagt hätten, gefiele ihnen, doch den eignen Glauben wollten sie nicht dagegen eintauschen, da er ihnen schon seit langem gute Dienste geleistet habe; im übrigen seien sie gewohnt, Ratschläge nur bei ihren Freunden und Bekannten einzuholn.

Was nun aber ihre Drohungen betreffe, sei es ein Zeichen fehlenden Urteilsvermögens, sie gegen Menschen auszustoßen, deren Wesensart und Kräfte sie gar nicht kennten. Daher sollten sie schleunigst aus ihrem Land verschwinden, denn hier pflege man mit Höflichkeitsfloskeln verbrämte Ermahnungen fremder, zumal bewaffneter Leute nicht gut aufzunehmen! Sonst würde es ihnen ergehn wie diesen da – und hierbei zeigten sie auf die Köpfe einiger Männer, die vor ihrer Stadt enthauptet worden waren.

Wie kindisch diese Kinder der Natur doch daherreden, nicht wahr?

(Freilich zeigten sich die Spanier weder hier noch an sonstigen Orten, wo sie das gesuchte Handelsgut nicht fanden, an einem Aufenthalt oder an Gewalt interessiert, selbst wenn sie etwas andres hätten einheimsen können, wie meine Menschenfresser, siehe erstes Buch, mir bezeugten.)

Die letzten beiden Monarchen, die von den Spaniern zur Strecke gebracht wurden, waren, da Könige über viele Könige, die mächtigsten Herrscher jener neuen, ja vielleicht der ganzen Welt.

Den einen, König von Peru, nahmen sie in einer Schlacht gefangen und erpreßten für ihn das ungeheuerliche, alle Vorstellung übersteigende Lösegeld von einer Million dreihundertfünfundzwanzigtausendfünfhundert Unzen Gold, zudem Silber und andre nicht weniger wertvolle Dinge, so daß sie ihre Pferde nur noch mit gediegnem Gold beschlagen ließen. Es wurde alles getreulich bezahlt; doch obgleich der König in den Verhandlungen sowohl einen klaren und ausgewognen Verstand als auch eine offenherzige, freigebige und zuverlässige Sinnesart bewiesen hatte, wurden die Erobrer von der Gier gepackt, nun obendrein um den Preis welcher Schändlichkeit auch immer herauszufinden, wie groß die restlichen Schätze des Königs seien, damit sie selbst das, was ihm verblieben war, noch in ihre Verfügungsgewalt bekämen.

So ersann man gegen ihn anhand gefälschter Beweise die Anklage, er plane, um die Freiheit wiederzuerlangen, seine Provinzen aufzuwiegeln. Hierauf verurteilte man ihn durch einen himmelschreienden Schuldspruch ebenjener, die diesen Verrat an ihm begangen hatten, öffentlich gehängt zu werden, nachdem man ihm die Gnade gewährt hatte, sich von der Qual des Verbranntwerdens bei lebendigem Leibe durch seine Taufe freizukaufen, die er denn auch im Augenblick der Hinrichtung empfing.

Welch unerhörte, entsetzliche Mordtat! Dennoch ertrug er sie in wahrhaft königlicher Haltung und Würde, ohne sich durch klagende Gebärden oder Worte untreu zu werden. Um hernach das über dieses außerordentliche Geschehnis bestürzte und aufgebrachte Volk einzulullen, stellte man eine große Trauer über seinen Tod zur Schau und gab ihm ein prunkvolles Begräbnis.

Der andre, König von Mexiko, hatte seine belagerte Stadt zunächst lange verteidigt, wobei er und seine Untertanen wie nur je ein Fürst und ein Volk vor Augen führten, was Widerstandskraft und Ausdauer vermögen; dann ließ ihn sein Unglück jedoch lebendig in die Hände seiner Feinde fallen, und nun erst war er zur Kapitulation bereit – unter der Bedingung, als König behandelt zu werden (und nie zeigte er sich während der Gefangenschaft dieses Titels unwürdig).

Da die Erobrer aber nach ihrem Sieg, obwohl sie alles durchwühlten und das Unterste zuoberst kehrten, nicht die erhofften Goldmengen entdeckten, suchten sie von den in ihren Händen befindlichen Gefangnen durch die schrecklichsten Foltern, die sie ersinnen konnten, Auskünfte hierüber zu erpressen. Als sie damit jedoch nichts ausrichteten, weil die Herzen der Eingebornen sich als stärker erwiesen denn alle Torturen, gerieten sie schließlich in eine derartige Wut, daß sie gegen ihr gegebnes Wort und gegen jedes Völkerrecht den König selbst und einen der höchsten Würdenträger seines Hofs zur Folter von Angesicht zu Angesicht verurteilten.

Dieser Würdenträger, inmitten glühender Kohlen vom Schmerz überwältigt und dem Tod nahe, wandte schließlich einen flehenden Blick zu seinem Herrn, als wollte er ihn um Vergebung dafür bitten, daß er die Qualen nicht länger ertragen könne. Doch der König sah ihn mit so stolzem wie strengem Auge an und verwies ihm seinen Kleinmut und seine Feigheit, indem er mit fester und rauher Stimme nur die Worte zu ihm sprach: »Geht es mir etwa besser als dir? Wälze ich mich wohlig im Bade?« Unmittelbar darauf erlag jener seinen Schmerzen.

Der König wurde halb verbrannt weggetragen – weniger aus Mitleid (denn welches Mitleid hätte diese wahrhaft barbarischen Seelen je rühren können, die um einer ungewissen Auskunft über etliche Goldgefäße willen, die sie rauben wollten, einen Menschen, und gar einen König von so hoher Herkunft und Auszeichnung, vor ihren Augen lebendigen Leibes braten ließen?) als aus der Erkenntnis, daß seine Standhaftigkeit ihre Grausamkeit immer schandbarer machte. Später haben sie ihn erhängt, nachdem er den kühnen Versuch unternommen hatte, sich aus seiner so langen Gefangenschaft und Versklavung mit Waffengewalt zu befrein; so bereitete er sich ein Ende, das eines derart edelmütigen Fürsten würdig war.

Ein andermal ließen die Spanier auf einen Schlag und im selben Feuer vierhundertsechzig Menschen lebendig verbrennen, vierhundert aus dem Volk und sechzig aus dem Landadel einer Provinz – unschuldige Kriegsgefangne allesamt. Wir besitzen diese Berichte von den Erobrern selbst, denn sie geben diese Untaten nicht nur zu, sondern rühmen sich ihrer noch und posaunen sie als Heldentaten aus.

Wollten sie damit etwa ihren der rechten Religion dienenden Glaubenseifer bezeugen? Einem so heiligen Ziel waren ihre Mittel wahrhaftig allzu entgegengesetzt, ja völlig feind! Wäre es ihnen wirklich darum gegangen, unsren Glauben zu verbreiten, hätten sie beherzigt, daß man ihn ausweitet, indem man nicht Ländereien, sondern Menschen für sich gewinnt, und ihnen würde das Blutvergießen, das der Krieg unvermeidlich mit sich bringt, mehr als genug gewesen sein, ohne dazu, als ob es über wilde Tiere herginge, eine grenzenlose Schlächterei anzurichten, in der sie mit Feuer und Schwert alle niedermachten und nur jene planmäßig verschonten, die sie als elende Sklaven zum Frondienst in ihren Bergwerken einsetzen wollten.

Deshalb wurden schließlich mehrere der spanischen Anführer auf Befehl der Könige von Kastilien, zu Recht über deren entsetzliches Treiben empört, mit dem Tode bestraft und auf dem Schauplatz ihrer Erobrungen hingerichtet. Fast alle fielen der Verachtung und dem Haß anheim. Gott hat es in seiner Gerechtigkeit so gefügt, daß die Beute der großen Raubzüge entweder beim Transport übers Meer versank oder aber von den inneren Kriegen verschlungen wurde, durch die sich die Erobrer gegenseitig zerfleischten; nun liegen die meisten von ihnen an Ort und Stelle verscharrt, ohne in den Genuß ihrer Siege gekommen zu sein.

Was aber die Tatsache betrifft, daß der Ertrag aus alledem selbst in den Händen eines derart haushälterischen Fürsten wie Philipp II. sowenig den Hoffnungen entspricht, die man seinen Vorgängern wegen der bei der ersten Landnahme angetroffnen ungeheuren Reichtümer gemacht hatte (denn obwohl man noch immer großen Gewinn daraus zieht, sehn wir doch, daß er im Vergleich zu dem, was erwartet wurde, nichts ist), so beruht sie auf folgendem: Der Gebrauch von Münzen war den Eingebornen völlig unbekannt; ihr ganzes Gold befand sich daher auf einem riesigen Haufen und wurde von ihnen lediglich zu pompöser Prachtentfaltung verarbeitet, zu Unmengen von Gefäßen und Statuen als einer Art Ausstattungsgut, das viele mächtige Könige, die ihre Minen eigens hierfür ausbeuteten, vom Vater auf den Sohn zur Verschönrung ihrer Paläste und Tempel weitergaben.

Wir hingegen pflegen alles Gold nur für Handel und Gewerbe in Umlauf zu bringen. So verbreiten und zerstreun wir es, indem wir es zu tausenderlei Formen zerstückeln.

Stellt euch einmal vor, auch unsere Könige würden alles im Verlauf von mehreren Jahrhunderten gefundne Gold aufhäufen und es weitgehend ungenutzt liegenlassen!

Die Einwohner des Königreichs Mexiko standen, was Kunst und Wissenschaft betrifft, in mancher Hinsicht auf einer höheren Kulturstufe als die andern Völker dort. So urteilten sie etwa wie wir, daß das Universum seinem Ende nahe sei, und die Verheerungen, die wir bei ihnen anrichteten, nahmen sie als böses Omen. Sie glaubten, der Gang der Welt teile sich in fünf Zeitalter, die der Lebensdauer von fünf Sonnen entsprächen, derer vier ihren Lauf bereits beendet hätten, so daß den Menschen nun die fünfte leuchte.

Ihrer Vorstellung nach ist die erste mit sämtlichen Geschöpfen in einer allgemeinen Überschwemmung untergegangen, die zweite durch den Einsturz des Himmels, der alle Lebewesen auf Erden erstickte; diesem Zeitalter ordneten sie die Riesen zu, und sie ließen die Spanier Knochen sehn, nach deren Proportionen die Größe jener Wesen zwanzig Spannen betragen haben müßte. Die dritte Sonne ging durch ein alles verzehrendes Feuer zugrunde, die vierte durch eine sturmartige, selbst Gebirge niederreißende Luftturbulenz, welche die Menschen aber nicht tötete, sondern in Affen verwandelte. (Was läßt die menschliche Leichtgläubigkeit doch nicht alles mit sich machen!)

Nach dem Untergang dieser vierten Sonne lag die Welt fünfundzwanzig Jahre in ununterbrochner Finsternis, im fünfzehnten wurden jedoch ein Mann und eine Frau ins Leben gerufen, die das menschliche Geschlecht erneuerten. Zehn Jahre später erschien an einem bestimmten Tag die wiedererschaffne Sonne, und von da ab zählen sie ihre Jahre. Am dritten Tag danach starben ihre alten Götter, woraufhin in gewissen Abständen die neuen geboren wurden.

Wie sie sich den Untergang der letzten Sonne vorstellen, konnte der Autor, auf den ich mich beziehe, nicht in Erfahrung bringen. Ihre Datierung der vierten Umwälzung stimmt jedoch mit der großen Konjunktion der Sterne überein, die nach den Berechnungen der Astrologen vor achthundert Jahren zahlreiche wichtige Verändrungen und Neubildungen auf der Welt hervorgebracht hat.

Was nun wieder Prunk und Gepränge anbelangt, die mich überhaupt erst auf diesen Gegenstand gebracht haben, können weder Griechenland und Rom noch Ägypten irgendein Werk aufweisen, das an Nützlichkeit, Erfindungsreichtum und Großartigkeit mit der in Peru zu sehenden Chaussee vergleichbar wäre, welche die Könige des Landes über eine Entfernung von dreihundert Meilen zwischen den Städten Quito und Cuzco bauen ließen: fünfundzwanzig Schritt breit, schnurgrade, eben und gepflastert, auf beiden Seiten von stattlichen hohen Mauern umgeben, an deren Innenseiten mit schönen Bäumen (die sie *Molly* nennen) besetzte, nie versiegende Bäche fließen. Wo die Erbauer auf Felsen und Berge stießen, haben sie diese zerhaun und eingeebnet, während sie die sumpfigen Senken mit Steinen und Kalk auffüllten. Am Ende jeder Etappe von der Länge eines Tagesmarschs stehen herrliche Paläste, die sowohl für die Reisenden als auch für durchziehende Heere seinerzeit mit Lebensmitteln, Kleidung und Waffen versehn waren.

Bei meiner Beurteilung dieses Werks habe ich auch die Schwierigkeiten in Rechnung gestellt, die dort in besondrem Maße überwunden werden mußten. Für das Vorhaben verwendeten die Eingebornen ausschließlich Steine von mindestens zehn Fuß im Geviert; sie zu bewegen stand ihnen nichts anderes zur Verfügung als die Kraft ihrer Arme, mit der sie alle Lasten schoben und zogen. Nicht einmal die Kunst des Gerüstbaus kannten sie, so daß sie sich damit behelfen mußten, soviel Erde um ein entstehendes Gebäude herum aufzuschütten, wie dessen Höhe betragen sollte, und sie hinterher wieder abzutragen.

Wagen, um auf unser Thema zurückzukommen, gab es also dort ebensowenig wie Fahrzeuge überhaupt. Statt dessen ließ man sich von Menschen tragen. So saß der letzte König von Peru an dem Tage, da man ihn gefangennahm, inmitten seines Heeres auf einem goldenen Stuhl, der an von Trägern geschulterten goldnen Stangen befestigt war. Soviel man ihrer aber auch niedermachte, um ihn herunterfallen zu lassen (denn man wollte ihn unbedingt lebendig), soviel andre eilten um die Wette herbei, den Platz der Getöteten einzunehmen – dergestalt, daß man trotz des unter seinen Leuten angerichteten Blutbads ihn nicht umwerfen konnte, ehe ihn schließlich ein Berittner am Körper packte und zu Boden riß.

7
Über die Nachteile einer hohen Stellung.

Laßt uns, da wir eine solche nicht erlangen können, Vergeltung üben, indem wir sie herabsetzen! Freilich heißt es eine Sache keineswegs gänzlich herabsetzen, wenn man an ihr Nachteile findet, denn sie finden sich in allen Dingen, wie schön und wünschenswert sie sonst auch sein mögen. Generell hat eine hohe Stellung den auf der Hand liegenden Vorteil, daß man ihrer zu entsagen vermag, wann immer es einem beliebt, und daß man folglich über die nahezu freie Wahl zwischen ihr und ihrem Gegenteil verfügt: Nicht von jeder Höhe muß man fallen – es gibt mehr solche, von denen man heruntersteigen kann, ohne daß man fällt.

Wohl aber scheinen wir eine hohe Stellung überzubewerten und überzubewerten auch den Wagemut jener, von denen wir sahen oder sagen hörten, wie sie diese sei es von vornherein ausgeschlagen, sei es hernach aus freien Stücken aufgegeben haben; denn sie ist ihrem Wesen nach keineswegs so eindeutig vorteilhaft, daß es wunder welcher Selbstüberwindung bedürfte, sie abzulehnen.

Ich finde es ziemlich schwer, Unglück zu ertragen, doch auf eine hohe Stellung zu verzichten und sich statt dessen nur mit einem mittleren Maß an äußrem Glück zufriedenzugeben scheint mir eine Kleinigkeit – ich glaube jedenfalls, diese Tugend könnte sogar ich, der ich nur ein Grünschnabel bin, ohne sonderliche Anstrengung schaffen. Wieviel leichter erst muß das jenen fallen, die überdies den Ruhm in Rechnung stellen, der eine solche Verweigrung begleitet (und bei der folglich der Ehrgeiz stärker mitspielen kann als im Erstreben und Genuß der hohen Stellung selbst, denn nie verhält er sich seiner Natur gemäßer, als wenn er einen abseits liegenden und wenig begangnen Weg einschlägt)!

Den Gleichmut meiner Seele schärfe ich, mache sie aber stumpf gegen Gier. Ich habe ebensoviel Wünsche wie jeder sonst, und ich lasse ihnen ebensoviel Freiheit, sich auszutoben. Nie jedoch ist mir in den Sinn gekommen, mir ein Kaiser⸝ oder Königreich zu wünschen noch eine jener höchsten Rangstufen, die einem das Kommando über andre geben. Mein Streben geht nicht in diese Richtung – dazu liebe ich mich zu sehr.

Wenn ich an Charakterfestigkeit und Weisheit, an Gesundheit, Schönheit oder selbst an Reichtum zu wachsen suche, dann nur zurückhaltend und zaghaft, in kleinen Schritten und allein für mich. Jene angesehnen und so mächtigen Vorrangstellungen gehen über meine Einbildungskraft, und entgegengesetzt zur Auffassung Caesars würde ich lieber der Zweite oder Dritte in Périgueux als der Erste in Paris sein – oder, um bei der Wahrheit zu bleiben, in Paris lieber Dritter denn Erster.

Weder möchte ich mich als armseliger Niemand mit einem Türhüter herumstreiten müssen noch als Mann von Rang die Volksmenge, sobald ich auftauche, aus lauter Ehrfurcht sich vor mir teilen sehn. Ich bin aufgrund meiner Herkunft und auch meines Geschmacks an einen mittleren Stand gewöhnt, und in meiner Lebensführung wie in meinen Unternehmungen habe ich gezeigt, daß ich ein Überschreiten der Glücksstufe, auf die ich von Gott bei meiner Geburt gesetzt wurde, eher meide als erstrebe. Jede natürliche Verfassung ist zweckmäßig und bequem zugleich.

Meine Seele ist derart träge, daß ich das Glück nie nach seiner Höhe messe – ich messe es danach, ob es leicht erreichbar ist. Aber wenn ich auch ein allzuwenig auf Größe bedachtes Herz habe, so dafür ein offnes: eins, das mir befiehlt, seine Schwäche beherzt zu bekennen.

Beauftragte man mich, einen Vergleich anzustellen zwischen dem Leben des Lucius Thorius Balbus, eines rechtschaffnen Mannes, gesund, schön und gescheit, der sich auf alle Arten Annehmlichkeiten und Freuden verstand und sie reichlich genoß, ruhig und ganz für sich lebte, dabei seine Seele gut gegen Tod und Aberglauben, Schmerzen und die andern Widrigkeiten unsrer menschlichen Misere gerüstet hatte und schließlich mit der Waffe in der Hand während einer Schlacht für die Verteidigung seines Vaterlands fiel – auf der einen Seite und auf der andren dem Leben des Marcus Regulus, von so herausragender Größe, daß es mit seinem bewundernswerten Ende jedermann bekannt ist: das eine ohne Rang und Ruf, das andre beispielgebend und von höchstem Ruhmesglanz überstrahlt, dann würde ich letzteres gewiß ebenso preisen wie Cicero (wüßte ich es ebenso gut zu tun).

Aber wenn ich diese beiden Leben nun meinem eignen gegenüberstellen müßte, würde ich sagen, daß das erste meinem Vermögen und meiner Wunschvorstellung (die ich meinem Vermögen anzupassen pflege) ebenso nahekommt, wie das zweite davon abliegt: Während ich dieses nur in der Verehrung nachvollziehen kann, könnte ich jenes leicht auch in der Praxis nachvollziehn.

Doch kehren wir zu unsrer Frage der weltlichen Größe zurück, von der wir ausgegangen sind.

Mir ist jede Form von Herrschaft zuwider, ob ausgeübt oder erlitten. Otanes, ehedem einer der sieben rechtmäßigen Kronprätendenten Persiens, traf eine Entscheidung, die ich ohne weiteres ebenso getroffen hätte: Da er, wie er sagte, es nicht fertigbrächte, zu kommandieren oder kommandiert zu werden, trat er an die Mitbewerber seinen Anspruch, durch Wahl oder Los den Thron einzunehmen, unter der Bedingung ab, daß er und die Seinen in diesem Reich ohne jedwede Bevormundung und Unterordnung, von der Einhaltung der althergebrachten Gesetze abgesehn, völlig frei leben könnten.

Das härteste und schwierigste Metier der Welt ist meines Erachtens, auf untadlige Weise König zu sein. In Anbetracht der entsetzlichen Bürde ihrer Aufgabe, die mich schwindeln macht, entschuldige ich bei den Monarchen mehr Fehler, als man dies gemeinhin tut. Verfügt man über maßlose Macht, fällt es schwer, Maß zu halten. Andrerseits stellt es selbst für Menschen von keineswegs hervorragendem Naturell einen außerordentlichen Anreiz zu tugendhaftem Verhalten dar, wenn sie sich an einen Platz gestellt sehn, wo einem jede Gunstbezeigung hoch angerechnet wird, wo die geringste Wohltat zahlreichen Menschen zugute kommt und wo man wie die Prediger seine Talente hauptsächlich dem Volk gegenüber zur Geltung bringt, diesem nicht eben strengen Richter: leicht zu täuschen und leicht zu befriedigen.

Es gibt wenig Dinge, über die wir ein unvoreingenommnes Urteil abzugeben vermögen, da es wenige gibt, an denen wir nicht auf diese oder jene Weise ein persönliches Interesse haben. Das Oben und das Unten, die Herrschenden und die Beherrschten sind einem natürlichen Neid und Widerstreit unterworfen; daher liegen sie notgedrungen in fortwährender Fehde. Was die von jeder Seite gegenüber der andern geltend gemachten Rechte betrifft, glaube ich keiner. Lassen wir die Vernunft zu gegebner Zeit das entscheidende Wort hierüber sagen, denn sie ist leidenschaftslos und unbestechlich.

Vor weniger als einem Monat durchblätterte ich zwei schottische Bücher, deren Autoren sich über diese Frage streiten. Der Anwalt des Volkes weist dem König eine niedrigere Stellung zu als einem Kärrner, der Monarchist hingegen stattet ihn mit einer Machtfülle aus, die ihn einige Klafter über Gott stellt.

Die Nachteile einer hohen Stellung, die hier abzuhandeln ich aus einem bestimmten Anlaß unternommen habe, sind vor allem folgende:

Obwohl es im zwischenmenschlichen Umgang vielleicht nichts Vergnüglicheres als das ehrgeizige Kräftemessen durch körperliche oder geistige Übungen gibt, kommen die Fürsten niemals in dessen wahren Genuß – ja, ich hatte oft den Eindruck, daß man sie vor lauter Hochachtung hierin im Grunde herablassend und demütigend behandelt.

Wenn es mich in meiner Jugend unendlich verdrossen hat, sehn zu müssen, daß meine Wettkampfgegner sich nie voll einsetzten, weil sie mich unwürdig fanden, ihre Kräfte an den meinen zu messen, so widerfährt dergleichen den Fürsten alle Tage – freilich umgekehrt, weil jeder sich unwürdig findet, seine Kräfte an den ihren zu messen: Sobald man merkt, daß sie auch nur im geringsten auf Sieg aus sind, gibt es keinen, der sich nicht abmühte, ihnen diesen zuzuschanzen, und der nicht lieber seinen eignen Ruhm drangäbe, als den ihren zu schmälern. Daher strengt sich im Kampf jeder nur so weit an, wie es erforderlich ist, um ihre Ehre zu mehren.

Welchen Anteil haben denn die Fürsten an Wettspielen, in denen jeder nur für sie ficht? (Mich dünkt, ich sähe jene Paladine vergangner Zeiten vor mir, wie sie sich mit zaubermächtigen Körpern und Waffen um ihrer Herren willen in die Turniere und Kämpfe stürzen!)

Krisson machte mit Alexander einen Wettlauf; dabei tat er bloß so, als ob er sich anstrengte, und dieser schalt ihn deswegen. Besser hätte er ihn dafür auspeitschen lassen! Im Hinblick auf solche Bevorzugungen sagte Karneades, daß die Kinder der Fürsten außer Reiten nichts richtig lernten, da bei allen andren Übungen jeder sich ihnen beuge und sie gewinnen lasse, während Pferde, die ja weder Schmeichler noch Hofschranzen seien, den Sohn des Königs genauso abwürfen wie den eines Lastträgers.

Homer konnte nicht umhin, Venus, die so zarte und liebreizende wie unverletzliche Göttin, im Kampf um Troja verletzen zu lassen, auf daß er sie mit Mut und Kühnheit auszustatten vermöchte – Eigenschaften, welche sich nie bei denen finden, die gegen jede Gefahr gefeit sind. Man macht die Götter zu Wesen, die in Wut geraten, Angst haben und die Flucht ergreifen, die eifersüchtig werden, sich beklagen und Leidenschaften erliegen, damit man auch ihnen die Ehre jener Tugenden zukommen lassen kann, die sich bei uns aus dergleichen Untugenden herausbilden.

Wer an keinen Schwierigkeiten und Gefahren beteiligt ist, hat auch keinen Anspruch auf die Genugtuung und Ehre, die einem bei gewagten Unternehmen winken. Es ist doch zum Erbarmen, wenn einer so mächtig ist, daß alles vor ihm zurückweicht. Sein hoher Stand entfernt ihn zu weit aus jeder Geselligkeit und Gesellschaft, er stößt ihn zu weit ins Abseits. Diese verweichlichende Leichtigkeit und Bequemlichkeit, nur noch über allseits gebeugte Rücken zu gehn, ist jedem wahren Vergnügen feind. Ich nenne das *schleichen*, nicht *schreiten*; ich nenne das *schlafen*, nicht *leben*.

Stellt euch den Menschen einmal mit Allmacht ausgestattet vor: Ihm würde der Sturz in den Abgrund drohn. Daher müßte er euch wie um ein Almosen um Hindernisse und Hemmnisse bitten, denn des Menschen Sein und Wohl gründen im Mangel.

Die guten Eigenschaften der Könige sind tot und vertan, könnten sie doch nur im Vergleich hervortreten – gerade dem aber werden sie entzogen. Kaum jemals lernen sie ehrliches Lob kennen, da man ihnen die Ohren ständig mit dem immer gleichen Beifall volldröhnt. Sogar im Umgang mit dem Dümmsten ihrer Untertanen ist ihnen jedes Mittel benommen, sich ihm überlegen zu zeigen. Er braucht hernach bloß zu sagen: »Ich habe respektiert, daß er mein König ist«, und schon meint er so genügend klargestellt zu haben, daß er selbst die Hand dazu bot, sich besiegen zu lassen.

Die Eigenschaft, König zu sein, erstickt und tilgt bei ihnen somit alle andern, die ihrem wirklichen Wesen entsprechen: Diese liegen unter jener begraben. Daher bleiben ihnen, wollen sie sich Geltung verschaffen, lediglich die Handlungen, die mit ihrem Rang unmittelbar zu tun haben und ihm förderlich sind – es bleibt ihnen lediglich die Erfüllung ihrer Amtspflichten. Sie sind so sehr König, daß sie nur noch König sind. Der grelle Lichtschein, der sie umgibt, verhüllt und verbirgt sie uns. Er benimmt uns die Sicht, denn unser Blick bricht sich daran und wird geblendet.

Der römische Senat sprach den Preis für Beredsamkeit dem Kaiser Tiberius zu; er lehnte ihn jedoch ab, denn er war der Meinung, er könne, selbst wenn er ihn verdient hätte, angesichts der auf so wenig freie Weise zustande gekommnen Entscheidung kaum Freude daran haben.

Wie man den Herrschern alle Vorzüge der Ehre überläßt, so bestätigt und bestärkt man sie auch in ihren Untugenden und Fehlern, und dies nicht nur durch Billigung, sondern gleichermaßen durch Nachahmung. Jeder Gefolgsmann Alexanders trug den Kopf wie er zur Seite geneigt, und die Schmeichler des Dionysios pflegten in seiner Gegenwart aufeinanderzuprallen und alles umzustoßen, was ihnen vor die Füße kam, um ihm auf diese Weise zu bedeuten, daß sie nicht minder kurzsichtig seien als er. Selbst mit Leistenbrüchen suchte man manchmal die Gunst und Förderung des Fürsten zu gewinnen. Ich habe Menschen erlebt, die sich zu diesem Zweck taub stellten, und Plutarch sah, wie Höflinge, weil ihr Herr seine Frau haßte, ihre eigne, die sie liebten, schnöd verstießen.

Weitaus schlimmer ist, daß auf diese Weise auch Hurerei und jederlei Ausschweifung oft im Schwange waren, ebenso wie Untreue, Lästerung und Grausamkeit, wie Haltlosigkeit, Ketzerei und Aberglaube, wie Gottesleugnung und Ärgeres, falls es Ärgres geben kann. Daher liefern solche Nachäffer ein noch gefährlicheres Beispiel als selbst die Speichellecker des Mithridates, die ihm, weil er als guter Arzt geehrt werden wollte, ihre Gliedmaßen zum Aufschneiden und Ausbrennen anboten – denn sie lassen es zu, daß ihre Seele ausgebrannt wird: ein doch wohl zarterer und edlerer Teil.

Aber um da aufzuhören, wo ich anfing:

Kaiser Hadrian erörterte mit dem Philosophen Favorinus die Auslegung eines bestimmten Wortes, und dieser ließ ihn recht schnell siegen. Als seine Freunde ihm das nun vorwarfen, erwiderte er: »Ihr macht Witze! Wollt ihr etwa, daß er nicht gelehrter sei als ich – er, der dreihundert Legionen befehligt?« Augustus wiederum verfaßte einige Verse gegen Asinius Pollio. Dieser sagte dazu: »Ich werde den Mund halten, wäre es doch unklug, gegen den anzuschreiben, der meine Ächtung ausschreiben kann!«

Und beide taten gut daran, denn nur weil Dionysios dem Philoxenos in der Dichtkunst und dem Platon in der Prosa nicht gewachsen war, verurteilte er den einen zur Zwangsarbeit in den Steinbrüchen und ließ den andern auf der Insel Aigina als Sklave verkaufen.

8

Über die Gesprächs- und Diskussionskunst.

Unsere Rechtsprechung hat die Gepflogenheit, manche zu verurteilen, um andre zu warnen. Sie ihrer Missetat wegen zu verurteiln wäre ja auch widersinnig, wie Platon sagt; denn was geschehen ist, läßt sich nicht ungeschehn machen. Folglich verurteilt man sie, damit sie dergleichen nicht wieder tun oder damit ihr Beispiel abschreckend wirkt: Wen man henkt, den bessert man nicht – durch ihn bessert man allein andre.

Dasselbe gilt für mich. Meine Fehler werden mir bald in Fleisch und Blut übergegangen sein und sich daher nicht mehr verbessern lassen. Doch wie die Ehrenmänner der Öffentlichkeit durch ihr nachahmenswertes Beispiel nützen, so ich vielleicht durch mein abschreckendes.

An des Albius, an des Barrus Elend kannst du sehn:
So wird's dir, verschleuderst du dein Erbe, auch ergehn!

Wenn ich meine Unvollkommenheiten publik mache und sie anprangre, wird irgendeiner sie bei sich fürchten lernen. Den Wesenszügen, die ich in mir am höchsten schätze, gereicht es mehr zur Ehre, wenn ich mich tadle, als wenn ich mich lobe. Das ist der Grund, warum ich jenes öfter tue und dabei länger verweile. Letzten Endes aber geht es, wenn man von sich selber spricht, nie ohne Verluste ab: Alle finden die Selbstbeschuldigungen glaubwürdig und unglaubwürdig das Eigenlob.

Ich weiß nicht, ob andre ähnlich veranlagt sind – ich jedenfalls lerne von Gegenbeispielen mehr als von Beispielen und weniger durch Nachvollziehen als durch Fliehn. Es ist diese Art Unterweisung, die Cato der Ältere mit seiner Aussage im Sinn hatte, die Weisen hätten von den Narren mehr zu lernen als die Narren von den Weisen, und auch jener Leierspieler der Antike, der, wie Pausanias berichtet, seine Schüler zu zwingen pflegte, sich einen ihm gegenüber wohnenden stümperhaften Musiker anhören zu gehn, damit sie dessen Dissonanzen und falsche Rhythmen hassen lernten.

Meine Abscheu vor Grausamkeit zieht mich stärker zur Barmherzigkeit hin, als es deren leuchtendste Vorbilder je bewirken könnten. Selbst ein tüchtiger Stallmeister lehrt mich nicht so aufrecht im Sattel sitzen wie der jämmerliche Anblick eines Advokaten oder eines Venezianers zu Pferde, und wenn ich eine schlechte Ausdrucksweise höre, verbessert das die meine nachhaltiger als eine gute. Tag für Tag dient mir das törichte Verhalten eines andern zur Warnung und weist mir so den Weg.

Was sticht, berührt uns tiefer und macht uns wacher, als was uns streichelt. Die jetzige Zeit vermag uns nur durch unsre Abkehr von ihr zu bessern: durch Nichtanpassung mehr als durch Anpassung, durch Widerspruch mehr als durch Zustimmung. Da ich von den guten Beispielen wenig gelernt habe, mache ich mir die schlechten zunutze, die mir täglichen Anschauungsunterricht erteilen. Ich bemühe mich, um so einnehmender zu sein, je mehr abweisende Leute ich zu sehn bekomme, um so höflicher, je mehr grobe, um so zuverlässiger, je mehr unzuverlässige, und um so wohlwollender, je mehr böswillige. (Freilich habe ich mir damit unerreichbare Ziele gesteckt.)

Die fruchtbarste und natürlichste Übung unsres Geistes sind nach meiner Meinung Gespräch und Diskussion. Sich ihnen zu widmen finde ich angenehmer als jede andre Beschäftigung im Leben (und wenn ich deshalb jetzt zu wählen gezwungen wäre, würde ich, davon bin ich überzeugt, lieber das Augenlicht als das Gehör oder die Sprache aufgeben). In ihren Akademien hielten die Athener und auch noch die Römer diese Übung in hohen Ehren. Heute bewahren die Italiener einige Spuren hiervon – zu ihrem großen Gewinn, wie man aus einem Vergleich unsres Geistes mit dem ihren ersieht.

Das Bücherstudium ist ein lahmes und langweiliges Tun, bei dem man nicht warm wird, während Gespräch und Diskussion einen zugleich belehren und in Übung halten. Wenn ich mich mit einem starken und kämpferischen Geist in ein Wortgefecht begebe, setzt er mir bald links zu und bald rechts, bis seine Finessen die meinen herausfordern. Rivalität, Ehrgeiz und Lust am Kräftemessen spornen mich an und heben mich über mich selbst hinaus; gleicher Meinung zu sein hingegen ödet mich in Diskussionen maßlos an.

Doch wie unser Geist im Gedankenaustausch mit gesunden und kraftvollen Geistern an Stärke gewinnt, so verliert er unvorstellbar viel durch unsren täglichen Verkehr und Umgang mit kränklichen und krummen, die ihn schließlich selbst verkrüppeln. Keine Seuche greift derart schnell um sich – aus reichlicher Erfahrung weiß ich, wovon ich rede.

Ich liebe es also, zu diskutieren und Streitgespräche zu führn, doch nur mit wenigen Menschen und nur zum eignen Gewinn; denn hierbei den hohen Herren zum Schauspiel zu dienen und auf Teufel komm raus seinen Witz mit viel Wortgeklingel in Szene zu setzen, scheint mir einem Mann von Ehre schlecht anzustehn.

Dummheit ist von Übel; sie aber nicht ertragen zu können und darüber aus der Haut zu fahrn, wie es bei mir vorkommt, ist ein Übel andrer Art, das ich kaum minder mißlich finde. Daher will ich es jetzt bei mir anprangern.

Ich gehe völlig frei und gelassen in jedes Gespräch und

jeden Disput, da fremde Meinungen bei mir einen Boden vorfinden, in den sie nur schwer einzudringen, geschweige sich tief einzuwurzeln vermögen. Keine Behauptung bringt mich aus der Fassung, und kein Glaube verletzt mich, sosehr er dem meinen zuwiderlaufen mag. Kein Hirngespinst kann so ausgefallen und unhaltbar sein, daß es meines Erachtens nicht durchaus zu den sonstigen Hervorbringungen des menschlichen Geistes paßte.

Unsereiner, der seinem Verstand das Recht abspricht, endgültige Urteile zu fällen, schaut sich die andersartigen Meinungen leidenschaftslos an, und wenn er ihnen auch nicht seine Zustimmung gewährt, finden sie bei ihm doch ein geneigtes Ohr.

Wo die eine Waagschale völlig leer ist, lasse ich die andre unter Altweibermärchen schaukeln; so scheint es mir durchaus entschuldbar, wenn ich die ungrade Zahl eher fliehe; wenn ich den Donnerstag dem Freitag vorziehe; wenn ich lieber der zwölfte oder vierzehnte an der Tafel bin als der dreizehnte; wenn mir auf Reisen wohler ist, einen Hasen meinen Weg entlanglaufen als ihn überqueren zu sehn; und wenn ich beim Schuhanziehn gern den linken Fuß zuerst hinstrecke.

Alle abergläubischen Verhaltensweisen dieser Art, die um uns her hochgehalten werden, sind es zumindest wert, daß man sich anhört, was das Volk dazu sagt. Für mich wiegen sie zwar nur ein bißchen mehr als nichts, das aber tun sie, und die noch so willkürlichen Meinungen der Leute haben allein durch ihr Vorhandensein sogar ein Gewicht, das alles andere als nichts ist. Wer ihnen nicht einmal das zugestehen möchte, verfällt leicht, um dem Laster des Aberglaubens zu entgehn, dem der Engstirnigkeit.

Prallen die Meinungen aufeinander, verärgert oder beleidigt mich das also keineswegs – es dient mir vielmehr als Anregung und Ansporn. Man läßt sich nur ungern eines

Besseren belehrn, und doch sollte man gerade dafür offen und bereit sein, namentlich wenn es nicht schulmeisterlich, sondern gesprächsweise erfolgt. Bei jedem Einwand aber pflegt es weniger zu interessieren, ob er stichhaltig ist, als wie man ihn sich mit welchen Winkelzügen auch immer vom Halse schaffen kann. Statt die Arme streckt man ihm die Krallen entgegen.

Ich würde von meinen Freunden auch harte Rippenstöße hinnehmen, selbst wenn sie sagten: »Was bist du für ein Trottel!« oder: »Du spinnst!« Ich liebe es, wenn man in rechter Männergesellschaft kein Blatt vor den Mund nimmt, sondern so redet, daß die Worte mit den Gedanken Hand in Hand gehn – wir müssen unsre Ohren gegen den einschmeichelnden Klang der gesellschaftlichen Phrasen abhärten. Ja, ich liebe die Ungezwungenheit einer starken männlichen Gemeinschaft, und ich liebe eine Freundschaft, in der einen die temperamentvolle Derbheit des Umgangs so ergötzt wie in der Liebe das Kratzen und Beißen bis aufs Blut. Eine Freundschaft ist nicht lebendig und weitherzig genug, wenn ihr die Streitlust fehlt, wenn sie sich nur höflich, maßvoll und förmlich gibt, wenn sie Zusammenstöße fürchtet und sich Zwang antut, *denn ohne Widerrede kann man nicht disputiern.*

Gibt man mir Kontra, erregt das meine Aufmerksamkeit, nicht meinen Zorn. Dem, der mir widerspricht, öffne ich mich: Ich lerne ja von ihm. Die Wahrheit sollte unser beider Anliegen sein. Was aber vermag einer zu antworten, dessen wütende Erregung bereits seine Urteilskraft getrübt und in Verwirrung gestürzt hat, noch ehe die Vernunft zum Zuge kam? Es wäre recht heilsam, über den Ausgang unsrer Dispute Wetten abzuschließen, so daß jedesmal, wenn wir verlieren, dies sich materiell niederschlüge. Folglich ließe sich hierüber Buch führn, und mein Diener könnte mir sagen: »Voriges Jahr mußtet ihr zwanzigmal hundert

Taler berappen, weil ihr von der Sache nichts verstanden habt und trotzdem verbohrt geblieben seid!«

Ich heiße die Wahrheit wärmstens willkommen und huldige ihr, in welchen Händen ich sie auch finde; ich ergebe mich ihr frohen Sinnes und strecke vor ihr die Waffen, sobald ich sie nur von ferne nahen sehe. Und falls man mir nicht mit allzu schulmeisterlich geschwollnem Kamm daherkommt, stärke ich Einwänden, die man wider meine Schriften vorbringt, sogar den Rücken: Schon oft habe ich die beanstandeten Stellen mehr aus Entgegenkommen als aus der Überzeugung geändert, daß sie verbesserungsbedürftig seien, denn ich möchte zu der Freiheit, mich zu kritisieren, durch solche Zugeständnisse ermuntern und ermutigen – und sei es auf meine Kosten.

Freilich ist es wahrhaftig schwer, die Menschen meiner Zeit hierfür zu gewinnen: Ihnen fehlt der Mut zur Kritik, weil ihnen der Mut fehlt, Kritik zu ertragen. Deshalb hält jeder in Gegenwart des andern mit seiner Meinung hinterm Berg.

Mir bereitet es eine derartige Freude, bekannt zu werden, indem ich mich dem Urteil der Leute stelle, daß es mir fast einerlei ist, ob sie mich loben oder tadeln. So oft legen meine Gedanken Verwahrung gegeneinander ein und verwerfen sich selbst, daß es mir überhaupt nichts ausmacht, wenn ein andrer es tut – und dies schon deswegen, weil ich seinem Tadel ohnehin nur soviel Gewicht beilege, wie ich will. Auf der Stelle breche ich aber mit jedem, der sich wie einer meiner Bekannten aufs hohe Roß setzt und seine Ratschläge, falls man sie nicht überzeugend findet, als verlorne Liebesmüh ansieht und den Beleidigten spielt, wenn man sich ihnen nachzukommen sträubt.

Es war, könnte man sagen, in der inneren Kraft des Sokrates begründet, daß er Einwände gegen seine Argumente stets lachend aufnahm und sie, da er sicher war, die Oberhand zu behalten, sogar als Gelegenheit begrüßte, seinen Ruhm zu mehren. Umgekehrt sehen wir aber, daß Menschen nichts so empfindlich reagieren läßt wie das Gefühl, der Gegner sei ihnen überlegen und sehe verächtlich auf sie herab – dabei würde sich der Schwächre doch vernünftige Einwände, die ihn wieder auf den richtigen Weg bringen und ihm weiterhelfen, besser dankbar zu eigen machen.

Ich jedenfalls suche eher die Gesellschaft von Leuten, die mir den Kopf zurechtsetzen, als von solchen, die vor mir kuschen. Es ist ein fades und abträgliches Vergnügen, mit Menschen Umgang zu haben, die uns vor Bewundrung stets den Vortritt lassen. Antisthenes befahl seinen Kindern, sich nie jemandem erkenntlich und dankbar zu zeigen, der sie lobe. Mich macht der Sieg, den ich mitten im Wortgefecht über mich selbst erringe, indem ich mich den überzeugungskräftigeren Argumenten meines Gegners beuge, weitaus stolzer als einer, den ich dank seiner Schwäche davontrage.

Kurz, ich stelle mich jedem gradewegs geführten Angriff und lasse ihn selbst dann gelten, wenn er sich auf noch so dürftige Argumente stützt; erfolgt er jedoch ohne Einhaltung der gebotnen Form, finde ich das schier unerträglich. Der jeweilige Gegenstand läßt mich ziemlich kalt, die Meinungen sind mir einerlei, und welche Sache siegt, ist mir fast gleichgültig. Von früh bis spät könnte ich friedlich disputieren, solang dabei die Spielregeln eingehalten werden. Weniger auf Schlagkraft und Scharfsinn lege ich Wert als auf die Beachtung einer Ordnung, wie man sie tagein tagaus unter Ziegenhirten und Ladenschwengeln bei ihren Streitigkeiten beobachten kann, unter uns aber nie. Wenn sie gegen Regeln verstoßen, dann gegen die der Höflichkeit (doch wir kaum minder): All ihr aufgeregtes Durcheinanderschreien bringt sie keineswegs von ihrem Thema ab – ihre Argumente halten Kurs. Fallen sie einander ins Wort und lassen sich nicht ausreden, so versteht doch wenigstens jeder jeden.

Alle Antworten, solange sachgerecht, sind mir recht. Geht es in der Sache aber drunter und drüber, wende ich mich davon ab und bestehe in meiner Verärgrung auf der bedingungslosen Einhaltung der Form, wobei ich oft in eine starrköpfige und rechthaberische, ja arglistige Art des Argumentierens verfalle, die mir hernach die Schamröte ins Gesicht treibt.

Mit einem Wirrkopf guten Willens zu diskutieren ist unmöglich. Wenn ich einem solch eifernden Schulmeister in die Hände gerate, wird nicht nur mein Verstand in Mitleidenschaft gezogen, sondern auch mein Gewissen.

Arten unsre Dispute in Beschimpfungen aus, sollten sie verboten werden – zumindest aber wie andre Verbalinjurien bestraft. Welche Untugenden pflegen sie nicht hervorzurufen und aufzuhäufen: stets unter der herrischen Stabführung des Zorns! Zuerst ergreift die Disputanten Haß auf die vorgebrachten Argumente, dann auf jene, die sie vorbringen. Wir lernen das Disputieren nur als Widersprechen um des Widersprechens willen, und indem jeder widerspricht und jedem widersprochen wird, geht die Wahrheit schließlich zuschanden. Deshalb verbietet Platon in seinem *Staat* diese Übung allen von Natur aus dazu unfähigen Geistern.

Warum soll man sich mit jemandem auf die Wahrheitssuche begeben, der nicht gut genug zu Fuß ist, um Schritt zu halten? Man tut der Sache doch keinen Abbruch, wenn man sich erst einmal überlegt, mit wem und auf welchem Weg man ihr am besten beikommt – und ich meine keinen lebensfremden, scholastischen Weg, sondern den natürlichen des gesunden Menschenverstands.

Wie verlaufen denn letztlich unsre Debatten? Der eine geht nach Osten, der andre nach Westen. Im Wust der

Nebendinge verlieren alle die Hauptsache aus den Augen. Nach einer Stunde stürmischer Auseinandersetzungen weiß keiner mehr, was er will. So zielt der erste zu tief, der zweite zu hoch, der dritte zu weit links oder rechts. Dieser klammert sich an ein Wort oder einen Vergleich, jener begreift nicht mehr, was man ihm entgegenhält, derart verrannt ist er in seinen Gedankengang: Statt den andern folgt er nur noch sich selbst.

Mancher wiederum merkt seine Lendenlahmheit und läßt sich auf nichts mehr ein, da er jede Stellungnahme fürchtet, nachdem er von Anfang an das Thema mißverstanden und alles durcheinandergebracht hat; oder er verbohrt sich auf dem Höhepunkt der Debatte gar in ein völliges Schweigen, wobei er aus Ärger über seine Unwissenheit so tut, als sei es stolze Verachtung, die ihn den Kampf fliehen läßt – wenn nicht, noch lächerlicher, reine Bescheidenheit.

Ein andrer ist derart wild aufs Zuschlagen, daß es ihn wenig kümmert, wieviel Deckung er damit verliert. Dieser zählt seine Wörter und meint, so gewännen sie das Gewicht von Gründen; jener verläßt sich voll und ganz auf seine Überlegenheit an Stimm- und Lungenkraft.

Mancher widerlegt sich mit seinen Schlüssen selbst, mancher betäubt einen mit überflüssigen Vorreden und Abschweifungen, mancher schwingt nur die Keule reiner Schmähungen und bricht notfalls einen Streit um des Kaisers Bart vom Zaun, um einen ihm in der Argumentation überlegnen Geist abzuschütteln, der ihn hart bedrängt; und mancher schließlich hat zwar keine Ahnung, worum es geht, setzt einen aber mit den dialektischen Schlüssen seiner Sätze und dem Formelkram seines Fachs außer Gefecht.

Wer würde in Anbetracht des Gebrauchs, den wir von den Wissenschaften machen, ihnen gegenüber nicht von Mißtraun ergriffen, wen wandelte nicht der Zweifel an, ob man aus ihnen überhaupt einen handfesten Gewinn für die Bedürfnisse des Lebens ziehen kann? *Das Buchwissen vermag nichts zu bessern.* Wen haben denn die Lehren der Logik je einsichtiger gemacht? Was ist aus ihren schönen Versprechungen geworden? *Man lernt aus ihnen weder besser zu leben noch angemeßner zu diskutieren.* Geht es in den öffentlichen Disputen der Berufslogiker etwa weniger wüst durcheinander als im Gewäsch der Heringsweiber auf dem Markt?

Mir wäre es lieber, wenn mein Sohn (hätte ich einen) in den Schenken reden lernte statt in den Schulen der Schönrednerei. Unterhaltet euch doch einmal mit einem Magister der Freien Künste: Warum vermag er uns nicht die Vortrefflichkeit seines Fachs nachempfinden zu lassen, warum vermag er die Ignoranten, die wir sind, und die Frauen nicht zur Bewundrung der Stichhaltigkeit seiner Argumente und der Eleganz seiner Beweisführung hinzureißen? Warum vermag er uns nicht, wie er gern möchte, durch seine Überzeugungskraft zu bezwingen? Warum vermag ein an Kenntnis von Materie und Methode so begünstigter Mann seine Meinung nicht zu verfechten, ohne daß er aus der Rolle fällt und den Gegner wütend beschimpft? Laßt ihn doch einmal seinen Doktorhut, seinen Talar und sein Latein ablegen und aufhörn, uns die Ohren mit lauter unverdautem Aristoteles vollzuschrein, und ihr werdet ihn für einen unsresgleichen halten – oder für weniger.

Ihr Dreh, die Sprache vielfältig zu verschachteln, mit dem sie uns beeindrucken wollen, führt meines Erachtens zu nichts anderem als der aller Taschenspieler: Ihre Geschicklichkeit bestrickt und überwältigt zwar unsere Sinne, bringt aber unsre Überzeugungen keineswegs ins Wanken. Außer dieser Gauklerei ist bei ihnen alles ganz gewöhnlich und banal. Daß sie gelehrter sind, erhöht ihre Lebenstauglichkeit um nichts.

Ich liebe und verehre die Gelehrsamkeit ebensosehr, wie es die Gelehrten tun; richtig angewandt, ist sie des Menschen edelste und mächtigste Errungenschaft. Bei denen jedoch (und deren Zahl ist unendlich), die auf sie allein ihren Wert und ihr Wirken gründen, die den Verstand an ihr Gedächtnis abtreten, *die sich hinter dem Schatten andrer verstecken* und die ohne ihre Bücher zu nichts taugen, hasse ich sie noch ein bißchen mehr als, wenn ich so sagen darf, tierische Dummheit.

In meinem Land und zu meiner Zeit profitieren von der Wissenschaft oft die Geldbeutel, selten aber die Geister; denn die trägen unter ihnen beschwert und erstickt sie wie eine rohe, unverdauliche Speise. Die beweglichen freilich pflegt sie zu erhellen, zu läutern und bis ins völlig Immaterielle zu verfeinern. An sich ist sie nahezu wertfrei – eine sehr nützliche Bereicherung für einen begabten Geist, einem unbegabten hingegen abträglich und schädlich. Anders gesagt: Recht angewandt, erweist sie sich als höchst fruchtbar, zum Schleuderpreis aber läßt sie sich nicht erwerben. In der einen Hand ist sie ein Königs-, in der andern ein Narrenzepter.

Doch weiter. Welch größeren Sieg erhofft ihr denn, als euren Gegner erkennen zu lassen, daß er euch nicht zu schlagen vermag? Siegt ihr kraft eurer These, hat die Wahrheit gesiegt; siegt ihr kraft eurer wohlgeordneten Argumentation, habt *ihr* gesiegt. Mir scheint, daß Sokrates im Platon und im Xenophon mehr um der Disputanten als um der Disputation willen disputiert und es ihm darum geht, Euthydemos und Protagoras mehr ihre eigne Unzulänglichkeit erkennen zu lassen als die ihres sophistischen Metiers. Er packt den erstbesten Gegenstand zu einem nützlicheren Ziel denn dessen Erhellung am Schopfe – erhellen will er vielmehr die Geister, die anzuleiten und in Übung zu halten er unternommen hat.

Stets unterwegs und auf der Jagd zu sein ist unsre eigentliche Aufgabe, und wir sind nicht zu entschuldigen, wenn wir dabei ungeschickt und unbeholfen vorgehn. Ob die Beute uns entwischt, ist eine andre Frage; denn wir sind zwar geborn, der Wahrheit nachzuspüren, einer größeren Macht aber bleibt es vorbehalten, sie zu besitzen. Sie liegt nicht, wie Demokrit sagte, in tiefen Abgründen verborgen, sondern ruht in der unendlichen Höhe göttlicher Allwissenheit.

Die Welt ist nur eine Schule der Erkenntnissuche. Trefflich zu zielen zählt in ihr mehr, als zu treffen. Einer, der Richtiges sagt, kann es auf so falsche Weise tun, daß er an Narrheit dem gleichkommt, der Falsches sagt: Keineswegs um das Was geht es hier, sondern um das Wie. Ich möchte die Form jedenfalls nicht minder im Auge behalten als den Inhalt und gemäß der Empfehlung des Alkibiades den Sachwalter nicht minder als die Sache.

Tag für Tag vergnüge ich mich damit, in den Werken bestimmter Schriftsteller zu lesen, ohne mich um die Zuverlässigkeit ihres Wissens zu scheren, denn mich interessiert bei ihnen nicht die Materie, sondern die Manier – wie ich auch das Gespräch mit einem berühmten Geist nicht suche, damit er mich belehrt, sondern damit ich ihn kennenlerne und ihm folglich, wenn er es wert ist, nachzueifern vermag.

Jeder kann also etwas Richtiges sagen; doch es klug, wohlgeordnet und sachgerecht tun können nur wenige. Mich ärgert es daher keineswegs, wenn einer aus Unwissenheit etwas Falsches sagt, durchaus aber, wenn einer dumm daherredet; und ich habe schon manchen Handel, der für mich vorteilhaft gewesen wäre, wegen der unbedarften Auslassungen derer abgebrochen, mit denen ich zu tun hatte.

Kein einziges Mal im Jahr erbosen mich die Fehler an sich, die meine Leute begehn; wenn sie sich dann aber störrisch wie die Esel, ja saudumm auf ihre Behauptungen, Ausreden und Rechtfertigungsversuche versteifen, sind wir täglich drauf und dran, uns an die Gurgel zu springen. Sie kapieren weder, was man ihnen sagt, noch warum, und entsprechend fallen ihre Antworten aus – es ist zum Verzweifeln.

Nichts stößt mich so vor den Kopf wie Dickköpfigkeit, und ich finde mich eher mit der Unzulänglichkeit meiner Leute ab als mit ihrer hanebüchnen Dummdreistigkeit. Sollen sie getrost weniger tun, solang sie es zu tun fähig sind! Ständig lebt man in der Hoffnung, ihren Lernwillen anfeuern zu können, doch von diesen Klötzen ist nichts zu erhoffen, was einem dienlich wäre.

Wie nun aber, wenn ich die Dinge anders sähe, als sie sind? Möglich ist es ja; und deswegen mache ich mir wegen meiner Unduldsamkeit Vorwürfe. Ich finde diese Eigenschaft bei dem, der recht hat, genauso tadelnswert wie bei dem, der unrecht hat; denn es zeugt immer von tyrannischem Starrsinn, Einstellungen und Verhaltensweisen, die von den eignen abweichen, nicht ertragen zu können. Außerdem gibt es wahrhaftig keine größere und verbohrtere Dummheit, als sich über die Dummheiten der Welt zu ärgern und zu empörn – und nichts Widersinnigeres, bringt dieser Ärger uns doch vor allem gegen uns selbst auf! Heraklit, jener Philosoph der Antike, von dem ich bereits sprach, wäre nie um einen Anlaß zum Weinen verlegen gewesen, solang er den Blick auf sich gerichtet hätte. Myson hingegen, einer der sieben Weisen, gab auf die Frage, worüber er so ganz für sich lache, im Sinne von Timon und Demokrit die Antwort: »Darüber, daß ich so ganz für mich lache!«

Wieviel Unsinn rede ich meiner Meinung nach Tag für Tag daher, und wieviel mehr noch, steht zu vermuten, nach Meinung der andern! Wenn ich mir hierüber schon selbst in die Lippen beiße – was sollen sie dann erst tun? Kurz, man muß mit den Lebenden leben und das Wasser unter der

Brücke hinfließen lassen, ohne sich darum zu kümmern – oder zumindest, ohne deswegen den Kopf zu verliern.

Es regt uns ja keineswegs auf, einem zu begegnen, dessen Körper verdreht und krumm gebaut ist – warum zum Teufel aber packt uns bei der Begegnung mit einem verdrehten Geist jedesmal die Wut? Solch brüskes Gebaren stellt den Kritiker mehr bloß als den Kritisierten. Wir sollten stets dieses Wort Platons im Munde führn: »Wenn ich etwas unvernünftig finde, liegt es nicht vielleicht daran, daß ich selbst unvernünftig bin? Könnte nicht ich es sein, der irrt? Läßt sich mein Vorwurf nicht gegen mich kehrn?« Ein weiser, ja göttlicher Leitspruch, der das häufigste und landläufigste Fehlverhalten der Menschen geißelt!

Nicht nur die Vorwürfe, die wir gegeneinander erheben, sondern auch die in strittigen Fragen von uns vorgebrachten Argumente und Begründungen lassen sich gewöhnlich gegen uns selber wenden, so daß wir uns mit den eignen Waffen schlagen. Das Altertum liefert uns hierfür überzeugende Beispiele genug. Dazu fällt mir die höchst originelle und treffliche Sentenz ein:

Unser liebster Duft, was ist es?
Der Gestank des eignen Mistes!

Unsere Augen sehen nicht nach hinten. Hundertmal am Tage bespötteln wir in der Person unsres Nachbarn unbewußt uns selbst, verabscheun bei andern die Fehler, die in uns viel deutlicher vorhanden sind, und zeigen uns mit unglaublicher Dreistigkeit und Blindheit über jene erstaunt.

Gestern erst hatte ich Gelegenheit, einem durchaus klugen Adligen zuzuhörn, der so amüsant wie Rechtens über das alberne Verhalten eines andren herzog, der ständig mit seiner hohen Abstammung und Verwandtschaft – mehr als die Hälfte erlogen – anzugeben pflegt und damit aller Welt auf die Nerven geht (und gerade jene, bei denen die adlige Herkunft am zweifelhaftesten und unsichersten ist, stürzen sich ja am liebsten auf dieses lächerliche Thema); dabei wäre jenem Mann, hätte er den Blick auf sich selbst gerichtet, gewiß nicht entgangen, daß er einem kaum weniger zur Last fällt, wenn er stets und überall die Hochrangigkeit der Familie seiner Frau herausstreicht. Welch lächerlicher Dünkel, mit dem sich nun auch *sie* von den Händen ihres Mannes ausgerüstet sieht! Ihn sollte doch dieser Spottvers des alten Römers warnen:

Ist die Frau nicht selbst verrückt genug – nur zu!
Daß sie's gänzlich werde, laß ihr keine Ruh!

Ich verlange nicht, daß keiner, der nicht selbst untadlig ist, einen andern tadle, würde dann doch keiner mehr tadeln; von mir aus mag der Tadelnde sogar einen ähnlichen Fehler haben wie der Getadelte. Was ich verlange, ist lediglich, daß wir jedesmal, wenn wir über jemanden richten, uns zugleich dem eignen inneren Gericht stellen.

Ergibt dessen Urteil, daß wir unsrer Seele ein bestimmtes Laster offensichtlich nicht ausreißen können, gebietet uns die Nächstenliebe, gleichwohl zu versuchen, es wenigstens andern auszureißen, in denen es vielleicht noch keine derart zähen und tückischen Wurzeln geschlagen hat. So scheint es mir auch wenig sinnvoll, jemandem, der mich auf einen Fehler hinweist, zu entgegnen, er besäße ja den gleichen. Was ändert das? Der Hinweis ist darum doch nicht weniger wahr und hilfreich.

Wenn wir eine gute Nase hätten, müßte unser Kot uns gerade deswegen um so mehr stinken, weil es der unsre ist. Sokrates war der Meinung, daß einer, der sich zusammen mit seinem Sohn und einem Fremden eines Vergehens oder Gewaltakts schuldig fände, sich als erster der gerichtlichen Verurteilung stellen und um seine Entsühnung durch die Hand des Henkers bitten sollte (und hernach um die seines Sohns, zuletzt um die des Fremden). Schlägt diese Forderung auch einen etwas zu hohen Ton an, müßte er sich doch zumindest als erster der Bestrafung durch das eigne Gewissen stellen.

Die obersten für uns zuständigen Richter sind die Sinne, die von den Dingen aber nur die äußere Erscheinung wahrnehmen; es braucht uns daher nicht zu verwundern, wenn in allen Vorgängen des gesellschaftlichen Lebens die oberflächlichen Förmlichkeiten und Schaustellungen ständig eine derart große Rolle spielen, daß sie sogar dessen wichtigsten und wirksamsten Teil bilden. Immer haben wir es mit dem Menschen zu tun, und der ist nun einmal überaus körperlich.

(Jene, die es bei uns in den letzten Jahren unternommen haben, eine völlig vergeistigte und unsinnliche Religionsausübung durchzusetzen, sollten nicht erstaunt sein, wenn manche meinen, sie wäre ihnen längst unter den Fingern dahingeschmolzen und zergangen, könnte sie sich nicht als Fanal, Feldzeichen und Werkzeug der Parteiung und Spaltung weit stärker denn aus innerer Kraft unter uns halten.)

Das zeigt sich auch in Gesprächen und Diskussionen: Gravität, Talar und hohe Stellung dessen, der spricht, lassen seichte und nichtssagende Worte oft achtunggebietend erscheinen. Man wagt nicht zu glauben, daß ein so gefürchteter Herr mit so beträchtlichem Gefolge keine größeren Geistesgaben als das gemeine Volk besitze – daß also er, dem man so viele Aufträge, so viele Ämter anvertraut und der alle so hochnäsig und arrogant behandelt, nicht gescheiter sei als jener andre, der ihn schon von weitem grüßt und für den man keine Verwendung hat.

Bei solchen Leuten werden nicht nur die Worte, sondern selbst die Gesichtszuckungen beachtet und wichtig genommen, wobei jeder danach eifert, ihnen eine möglichst schmeichelhafte und tiefe Bedeutung beizumessen. Sobald man den hohen Herren jedoch, lassen sie sich einmal zum Gespräch mit Menschen wie du und ich herab, nicht den erwarteten Beifall zollt, fallen sie mit ihrer angeblich unanfechtbaren Erfahrung über einen her: Sie haben dies gehört, sie haben das gesehn, sie haben jenes getan. So wird man mit Beispielen erschlagen.

Ich würde ihnen gerne sagen, daß bei einem Wundarzt die Geschichte der von ihm behandelten Fälle und die Erinnrung an vier Pestkranke und drei Gichtbrüchige, die er zu heilen vermochte, keine fruchtbare Erfahrung bilde, solang er hieraus keinen Gewinn für seine Urteilsbildung zu ziehen wisse und uns nicht sehn lasse, daß ihn dies für die Ausübung seiner Kunst insgesamt weiser und zuverlässiger gemacht hat.

Man hört ja auch im Konzert nicht die Laute, das Spinett und die Flöte – man hört vielmehr eine globale Harmonie als Frucht des Zusammenklangs aller Töne.

Sollten jene Herren durch ihre Reisen und hohen Ämter klüger geworden sein, mögen sie es uns an den Hervorbringungen ihres Verstands vor Augen führn! Es reicht nicht, Erfahrungen aufzuzählen, man muß sie auch richtig einordnen und gewichten, man muß sie destilliert und ihre Essenz verarbeitet haben, um daraus die notwendigen Schlüsse und Lehren zu ziehn.

Noch nie hat es so viele Geschichtsschreiber gegeben. Gut und nützlich ist es immer, sie anzuhörn, denn sie liefern uns aus dem Speicher ihres Gedächtnisses lobenswerte und lehrreiche Nachrichten in Hülle und Fülle – ohne Zweifel ein großartiger Beitrag zur Lebenshilfe. Aber darum geht es uns im Augenblick nicht – worum es uns geht, ist die Frage, ob diese Sammler und Erzähler selber lobenswert seien.

Ich hasse jeden Überwältigungsversuch, durch Worte wie durch Taten. Daher pflege ich mich schon gegen jene eitlen Äußerlichkeiten zu feien, die über die Sinne unser Urteil bestechen wollen; und jedesmal, wenn ich außerordentliche Größen genau beobachtet habe, mußte ich feststellen, daß sie höchstens Menschen sind wie du und ich,

ja, selten hat bei ihnen man gesunden
Verstand (wie bei den meisten sonst) gefunden.

Kann sein, daß wir sie bei näherem Hinsehn gerade deswegen kleiner finden, als sie vielleicht sind, weil sie sich mehr hervortun wollen und dabei übernehmen: Sie zeigen sich der geschulterten Bürde einfach nicht gewachsen. Stärke und Stehvermögen des Trägers müssen stets größer sein als die Last. Einer, der nicht all seine Kräfte ausschöpft, läßt uns im ungewissen, ob er noch einen Überschuß besitzt oder sich bereits bis zum letzten verausgabt hat; einer, der hingegen unter seiner Last zusammenbricht, offenbart uns mit der Schwäche seiner Schultern zugleich seine Schwäche von Kopf bis Fuß.

Daher sieht man unter den Gelehrten soviel untaugliche Geister, mehr jedenfalls als unter andren Leuten. Sie hätten gute Hausverwalter abgeben können, gute Händler oder gute Handwerker, denn ihre natürlichen Kräfte waren nach solchem Maße zugeschnitten. Die Wissenschaft aber ist eine Sache von derart großem Gewicht, daß es sie erdrückt. Um all dies reichhaltige und mächtige Material zu überblicken und aufzugliedern, es auszuwerten und sich seiner zu bedienen, ist ihr Geist weder dynamisch noch dehnbar genug. Nur starke Naturen können die Wissenschaft verkraften – die aber sind höchst selten. Die schwachen jedoch, sagt Sokrates, beeinträchtigen die Würde der Philosophie schon dadurch, daß sie sich mit ihr befassen: In schlechten Händen erscheint sie unnütz, ja verderblich. Seht euch doch an, wie solche Stümper sich selbst zum Gespött der Leute machen,

gar jenem Affen, Menschenmienen mimend, gleich,
den man nur vorne eingekleidet hat (ein Streich,

von einem Knaben ausgedacht), so daß nun nackt
sein Hintern leuchtet und die Gäste Spottlust packt!

Ebenso ist es für jene, die uns befehlen, über uns herrschen und die Welt in ihrer Hand haben, keineswegs ausreichend, gesunden Menschenverstand zu besitzen und soviel zu können wie wir: Sie stehen sehr weit unter uns, wenn sie nicht sehr weit über uns stehn. Da sie mehr versprechen, sind sie auch verpflichtet, mehr zu halten.

Deshalb bedienen sie sich oft des Schweigens nicht nur als würde- und hoheitsvoller Pose, sondern auch als nützlicher Vorsichtsmaßnahme. Als Megabyzos zum Beispiel den Apelles in seiner Malerwerkstatt aufsuchte, verharrte er lange Zeit in völligem Schweigen; schließlich aber fing er an, sich des langen und breiten über dessen Bilder auszulassen. Doch damit handelte er sich den schroffen Verweis ein: »Solang du den Mund gehalten hast, schienst du uns wegen deiner Halsketten und deines Prunks eine Größe; jetzt freilich, da wir dich reden gehört haben, sehn sogar meine Lehrjungen auf dich herab!«

Sein sich im glanzvollen Gepränge zeigender hoher Rang hätte ihm verbieten müssen, ohne Sachkenntnis über die Malerei zu sprechen und sich damit als ebenso unwissend wie das unwissende Volk bloßzustellen: Er wäre besser beraten gewesen, durch Schweigen den Schein von Bescheidwissen zu wahren. Wie vielen Hohlköpfen hat zu meiner Zeit ein kühles und wortkarges Gebaren als Zeugnis von Klugheit und Kennerschaft gedient!

Ämter und Würden werden zwangsläufig mehr nach Stand als nach Verdienst zuerteilt, und man kreidet dies den Königen oft zu Unrecht an. Im Gegenteil ist es erstaunlich, daß sie in Anbetracht ihres geringen Überblicks dabei immer noch eine so glückliche Hand haben –

die Fürsten müßt' man trefflich nennen,
die alle Untertanen kennen –,

denn die Natur hat ihnen ja keine Augen gegeben, die ein ganzes Volk zu umfassen, geschweige zur Entdeckung der Edelmütigsten bis in die Brust jedes einzelnen vorzudringen vermöchten, wo allein die Erkenntnis unsres Wollens und wahren Wertes beschlossen liegt. Sie müssen ihre Auslese vielmehr im Dunkeln tappend und anhand von vagen Vermutungen über Herkommen und Besitzstand treffen, über Bildung und Beliebtheit im Volke – höchst unzuverlässige Anhaltspunkte! Wer ein Mittel fände, die Menschen gerecht zu beurteilen und nach Maßgabe der Vernunft auszuwähln, könnte auf einen Schlag ein vollkommenes Gemeinwesen errichten.

»Nun gut, aber schließlich hat der hier ein großes Unternehmen zum Erfolg geführt!« Gewiß besagt das etwas, doch keineswegs genug; denn der Grundsatz ist zu Recht allgemein anerkannt, daß man ein Vorhaben nicht nach seinem Resultat beurteiln dürfe. Die Karthager bestraften schlechte Planungen ihrer Heerführer selbst dann, wenn sie einen glücklichen Ausgang nahmen; und das römische Volk verweigerte etlichen Feldherrn einen Triumphzug, weil sie die von ihnen errungnen großen und nutzbringenden Siege mehr ihrem Glück als ihrer Kriegsführung zu verdanken hatten.

Man kann am Tun und Treiben der Welt ständig beobachten, daß Fortuna uns zeigen will, wie groß ihre Macht in allen Dingen ist und mit welchem Vergnügen sie unsern Hochmut demütigt. Da sie nun aber die Untüchtigen nicht tüchtig zu machen vermochte, gibt sie ihnen dafür Glückschancen, die denen der Tüchtigen gleichkommen. Mit Vorliebe greift sie deswegen zugunsten von Handlungen ein, deren Fäden von ihr selbst gesponnen sind. So erlebt man es Tag für Tag, daß die größten Simpel unter uns höchst beachtliche Dinge vollbringen, öffentlich und privat. Und wie König Seiramnes von Persien denen, die sich darüber wunderten, daß ihm all seine gut geplanten Vorhaben schlecht ausgingen, die Antwort gab, er sei nur Herr über seine Pläne, Fortuna jedoch Herrin über deren Ausgang, so könnten auch jene antworten – nur im umgekehrten Sinn.

Die meisten Dinge der Welt geschehen von selbst,

des Schicksals Lauf
hält keiner auf.

Der Erfolg gibt oft einem durch und durch unzulänglichen Vorgehn recht. Unser Handeln ist fast reine Routine und folgt gewöhnlich mehr dem Brauch und Beispiel als der Vernunft. Erstaunt über die Größe eines bestimmten Unternehmens, gelang es mir einmal, von jenen, die es durchgeführt hatten, ihre Motive und Methoden zu erfahrn, und ich stieß dabei bloß auf ganz banale Gedanken; und die banalsten und landläufigsten sind für die Praxis vielleicht sogar die geeignetsten und günstigsten – wenn auch nicht fürs Prahlen.

Wie nun aber, wenn die seichtesten Gründe tatsächlich den sichersten Boden böten, wenn die flachsten, gängigsten und fadenscheinigsten am besten zu unsern Geschäften taugten? Will man das Ansehn unsres Kronrats wahren, ist es jedenfalls wenig tunlich, gemeine Sterbliche näher als von der ersten Schranke aus hineinsehn oder gar daran teilnehmen zu lassen. Er muß auf gut Glauben und ohne Abstriche verehrt werden, wenn sein Nimbus für alle aufrechterhalten bleiben soll.

Bevor ich an eine Sache herangehe, suche ich anhand meiner ersten Eindrücke mir in groben Umrissen ein Bild von ihr zu machen; alles weitere, das Wichtigste und Wesentlichste also, pflege ich dem Himmel zu überlassen:

Getrost vertraue dann
den Rest den Göttern an!

Glück und Unglück sind, finde ich, zwei souveräne

Mächte. Es ist Unvernunft zu meinen, die menschliche Vernunft sei in der Lage, die Rolle des Schicksals zu übernehmen; und ein eitles Unterfangen ist es, sich einzubilden, man könne sowohl Ursache wie Wirkung einer Sache erfassen und mit eigner Hand ihren Fortgang lenken – eitel vor allem bei Planungen im Krieg. Gleichwohl hat es niemals mehr militärisches Vorausbedenken und mehr Umsicht gegeben, als man sie heute manchmal unter uns beobachtet. Sollte das daran liegen, daß man ängstlich zu vermeiden sucht, vom Wege abzukommen, und so lieber bis zur letzten Wende des Dramas durchhält?

Ich behaupte darüber hinaus, daß bereits die Erwägungen unsres Verstandes meist vom Zufall gesteuert werden. Mein Sinnen und Trachten schweift bald in die eine Richtung, bald in die andre, und viele dieser Bewegungen geschehn ohne mein Zutun. Mein Inneres unterliegt täglich wechselnden, rein zufälligen Impulsen:

Gleich der Wolken stürmischer Bewegung
wechselt ständig unsres Herzens Regung.

Wenn man sich ansieht, welche Männer in den Städten die höchste Macht haben und wer seine Arbeit am besten verrichtet, wird man finden, daß es gewöhnlich die geistig Unbedarftesten sind. Es ist vorgekommen, daß Frauen, Kinder und Narren große Staaten genausogut regiert haben wie die fähigsten Fürsten; so sagt denn auch Thukydides, die groben Geister seien dieser Aufgabe meistens besser gewachsen als die feinsinnigen. Die Erfolge aber, die jene ihrem Glück verdanken, schreiben wir ihrer Klugheit zu:

Einen, den Fortunas Hand erhoben,
wird sogleich man als verständig loben.

Deshalb bestehe ich darauf, daß die Ergebnisse unserer Unternehmungen in jeder Hinsicht höchst dürftige Zeugnisse unsres Wertes und Könnens sind.

Ich habe vorhin schon erwähnt, daß allein der Anblick

eines zu hohen Würden beförderten Mannes uns beeindruckt: Selbst wenn wir ihn drei Tage vorher noch als kleines Licht gekannt hatten, schleicht sich in unser Bild von ihm nun unmerklich die Vorstellung ein, er müsse eine große Leuchte sein. Wir versuchen uns weiszumachen, mit der Zunahme an Prunk und Prestige habe er auch an Verdienst zugenommen. Nicht nach seinem Wert beurteiln wir ihn, sondern so, wie man es von den Steinen auf einem Rechenbrett kennt: nach dem Rang der Stelle, auf der er plaziert ist.

Sein Glück braucht sich jedoch nur abermals zu wenden, er braucht nur zurückzufallen und wieder in der großen Masse zu versinken, und jeder wird sich verblüfft fragen, was ihn überhaupt derart hoch aufsteigen ließ. »Ach, der ist das gewesen«, sagt man dann, »hatte er nicht mehr zu bieten, als er da oben war? Geben sich die Fürsten mit so wenig zufrieden? Da waren wir ja wahrlich in guten Händen!« Dergleichen habe ich zu meiner Zeit oft erlebt.

Sogar von den Masken der hohen Herren, wie sie im Theater zu sehen sind, läßt man sich ziemlich beeindrucken und hinters Licht führn. Was mich selbst betrifft, bewundere ich an den Königen lediglich die Masse ihrer Bewunderer! Gewiß gebührt den Monarchen alle Ehrerbietung und alle Unterordnung – außer der des Verstands: Nicht er ist dazu erzogen, sich zu biegen und zu beugen, meine Knie sind es.

Als Melanthios gefragt wurde, was er von einer bestimmten Tragödie des Dionysios halte, antwortete er: »Ich habe überhaupt nichts davon gesehn, so verdunkelt war sie von den Worten!« Im gleichen Sinne müßten jene, die um ihr Urteil über die Reden unserer Großen gebeten werden, meistens sagen: »Ich habe überhaupt nichts von den Worten verstanden, so verdunkelt waren sie von all der Würde, Hoheit und Majestät.«

Antisthenes versuchte die Athener eines Tages zu überreden, sie sollten ihre Esel ebenso zur Feldbestellung heranziehn wie die Pferde, doch man antwortete ihm, dieses Tier sei für dergleichen Arbeit nicht geschaffen. »Das macht nichts«, versetzte er, »es kommt nur auf euren Befehl an; denn auch die unwissendsten und unfähigsten Männer, die ihr mit der Führung eurer Kriege beauftragt, erweisen sich auf der Stelle als höchst fähig hierzu, eben weil ihr sie damit beauftragt habt.«

Alldem entspricht auch der Brauch vieler Völker, den aus ihren Reihen gewählten König heiligzusprechen. Ihn zu verehren genügt ihnen nicht, sie wollen ihn obendrein anbeten. Sobald die Krönungsfeierlichkeiten vollzogen sind, wagen die Einwohner Mexikos nicht einmal mehr, dem ihren ins Gesicht zu blicken; und als ob sie ihm mit der Königswürde zugleich Gottesmacht verliehn hätten, lassen sie ihn schwören, daß er nicht nur ihre Religion, ihre Gesetze und ihre Freiheiten schützen sowie tapfer, gerecht und gnädig sein wolle, sondern auch dafür sorgen werde, daß die Sonne in ihrem gewohnten Glanz dahinrollt, die Wolken zur rechten Zeit regnen, die Flüsse ihren Lauf einhalten und die Erde alle Dinge hervorbringt, deren das Volk bedarf.

Ich bin, wie ich schon sagte, gegen die vorherrschende Art, einen Menschen zu beurteiln, und hege gegen die Fähigkeiten eines Mannes eher Mißtraun, den ich durch Standesprivilegien und öffentliche Wertschätzung begünstigt sehe. Wir müssen bedenken, welchen Vorteil einem das Recht einräumt, zu einer Versammlung, die vor Ehrerbietung und Hochachtung erbebt, zum selbstgewählten Zeitpunkt über ein selbstgewähltes Thema zu sprechen, mit einem Machtwort die Diskussion abzubrechen oder umzulenken und sich die Einwände andrer mit einer Kopfbewegung, einem spitzen Lächeln oder einem schroffen Verstummen vom Hals zu schaffen.

Ein ungeheuer begüterter Mann mischte sich mit seiner Meinung in ein Gespräch, das an seiner Tafel über irgendeine Nebensächlickeit dahinplätscherte, indem er barsch begann: »Bloß ein Lügner oder Hohlkopf kann etwas anderes behaupten als…« Gegen solche Hauruck-Philosophie hilft nur ein Dolch in der Hand!

Hier ein weitrer Rat, den ich zu meinem großen Vorteil selbst befolge: Man sollte sich in Gesprächen und Disputen nicht von jedem Wort, das man gut findet, auf der Stelle einnehmen lassen. Die meisten Menschen sind reich an fremden Federn. Diesem oder jenem mag es durchaus glücken, eine schöne Formulierung, eine treffliche Erwidrung oder eine hörenswerte Sentenz vorzubringen, ohne jedoch deren wahre Aussagekraft zu erkennen. (Daß man nicht alles, was man entlehnt, auch erfaßt, läßt sich vielleicht an mir selbst nachweisen.) Man darf sich daher nicht immer gleich geschlagen geben, so schön und wahr solche Worte an sich seien; vielmehr sollte man sie ernsthaft zu widerlegen suchen oder aber unter dem Vorwand, man verstehe sie nicht, sich erst einmal zurückhalten und dem Gegner gründlich auf den Zahn fühln, ob er überhaupt weiß, was er sagt. Es könnte sonst dazu kommen, daß wir ihm ins offne Messer rennen und so zu einem Sieg verhelfen, den er aus eigner Kraft nie errungen hätte.

Ich habe früher in der Bedrängnis und Hitze des Gefechts manchmal Gegenschläge ausgeteilt, die über meine Absicht und Erwartung hinaus saßen: Ich sah nur auf ihre Zahl, doch sie wirkten kraft ihrer Wucht.

Auch macht es mir, wenn ich mit einem starken Gegner diskutiere, großes Vergnügen, seinen Schlüssen zuvorzukommen und ihm die Mühe abzunehmen, sich näher zu erklärn, indem ich seinen erst im Entstehn begriffenen Gedankengang von mir aus fortzuführen suche – drängt mich doch das folgerichtige Prozedere seines scharfen Verstands schon von weitem auf die richtige Spur! Mit jenen andren hingegen mache ich es gerade umgekehrt: Bei ihnen darf man nichts voraussetzen und nichts zu verstehen suchen, als was sie sagen. Wenn sie mit Allerweltsworten urteiln, dies sei gut und jenes nicht, und sie treffen das Richtige, prüfe man, ob es nicht der Zufall für sie getroffen hat. Laßt sie daher etwas näher und bestimmter erklären, warum sie die Sache so sehn und inwiefern.

Pauschalurteile, wie sie landaus, landein im Schwange sind, besagen gar nichts. Sie gleichen Leuten, die sich an ein ganzes Volk als Herde und einförmige Masse wenden. Wer es jedoch wirklich kennt, wendet sich an den einzelnen Menschen und grüßt ihn beim Namen. Auf gleiche Weise mit den Urteilen zu verfahrn ist freilich riskant. So habe ich mehr als einmal täglich erlebt, wie Halbgebildete sich durch den Hinweis auf ihre Entdeckung der schönsten Stelle irgendeines Werkes, das sie grade lesen, als besonders gebildet herausstreichen wollen, mit ihrer Bewundrung jedoch derart danebengreifen, daß sie uns statt der Vortrefflichkeit des Autors ihre eigne Unbedarftheit vor Augen führn.

Mit dem Ausruf »O wie schön!« hingegen, nachdem einem eine ganze Seite Vergil vorgelesen wurde, begibt man sich in keinerlei Gefahr. Deshalb suchen die Schlaumeier solcherart das Gesicht zu wahren. Aber darangehn, Vergil Schritt für Schritt zu folgen, und sich entschließen, seine Worte, Wendungen und schöpferischen Einfälle nacheinander abzuwägen und durch ein klar gliederndes Urteil herauszufinden, wo ein guter Schriftsteller wie er zum Höhenflug ansetzt, wo er sich gar selbst übertrifft – nein, da machen sie sich schnell aus dem Staub! *Man muß nicht nur beachten, was jeder sagt, sondern auch, was er sich dabei denkt – und sogar, warum er es denkt.*

Täglich höre ich, wie Dummköpfe Dinge sagen, die durchaus nicht dumm sind. Nun gut, laßt uns, wenn sie etwas Gescheites äußern, herauszufinden suchen, inwieweit sie es selbst begreifen und wie tief es in ihnen sitzt; verhelfen wir ihnen dazu, dieses schöne Wort, jenen schönen Gedanken richtig anzuwenden, obwohl sie gar nicht ihr Eigen sind (denn sie haben sie nur in Verwahrung, wurden sie von ihnen doch blindlings und auf gut Glück vorgebracht); schreiben wir sie dieserart also ihrer Habenseite gut!

Aber wenn man ihnen so zur Hand geht – was bringt's? Sie wissen einem keinen Dank dafür und kommen nur noch weniger zurecht. Hört auf, ihnen zu helfen, laßt sie laufen! Sie werden mit ihren Funden ja doch nur wie Leute umgehn, die Angst haben, sich die Finger zu verbrennen. Sie trauen sich weder, sie in ein andres Licht zu rücken, noch sie zu vertiefen. Rüttelt ihr auch nur im geringsten daran, lassen sie alles, so schön und stark es auch sei, auf der Stelle fahrn und geben es euch anheim – so wacklig sitzen selbst die prächtigsten Waffen bei ihnen im Schaft! Immer wieder habe ich diese Erfahrung gemacht.

Geht ihr aber daran, diesen Leuten unmittelbar unter die Arme zu greifen und die Sache zu erläutern, entwenden sie euch flugs eure Auslegung und heften sie sich an die eigne Brust: »Genau das wollte ich sagen, genau das ist meine Auffassung! Wenn ich es nicht so ausgedrückt habe, dann nur, weil mir die rechten Worte fehlten!«

Blast ihnen was! Um solch dünkelhafter Dummheit einen Denkzettel zu verpassen, darf man selbst zu fragwürdigen Mitteln greifen. Der Grundsatz des Hegesias, man solle weder tadeln noch hassen, sondern belehren, ist anderswo durchaus vernünftig. Doch einem auf den rechten Weg zu helfen, der darauf nicht voranzukommen weiß und hernach folglich nur noch schlechter dran ist als zuvor, wäre unangebracht und widerspräche sogar dem Gebot der Menschlichkeit. Ich lasse solche Leute lieber immer tiefer im Sumpf versinken, bis sie, falls überhaupt möglich, endlich erkennen, wie es um sie steht.

Dummheit und verworrnes Denken kann man nicht mit Ermahnungen kuriern. Von einer solchen Therapie ließe sich zu Recht sagen, was Kyros jenem antwortete, der ihn am Beginn einer Schlacht drängte, sein Heer anzufeuern: »Die Männer«, erklärte er, »werden durch eine gute Ansprache sowenig auf der Stelle tapfer und kriegerisch, wie man durch das Anhörn eines schönen Lieds sogleich zum Musiker wird.« Das sind Dinge, die man schon vorher im Laufe langer Lehrjahre eingeübt haben muß.

Für eine nachdrückliche Unterweisung und Erziehung der Unseren zu sorgen ist unsre Pflicht und Schuldigkeit. Aber dem erstbesten, der uns über den Weg läuft, etwas vorzupredigen und ihm Unwissenheit oder Torheit schulmeisterlich austreiben zu wollen ist eine Gepflogenheit, die ich zum Teufel wünsche. Jedenfalls tue ich so etwas selten, selbst im persönlichen Gespräch, und eher gebe ich die ganze Sache auf, als mich zu weit hergeholten und besserwisserischen Belehrungen hinreißen zu lassen. Mir steht der Sinn ohnehin nicht danach, mich mit Anfängern zu unterhalten oder für sie zu schreiben. Und bei Dingen, die in Gesellschaft oder vor Dritten gesagt werden, fahre ich selbst dann nie mit Worten oder Gesten dazwischen, wenn ich sie für noch so falsch und unsinnig halte.

Im übrigen ärgert mich am Unverstand nichts so sehr, wie daß er selbstgefälliger ist, als es irgendeinem Verstand verständigerweise möglich wäre. Leider verwehrt uns die Einsichtsfähigkeit, uns unser sicher und mit uns zufrieden zu sein, so daß wir uns stets unzufrieden und verunsichert davonschleichen, wenn wir sehn, wie Engstirnigkeit und Frechheit jene, bei denen sie sich eingenistet haben, mit hohnlachender Unangreifbarkeit wappnen. Daher bringen es nur die geistig Unbedarftesten fertig, die andern über die Schulter anzusehen und aus jeder Auseinandersetzung mit stolzgeschwellter Brust hervorzugehn. (Meistens gibt ihnen ihre überhebliche Sprache und strahlende Siegerpose auch noch beim Publikum gewonnenes Spiel, da es infolge seiner Urteilsschwäche gemeinhin unfähig ist zu erkennen, wo die wahre Überlegenheit liegt.) Leidenschaftliche Verbohrtheit in die eigne Meinung aber beweist am sichersten tierische Dummheit. Gibt es etwas, das so ausschließlich mit sich selbst befaßt, so unnahbar, so eigensinnig, so selbstherrlich und so herablassend wäre wie der Esel – und so humorlos?

Könnten wir unter unserm Titel *Gesprächs- und Diskussionskunst* nicht auch die plötzlichen Einfälle und pointierten Wechselreden plazieren, wie sie sich im vertrauten und heitren Umgang zwischen Freunden immer wieder ergeben? Einander ausgelassen necken und narren ist eine Kurzweil, zu der ich dank meines natürlichen Frohsinns recht geeignet bin; und wenn es dabei auch nicht derart angespannt und tierisch ernst zugeht wie bei jener andren Gesprächsform, von der gerade die Rede war, so erfordert sie doch nicht weniger Scharfsinn und Schlagfertigkeit; noch ist sie nach Lykurgs Meinung weniger nützlich.

Was mich betrifft, bringe ich hierzu mehr Freimut als Geist mit, und so pflege ich dabei denn auch mehr Glück als Verstand zu haben. Unübertrefflich bin ich jedoch im Einstecken, denn ich ertrage mit größter Gelassenheit nicht nur scharfe, sondern selbst unangemeßne Retourkutschen. Sehe ich andrerseits bei einem gegen mich geführten Streich keine Möglichkeit, ihn auf der Stelle mit gebotner Härte zu erwidern, reite ich keineswegs mit einer billigen, an Sturheit grenzenden und anödenden Rechthaberei auf der Sache herum; vielmehr lasse ich sie erst einmal auf sich beruhn, halte frohgemut die Ohren steif und warte für meine Revanche eine günstigere Stunde ab. Kein Kaufmann macht stets Gewinn.

Bei den meisten meiner Freunde hingegen wechseln Gesichtsfarbe und Stimme, sobald sie merken, daß ihnen die Kraft ausgeht, und ihr sinnloses Aufbrausen, mit dem sie sich oft zu rächen suchen, verrät lediglich ihre Empfindlichkeit und Ohnmacht. In solch spielerischen Auseinandersetzungen schlagen wir eben manchmal verborgne Saiten unserer Schwächen an, die wir im bedächtigen Gespräch nicht berühren könnten, ohne einander weh zu tun. So aber decken wir auf förderliche Weise wechselseitig unsre Fehler auf.

Es gibt andere Spiele: solche, die körperlich ausgefochten werden, hirnlos und hart: *à la française.* Sie hasse ich auf den Tod, denn ich habe eine zarte und empfindliche Haut. Ich mußte erleben, wie zwei unsrer Fürsten königlichen Geblüts als Opfer solcher Spiele zu Grabe getragen wurden. Es ist widerlich, zum Vergnügen aufeinander einzuschlagen.

Wenn ich mir über jemanden ein Urteil bilden will, frage ich ihn, wieweit er mit sich zufrieden ist und wieweit sein Reden und Tun ihm selbst gefällt. Damit möchte ich so bequemen Ausflüchten zuvorkommen wie: »Ich habe das bloß nebenher gemacht«,

»Man riß das Werk, drum konnt' ich's nicht vollenden,
zur Hälfte fertig nur mir aus den Händen«,

»Ich brachte keine Stunde damit zu« oder: »Ich habe es mir seither nicht mehr angesehn.« Hierauf pflege ich zu antworten: »Nun gut, dann weg damit! Gebt mir dafür etwas, das euch zur Gänze darstellt und an dem ihr gern gemessen würdet.« Und weiter: »Was findet ihr in eurem Werk am schönsten? Diese Stelle hier, jene dort? Die Eleganz oder den Stoff? Die Originalität, die Urteilskraft oder das ausgebreitete Wissen?«

Gewöhnlich beobachte ich nämlich, daß man im Urteil über die eigne Arbeit genauso wie über eine fremde fehlgehn kann – nicht nur, weil sich hierbei Selbstliebe einschleicht, sondern auch, weil man unfähig ist, ihre Eigengesetzlichkeit zu erkennen. Ein Werk vermag sich aus seiner inneren Kraft derart glücklich zu entwickeln, daß es dem Werkenden unter die Arme greift und ihn schließlich an neuen Einsichten und Erkenntnissen sogar überflügelt. Ich jedenfalls kann den Wert des meinen nicht klarer beurteiln als den eines andern, und ich weise den *Essais* bald einen hohen, bald einen niedrigen Rang zu, ständig wechselnd und ständig im Zweifel.

Es gibt viele Bücher, die wegen ihres Gegenstands nützlich sind, ihrem Autor aber kein Lob einbringen, und es gibt gute Bücher (wie andre gute Werke), die ihm sogar Schande machen. Ich könnte etwa die Art unsrer Bankette und Gewänder treffend beschreiben – und es dabei an Eleganz fehlen lassen; ich könnte die zu meiner Zeit ergangnen Edikte und die in die Hände der Öffentlichkeit gelangten Briefe der Fürsten herausgeben; ich könnte einen Auszug aus einem gescheiten Buch machen (und jeder Auszug aus einem gescheiten Buch ist dumm), das später vielleicht verlorenginge, und dergleichen Dinge mehr. Der Nachwelt würden solche Arbeiten zu ungemeinem Nutzen gereichen – mir zur Ehre aber nur mit ungemeinem Glück. Ein Großteil der berühmten Bücher ist von solcher Art.

Als ich vor vielen Jahren Philippe de Commines las, zweifellos ein sehr guter Schriftsteller, fiel mir sein Wort als höchst beachtenswert auf, man müsse sich davor hüten, seinem Herrn so große Dienste zu erweisen, daß er sie nicht mehr angemessen entlohnen könne. Freilich hätte nur die Idee mein Lob verdient, nicht aber er, denn ich begegnete ihr kürzlich wieder bei Tacitus: *Wohltaten empfindet man nur so lange als angenehm, wie man glaubt, sie erwidern zu können; gehen sie jedoch zu weit darüber hinaus, ernten sie statt Dankbarkeit Haß.* Und drastischer Seneca: *Wer es schimpflich findet, eine Wohltat nicht vergelten zu können, wünschte sich, sein Wohltäter wäre tot.* Cicero wiederum etwas ab⸗

geschwächter: *Wer meint, daß er für eine Wohltat nicht genügend zu danken vermag, kann nie und nimmer dein Freund sein.*

Ein abgehandelter Gegenstand bringt je nach seiner Beschaffenheit dem Autor womöglich den Ruf der Gelehrsamkeit und Gedächtnisstärke ein; um jedoch dessen persönlichste und schätzenswerteste Eigenschaften zu beurteiln, nämlich Kraft und Schönheit seines Geistes, muß man wissen, was wirklich von ihm ist und was nicht – und wieviel hinsichtlich dessen, was nicht von ihm ist, wir seiner Auswahl und Anordnung, sprachlichen Durchformung und Verschönrung verdanken.

Aber was nun, wenn er den Inhalt entlehnt und die Form verschlechtert hat, wie es so oft geschieht? Wir, die wir kaum gelehrten Umgang mit Büchern haben, geraten jedesmal, wenn uns bei einem der neueren Dichter eine schöne Erfindung, bei einem Prediger ein überzeugungskräftiges Argument auffällt, in eine mißliche Lage, weil wir sie hierfür nicht zu loben wagen, ehe wir uns bei irgendeinem Gelehrten erkundigt haben, ob die betreffende Stelle von ihnen selbst oder von einem andern stammt. Bis dahin halte ich mich mit meinem Urteil stets zurück.

Eben habe ich die *Historien* des Tacitus in einem Zug durchgelesen (und so etwas geschieht bei mir selten – es sind zwanzig Jahre her, daß ich eine volle Stunde ohne Unterbrechung über einem Buch verbrachte). Ich tat dies auf Anraten eines Edelmanns, der in Frankreich hohes Ansehn genießt, sowohl wegen seiner Integrität als auch seiner reichen Gaben und altbewährten Tüchtigkeit: Eigenschaften, die er mit mehreren Brüdern teilt.

Ich wüßte keinen Autor, der einer öffentlichen Chronik so viele Betrachtungen über individuelle Verhaltensweisen und Neigungen beimischte wie Tacitus; und im Gegensatz zu ihm bin ich der Meinung, daß er durch seine sich selbst gestellte Aufgabe, hauptsächlich die in jeder Hinsicht außergewöhnlichen Lebensläufe der Kaiser seiner Zeit und die vielen besonders von deren Grausamkeit erzwungnen denkwürdigen Selbstentleibungen ihrer Untertanen zu verfolgen, einen mächtigeren und fesselnderen Erzählstoff zur Verfügung hatte, als wenn es sein Vorhaben gewesen wäre, über die großen Schlachten und weltweiten Umwälzungen zu berichten. (Daher finde ich es schade und der Sache nicht dienlich, daß er über diese erhabnen Tode oft schnell hinweggeht, als ob er uns angesichts ihrer großen Zahl und der deshalb erforderlichen Länge ihrer Darstellung zu ermüden fürchte.)

Seine Art der Geschichtsschreibung ist jedenfalls die weitaus nützlichste. Die öffentlichen Entwicklungen hängen mehr von der Hand des Schicksals ab, die privaten mehr von der unsren. Das Werk des Tacitus ist eher Auswertung von Geschichte als deren Wiedergabe; die Verhaltensregeln darin sind zahlreicher als die Berichte. Dies ist folglich kein Buch zum Lesen, sondern zum Lernen und Studiern.

Es enthält Sinnsprüche in derartiger Fülle, daß sich richtige wie falsche darunter finden: eine Pflanzschule ethischer und politischer Reflexionen zum Nutzen und zur Zierde derer, die am Regiment der Welt maßgeblich teilhaben. Stets vertritt er seine Sache mit triftigen und überzeugenden Argumenten, die er pointiert und scharfsinnig, freilich auch im gewählten Stil seiner Zeit vorträgt. (Die damaligen Schriftsteller liebten es derart, sich hochgestochen auszudrücken, daß sie, wenn die Dinge selber nichts Pointiertes und Scharfsinniges hergaben, dies den Worten entlockten.)

Seine Schreibweise ist der Senecas nicht unähnlich; er scheint mir jedoch gehaltvoller, Seneca beißender. Besonders dienlich könnte er einem aufgewühlten und kranken Gemeinwesen wie derzeit dem unsren sein, und oft meint man gradezu, *wir* seien es, die er beschreibt und brandmarkt.

Jene, die an seiner Wahrhaftigkeit zweifeln, verraten damit nur, daß sie ihm aus andren Gründen übelwollen. Er hat vernünftige Ansichten und neigt in den römischen Auseinandersetzungen der gerechten Sache zu.

Freilich bedaure ich etwas, daß er Pompeius strenger beurteilt, als sich aus den Äußerungen der ehrenwerten Männer ergibt, die mit ihm lebten und zu tun hatten, ja, daß er ihn gar mit Marius und Sulla auf eine Stufe stellt (außer darin, daß er verschloßner gewesen sei). Gewiß hat man Pompeius in seinem Streben nach Übernahme der Regierungsgewalt keineswegs von Ehrgeiz und Rachsucht freigesprochen, und selbst seine Freunde fürchteten, ein Sieg würde ihn über die Grenzen der Vernunft hinaustragen, aber doch nicht in so maßlosem Maße wie Marius und Sulla. Nichts in seinem Leben weist uns darauf hin, daß von ihm eine derart grausame Tyrannei gedroht hätte. Jedenfalls sollte man Verdacht und Tatsachen niemals gegeneinander aufwiegen; deshalb schenke ich Tacitus insoweit keinen Glauben.

Vielleicht läßt sich die im übrigen unanfechtbare Glaubwürdigkeit seiner Berichte schon daraus folgern, daß sie keineswegs immer zu den Schlüssen seiner Urteile passen, die er gemäß der von ihm eingeschlagnen Richtung selbst dann beibehält, wenn sie durch die dargelegten Vorgänge alles andere als gedeckt sind: Sich diese auch nur im geringsten zurechtzubiegen, hat er für unter seiner Würde gehalten. Und dafür, daß er der Religion seiner Zeit anhing, bedarf er keiner Entschuldigung, denn dies befahln ihm die Gesetze, und die wahre kannte er ja nicht: Das war sein Unglück, nicht sein Fehler.

Ich habe mich hauptsächlich mit seinen Urteilen befaßt, und über sie bin ich mir nicht immer im klaren. Nehmen wir zum Beispiel folgende Worte aus einem Schreiben, das der alte und kranke Tiberius an den Senat schickte: »Was, meine Herren, soll ich euch zum jetzigen Zeitpunkt schreiben oder wie oder was nicht? Mögen die Götter und Göttinnen mich, wenn ich es wüßte, grausamer sterben lassen, als ich mich nun täglich sterben fühle!« Es ist mir unerfindlich, warum Tacitus sie im Tone völliger Gewißheit auf quälende, an Tiberius nagende Gewissensbisse zurückführt; jedenfalls habe ich das, als ich diese Stelle las, keineswegs so gesehn.

Auch finde ich es etwas kleinlich, daß er an der Stelle, wo er das von ihm in Rom ehedem bekleidete ehrenvolle Amt erwähnen mußte, eigens betont, er sage dies keineswegs aus Wichtigtuerei. Eine derartige Absichrung scheint mir einer Seele seines Zuschnitts unwürdig, denn wer sich scheut, rundheraus von sich zu sprechen, verrät damit einen gewissen Mangel an Mut. Ein Mann, der von hoher Warte mit sichrem Blick vernünftig und treffend zu urteiln versteht, wird bei jeder sich bietenden Gelegenheit eigene Beispiele genauso wie fremde heranziehn und von sich genauso freimütig Zeugnis ablegen wie von einem Dritten.

Der Wahrheit und Freiheit zuliebe muß man sich über die gewöhnlichen Anstandsregeln hinwegsetzen. Ich nehme mir nicht nur heraus, über mich zu sprechen, sondern auch, es ausschließlich zu tun. Wenn ich über etwas andres schreibe, komme ich von meinem Weg ab und verliere mich aus den Augen. Wir schulden Gott mehr Liebe als uns und kennen ihn noch weniger; dennoch reden wir aus so vollem Herzen von ihm, daß uns der Mund übergeht.

Freilich liebe ich mich nicht derart maßlos und bin nicht derart mir verhaftet und in mich verstrickt, daß ich unfähig wäre, mich von außen zu betrachten: wie einen Nachbarn oder einen Baum. Nicht zu erkennen, wieviel wir wert sind, ist gleichermaßen falsch, wie mehr darüber zu sagen, als wir erkannt haben.

Wenn die Schriften des Tacitus etwas von seinem Charakter durchblicken lassen, war er eine große Persönlichkeit, aufrecht und mutig, nicht von abergläubisch-engstirniger, sondern philosophisch-weitherziger Tugend. Man mag freilich finden, daß manche seiner Zeugnisse allzu gewagt seien, zum Beispiel, wenn er behauptet, einem Soldaten, der ein Bündel Holz trug, seien die Hände vor Kälte so erstarrt und abgestorben, daß sie, an seiner Last festklebend, sich von den Armen gelöst hätten.

Ich pflege mich der Autorität derart bedeutender Gewährsleute aber gemeinhin zu beugen; denn wenn Tacitus etwa von Vespasian berichtet, er habe durch die Gnade des Gottes Serapis in Alexandrien eine blinde Frau dadurch geheilt, daß er ihre Augen mit seinem Speichel salbte, oder was weiß ich welch andre Wunder erzählt, so tut er dies nach dem Vorbild aller ernsthaften Geschichtsschreiber: Sie erfüllen ihre Pflicht, indem sie über die wichtigen Ereignisse Buch führn; zu den öffentlichen Vorkommnissen gehören nun aber auch die im Volk umlaufenden Meinungen und Gerüchte. Ihre Rolle besteht also darin, über das, was allgemein geglaubt wird, zu berichten, nicht es zu berichtigen – das ist Sache der theologischen und philosophischen Seelsorger.

So sagt denn auch einer seiner Kollegen, wie er ein großer Mann, auf höchst kluge Weise: *Ich berichte über mehr, als ich glaubwürdig finde; denn ebensowenig, wie ich für etwas einzustehn vermag, an dem ich zweifle, kann ich etwas verschweigen, was ich gehört habe.* Und ein andrer: *Solche Dinge zu bestätigen oder zu widerlegen lohnt nicht die Mühe: Man muß sich an das halten, was überliefert ist.* Obwohl dieser in einem Jahrhundert schrieb, da der Wunderglaube bereits zu schwinden begann, erklärte er, er wolle es dennoch nicht unterlassen, in seine Annalen auch Dinge aufzunehmen und ihnen dort ein Bleiberecht einzuräumen, die von soviel rechtschaffnen Leuten aus größter Hochachtung vor der Antike geglaubt würden.

All das ist sehr gut gesagt. In der Tat sollten die Geschichtsschreiber uns die historischen Vorgänge eher so wiedergeben, wie sie ihnen zur Kenntnis gelangten, als wie sie von ihnen beurteilt werden.

Ich, König der Sache, die ich behandle und über die ich niemandem Rechenschaft schulde, bin gleichwohl nicht von allem überzeugt, was ich dazu sage. Oft entfahrn mir Geistesblitze, die mir selbst kaum einleuchten, und ich wage zuweilen feinsinnige Wortspiele, über die ich hernach den Kopf schüttle – aber ich lasse sie auf gut Glück hingehn. Wie ich sehe, werden etliche für dergleichen Hervorbringungen gepriesen, und auch über die meinen habe ich nicht allein zu befinden. Mancher wird mich vielleicht gerade da, wo ich mich am wenigsten schätze, am meisten schätzen (folgen doch selbst Geister von gleicher Stärke nicht immer dem gleichen Urteil und Geschmack).

Wie auch immer – ich zeige mich stehend und liegend, von vorn und von hinten, von links und von rechts: in all meinen natürlichen Stellungen.

Was den Tacitus betrifft, habe ich ihn hier so wiedergegeben, wie ihn mir mein Gedächtnis in groben Umrissen darstellt, also ziemlich unscharf. Jedes Urteil, das nur grob umreißt, bleibt unvollkommen und verschwommen.

9

Über die Eitelkeit.

Vielleicht gibt es keine augenfälligere als die, so eitel wie ich hier darüber zu schreiben. Was uns die Gottheit durch ihren göttlichen Prediger Salomo hierzu gesagt hat, sollten verständige Menschen immer wieder gewissenhaft bedenken.

Wer sähe nicht, daß ich einen Weg eingeschlagen habe, auf dem ich so mühelos wie unermüdlich fortschreiten werde, bis der Welt Tinte und Papier ausgeht? Ich kann über mein Leben nicht anhand meiner Taten Buch führn – das Los verweist sie in den Schatten; daher tue ich es anhand meiner schweifenden Gedanken.

Freilich habe ich einen Edelmann gekannt, dem es genügte, uns sein Leben anhand der Verrichtungen seines Bauchs kundzutun: Bei ihm waren die Nachttöpfe der jeweils letzten sieben, acht Tage der Reihe nach zur Besichtigung aufgestellt, denn ihnen allein galt sein Erkenntnis- und Rededrang – jeder andre Gesprächsstoff stank ihm.

Dies hier sind nun, wenn auch etwas dezenter dargeboten, die Exkremente eines vergreisten Geistes: mal hart, mal weich und stets unverdaut. Wie kann ich mit der Wiedergabe meiner Gedanken, die, auf welchen Stoff sie auch verfallen, sich rastlos regen und ständig wandeln, jemals zu Ende kommen, wenn schon Didymos allein über die Sprachlehre sechstausend Bände füllte? Was wird nicht noch alles an geschwätzigen Werken hervorgebracht werden, wenn schon das Vorhaben, Kindern für das Herunterstammeln des Abc die Zunge zu lösen, die Welt unter einem so furchterregenden Wust von Wälzern begrub? Soviel Worte allein um der Worte willen! O Pythagoras – warum hast du uns nicht mit deinem Schweigegebot diese Sturzflut vom Halse gehalten?

Ehedem warf man dem Kaiser Galba vor, daß er im Müßiggang lebe; darauf antwortete er, jeder sei zwar über sein Tun Rechenschaft schuldig, nicht aber über sein Nichtstun. Er irrte: Die Gerechtigkeit hat auch über jene erkennende und richtende Gewalt, die müßiggehn.

Selbst gegen unfähige und nichtsnutzige Schriftsteller sollte es gesetzliche Zwangsmaßnahmen geben, wie es sie schon gegen Landstreicher und Tagediebe gibt. Damit bliebe unserm Volk auch die Lektüre meiner Bücher und die von hundert andern Autoren erspart. Ich scherze keineswegs: Die Vielschreiberei scheint das Kennzeichen eines aus den Fugen geratnen Jahrhunderts. Wann haben wir je soviel geschrieben wie seit dem Beginn unsrer Bürgerkriege, und wann die Römer soviel wie zur Zeit ihres Niedergangs?

In keinem Gemeinwesen aber werden die Geister durch Verfeinrung weiser. Zudem entsteht diese müßige Beschäftigung mit Schreiben aus der Tatsache, daß jeder die Pflichten seines Amtes leichtnimmt und ihnen den Rücken kehrt. Jeder von uns trägt das Seine zur Verderbnis der Zeit bei: nach Maßgabe ihrer jeweiligen Macht die einen Treulosigkeit und Verrat, die andern Ungerechtigkeit, Gottlosigkeit und Habsucht, Tyrannei und Grausamkeit – und die Schwächsten wiederum (zu denen ich gehöre) Torheit, Eitelkeit und Nichtstun.

Die eitlen Dinge scheinen dann im Schwange zu sein, wenn die unheilvollen uns auf den Leib rücken. Doch in einer Zeit, da ruchloses Tun gang und gäbe ist, verdient unnützes fast Lob. Ich tröste mich damit, daß ich zu den letzten gehören dürfte, die man wird am Kragen packen müssen; und während man sich die dringenderen Fälle vornimmt, werde ich mich in aller Gemächlichkeit läutern können. Ich fände es jedenfalls widersinnig, sich inmitten größter Mißlichkeiten mit der Bekämpfung kleinrer aufzuhalten. Als der Arzt Philotimos an Gesicht und Atem eines Patienten, der ihm den Finger zum Verbinden hinhielt, ein Lungengeschwür erkannte, sagte er zu ihm: »Mein Freund, dies ist nicht die Stunde, deine Nägel zu pflegen!«

Trotzdem habe ich, was diesen Punkt betrifft, vor einigen Jahren erlebt, daß eine Persönlichkeit, an die ich mich im übrigen als höchst achtenswert erinnre, inmitten unsrer großen Wirren, da es genauso wie heute weder Gesetz und Rechtspflege noch eine ihres Amtes waltende Obrigkeit gab, darauf verfiel, was weiß ich welch nebensächliche Reförmchen für Kleidung, Küche und Prozeßordnung bekanntzugeben. Mit solchem Kinderkram speist man ein geschundnes Volk ab, um ihm zu bedeuten, daß man es noch nicht völlig vergessen habe!

Auf gleiche Weise handeln jene, die nichts Wichtigeres zu tun haben, als diesem den abscheulichsten Lastern preisgegebnen Volk bestimmte anstößige Redeweisen, Tänze und Spiele strengstens zu verbieten. Es ist nicht der rechte Zeitpunkt, sich zu waschen und den Dreck abzukratzen, wenn man von einem heftigen Fieber geschüttelt wird. (Allein den Spartanern blieb es vorbehalten, sich in dem Augenblick, da sie sich in äußerste Lebensgefahr stürzten, zu kämmen und das Haar zu ordnen.)

Was mich betrifft, habe ich eine andre Angewohnheit, und die ist schlimmer: Wann immer mir ein Schuh schief geschnürt ist, lasse ich auch Hemd und Mantel schief sitzen. Ich verschmähe es, mich nur halb zu bessern. Geht es mir schlecht, verbeiße ich mich darein; ich gebe mich der Verzweiflung hin und lasse mich fallen – ich werfe, wie man sagt, der Axt den Stiel hinterher. Starrköpfig leiste ich der Verschlimmrung Vorschub und finde mich keiner Sorge für mich mehr wert: Entweder ganz gesund oder ganz krank!

Ich sehe es als glückliche Fügung, daß das Elend dieses Staates mit dem meines Alters zusammenfällt. Bereitwilliger ertrage ich es, daß die öffentlichen Übel die meinen noch schwerer machen, als ich es ertragen hätte, wenn durch sie mein frühres Wohlergehn in Mitleidenschaft gezogen worden wäre. Ereilt mich Unglück im Glück, stoße ich Worte der Auflehnung aus, und mein Herz richtet seine Stacheln auf, statt sie zu glätten.

Im Gegensatz zu den andern bin ich im Glück frommer als im Unglück (womit ich Xenophons Vorschrift, wenn auch nicht deren Begründung folge) und erhebe lieber zur Danksagung als um Beistand die Augen inbrünstig gen Himmel. Ich bemühe mich mehr um die Steigerung meiner Gesundheit, wenn sie mir lacht, als um ihre Wiedergewinnung, wenn sie mich im Stich gelassen hat.

Zeiten des Wohlergehns dienen mir zur Lehre und Unterweisung – wie Widrigkeiten und Schicksalsschläge den andern. Als ob Glück und ein gutes Gewissen unvereinbar wären, läutern sich die Leute nur im Unglück zu rechtschaffnen Menschen. Mir hingegen ist das Glück ein außerordentlicher Ansporn, maßzuhalten und mich zu bescheiden.

Bitten gewinnt mich, Drohen stößt mich ab. Freundlichkeit macht mich geneigt, Einschüchtern unbeugsam.

Einer der verbreitetsten menschlichen Wesenszüge besteht darin, daß wir an fremden Dingen mehr Gefallen finden als an unsren und daß wir Wechsel und Wandlung lieben.

Erneuerte die Zeit die Rosse nicht
an ihrem Wagen alle Stunden,
würd' nicht einmal das helle Tageslicht
von uns als Labsal noch empfunden.

Ich bin davon nicht ausgenommen. Jene, die das andere Extrem wählen, an sich selbst Genüge finden, ihr Eigen über alles schätzen und nichts für schöner erachten, als was sie vor Augen haben – sie sind zwar nicht weltklüger als wir, doch in Wahrheit glücklicher: Nicht um ihre Weisheit beneide ich sie, wohl aber um ihr geruhsames Los.

Diese Gier auf neue und unbekannte Dinge trägt viel dazu bei, in mir die Reiselust zu nähren; freilich wirken viele weitre Umstände hieran mit. Zum Beispiel kehre ich der Führung meines Hauses gern den Rücken. Gewiß, das Kommando zu führn (und sei es nur über eine Scheune) und die Seinen gehorchen zu sehn gibt einem eine gewisse Befriedigung; ich finde dieses Vergnügen jedoch allzu eintönig und lahm. Obendrein ist es unausweichlich mit allerlei quälenden Gedanken verbunden: Bald bekümmern einen Armut und Elend der Leute, die einem anvertraut sind, bald die Streitigkeiten mit den Nachbarn und die Übergriffe, die sie sich gegen einen herausnehmen.

Hagel schlug zu Fetzen dir des Weinbergs Reben;
deine Bäume faulen in des Wassers Fluten;
deine Äcker werden keine Ernten geben,
weil verdorrt im Frost, zersengt von Sonnengluten.

In sechs Monaten schickt Gott kaum einmal eine Wittrung, mit denen der Gutsverwalter voll und ganz zufrieden ist, weil er immer fürchten muß, daß sie, wenn sie den Weinstöcken guttut, dem Weideland schadet:

Des Himmelslichtes Übermacht schwärzt jäh
der schon so weithin grünen Fluren Segen,
und Stürme hinterlassen Wüsten, Schnee
zerstört die Frucht und sturzbachart'ger Regen.

Man denke auch an jenen Mann in der Antike, der sagte, sein neuer Schuh möge noch so schön aussehn – er allein merke, daß er drückt. Gleichermaßen können Außenstehende nicht erkennen, wieviel es einen kostet und wie sehr es einen mitnimmt, den schönen Schein eines geordneten Hauswesens aufrechtzuerhalten, ja, daß man ihn vielleicht zu teuer bezahlt.

Ich habe die Bewirtschaftung meiner Güter erst spät übernommen. Jene, welche die Natur vor mir zur Welt kommen ließ, hielten diese Last lange von mir fern. Ich hatte bereits einen anderen Weg eingeschlagen, der meiner Veranlagung besser entsprach. Was ich von der Bewirtschaftung inzwischen zu sehn bekam, zeigt mir freilich, daß es sich eher um eine beschwerliche als eine schwierige Tätigkeit handelt: Taugt einer zu irgend etwas anderm, dann ohne weiteres auch hierzu.

Wenn ich Reichtum zu erlangen suchte, schiene mir dieser Weg zu lang; ich wäre dann in königliche Dienste getreten – ein einträglicheres Geschäft als jedes sonst. Da ich aber im Einklang mit meinem übrigen Leben (also untauglich, Gutes oder Böses zu tun) lediglich den Ruf zu erwerben trachte, nichts erworben, aber auch nichts verschleudert zu haben, und nur darauf aus bin, schlecht und recht durchzukommen, kann ich mich der Bewirtschaftung Gott sei Dank ohne große Aufmerksamkeit widmen.

Schlimmstenfalls muß man der Armut durch Einschränkung der Ausgaben zuvorkommen. Dies strebe ich jedenfalls an. Ich will mich rechtzeitig auf sie einstellen, ehe sie mich dazu zwingt. In meiner Seele habe ich inzwischen genügend Stufen eingerichtet, um mit weniger als dem auszukommen, was ich besitze – ich meine: zufrieden auszukommen. *Nicht nach dem Einkommen, sondern nach den Ansprüchen bemißt sich Wohlstand.* Meine wahren Bedürfnisse nehmen mein Hab und Gut keineswegs derart in Anspruch, daß sich das Schicksal daraus nicht ein ordentliches Stück herausbeißen könnte, ohne mich bis ins Mark zu treffen.

Sowenig ich von der Bewirtschaftung meiner Güter auch verstehe und sowenig sie mich interessiert, kommt meine Anwesenheit ihr doch sehr zugute – immerhin setze ich mich ja (obgleich, wie gesagt, nur widerwillig) dafür ein.

Zudem verhält es sich bei mir zu Hause so, daß, wenn ich die Kerze an meinem Ende anbrenne, dies nie auf Kosten des andern Endes geht.

An meinen Reisen stören mich allein die Kosten, die hoch sind und über meine Kräfte gehn; da ich gewohnt bin, sie nicht nur mit der notwendigen, sondern einer ansehnlichen Begleitung zu unternehmen, muß ich sie um so kürzer und seltner machen. Ich verwende darauf nur den Überschuß meiner Einkünfte und meine Ersparnisse, und je nachdem, wie oft ich solche erziele, teile ich mir die Touren zeitlich ein. Keineswegs möchte ich, daß das Vergnügen des Herumstreifens mir das des Zuhauseseins trübe – im Gegenteil strebe ich an, daß sie sich wechselseitig fördern und steigern.

Fortuna war mir hierin behilflich, denn sie hat mich, dem es von Anfang an vornehmlich darum ging, dieses Leben bequem und eher müßig als geschäftig zu verbringen, der Notwendigkeit enthoben, immer reicher zu werden, um eine Schar von Nachkommen zu versorgen. Wenn der einzigen Erbin, die ich habe, das, was für mich übergenug war, nicht genug ist – um so schlimmer für sie; ein solcher Unverstand würde es jedenfalls nicht verdienen, daß ich ihr mehr wünschte.

Jeder, der dem Beispiel des Phokion folgt und seine Kinder im Hinblick darauf versorgt, inwieweit sie ihm an Sparsamkeit ähneln, versorgt sie ausreichend. In keiner Weise hingegen würde ich wie Krates verfahren: Er übergab sein Geld einem Bankier mit der Auflage, es seinen Kindern auszuzahln, falls sie sich dumm zeigten; falls jedoch klug, sollte er es unter die Dümmsten des Volkes verteiln – als ob Dumme, da weniger fähig, mit Geld umzugehn, zum Umgang mit Reichtum um so fähiger wären!

Wie dem auch sei – der aus meiner Abwesenheit von zu Hause erwachsende Schaden scheint mir, solange ich ihn verkraften kann, kein hinreichender Grund, daß ich die sich bietenden Gelegenheiten ausschlage, mich der lästigen Anwesenheit zu entziehn.

Es gibt ja immer etwas, das schiefgeht. Bald ist in diesem, bald in jenem Haus des Anwesens etwas los, und so wird man hin und her gezerrt. Man hat ein zu scharfes Auge auf alles, und solch übertriebne Wachsamkeit gereicht einem hier (wie oft genug auch anderswo) zum Schaden. Ich suche den Anlässen, die mich ärgern könnten, aus dem Weg zu gehn und will gar nicht erst hören, wo etwas aus dem Ruder läuft; gleichwohl kann ich nicht verhindern, daß ich zu Hause stündlich auf etwas stoße, das mir mißfällt.

Besonders die kleinen Gemeinheiten, die man mir verbergen will, sind mir am besten bekannt. Unter ihnen finden sich solche, denen gegenüber, damit sie weniger schmerzen, man so tun sollte, als bemerkte man sie nicht: nichtige Nadelstiche – nichtig manchmal, doch Nadelstiche stets! Die unscheinbarsten und feinsten Spitzen gehn am tiefsten unter die Haut, und wie die kleinen Buchstaben die Augen mehr anstrengen und ermüden, tun uns auch die kleinen Ärgernisse mehr weh. Die Häufung winziger Widrigkeiten setzt uns stärker zu als die Heftigkeit einer einzigen, und sei sie noch so groß. Je dünner diese häuslichen Dornen sind und je dichter sie stehn, desto schärfer und hinterhältiger stechen sie uns – urplötzlich stecken sie uns im Fleisch.

Ich bin kein Philosoph. Die Übel belasten mich nach ihrer Schwere, und ihre Schwere hängt ebenso von ihrer Gestalt wie ihrem Gehalt ab – ja, von jener oft noch mehr. Ich weiß besser darüber Bescheid als das gemeine Volk, deshalb bringe ich mehr Kraft auf, sie zu ertragen. Aber wenn sie mich auch nicht verwunden – weh tun sie mir doch.

Das Leben ist ein empfindlich Ding und leicht aus dem Gleichgewicht zu bringen. Lasse ich erst einmal Mißmut in mir aufkommen, wie läppisch die Ursache auch sein mag, gerate ich immer weiter in seine Fänge, *denn niemand vermag standzuhalten, hat er dem ersten Stoß stattgegeben.* Dauernd sucht er dann neue Anlässe, türmt sie aufeinander und weidet sich so selbstquälerisch daran, daß mir schließlich die Galle hochkommt und überläuft:

Steter Tropfen höhlt den Stein.

Dieser fortwährende Tropfenfall zerfrißt mich. Die alltäglichen Mißlichkeiten bleiben nie an der Oberfläche; sie bedrängen einen unabwendbar, jahrein, jahraus, namentlich wenn sie sich aus den vielfältigen Plackereien der Haushaltsführung ergeben – unabwendbar, jahraus, jahrein.

Betrachte ich den Gang meiner Geschäfte von fern, finde ich (vielleicht weil mein Gedächtnis ziemlich unzuverlässig ist), daß sie bis zur Stunde im großen und ganzen besser gediehen sind, als ich vorausgesehn und berechnet hatte. Mir scheint dann, ich zöge mehr aus ihnen, als drin ist – derart lasse ich mich von ihrem Gedeihen täuschen!

Bin ich aber mitten im Getriebe und sehe aus der Nähe, wie all seine Teile laufen, geben mir tausend Dinge Anlaß zur Unzufriedenheit und Besorgnis:

Der Sorgen Schwarm zerreißt
des armen Mannes Geist.

Die Geschäfte ganz aufzugeben fiele mir sehr leicht, mich ohne Widerwillen damit zu befassen fällt mir sehr schwer. Es ist kläglich, an einen Ort gestellt zu sein, wo einem alles, was man sieht, zu schaffen macht, weil es einen betrifft. Ich habe das Gefühl, in einem fremden Haus unbeschwerter zu sein und seine Annehmlichkeiten fröhlicher zu genießen. Diogenes, gefragt, welchen Wein er am besten finde, antwortete ganz in meinem Sinne: »Den der andern.«

Meinem Vater gefiel es, weiter an Montaigne zu bauen, wo er geborn war; ich folge in der ganzen Führung des Hauswesens gern seinem Beispiel und seinen Lebensregeln, und auch meine Nachfahrn werde ich, so gut ich kann, hierzu anhalten. Vermöchte ich noch mehr für sein Andenken zu tun, ich täte es. Ich setze meine Ehre darein, daß sein Wille durch mich weiterwirke und -walte. Verhüte Gott, daß ich unter meinen Händen je ein Wahrzeichen seines Lebens zerfallen lasse, in dem ich eines so guten Vaters gedenken kann!

Wenn ich mich darangemacht habe, ein altes Stück Mauer hochziehn oder einen schlecht ausgeführten Gebäudeteil in Ordnung bringen zu lassen, dann gewiß mehr seinem Willen als meinem Wunsch zuliebe; und ich hadre mit mir, daß ich aus Faulheit nicht weitergegangen bin – daß ich versäumt habe, all die Dinge, die er in seinem Anwesen derart schön begonnen hat, zu Ende zu führn (und ich tadle dies an mir um so mehr, als ich höchstwahrscheinlich dessen letzter Besitzer aus meiner Familie sein werde, der die letzte Hand daran legt).

Was nämlich meine persönliche Neigung betrifft, kann ich weder den angeblich so verlockenden Baufreuden noch der Jagd, weder der Gartenbestellung noch den übrigen Tätigkeiten des Landlebens viel abgewinnen. Das werfe ich mir ebenso vor wie all die andern Einstellungen, mit denen ich mir Unbequemlichkeiten ersparen will. Mir liegt zum Beispiel weniger daran, Ansichten zu haben, die gelehrt und geistesmächtig sind, als daran, daß sie einem unbeschwerten Leben dienlich seien: Ich finde sie schlüssig und vernünftig genug, wenn sie nützlich und befriedigend sind.

Es gibt Leute, die, wenn ich sage, ich sei für die Haus- und Güterbewirtschaftung untauglich, mir in die Ohren blasen, dies rühre nur daher, daß ich diese Dinge geringschätzte; und nur weil mir ein höheres Wissen am Herzen liege, unterließe ich es, mir die Kenntnis der Ackerbaugeräte wie der Sä- und Erntezeiten, der Fruchtfolge wie der Weinherstellung und des Pfropfens anzueignen oder Namen und

Form der Kräuter und Obstsorten, geschweige die Zubereitung der Speisen zu lernen, von denen ich lebe, und die Bezeichnung und den Preis der Stoffe, mit denen ich mich kleide. Über solche Leute könnte ich mich totärgern, denn dergleichen gereichte mir ja keineswegs zur Ehre, sondern wäre dümmer als dumm. Lieber möchte ich ein guter Stallmeister sein als ein guter Logiker!

Warum dich nicht für das, was nützlich ist, entscheiden?
Flicht feste Körbe doch aus Binsen und aus Weiden!

Wir belasten unsre Gedanken mit dem Großen und Ganzen, mit den Ursachen der Dinge und dem Gang des Universums, das ihn sehr gut ohne uns geht; darüber verliern wir aber aus dem Blick, was uns selber, was Michel betrifft – und das berührt uns doch wesentlich stärker als der Mensch schlechthin.

Nun halte ich mich ja durchaus die meiste Zeit zu Hause auf; aber ich wünschte mir, daß es mir dort auch besser gefiele als anderswo.

Dies Haus sei dem von Wanderung und Fahrt zur See,
vom Kriegsdienst Müden Bleibe, wo's ihm wohl ergeh'!

Ich weiß freilich nicht, ob ich das je erreichen werde.

Ach, hätte mein Vater mir doch statt andrer Erbstücke jene leidenschaftliche Liebe vermacht, mit der er sich in seinen alten Tagen der Führung des Hauswesens widmete! Er war sehr glücklich, seine Wünsche den vorhandnen Mitteln anpassen und sich mit dem begnügen zu können, was er hatte. Wenn ich jemals wie er Geschmack daran zu gewinnen wüßte, ließe ich mir von der politischen Philosophie leichten Herzens die Gewöhnlichkeit und geistige Unfruchtbarkeit einer solchen Beschäftigung vorwerfen.

Gewiß bin ich der Meinung, daß die ehrenvollste Tätigkeit darin besteht, dem Gemeinwohl zu dienen und vielen Menschen nützlich zu sein. *Geist, Tugend und jedwede Vortrefflichkeit tragen die meiste Frucht, wenn sie den Nächsten zugute kommen.* Doch was mich betrifft, halte ich mich da heraus – teils aus Selbsterkenntnis (denn ich sehe nicht nur, welches Gewicht solchen Aufgaben zukommt, sondern auch, wie wenig ich ihnen gewachsen bin, und sogar Platon, der große Meister im Durchdenken aller Staatskunst, ließ sich in der Praxis keineswegs auf sie ein), teils aus Bequemlichkeit. Ich begnüge mich damit, die Welt zu genießen, ohne mich in ihr Treiben zu drängen, und ein Leben zu führen, das lediglich entschuldbar ist, das lediglich keinem zur Last fällt, weder mir noch andern.

Noch nie hat ein Mensch sich fügsamer und rückhaltloser der Fürsorge und Leitung eines Dritten anvertraut, als ich es täte, gäbe es einen solchen für mich. Einer meiner Wünsche bestünde zur Zeit darin, einen Schwiegersohn zu finden, der es verstünde, meine alten Jahre wohltuend zu umhegen und in Schlaf zu wiegen, und in dessen Hände ich Verwaltung und Nutzung meiner Güter legen könnte, auf daß er in voller Unabhängigkeit so wie ich selbst damit verfahre und meinen Gewinn zu seinem mache – vorausgesetzt, er gehe mit einem wahrhaft freundschaftlichen und dankbaren Herzen ans Werk. Aber wie denn? Wir leben in einer Welt, wo Treu und Glauben selbst den eignen Kindern unbekannt sind.

Wem ich auf Reisen meinen Geldbeutel zur Aufbewahrung gebe, dem vertraue ich rückhaltlos und ohne Kontrolle; wollte er mich betrügen, könnte er es ja ebensogut tun, wenn ich eine Abrechnung verlangte. So aber fühlt er sich durch mein grenzenloses Vertrauen, falls er nicht gerade ein Teufel ist, zur Redlichkeit verpflichtet. *Viele haben durch ihre Furcht, betrogen zu werden, andre das Betrügen gelehrt – glaubten sich diese doch gerade durch den Argwohn dazu berechtigt.*

Ganz allgemein versichere ich mich meiner Leute dadurch, daß ich mich um ihr Tun und Treiben nicht kümmre. Nie mutmaße ich eine Verfehlung, bevor ich sie gesehn habe, und am meisten Vertrauen schenke ich den jungen Menschen, weil ich glaube, daß sie am wenigsten durch schlechte Beispiele verdorben sind. Lieber höre ich nach zwei Monaten, daß mir vierhundert Taler fehlen, als daß man mir jeden Abend wegen drei, fünf oder sieben in den Ohren liegt. Dennoch bin ich bisher sowenig wie irgendwer durch solche Diebereien geschädigt worden.

Es ist wahr, ich leiste meiner Ahnungslosigkeit damit Vorschub. Aber ich will gar nicht so genau wissen, wieviel Geld ich habe, und bis zu einem gewissen Grad finde ich es sogar gut, darüber im Zweifel zu sein. Man muß der Leichtfertigkeit oder Untreue seines Dieners ein bißchen Spielraum lassen. Wenn uns im großen und ganzen genug für unsre eigenen Zwecke und Bedürfnisse bleibt, sollten wir Fortuna in ihrer Freigebigkeit gestatten, mit dem Überschuß etwas mehr nach ihrem Gutdünken zu verfahrn: Er sei der Anteil des Ährenlesers! Letzten Endes ist mir die Treue meiner Leute nicht so wichtig wie der von ihnen angerichtete Schaden unwichtig. O welch törichtes und jämmerliches Studium, sein Geld zu studiern: es lustvoll durch die Hände gleiten zu lassen, zu wiegen und immer wieder zu zähln! Das ist der Weg, auf dem sich der Geiz einschleicht.

Seit achtzehn Jahren bewirtschafte ich nun schon meine Güter und habe es noch nicht über mich bringen können, meine Rechtstitel und wichtigsten Geschäftsunterlagen einzusehn, von denen Kenntnis zu nehmen und um die mich zu kümmern doch notwendig wäre. Ich unterlasse das nicht etwa aus philosophischer Verachtung der vergänglichen Dinge dieser Welt, denn so geläutert ist mein Sinn keineswegs, und zumindest weiß ich sie ihrem Wert gemäß zu schätzen – nein, ich verhalte mich dieserart aus verantwortungsloser, aus unentschuldbarer Faulheit und Nachlässigkeit. Lieber täte ich sonstwas, als einen Vertrag zu lesen, sonstwas, als in all den verstaubten Papieren zu wühln: Sklave meiner Geschäfte oder, schlimmer noch, derjenigen Fremder, wie es so viele gegen klingende Münze tun! Nichts setzt mir derart zu wie Mühen und Sorgen, und nichts anderes erstrebe ich deshalb, als mich gegen sie zu feien und unbekümmert dahinzuleben.

Ich eignete mich, glaube ich, besser dazu, in Diensten eines andern zu stehn, wenn dies nicht Abhängigkeit und Knechtschaft bedeutete (*Knechtschaft ist der Gehorsam eines gebrochnen und verächtlichen Geistes, der seinen freien Willen eingebüßt hat*) – und selbst wenn, frage ich mich, ob bei näherer Betrachtung das, was ich durch die Geschäfte, durch Dienerschaft und Hausgenossen zu erleiden habe, für einen Menschen meiner Gemütsart und meines Stands nicht bittrer, belastender und erniedrigender ist, als es der Dienst bei einem von Geburt über mir stehenden Mann gewesen wäre, der es verstanden hätte, in seiner Führung ein wenig auf meine Art einzugehn.

Krates jedenfalls tat Schlimmeres: Er stürzte sich in die Freiheit der Armut, um der entwürdigenden Fron der Haushaltung zu entfliehn. Dergleichen täte ich nie, denn ich hasse die Armut genauso wie den Schmerz; wohl aber würde ich meine jetzige Lebensweise gern gegen eine weniger herrschaftliche und betriebsame eintauschen.

Wenn ich von zu Hause fort bin, schüttle ich alle lästigen Gedanken ab: Der Einsturz eines Turmes kümmert mich dann weniger als jetzt ein herabfallender Dachziegel. Meine Seele entledigt sich, weile ich in der Ferne, leicht aller Sorgen; bin ich aber zu Hause, leidet sie wie die eines Winzers, dem die Reben verhagelt sind. Ein meinem Pferd falsch angelegter Zügel oder ein abstehender Riemen des Steigbügels, der mir gegen die Wade schlägt, verdirbt mir dann für den ganzen Tag die Laune. Ich mag noch so sehr versuchen, mich mit dem Geist über solche Mißlichkeiten hinwegzusetzen – mit den Augen kann ich es nicht:

Die Sinne, Götter, o die Sinne!

Bei mir zu Hause muß ich für alles gradestehn, was schiefgeht. Nur wenige, die über dergleichen Anwesen gebieten (ich spreche von denen, die wie ich dem mittleren Stand angehörn, und falls es solche überhaupt gibt, sind sie glücklicher dran als ich), können sich so sehr auf jemand andern stützen, daß ihnen nicht ein gut Teil der Bürde auf den Schultern bliebe. Meistens beraubt mich die meine in erheblichem Umfang der Möglichkeit, Besucher nach meiner Art zu bewirten, und vielleicht habe ich manch einen mehr durch meine Küche als durch meine Aufmerksamkeit zum Bleiben bewegen können, wie das sonst nur bei Langweilern vorkommt; und sie beraubt mich weitgehend des Vergnügens, das mir der Besuch meiner Freunde und das Zusammensein mit ihnen doch bereiten sollte.

Am lächerlichsten wirkt ein Edelmann, wenn man ihn als Gastgeber von der Aufsicht über sein Hauswesen völlig in Anspruch genommen sieht: wie er bald einem Diener etwas ins Ohr flüstert, bald einem andern mit den Augen droht. Dergleichen sollte diskret vor sich gehn: so, als ob alles seinen üblichen Lauf nähme. Auch finde ich es wenig schön, sich mit seinen Gästen über die Bewirtung zu unterhalten, die man ihnen zukommen läßt – sei es, um sich dafür zu entschuldigen, sei es, um sich damit zu brüsten.

Mehr als den Überfluß liebe ich Sauberkeit und Ordnung.

Schüssel sei und Tiegel
dir der rechte Spiegel.

So achte ich, wenn ich zu Hause bin, denn auch peinlichst darauf, daß alles Nötige getan wird, doch wenig auf Pracht und Prunk.

Bist du woanders zu Gast und bei einer Prügelei zwischen zwei Dienern wird eine Schüssel umgestoßen, lachst du nur darüber; und während der Herr mit seinem Haushofmeister alles für deine Bewirtung am nächsten Morgen vorbereitet, schläfst du den Schlaf des Gerechten.

Ich rede über diese Dinge, wie ich sie sehe, wobei ich mir durchaus bewußt bin, eine wie angenehme Tätigkeit für bestimmte Gemüter eine ruhige, gedeihliche und nach fester Ordnung geführte Haushaltung ist: Ich will meine persönlichen Fehler und Unzulänglichkeiten keineswegs der Sache anhängen noch Platons Meinung widersprechen, für jeden bestehe die glücklichste Beschäftigung darin, seine eignen Angelegenheiten recht in die Hand zu nehmen, ohne andern unrecht zu tun.

Wenn ich reise, habe ich nur an mich und die Verwendung meines Geldes zu denken, und die erfolgt auf einfachste Weise. Da es anzuhäufen zu viele Eignungen verlangt, lasse ich es sein, denn hiervon verstehe ich nichts. Hingegen Ausgaben zu machen und sie gebührend vor Augen zu führn (was ja in Wahrheit ihr Hauptzweck ist) – davon verstehe ich schon etwas. Aber ich gehe mit zuviel Eifer an die Sache, so daß die Bilanz aus dem Gleichgewicht kommt und ihr Maß verliert – und obendrein nach beiden Seiten: Dient der Aufwand seinem Zweck und alle sehen ihn, gebe ich mich ihm übertrieben hin, und ebenso übertrieben schränke ich mich ein, wenn er nicht leuchtet, mir nicht lacht.

Was immer es sei, Kultur oder Natur, das uns dem Zwang unterwirft, im Leben uns nach den andern zu richten – es bringt uns mehr Übles ein als Gutes. Wir betrügen uns um unsre eignen Vorteile, nur um uns äußerlich der herrschenden Meinung anzupassen. Es geht uns weniger darum, wie unser inneres Wesen wirklich beschaffen ist, als darum, wie es der Öffentlichkeit erscheint. Selbst Geist und Weisheit dünken uns unfruchtbar, wenn ihre Gaben von uns allein genossen, wenn sie nicht vor den Augen der andern ausgebreitet und von ihnen beifällig aufgenommen werden.

Es gibt Menschen, deren Gold unterirdisch in Strömen dahinfließt, ohne daß es jemand zu Gesicht bekäme; andre wiederum schlagen es gänzlich zu Blechen und Blättern aus; so gelten Heller bei manchen als Taler, und bei manchen ist es umgekehrt, denn nur nach dem Äußren beurteilt die Welt Kosten und Wert.

Jedes eifrige Bedachtsein auf Reichtum riecht nach Geiz – selbst in Form freigebigen Spendens, wenn es allzu geplant und berechnend ist. Der Reichtum verdient es nicht, daß man sich seinetwegen abmüht. Wer seine Ausgaben richtig bemessen will, bemesse sie kurz und knapp; Bewahren und Ausgeben sind an sich ohne Unterschied – ihre Färbung von gut oder böse erhalten sie ausschließlich durch die Absicht, die wir damit verfolgen.

Der andere Grund, der mich einlädt, so in die Ferne zu schweifen, ist meine Unfähigkeit, mich in die heutigen Sitten unsres Gemeinwesens zu schicken. Ginge es nur ums öffentliche Interesse, könnte ich mich über ihre Verderbnis noch hinwegtrösten,

die schlimmer ist, als aus der schlimmen Zeit bekannt,
die »eisern« hieß, so daß Natur selbst keinen Namen
der unsren fand: Nach keinem Erz hat sie's benannt;

wo es aber um das meine geht, eben nicht – dafür zieht sie mich persönlich zu stark in Mitleidenschaft. In meiner Gegend ist durch das lange Wüten unsrer Bürgerkriege die Zerrüttung des Staatswesens für uns mittlerweile zu einer derart alltäglichen Erscheinung geworden,

Recht ist Unrecht,
Unrecht Recht,

daß sein Fortbestehen wahrlich an ein Wunder grenzt.

Sie pflügen, stets auf Raub aus, unter Waffen –
für sie heißt leben: Beute sich erraffen.

Ich ersehe aus diesem Beispiel, daß die Gesellschaft letztlich stets verschweißt bleibt und zusammenhält, koste es, was es wolle. In welche Lage man die Menschen auch versetzt – auf der Stelle ordnen sie sich unter Schieben und Drängen zu vielerlei Schichten übereinander: so wie lose Dinge, die man aufs Geratewohl in einen Sack wirft, von selber sich verbinden und auf vielfältige Weise zusammenfügen – und besser oft, als Kunstfertigkeit sie zu ordnen vermöchte.

König Philipp ließ die ruchlosesten und unverbesserlichsten Übeltäter zusammenbringen, die man auftreiben konnte, und siedelte sie alle in einer eigens für sie gebauten und nach ihnen benannten *Stadt der Verbrecher* an. Ich vermute, daß sie dort noch aus ihren Lastern eine Art politisches Gefüge, ja, eine ihnen zusagende regelrechte Gesellschaftsordnung errichteten.

Ich sehe nicht eine einzelne Verfehlung oder drei oder hundert, sondern allgemein begangne und gebilligte Untaten, die vor allem durch ihre Menschenverachtung und Heimtücke – für mich die übelste Art Laster – so ungeheuerlich sind, daß ich nicht ohne Schaudern hieran zu denken vermag; dabei erstaunen sie mich fast ebenso, wie ich sie verabscheue: Solch unerhörte Schurkereien zu verüben trägt den Stempel seelischer Kraft und Robustheit ja nicht minder als den der Verirrung und sittlichen Verrohung.

Die Not führt die Menschen zueinander und verbindet sie. Dieses rein zufällige Band formt sich dann zu Gesetzen aus – und deren gab es so drakonische, wie sie nur ein Menschenhirn ersinnen kann. Gleichwohl haben sie die Gemeinwesen derart gesund und lange am Leben erhalten, daß selbst die von Platon und Aristoteles entworfnen es nicht besser könnten.

Im Gegenteil – all solch ausgedachte und als ideal hingestellte Staatsformen erweisen sich, sobald man sie in die Praxis umzusetzen versucht, als lächerlich und unbrauchbar. Jene großen und schier endlosen Auseinandersetzungen über die beste Gesellschaftsordnung und die unserm Zusammenleben förderlichsten Regeln sind Dispute, die allein zur Übung unsres Geistes taugen (wie es in den Freien Künsten überhaupt viele Gegenstände gibt, deren Daseinszweck bloß darin besteht, daß man sich wortgewaltig mit ihnen herumschlägt; im übrigen aber sind sie tot).

Dergleichen ideale Staatsformen wären allenfalls in einer neuen Welt angebracht; wir aber haben es mit Menschen zu tun, die von bestimmten Sitten und Gebräuchen bereits geformt und in sie eingebunden sind. Wir vermögen nicht wie Pyrrha und Kadmos andre zu erschaffen. Selbst wenn wir durch welche Mittel auch immer die Macht besäßen, sie umzumodeln und zu bessern, könnten wir sie kaum aus ihrer gewohnten Ordnung herausreißen, ohne alles zu zerstörn.

Solon wurde einmal gefragt, ob er den Athenern die bestmöglichen Gesetze gegeben habe. »Gewiß doch«, antwortete er, »jedenfalls die besten, die ich ihnen zumuten konnte.« Varro rechtfertigte sich auf ähnliche Weise: Wenn er über die Religion als etwas völlig Neues zu schreiben hätte, sagte er, würde er darlegen, was er von ihr halte: da sie aber schon eingeführt und ausgeformt sei, wolle er mehr dem Brauch als ihrem Wesen gemäß darüber schreiben.

Nicht Meinungs-, sondern Tatsache ist, daß sich für jede Nation diejenige Staatsform als beste und vortrefflichste erweist, in der sie sich bisher erhalten hat. Deren Ausprägung und Brauchbarkeit hängen im wesentlichen davon ab, wie man sie zu handhaben gewohnt ist. Meistens sind wir mit dem jeweils gegenwärtigen Zustand unzufrieden. Dennoch halte ich es für falsch und töricht, in einem Staat mit Volksherrschaft eine Herrschaft der Wenigen oder in einer Monarchie eine andre Staatsform herbeizuwünschen.

Liebe deinen Staat, so wie er ist,
mag ein König herrschen oder alle

oder wen'ge – lieb in jedem Falle
deinen Staat, wo du geboren bist!

Ja, der gute Herr de Pibrac, von dem diese Verse stammen! Erst kürzlich haben wir ihn verlorn: einen so edlen Geist mit so vernünftigen Ansichten und von so sanfter Wesensart. Dieser Verlust und der des Herrn de Foix, den wir gleichzeitig erleiden mußten, sind für unsere Krone schwerwiegend. Ich weiß nicht, ob es in Frankreich noch zwei Männer gibt, die diese beiden Gascogner als Ratgeber unsrer Könige an Aufrichtigkeit und Tüchtigkeit ersetzen könnten. Sie waren nicht nur schöne, sondern in einem Jahrhundert wie dem unsern sogar *ungewöhnlich* schöne Seelen, jede in ihrer Art. Wer aber hat sie in dieses Zeitalter verpflanzt, sie, die so unvergleichlich hoch über dessen Entartung und stürmischer Heimsuchung standen?

Nichts setzt einem Staat schlimmer zu als Neuerungen. Schon die Tatsache der Veränderung bereitet den Boden für Unrecht und Tyrannei. Wenn sich ein einzelner Teil lockert, kann man ihn abstützen; man kann sich der Verderbnis und dem Verfall, denen alle Dinge von Natur aus unterliegen, so entgegenstemmen, daß wir nicht zu weit von unsren Anfängen und Grundlagen weggetragen werden. Jene Leute jedoch, die eine so große Masse umzuwälzen und die Fundamente eines so mächtigen Baus durch andre zu ersetzen trachten, putzen mit dem Schmutz das Ganze weg: Einzelne Fehler wollen sie durch einen allgemeinen Umsturz bereinigen und die Krankheiten heilen durch den Tod, *weniger auf Änderung bedacht als auf Zerstörung.*

Die Welt ist unfähig, sich zu kurieren. Es fällt ihr derart schwer, die sie bedrückenden Widrigkeiten zu ertragen, daß sie auf nichts anderes sinnt, als sie abzuschütteln – ohne zu bedenken, um welchen Preis. Aus tausend Beispielen ersehn wir, daß sie sich, wenn überhaupt, auf eigne Kosten kuriert. Die Austreibung des gegenwärtigen Übels bringt keine Gesundung, solang sich nicht der ganze Zustand bessert.

Greift ein Arzt zum Brenneisen, zielt er auf mehr ab, als das faule Fleisch abzutöten – das ist bloß der Anfang seiner Behandlung. Er sieht weiter: Das gesunde Fleisch soll nachwachsen und den kranken Körperteil wieder in seinen normalen Zustand versetzen. Wer nur beseitigen will, was ihn quält, zielt zu kurz, denn dem Übel folgt nicht zwangsläufig das Gute; jenem kann vielmehr ein anderes folgen, und ein schlimmres dazu – wie es die Mörder Caesars erfahren mußten, die den Staat in eine derartige Krise stürzten, daß sie es bereuen sollten, eingegriffen zu haben.

Seither ist es bis auf unsre Tage vielen genauso ergangen. Meine Zeitgenossen in Frankreich wissen ein Lied davon zu singen. Alle großen Veränderungen zerrütten den Staat und zerstörn seine Ordnung. Wer dessen Gesundung auf dem gradesten Weg erstrebte, würde seinen Eifer, Hand an ihn zu legen, vermutlich schnell erkalten fühln, wenn er vorher daranginge, sich die Sache genau zu überlegen.

Pacuvius Calavius stellte den Irrtum jedes umstürzlerischen Unternehmens durch ein bemerkenswertes Beispiel klar. Nachdem sich in der Stadt Capua seine Mitbürger gegen ihre Oberen aufgelehnt hatten, fand er, ein Mann von großem Ansehn, eines Tages Gelegenheit, den ganzen Senat im Rathaus einzusperrn; dann rief er die Bürger auf dem Marktplatz zusammen und eröffnete ihnen, der Tag sei gekommen, da sie in aller Freiheit an den Tyrannen Rache nehmen könnten, von denen sie sich seit so langer Zeit unterdrückt fühlten und die er entwaffnet in seiner Gewalt hielte.

Er riet ihnen, sich einen nach dem andern vorzunehmen, wie das Los jeweils falle, über jeden einzelnen ihre Entscheidung zu treffen und diese an Ort und Stelle zu vollziehn – mit der Maßgabe freilich, daß sie im gleichen Atemzug einen rechtschaffnen Mann bestimmten, der die Stelle des Verurteilten einnehmen solle, damit sie nicht unbesetzt bleibe.

Sobald sie den Namen des ersten Senators aufgerufen hörten, erhob sich rundum ein Geschrei der Mißbilligung und Ablehnung. »Ich sehe schon«, sagte hierauf Pacuvius, »den müssen wir absetzen, denn er ist ein böser Mensch. Nehmen wir einen guten dafür!« Da trat nun plötzlich Schweigen ein, weil keiner recht wußte, wen er wählen solle. Als aber schließlich einer Mut faßte und seinen Vorschlag nannte, erhob sich ein noch lauterer Chor einhelliger Zurückweisung, und man schrie hundert Charakterfehler und andre triftige Gründe für die Ablehnung des Kandidaten heraus.

Da sich die Stimmung immer weiter erhitzte, erging es dem zweiten und dritten vorgeschlagnen Senator noch schlimmer: So einig man sich in der Absetzung der alten war, so uneinig in der Wahl neuer.

Nachdem die Bürger von dem ergebnislosen Hin und Her völlig zermürbt waren, begannen sie, sich allmählich aus der Versammlung davonzuschleichen, dieser hier-, jener dorthin, wobei jeder in seinem Innern die Erkenntnis mitnahm, daß das alte und vertraute Übel stets erträglicher ist als ein neues und unerprobtes.

Ich sehe uns auf erbärmliche Weise von Unruhen zerrissen, denn was haben wir nicht alles angerichtet!

Weh, tiefe Schande über uns, denn unsre Hände
sind rot befleckt von Missetaten ohne Ende:
O Bruderblut! Wovor sind wir zurückgescheut?
Welch' Greueltat hat unser hartes Herz gereut?
Ließ Furcht vor Götterzorn die jugendlichen Horden
Altäre je verschonen, enden je das Morden?

Und dennoch ziehe ich nicht vorschnell den Schluß daraus:

Versuchte es der Wohlfahrt Göttin noch so sehr –
dies jämmerliche Volk, sie rettet's nimmermehr!

Vielleicht liegen wir nämlich noch gar nicht in den letzten Zügen. Warum Staaten erhalten bleiben, übersteigt wahrscheinlich unsern Verstand. Eine festgefügte Gesellschaftsordnung ist ein mächtig Ding und schwer auseinanderzubrechen, wie Platon sagt. Oft überlebt sie tödliche innre Krankheiten oder durch ungerechte Gesetze erlittne Rechtsbrüche und hält einer Zwangsherrschaft ebenso stand wie der Willkür und Borniertheit von Behörden oder gar den Ausschreitungen und Aufständen des Volks.

In allen Lagen, die uns das Los zuweist, vergleichen wir uns mit dem, was über uns ist, und sehn auf die, denen es besser geht. Messen wir uns an dem, was unter uns ist! Keines Menschen Leben steht unter einem so ungünstigen Stern, daß er nicht tausend Beispiele fände, mit denen er sich trösten könnte. Es ist unser Fehler, daß wir uns eher darüber ärgern, nicht unter den ersten, als darüber freun, nicht unter den letzten zu sein. Dabei sagte Solon, wenn wir sämtliche Übel auf einen Haufen schichteten, gäbe es keinen, der nicht lieber die seinen wieder nach Hause tragen als zustimmen würde, daß man sie zwischen allen Menschen gerecht verteile und er dann seinen Anteil übernehme.

Unserem Gemeinwesen geht es schlecht; es hat jedoch kränkere gegeben, die trotzdem nicht gestorben sind. Die Götter spielen Pelota mit uns und jagen uns auf jede erdenkliche Weise hin und her:

Wir Menschen sind in ihren Händen
nur Bälle, ihnen Lust zu spenden.

Die Sterne haben auf schicksalhafte Weise den römischen Staat dazu bestimmt, als Beispiel für ihre Macht in diesen Dingen zu dienen. Sie erstreckt sich auf alle Wechselfälle, die einem Gemeinwesen in welcher Form auch immer widerfahren können: auf alles, was Ordnung und Unordnung, was Glück und Unglück vermögen. Wie könnte jemand am Zustand seines Staates verzweifeln, wenn er das

Auf und Ab und die Erschütterungen sieht, die den römischen ins Wanken brachten und die er dennoch überstand?

Wenn man meint, die Gesundheit eines Staates hinge von der Ausdehnung seines Herrschaftsbereichs ab (was ich überhaupt nicht glaube, und mir gefällt es, wie Isokrates den Nikokles darüber belehrte, daß er nicht jene Fürsten beneiden solle, die über weite Gebiete herrschten, sondern die, welche die ihnen zugefallnen gut zu erhalten wüßten), dann war Rom nie so gesund wie zu dem Zeitpunkt, da es am *kränksten* war: Im glücklichsten Zustand befand es sich, als es die geringste Ausdehnung hatte.

Zur Zeit seiner ersten Könige erkennt man noch kaum Umrisse irgendeines Staatsgefüges. Es herrschte vielmehr das denkbar finsterste und fürchterlichste Chaos. Gleichwohl hielt Rom ihm stand und überlebte; doch da ihm eine in ihren Grenzen eingeschloßne Monarchie nicht genug war, machte es sich daran, viele völlig unterschiedliche, weit entfernte und alles andre als es herbeisehnende Völker zu erobern und seiner Willkürherrschaft zu unterwerfen:

Sich aufzulehnen gegen den, der See und Land
beherrscht: Dies Recht ward keinem Volk je zuerkannt.

Nicht alles, was wankt, fällt. Das Gebälk eines so großen Baukörpers wird von mehr als *einem* Nagel zusammengehalten. Sein Alter schon stützt ihn: wie jene ehrwürdigen Gebäude, deren Grundmauern die Zeit zerfressen hat, deren Mörtel und Putz verwittert sind und die trotzdem durch die ihnen eigne Schwere unverwüstlich stehen bleiben:

Was ihn noch hält? Die Wurzeln sind es nicht –
es ist allein sein eigenes Gewicht.

Im übrigen heißt es schlecht verfahren, allein die Flanken und Gräben einer Festung zu prüfen: Für die Beurteilung ihrer Sicherheit muß man vielmehr auch den Zustand des Angreifers und jene Stellen erkunden, an denen er durchbrechen könnte.

Schiffe gehn selten durch ihr eigenes Gewicht und ohne Gewalteinwirkung unter.

Wenn wir freilich den Blick aufs große Ganze richten, zeigt er uns: Alles um uns herum stürzt zusammen! Seht sie euch doch an, all die großen Reiche, die wir kennen, in der Christenheit oder anderswo – ganz offenkundig sind sie von Erschüttrungen und Untergang bedroht:

Überall herrscht große Not,
überall regiert der Tod.

Die Astrologen haben ein leichtes Spiel, uns große und nahe Veränderungen und Umwälzungen zu prophezeien: Ihre Weissagungen stehn schon handgreiflich vor uns – man braucht sie gar nicht aus den Sternen zu holen.

Aus der ringsum herrschenden Gemeinschaft von Bedrohtsein und In-Not-Sein können wir jedoch auch Trost schöpfen, sogar einige Hoffnung für den Fortbestand unseres Staats. Fällt von Natur aus alles, fällt nichts: Die Krankheit des Ganzen ist des einzelnen Gesundheit. Verbundenheit widersteht dem Auseinanderbrechen. Ich jedenfalls überlasse mich keineswegs der Verzweiflung, denn ich glaube noch Wege zu unsrer Rettung zu sehn:

Die Güte Gottes macht vielleicht noch gut, was schlecht,
und rückt, was aus den Fugen, wieder uns zurecht.

Wer weiß, womöglich will Gott, daß es uns ergehe wie den Körpern, die sich durch lange und schwere Krankheiten reinigen, bis ihr Zustand sich bessert und ihnen eine Gesundheit wiedergeschenkt wird, die ungetrübter und vollständiger ist als je zuvor.

Was mich aber doch bedrückt, und sogar am schwersten, ist, daß ich beim Betrachten der Symptome unserer Krankheit ebenso viele zähle, die von der Natur oder dem Himmel ihr eingeborne, also ureigne Eigenschaften offenbaren, wie solche, die das Einwirken unsrer menschlichen Torheit und Zuchtlosigkeit bezeugen. Es scheint, als beschlössen selbst die Sterne, wir hätten lang genug gelebt und die gewöhnlichen Fristen bereits überschritten. Und auch dies bedrückt mich: daß das uns am unmittelbarsten drohende Übel nicht in der Verderbnis eines insgesamt festgefügt bleibenden Körpers besteht, sondern in dessen Auseinanderreißen und Auflösung – die größte unsrer Sorgen.

Nebenbei bemerkt: Sogar bei diesen Streifzügen meiner Tagträume fürchte ich, daß ich durch die Tücke meines Gedächtnisses aus Versehn eine Sache zweimal niedergeschrieben haben könnte. Ich hasse es, mich im nachhinein zu überprüfen, und nie nehme ich ohne Widerwillen noch einmal zur Hand, was meiner Feder entfloß. Jedenfalls trage ich hier keine neuen Erkenntnisse vor – dies sind landläufige Überlegungen. Eben weil sie auch mir vielleicht schon hundertmal durch den Kopf gingen, argwöhne ich, sie bereits aufgezeichnet zu haben. Wiederholungen öden überall an, selbst bei Homer; ein Desaster aber sind sie bei Dingen, die nur oberflächlich und flüchtig dahinplätschern.

Ich mag keine Eintrichterungsversuche, selbst wenn es sich wie bei Seneca um nützliche Dinge handelt, und ich mag die Gepflogenheit seiner stoischen Schule nicht, mit jedem Gegenstand zugleich des langen und breiten die das Ganze betreffenden Prinzipien und Postulate wiederzukäuen und stets von neuem dieselben so allgemeinen wie längst bekannten Argumente und Begründungen ins Feld zu führn.

Mein Gedächtnis verschlechtert sich in der Tat gnadenlos von Tag zu Tag,

als hätt' aus Lethes Fluten ich getrunken
und wär' in des Vergessens Nacht gesunken.

In Zukunft (denn Gott sei Dank ist bisher noch alles gutgegangen) werde ich deshalb, während andre Menschen Zeit und Gelegenheit suchen, darüber nachzudenken, was sie zu sagen vorhaben, umgekehrt jede derartige Vorbereitung meiden müssen, um mich nicht an etwas zu binden, auf das ich dann notgedrungen angewiesen bin. Gebunden und festgelegt zu sein bringt mich ohnehin aus der Fassung – und von einem so schwachen Instrument wie meinem Gedächtnis abzuhängen natürlich erst recht.

Die folgende Geschichte kann ich daher niemals lesen, ohne daß sie mich zutiefst berührt: Lynkestes wurde der Verschwörung gegen Alexander beschuldigt; an dem Tage nun, da er dem damaligen Brauch gemäß dem Heer zur Anhörung seiner Verteidigung vorgeführt wurde, hatte er zwar eine einstudierte Rede im Kopf, doch er vermochte davon nur zögernd und zaudernd ein paar Worte hervorzustammeln. Wie er sich nun im verzweifelten Kampf mit seinem Gedächtnis immer weiter verheddert, wird er von den ihm am nächsten stehenden Soldaten plötzlich mit Spießen angefallen und getötet: Sie hielten ihn für überführt, denn sie nahmen seine Verwirrung und sein schließliches Verstummen als Schuldbekenntnis. Da er in der Gefangenschaft soviel Muße für seine Vorbereitung hatte, war es, meinten sie, nicht das ihn im Stich lassende Gedächtnis, das ihm die Zunge lähmte und die Sprache verschlug, sondern sein schlechtes Gewissen.

Ein schlüssiges Argument, fürwahr! Schon wenn man bloß den Ehrgeiz hat, eine schöne Rede zu halten, können einen der Ort, die Zuhörer und deren Erwartungen verwirren – wie soll da einer zurechtkommen, wenn von seinen Worten gar sein Leben abhängt?

Bei mir bewirkt schon die Tatsache, im voraus an meine Worte gebunden zu sein, daß sie mir entfalln. Habe ich mich meinem Gedächtnis erst einmal völlig anvertraut und ausgeliefert, stütze ich mich so rückhaltlos darauf, daß es vor Schreck unter dieser Last zusammenbricht und ich selbst – verlassen, weil ich mich auf es verließ – das Gleichgewicht zu verlieren drohe.

Es ist vorgekommen, daß ich größte Mühe hatte, das Joch zu verbergen, unter das ich gebeugt war – wo ich es doch darauf anlege, beim Sprechen völlige Ungezwungenheit zu zeigen und meine Gebärden so erscheinen zu lassen, als ob sie sich unwillkürlich und ohne Vorbedacht aus den Umständen ergäben! Lieber sage ich überhaupt nichts Wesentliches, als daß ich zu erkennen gebe, mich auf eine schöne Rede vorbereitet zu haben – unschicklich vor allem für Leute meines Stands und allzu bindend für einen, der sich kaum daran zu halten vermag. Merkliche Vorbereitungen erwecken mehr Hoffnungen, als sie erfüllen können. Manch einer zieht sich törichterweise bis auf die Weste aus und springt dann doch nicht höher denn im Rock. *Nichts ist nachteiliger für jene, die gefallen wollen, als Erwartungen wachzurufen.*

Curio, dem Orator, so wird uns berichtet, ist es nach der Ankündigung, er wolle seine Rede in drei oder vier Teile gliedern und soundso viele Argumente und Gründe ins Feld führn, häufig widerfahren, daß er hernach einige davon vergaß oder ein paar weitre hinzufügte. Ich habe mich immer vor einer solchen Mißlichkeit zu hüten gewußt, da mir dergleichen Ankündigungen und Festlegungen eben an sich schon zuwider sind – nicht nur aus Argwohn gegen mein Gedächtnis, sondern auch, weil diese Art zuviel Gekünsteltes hat. *Soldaten geziemt mehr Einfachheit.*

Genug – ich habe mir vorgenommen, mich von Stund an nie mehr mit einer förmlichen und feierlichen Rede beauftragen zu lassen. Was nämlich deren Ablesen vom Manuskript betrifft, ist dies nicht nur absurd, sondern zudem höchst nachteilig für alle, die von Natur aus gut vortragen können. Mich andrerseits auf Gnade und Ungnade der Improvisation zu überlassen, kommt noch weniger in Frage, denn ich bin darin so schwerfällig und unbeholfen, daß ich auf plötzliche Einwürfe von Gewicht nicht zu reagieren wüßte.

Laß, Leser, auch diesem dritten Buch meiner *Versuche* seinen Lauf und dieser Ergänzung der andern Teile meines Selbstbildnisses. Ich füge hinzu, doch ich korrigiere nicht. Ich finde, und dies ist der erste Grund, daß einer, der sein Werk der Welt verpfändet hat, kein Recht mehr hierauf besitzt. Wenn er etwas Besseres zu sagen weiß, möge er es anderswo unterbringen und nicht die Arbeit damit verschandeln, die er bereits verkauft hat. Von solchen Leuten darf man nichts erwerben, ehe sie tot sind. Sie sollten, was sie schreiben, gefälligst *vor* der Veröffentlichung durchdenken. Wer drängt sie denn?

Mein Buch ist immer ein und dasselbe – außer daß ich mir erlaube, jedesmal, wenn die Drucker sich an eine Neuausgabe machen, ein paar zusätzliche Ornamente anzubringen, damit der Käufer nicht ganz mit leeren Händen davongehe (handelt es sich doch nur um eine schlecht gefügte Einlegearbeit). Das sind Zugaben, mit denen ich keineswegs die erste Form verwerfen will, sondern bloß jeder folgenden durch sorgfältige kleine Verfeinerungen einen besondren Pfiff zu geben suche. Dies kann freilich leicht zu einer gewissen Verschiebung der Zeitfolge führen, da sich meine Geschichten mehr nach Anlaß als nach Alter aneinanderreihn.

Der zweite Grund ist, daß ich für mein Teil fürchte, durch Änderungen zu verliern. Mein Geist schreitet nicht immer voran, er geht auch im Krebsgang. Ich mißtraue meinen zweiten und dritten Einfällen daher kaum weniger als den ersten, den heutigen kaum weniger als den von gestern. Wir berichtigen uns selbst oft genauso falsch, wie wir es mit andern tun. Die erste Ausgabe meines Werks erschien im Jahre 1580. Seitdem bin ich viele Jahre älter geworden, gewiß aber um keine Daumenbreite weiser. Ich heute und ich einst, wir sind zweierlei Menschen; welches jedoch der beßre ist, kann ich nicht sagen. Es wäre schön, alt zu werden, wenn wir nur unsrer Vervollkommnung entgegengingen. In Wirklichkeit aber bewegen wir uns gleich schwindligen Betrunknen wankend und schwankend, oder gleich dem Schilfrohr, das der Wind hin und her weht, wie er will.

Antiochos hatte zunächst wacker zugunsten der Akademie geschrieben, auf seine alten Tage aber nahm er den Standpunkt einer andern Schule ein. Welcher seiner beiden Auffassungen ich auch folgte, würde ich nicht stets Antiochos folgen? Daß er erst die Ungewißheit der menschlichen Meinungen und dann deren Gewißheit behauptete – lief das denn auf etwas anderes hinaus, als statt der Gewißheit die Ungewißheit zu behaupten? Auf etwas andres, als zu versprechen, daß er, hätte man ihm eine weitre Lebensspanne eingeräumt, jederzeit in der Lage gewesen wäre, einen neuen Wechsel vorzunehmen: einen wiederum andern, doch darum nicht beßren?

Die günstige Aufnahme meines Werkes hat mir etwas mehr Wagemut gegeben, als ich mir zugetraut hätte; was ich jedoch am meisten fürchte, ist, die Leser zu übersättigen. Lieber möchte ich schockieren als langweiln (wie es ein Gelehrter meiner Zeit getan hat). Lob ist gewiß immer angenehm, von wem und warum man es auch erhält. Man sollte jedoch, um berechtigte Freude daran zu haben, dessen Grund kennen, denn selbst unvollkommne Werke finden Wege, sich beliebt zu machen. Das Volk trifft nur selten eine glückliche Wahl, und ich müßte mich sehr irren, wenn zu meiner Zeit nicht gerade die schlechtesten Schriften im Wind der Publikumsgunst an der Spitze segelten. Daher bin ich jenen hochherzigen Lesern besonders dankbar, die meine schwachen Bemühungen wohlwollend aufzunehmen geruhn.

Nirgends fallen Fehler der Machart mehr auf als bei einem Material, das von sich aus nichts Anziehendes hat. Wirf mir aber, Leser, bitte nicht jene vor, die sich hier durch die Eigenwilligkeit oder Unachtsamkeit der Drucker eingeschlichen haben: Jede Hand trägt die ihren dazu bei. Ich kümmre mich weder um die Rechtschreibung, bei der ich lediglich verlange, daß man der alteingeführten folge, noch um die Interpunktion (denn von beiden verstehe ich kaum etwas). Selbst wenn die Drucker den Sinn völlig zerstören, ficht mich das wenig an, denn zumindest trage ich hierfür keine Verantwortung mehr; unterschieben sie ihm jedoch einen falschen und zwingen mir so ihre eigne Konzeption auf (wie es oft geschieht), richten sie mich zugrunde. Sobald die Aussagekraft eines Satzes daher nicht meinem Maß entspricht, sollte ein gewissenhafter Leser es ablehnen, ihn als meinen anzuerkennen. Wer weiß, wie wenig ich die Arbeit mag, wer weiß, wie sehr ich der bin, der ich bin, wird mir ohne weiteres glauben, daß ich lieber noch einmal so viele *Essais* schreiben als mich dem Joch beugen würde, um solch schülerhafter Verbeßrungen willen diese hier aufs neue durchzugehn.

Durch das Wort des Dichters sprach ich vorhin davon, daß ich im tiefsten Schacht des neuen, namenlosen Erzes sitze: dieses heutigen Zeitalters, verderbter noch, als selbst das *eiserne* es war. Daher bin ich nicht nur des engeren Umgangs mit benachbarten Menschen beraubt, deren Gesinnung und Gesittung sich von der meinen unterscheidet und ein Band um sie schlingt, das jedes andre ausschließt, sondern muß zudem keineswegs ungefährdet unter Leuten leben, die alles für erlaubt halten und von denen die meisten mit unsren Gesetzen inzwischen endgültig gebrochen haben. So herrscht um mich her eine Zügellosigkeit sondergleichen.

Wenn ich alle mich persönlich betreffenden Umstände zusammenzähle, stelle ich fest, daß unter den Unsrigen keiner ist, den die Verteidigung der Gesetze an *entgehendem Ge-*

winn und eintretendem Schaden, wie die Juristen sagen, teurer zu stehn kommt als mich; und gar manche kehren ihren Feuereifer und Kampfesmut groß hervor, die weit weniger tun.

Mein Haus ist jederzeit offen, jedem zugänglich und jedem zu Diensten (denn man konnte mich nie verleiten, es zu einem Werkzeug des Kriegs zu machen, an dem ich mich lieber in größtmöglicher Entfernung beteilige). Es hat sich deshalb bei den Leuten erhebliche Beliebtheit erworben, so daß die Meinen mir mein Verhalten schwerlich vorwerfen können. Ich finde, es ist eine erstaunliche, ja beispielhafte Leistung, es unter einem schon so lange tobenden Sturm und inmitten so vieler Unruhen und Umwälzungen bisher von Blut unbefleckt gehalten zu haben und von Plündrungen verschont.

Dank meiner Wesensart war es in der Tat bisher möglich, eine stets und ständig drohende Gefahr, wie groß auch immer sie sein mochte, uns vom Leib zu halten; aber die feindlichen Einfälle und Invasionen bald dieser, bald jener Partei und die Wendungen und Wechselfälle des Kriegsglücks um mich her haben nun die Gemüter im Lande immer weiter aufgepeitscht und bedrängen mich mit neuen, schier unüberwindlichen Schwierigkeiten und Gefahren.

Nun gut – bisher bin ich davongekommen. Aber es mißfällt mir, daß dies mehr dem Glück, ja meiner Umsicht zuzuschreiben ist als meinem guten Recht; es mißfällt mir, vogelfrei zu sein und unter einem anderen Schutz als dem der Gesetze zu stehn. Wie die Dinge liegen, lebe ich mehr als zur Hälfte von fremden Gnaden, und das bürdet mir harte Verpflichtungen auf. Ich will meine Sicherheit aber weder der Güte und Barmherzigkeit der Großen verdanken, die meine Gesetzestreue ebenso wie meine Unabhängigkeit zu schätzen wissen, noch meiner Leutseligkeit und der meiner Vorfahrn.

Denn wie, wenn ich anders wäre? Da mein Verhalten und mein freimütiger Umgang meine Nachbarn und Verwandten mir gegenüber verpflichten, ist es doch grausam, daß sie sich ihrer Dankesschuld dadurch entledigen können, daß sie mich leben lassen und sagen: »Wir gestatten ihm, nachdem wir alle Kirchen rundum verwüstet und zerstört haben, die unbehinderte Fortführung des Gottesdienstes in seiner Hauskapelle, und wir gestatten ihm auch künftig den Genuß seiner Güter und seines Lebens, da er im Notfall unsren Frauen und Ochsen Zuflucht gewährt.« (Dieserart wird uns hier auf Montaigne von altersher die gleiche Ehre zuteil wie einst dem Athener Lykurg, der seinen Mitbürgern als Generalverwahrer ihrer Geldbeutel diente.)

Ich behaupte jedoch, daß unser Leben auf Recht und Gesetzesmacht gründen sollte, nicht auf Erkenntlichkeit und Huld. Wie viele rechtschaffne Männer haben es nicht vorgezogen, das ihre dranzugeben, statt es jemandem zu schulden! Ich meide es, mich irgendwelchen Bindungen zu unterwerfen, vor allem aber solchen, die mir eine Ehrenpflicht auferlegen. Ich finde, nichts kommt mich so teuer zu stehn wie das, was mir geschenkt wird und wofür mein Wille mit einer Dankesschuld belastet bleibt. Lieber nehme ich Dienste in Anspruch, die zu kaufen sind. Habe ich nicht recht? Für diese gebe ich ja nur Geld, für jene aber mich selbst!

Die Kette, die mich an das Gesetz der Ehre fesselt, scheint mir weit lästiger und lastender als die des rechtlichen Zwangs. Ein Notar nimmt mich viel lockrer an die Kandare als ich mich selbst. Ist es etwa falsch, daß sich mein Gewissen da wesentlich stärker an die Pflicht gebunden fühlt, wo man sich allein ihm anvertraut? In den andren Fällen ist meine Treue nichts schuldig, denn man hat ihr nichts überantwortet – man möge sich dann gefälligst mit der Gewähr und Sicherheit behelfen, die man sich sonstwo verschafft hat. Ehe ich aber mein gegebnes Wort breche, würde ich lieber Gefängnis- und Gesetzesmauern brechen.

Ich bin in der Einhaltung meiner Versprechen auf geradezu abergläubische Weise gewissenhaft (weswegen ich sie, worum es sich auch handeln mag, am liebsten unbestimmt und bedingt gebe). Selbst denen ohne Gewicht verleihe ich das Gewicht der eifrigen Befolgung dieser Regel, die sich so schließlich verselbständigt und mich unter ihre Fuchtel nimmt. Das geht so weit, daß bei Unternehmen, die mich allein betreffen und in denen ich völlig frei bin, es mir vorkommt, als machte ich mir, sobald ich andern gegenüber davon berichte, die Durchführung zur Selbstverpflichtung und zwingenden Auflage: Mir scheint, über etwas sprechen heiße es versprechen. Deshalb hänge ich, was ich vorhabe, selten an die große Glocke.

Das Urteil, das ich über mich selbst fälle, ist schärfer und unnachsichtiger als das der Richter, die über mich ja nur unter dem Aspekt der allgemeinen Pflichten befinden, und mein Gewissen hat mich viel enger und strenger im Griff. Pflichten aber, zu denen man mich zerren würde, wenn ich ihnen nicht von mir aus nachginge, erfülle ich nur lax. *Selbst eine rechte Tat ist recht nur dann, wenn sie freiwillig erfolgt.* Handlungen ohne einen Schimmer von Freiheit haben weder Anmut noch Würde.

Wer wird schon gerne wollen,
was wir gesetzlich sollen?

Wenn mich also das Müssen zieht, pflege ich das Wollen auszuspannen, *denn alles befohlne Tun wird mehr dem Befehlenden als dem Gehorchenden gutgeschrieben.* Ich kenne Leute, die sich dieser Haltung bis zur Ungerechtigkeit befleißigen: die lieber schenken als zurückgeben, lieber leihen als zahlen und mit Wohltaten, zu denen sie verpflichtet sind, lieber geizen. So weit gehe ich zwar nicht, bin aber schon nahe dran.

Mir ist derart darum zu tun, mich der Last von Verpflichtungen zu entledigen, daß ich Undankbarkeiten, Beleidigungen und Schmähungen durch jene, denen gegenüber Natur oder Umstände mir gewisse Freundschaftspflichten auferlegt haben, manchmal als Gewinn verbuche, weil ich ihre Verfehlungen zum Anlaß nehme, mich von meiner Schuldigkeit befreit und losgesprochen zu sehn.

Zwar fahre ich fort, ihnen die äußeren, gesellschaftlich vorgeschriebnen Aufmerksamkeiten zu erweisen; ich finde es jedoch eine große Ersparnis, jetzt aus Billigkeit zu tun, was ich vorher aus Neigung tat, und mich damit im Innern ein wenig vom Übereifer meines Willens zu befrein (denn *die Vorsicht gebietet, das Ungestüm freundschaftlicher Gefühle ebenso an die Kandare zu nehmen wie ein zu feuriges Pferd*) – ist er bei mir doch, sobald ich mich jemandem widme, etwas zu drängend und aufdringlich, zumindest für einen Mann, der sich selbst nie drängen lassen möchte. Dieser haushälterische Umgang mit meinem Willen hilft mir einigermaßen über die Unzulänglichkeiten derer hinweg, die mir nahestehn. Es tut mir leid, daß sie dabei nun zu kurz kommen, aber ich erspare mir so wenigstens einen Teil meiner tätigen Zuwendung.

Ich verarge es keinem, der sein Kind weniger liebt, wenn es grindköpfig oder bucklig ist; der nicht nur ein bösartiges Balg weniger liebt, sondern auch einen mißgebornen Unglückswurm (denn insoweit hat ja Gott selber dessen Wert und natürliche Ansehnlichkeit herabgesetzt) – unter der Bedingung, daß ein solcher Vater seine Gefühlserkaltung nach außen hin mäßigt und sich gebührend rücksichtsvoll verhält. Was mich betrifft, ertrage ich Gebrechen bei Verwandten besonders schwer.

Soweit ich mich auf die Wissenschaft des Wohltuns und der Vergeltung von Wohltun verstehe – eine vielschichtige und dabei höchst nützliche Wissenschaft –, kenne ich alles in allem keinen, der ungebundner und freier von Dankesschuld wäre, als ich es bis zur Stunde bin. Was ich schulde, das schulde ich nur den allgemeinen und naturgegebnen Pflichten. Niemand ist aller andren derartig ledig,

denn ich empfing, wenn ich's bedenke,
von keinem Großen je Geschenke.

Die Fürsten geben mir reichlich, wenn sie mir nichts nehmen, und tun mir Gutes genug, wenn sie mir nichts Böses tun; das ist alles, was ich von ihnen will. Wie danke ich Gott, daß es ihm gefallen hat, mir meinen ganzen Besitz unmittelbar aus seiner gnädigen Hand zukommen zu lassen und daher meine ganze Verbindlichkeit sich selbst vorzubehalten! Wie inständig flehe ich seine heilige Barmherzigkeit an, daß ich mich in wesentlichen Dingen niemals einem Menschen erkenntlich zeigen müsse! Glückselige Freiheit, die mich in meinem Leben so weit geführt hat – o täte sie's bis ans Ende!

Ich versuche, keines Menschen dringend zu bedürfen. *Alle Hoffnung setze ich auf mich selbst.* Dies ist etwas, das jeder für sich zu tun vermag, aber leichter jene, denen Gott vor den dringenden natürlichen Bedürfnissen Schutz gewährt hat. Welch erbärmliches und bedrohliches Los, von jemand anderm abzuhängen! Nicht einmal unser Selbst, unser ureigenster und sicherster Zufluchtsort, gibt uns Sicherheit genug: Ich habe nichts Meiniges als mich, und doch ist sogar dieser Besitz unvollkommen und teilweise erborgt. So suche ich sowohl meinen Mut (worauf es am meisten ankommt) als auch meine Fähigkeiten zur Schicksalsbewältigung weiterzuentwickeln, damit ich hierin meine Zufriedenheit finden kann, wenn mich sonst alles verlassen sollte.

Hippias von Elis versah sich nicht nur mit Wissen, um im Schoß der Musen notfalls aller andren Gesellschaft freudig entraten zu können, nicht nur mit der Kenntnis der Philosophie, um seine Seele zu lehren, an sich selbst Genüge zu finden und, wenn das Schicksal es befehlen sollte, tapfer auf die ihr von außen zufließenden Güter zu verzichten – nein, er lernte voller Eifer sogar kochen, sich den Bart scheren und seine Kleider, Schuhe und sonstigen Sachen selbst anfertigen, weil er soweit wie irgend möglich von fremder Hilfe unabhängig sein wollte.

Güter, die einem zufließen, genießt man wesentlich freier und fröhlicher, wenn der Genuß nicht dadurch gemindert wird, daß sie der Befriedigung eines dringenden und zwingenden Bedürfnisses dienen müssen – wenn der Wille derart stark, der Reichtum derart groß ist, daß man ebensogut auf sie verzichten könnte.

Ich kenne mich genau. Gleichwohl vermag ich mir nur schwerlich bei jemandem eine so rückhaltlose Freigebigkeit, eine so weitherzige und uneigennützige Gastfreundschaft mir gegenüber vorzustellen, daß ich, müßte ich sie aus Not in Anspruch nehmen, sie nicht als peinlich, aufgedrängt und in gewisser Weise vorwurfsvoll empfände. Wie das Geben etwas Ehrgeiziges und Herrisches an sich hat, so das Nehmen etwas Knechtisches.

Ein Beispiel dafür liefert Bajesids trotzige und herausfordernde Ablehnung der ihm von Tamerlan übersandten Geschenke. Und jene, die im Namen Sultan Süleimans dem Sultan von Calicut angeboten wurden, versetzten diesen in einen derartigen Zorn, daß er sie mit den schroffen Worten ausschlug, gleich seinen Vorgängern sei er nicht gewohnt zu nehmen, sondern sehe sein Amt im Geben; daraufhin ließ er die Abgesandten obendrein in ein tiefes Verlies werfen.

Wenn Thetis, sagt Aristoteles, dem Jupiter schmeicheln will, wenn die Spartaner den Athenern schmeicheln wollen, rufen sie ihnen nicht die Wohltaten in Erinnrung, die sie ihnen erwiesen haben – was immer widerwärtig ist –, sondern die von ihnen empfangnen. Die Leute, die ich von jedem ohne weiteres Dienste in Anspruch nehmen und sich dafür ihm gegenüber verpflichten sehe, würden dies nicht tun, wenn sie gleich mir die Süße reiner Freiheit zu schmecken wüßten und die Schwere einer solchen Verpflichtung recht erwögen, wie es ein weiser Mann tun sollte. Eine Dankesschuld mag zuweilen abgetragen werden – völlig gelöscht wird sie nie. Welch grausame Fessel für einen, der es liebt, in alle Richtungen Bewegungsfreiheit zu haben!

Meine Bekannten, die über wie die unter mir, werden wissen, ob sie je einen getroffen haben, der andren mit Bitten, Gesuchen und Forderungen weniger zur Last gefallen wäre als ich. Wenn ich in dieser Hinsicht alle heutigen Beispiele übertreffe, ist das kein Wunder, denn viele meiner Charakterzüge tragen dazu bei: ein bißchen natürlicher Stolz, die Unfähigkeit, Ablehnungen zu verschmerzen, die Mäßigung meines Wünschens und Wollens, die Untauglichkeit zu jeder Art von Geschäften und meine Lieblingseigenschaften: Faulheit und Freiheitssinn.

Aus all diesen Gründen habe ich einen tödlichen Haß darauf, mittel- oder unmittelbar anderen als mir selbst verpflichtet zu sein. Ehe ich aus irgendwelchem Anlaß, wichtig oder nicht, auf fremde Hilfsbereitschaft zurückgreife, setze ich meine ganze Kraft ein, ohne sie auszukommen.

Meine Freunde bereiten mir außerordentliches Ungemach, wenn sie mich bitten, einen Dritten für sie zu bitten – scheint es mir doch kaum ein geringerer Preis, den, der in meiner Schuld steht, auf solche Weise davon zu entbinden, als mich einem gegenüber, der nicht in meiner Schuld steht, auf solche Weise für sie zu binden. Diesen Fall jedoch ausgenommen, wie jenen andern, daß sie von mir etwas verlangen, für das ich Sorge tragen und mich plagen muß (denn ich habe allem Sorgetragen und Michplagen einen

Krieg auf Leben und Tod erklärt), bin ich für jeden, wenn er mich braucht, offen und zugänglich.

Jedenfalls bin ich stets dem Nehmen mehr noch ausgewichen, als ich zu geben suchte – und Geben ist nach Aristoteles ja in der Tat wesentlich leichter. Stand und Vermögen erlaubten mir freilich kaum, andern etwas zukommen zu lassen, und dies wenige ging an eher kleine Leute.

Hätte Fortuna mich in einen höheren Rang unter den Menschen hineingeborn, wäre ich darauf bedacht gewesen, daß man mich liebt, keineswegs aber darauf, daß man mich bewundert oder gar fürchtet. Soll ich es unumwundner sagen? Ich hätte mich gleichermaßen bemüht zu gefallen wie zu nützen. So bewertete denn auch Kyros (durch den Mund eines sehr guten Heerführers und noch beßren Philosophen) Wohlwollen und Wohltaten bei sich zu Recht weitaus höher als seine Tapferkeit und seine kriegerischen Erobrungen. Scipio der Ältere wiederum stellte stets, wenn er sich rühmen wollte, seine Leutseligkeit und Menschenfreundlichkeit über seinen Wagemut und seine Siege, und stets führte er das stolze Wort im Mund, daß er seinen Feinden ebensoviel Grund wie seinen Freunden gegeben habe, ihn zu lieben.

Wenn man schon etwas schulden muß, will ich sagen, dann sollte es auf einem rechtmäßigeren Anspruch gründen als jenem, von dem ich sprach und den mir das Gesetz dieses elenden Krieges aufzwingt: Die Ungeheuerlichkeit, daß ich mein Weiterleben der Gnade andrer zu verdanken habe, erdrückt mich.

Tausendmal habe ich mich zu Hause mit dem Gedanken schlafen gelegt, man könnte mich in dieser Nacht verraten und ermorden, und vom Schicksal erbat ich mir nur, dies möge ohne Entsetzlichkeiten und lange Qualen vor sich gehn. Nach dem Vaterunser pflegte ich auszurufen:

Fallen diese wohlbestellten Flur'n am Ende
einem Landsknecht, wild und ruchlos, in die Hände?

Was tun? Es ist meine Geburtsstätte und die der meisten meiner Vorfahrn. Ihre ganze Liebe haben sie ihr gegeben und ihren Namen angenommen. Aber jede Gewöhnung härtet uns ab; und in einer Misere wie der unsren ist sie ein gütiges Geschenk der Natur, da sie das Empfindungsvermögen einschläfert und uns viele Übel folglich leichter ertragen läßt.

Was Bürgerkriege bedrohlicher macht als andre Kriege, ist, daß jeder von uns im eigenen Haus Wache stehn muß.

Ohn' Verlaß auf seines Hauses Sicherheit das Leben
hinter Tor und Schloß verbergen – kann es Schlimmres geben?

Wie weit ist es doch mit uns gekommen, wenn man bis in seine häusliche Ruhe hinein bedrängt wird, bis unters eigne Dach! Die Gegend, in der ich wohne, dient unsern Bürgerkriegen stets als erstes und letztes Schlachtfeld, nie zeigt sich der Friede bei uns in seiner reinen Gestalt:

Wir erzittern vor des Krieges Schrecken mitten
in der Waffenruhe. Denn im Nu beschritten
ist sein Pfad hier, will Fortuna keinen Frieden.
Glücklich, wem von ihr ein andrer Ort beschieden:
in des heißen Orients, eis'gen Nordens Welten
eine Wanderbleibe, in Nomadenzelten.

Um mich solcher Gedanken zu erwehren, mache ich manchmal das Locker- und Loslassen zu meiner Rüstung – kann es uns doch auf seine Weise ebenfalls zur Festigkeit verhelfen. Mir widerfährt es immer wieder, daß ich mir sogar mit einer gewissen Lust die Leib und Leben bedrohenden Gefahren vergegenwärtige und sie so vorwegnehme. Mit eingezognem Kopf stürze ich mich dann blindlings in den Tod: wie in einen lautlos lauernden dunklen Abgrund, der plötzlich zuschnappend mich verschlingt und mit einem schweren, völlig fühl- und schmerzlosen Schlaf überwältigt. Und das Danach, das vor mir in diesen kurzen, jähen Toden aufblitzt, tröstet mich mehr, als der Vorgang mich ängstigt.

Das Leben, sagt man, wird durch lange Dauer nicht besser, durch kurze aber der Tod. Ich weiche nicht so sehr vorm Gestorbensein zurück, wie ich mich mit dem Sterben vertraut mache: Ich lasse den Orkan dieser Kriegswirren mich umbrausen, ja, kaure mich in ihn hinein – möge sein Wüten mich blenden, möge er mich mit einem blitzschnellen und unfühlbaren Schlag dahinraffen!

Manche Gärtner sagen, Rosen und Veilchen wüchsen wohlriechender zwischen Knoblauch und Zwiebeln, weil diese die im Erdreich vorhandnen üblen Gerüche an sich zögen und einsaugten. O daß doch die verderbten Seelen um mich herum die Luft dieses Landstrichs durch ihre Nachbarschaft auf gleiche Weise vom Gifte reinigten und ich daher ungetrübter von der Furcht lebte, alles zu verliern! Aber dem ist nicht so. Dafür könnte an diesem etwas sein: daß Menschenfreundlichkeit um so edler und anziehender ist, je seltner sie vorkommt, und daß gerade die völlige Andersartigkeit der andern die eigne Entschlossenheit zum Wohltun festigt und stärkt, entflammt von der Lust am Widerstand und der Aussicht auf Gewinn an Ehre.

Die Räuber sind so nett, es nicht sonderlich auf mich abgesehn zu haben. Vielleicht weil auch ich nicht auf sie? Ich müßte mich sonst ja mit zu vielen Leuten anlegen! Gleiche Gewissenlosigkeit beherbergt unter ungleichen Gewändern die gleiche Grausamkeit, Hinterlist und Räuberei – Laster, die um so schlimmer sind, je feiger, verborgner und unangreifbarer man ihnen im Schatten der Gesetze frönt. Offene Rechtsbrüche hasse ich weniger als heimtückische, weniger die im Krieg als die im Frieden. Das Fieber unsrer Bürgerkriege hat einen Körper befallen, der vorher nur eine Spur gesünder war: Das Feuer schwelte schon, jetzt brechen die Flammen hervor. Ihr Prasseln vergrößert den Lärm, kaum das Übel.

Jenen, die mich fragen, warum ich auf Reisen ginge, pflege ich zu antworten, daß ich zwar wüßte, wovor ich fliehe, nicht aber, wonach ich suche. Wenn man mir sagt, bei den Menschen in fremden Ländern gebe es vielleicht genausowenig gesunde Moral und ihre Sitten seien doch wohl auch nicht besser als unsre, erwidere ich, erstens fände ich das unwahrscheinlich,

denn in seiner schrecklichen Gewalt
hält uns der Verbrechen Vielgestalt,

und zweitens sei es stets ein Gewinn, einen unzweifelhaft schlechten Zustand gegen einen nur zweifelhaften einzutauschen; und überdies brauchten uns die Übel andrer ja nicht so zu schmerzen wie die unsern.

Daß ich es nicht vergesse: Soviel ich auch an Frankreich auszusetzen finde, betrachte ich doch Paris stets mit liebendem Auge. Diese Stadt hat mein Herz von Jugend an besessen, und es ist mir mit ihr wie mit allen außergewöhnlichen Dingen ergangen: Je mehr andre schöne Städte ich seitdem zu sehen bekam, desto mehr zog mich die Schönheit dieser einen an und eroberte all meine Zuneigung. Ich liebe sie um ihrer selbst willen, inniger in ihrem Alltagsdasein als mit fremdem Pomp überladen. Ich liebe sie zärtlich, bis in ihre Warzen und Muttermale. Franzose bin ich nur dank dieser großen Stadt: groß durch die Zahl ihrer Einwohner, groß durch ihre glückliche Lage, unvergleichlich groß aber vor allem durch die Fülle und Vielfalt ihrer Annehmlichkeiten; sie ist der Ruhm Frankreichs und eine der edelsten Zierden der Welt. Gott jage unsre Zwistigkeiten weit von ihr weg! Wenn sie unverbrüchlich geeint bleibt, glaube ich sie vor jeder fremden Gewalttat geschützt.

Deshalb warne ich sie: Jene Partei wird die schlimmste von allen sein, die sie in Zwietracht stürzt. Die einzige Gefahr, die ich für sie fürchte, ist sie selbst; die aber fürchte ich für sie gewiß ebensosehr, wie ich um jeden anderen Teil unsres Staates bange. Solang Paris bestehen bleibt, wird es mir nicht an einem Zufluchtsort fehlen, wo ich meinen Geist aushauchen kann – dergestalt, daß ich keinem andren nachtraure.

Nicht weil Sokrates das gleiche gesagt hat, sondern weil es in Wahrheit meine eigene (von Überschwang vielleicht nicht ganz freie) Auffassung ist, betrachte ich alle Menschen als meine Landsleute. Ich umarme einen Polen genauso herzlich wie einen Franzosen, denn gegenüber den nationalen Banden haben die uns alle verbindenden für mich Vorrang. Ich neige kaum dazu, mich nach der Heimaterde zu verzehrn. Völlig neue, völlig auf eignem Entschluß gründende Bekanntschaften scheinen mir ebensoviel wert wie die alltäglichen, die sich aus zufälliger Nachbarschaft ergeben. Rein selbsterworbne Freundschaften übertreffen gewöhnlich jene, die von Bindungen der Blutsverwandtschaft oder Landsmannschaft herrühren. Die Natur hat uns frei und ungebunden in die Welt gesetzt.

Wir aber kerkern uns jeder in seiner Provinz ein: wie die Perserkönige, die, indem sie sich auferlegten, allein das Wasser des Flusses Choaspes zu trinken, törichterweise auf ihr Nutzungsrecht an allen anderen Wassern verzichteten und so für sich die ganze übrige Welt austrockneten.

Verbannt zu werden fand Sokrates, als er seinem Ende nahe war, schlimmer als ein Todesurteil. Ich könnte, glaube ich, nie so gebrochen oder aber meinem Land so eng verbunden sein, daß ich zu einem derartigen Schluß käme. Das göttliche Leben solcher Menschen hat viele Aspekte, die ich mehr aus Hochachtung als aus Liebe bewundre, ja, manche davon sind derart erhaben und außergewöhnlich, daß ich sie nicht einmal aus Hochachtung bewundern kann, da sie sich meinem Vorstellungsvermögen entziehn.

Die Haltung des Sokrates ist für einen Mann, der die ganze Welt als sein Vaterland ansah, wenig überzeugend; freilich lehnte er sogar das Reisen ab und hatte den Fuß kaum jemals über die Grenze Attikas gesetzt. Und was soll man dazu sagen, daß er das von seinen Freunden zur Rettung seines Lebens angebotne Geld ausschlug und sich weigerte, mittels fremder Hilfe aus dem Gefängnis zu fliehn, weil er den Gesetzen nicht ungehorsam sein wollte – und das zu einer Zeit, da sie überall gänzlich verderbt waren?

Diese Beispiele sind für mich von der ersten Art. Zur zweiten gehören andre, die ich in derselben Persönlichkeit ausfindig machen könnte. Viele davon überschreiten alles, was ich selber zu tun fähig wäre, und einige sogar meine Verstandeskraft.

Das Reisen scheint mir, von den angeführten Gründen ganz abgesehn, eine ersprießliche Betätigung. Der Geist übt sich dabei ständig in der Beobachtung neuer, ihm unbekannter Dinge. Ich wüßte (wie ich schon oft gesagt habe) keine bessere Schule, uns im Leben weiterzubilden, als ihm unausgesetzt die Mannigfaltigkeit so vieler andrer Daseinsweisen, Anschauungen und Gebräuche vorzuführn und ihn an diesem ewigen Wandel der Erscheinungsformen unsrer Natur Geschmack finden zu lassen. Gleichzeitig ist der Körper weder untätig noch überanstrengt, vielmehr macht solch maßvolles Bewegtsein ihn frisch und munter. So steinkrank ich bin, halte ich mich acht bis zehn Stunden ununterbrochen im Sattel, ohne daß es mir zuviel würde,

von einer Kraft beseelt,
wie sonst sie Greisen fehlt.

Kein Wetter ist mir zuwider, außer der Gluthitze einer sengenden Sonne; denn auch die Schirme, deren man sich in Italien schon seit dem alten Rom bedient, belasten die Arme mehr, als sie den Kopf erleichtern. Ich wüßte gern, dank welcher Vorrichtungen die Perser bereits in jenen fernen Zeiten, da der Luxus gerade erst im Entstehn war, sich nach Gutdünken kühle Luft zuzufächeln und Schatten zu spenden wußten, wie Xenophon erzählt.

Ich liebe Regen und Schlamm, wie die Enten. Auch Luftveränderung und Klimawechsel machen mir nichts aus: Jeder Himmelsstrich ist mir recht. Das einzige, was mir zusetzt, sind die in mir selbst entstehenden Umschwünge, und die kommen auf Reisen seltner vor.

Es ist nicht leicht, mich auf Trab zu bringen; bin ich aber erst einmal in Schwung, halte ich durch, solang man will. Ich entschließe mich ebensoschwer zu kleinen wie zu großen Unternehmen, zu den Vorbereitungen für einen Tagesbesuch beim Nachbarn ebensoschwer wie zu denen für eine regelrechte Reise. Ich habe gelernt, meine Tagesetappen nach spanischer Art in einem Zug zu bewältigen – tüchtige, lange Etappen. Wenn es ungewöhnlich heiß ist, lege ich sie des Nachts zurück, vom Sonnenuntergang bis zum Morgen. Die andre Art, nämlich unterwegs den Ritt zu unterbrechen, um die Pferde zu füttern und in Hast und Hetze eine Mahlzeit zu verschlingen, ist lästig, vor allem, wenn die Tage kurz sind. Die Pferde fühlen sich nach der meinen jedenfalls wohler: Noch nie ist mir eins, das die erste Etappe mit mir durchzuhalten vermochte, später ausgefalln. Ich tränke sie bei jeder Gelegenheit und achte nur darauf, daß sie noch eine genügend große Strecke vor sich haben, das Wasser zu verarbeiten.

Da ich Spätaufsteher bin, kann mein Gefolge in aller Ruhe vor der Weiterreise das Mittagsmahl einnehmen. Was mich betrifft, ist es zum Essen nie zu spät. Der Appetit kommt mir beim Essen, eher nicht. Hunger habe ich ausschließlich bei Tisch.

Manche beanstanden, daß es mir, verheiratet und alt, immer noch Vergnügen macht, auf Reisen zu gehn. Sie haben unrecht. Die beste Zeit, die Familie hin und wieder sich selbst zu überlassen, ist gerade dann, wenn wir dafür gesorgt haben, daß sie ohne uns auszukommen vermag, wenn wir das Hauswesen also in einer solchen Ordnung übergeben, daß alles seinen alten Gang weitergehn kann. Viel unvorsichtiger wäre es doch, dann zu verreisen, wenn man das Haus einer weniger treuen, weniger auf die Wahrung unsrer Interessen bedachten Hüterin anvertraun muß, als es die eigne Frau ist.

Das nützlichste und ehrenwerteste Wissen und Walten einer Frau ist die Haushaltsführung. Ich kenne manche, die geizig, doch sehr wenige, die haushälterisch sind. Gerade diese Eigenschaft aber bildet ihre Haupttugend, auf die der Mann daher sein Augenmerk in erster Linie richten sollte: Sie ist die einzige Mitgift, die über Gedeih und Verderb unsrer Häuser entscheidet. Man rede mir nichts ein – nach dem, was mich die Erfahrung gelehrt hat, verlange ich von einer verheirateten Frau mehr als jede sonstige Tugend die, daß sie wirtschaften kann. Ich gebe der meinen Gelegenheit, ihre einschlägigen Fähigkeiten voll zu entfalten, indem ich ihr bei meiner Abwesenheit das ganze Hausregiment überlasse.

Es empört mich zu sehen, wie in manch einer Familie der Herr des Hauses müde und erschöpft von der Plackerei seiner Geschäfte um die Mittagszeit heimkommt, und seine Frau ist in ihrem Boudoir noch immer dabei, sich zu kämmen und herauszuputzen. Das mögen Königinnen tun, und selbst da bin ich mir nicht sicher. Es ist lächerlich und wider die Gerechtigkeit, mit unserer Arbeit und unserm Schweiß dem Müßiggang unsrer Frauen Vorschub zu leisten. Ich werde, soweit es in meinen Kräften steht, nie zulassen, daß jemand meinen Besitz ruhiger, sorgenfreier und bequemer genießt als ich selbst. Schaffen die Männer den Stoff heran, ist es der Natur eigner Wille, daß die Frauen ihn formen.

Der Meinung, daß man durch Reisen die ehelichen Pflichten verletze, schließe ich mich nicht an. Im Gegenteil, die Beziehungen zwischen Mann und Frau kühlen durch fortwährendes Zusammensein eher ab – allzuviel ist ungesund. Den Umgang mit jeder fremden Frau finden wir dann um so anziehender. Wenn man sich ständig sieht, das kennt jeder aus Erfahrung, empfindet man nicht dasselbe Vergnügen, wie wenn man abwechselnd sich trennt und neu entbrennt.

Solche Unterbrechungen erfüllen mich daher mit frischer Liebe zu den Meinen und machen mir das Zuhausesein wieder angenehm. Die Abwechslung schärft meinen Appetit erst auf dieses, dann auf jenes. Ich weiß doch, daß die Arme der Zuneigung lang genug sind, uns von einem Ende der Welt zum andern zu umfangen; und das gilt namentlich für die eheliche, da sie uns durch die ständige Wahrnehmung wechselseitiger Pflichten ihr Band immer wieder in Erinnrung ruft.

Die Stoiker sagen zu Recht, die Weisen stünden in so enger Beziehung zueinander, daß einer, der in Frankreich speise, seinen Kollegen in Ägypten miternähre, und strecke ein andrer wo auch immer nur den kleinen Finger aus, empfänden das alle Weisen auf der bewohnten Erde als Hilfe.

Genuß und Besitz sind im wesentlichen Sache der Vorstellung. Sie umfängt das, was ihr an Wünschenswertem vorschwebt, wärmer als das, was wir mit Händen fassen, und beharrlicher dazu. Geht doch euer tägliches Leben einmal durch, und ihr werdet finden, daß ihr von einem, den ihr liebt, am weitesten weg seid, wenn er bei euch weilt: Seine Gegenwart läßt eure Aufmerksamkeit erschlaffen und setzt eure Gedanken frei, sich jederzeit davonzustehln, was immer der Anlaß sei.

Von Rom aus, fern der Heimat, führe ich in Gedanken das Regiment über mein Haus und allen zurückgelaßnen

Besitz mit fester Hand: Ich sehe meine Mauern, meine Bäume und meine Einkünfte fast auf den Zentimeter genau ebenso wachsen oder auch, was letztere betrifft, weniger werden, wie wenn ich da bin:

Haus und Feld und heimatliches Leben
seh' ich deutlich mir vor Augen schweben.

Falls wir nur das genießen, was wir in Händen und Armen halten – adieu dann, ihr Taler, wenn ihr in unsren Truhen ruht, und adieu, ihr Söhne, wenn ihr auf der Jagd seid! Wir wünschen sie näher. Im Garten – ist das weit? Eine halbe Tagereise weg, zehn Meilen – weit oder noch nah? Wenn nah, wie wär's mit elf, zwölf, dreizehn? Und so fort, Schritt für Schritt. Wahrlich, der Frau, die ihrem Mann vorschreiben möchte, mit dem wievielten Schritt das *nah* aufhört und mit dem wievielten das *weit* beginnt, würde ich raten, daß sie ihn im *dazwischen* einhalten lasse.

Mögen die Frauen, wenn ihnen dessen Bestimmung Schwierigkeiten macht, sich ruhig mit der Philosophie trösten, der man ja ebenfalls vorwerfen könnte, daß sie nur höchst ungenau die Mitte zu definieren weiß, da sie nicht zu erkennen vermag, wo das Zuviel ins Zuwenig übergeht, das Lange ins Kurze, das Leichte ins Schwere, das Nahe ins Weite. *Die Natur hat uns keinerlei Kenntnis von den Grenzen der Dinge gegeben.*

Beenden wir durch Sachbestimmung unsern Streit!
Dem Haufen deiner Gründe, bist du nicht bereit,
entreiße ich wie Haare einem Pferdeschwanz
dir einen nach dem andern: Er verschwindet ganz!

Bleiben die Frauen und Freundinnen der Verstorbnen (die sich keineswegs am Ende unsrer Welt, sondern nur in jener andern befinden) dies nicht etwa weiterhin? Wir schließen nicht bloß die zeitweilig Abwesenden in unser Herz, sondern auch die, welche nicht mehr, und die, welche noch nicht sind. Als wir heirateten, haben wir doch keineswegs vereinbart, ständig aneinanderzuhängen, wie wir es bei gewissen kleinen Tieren sehn, oder den Straßenkötern gleich, wie es von den verhexten Einwohnern der Stadt Karenti berichtet wird. Und eine Frau sollte ihre Augen nicht derart begierig auf die Vorderseite ihres Mannes geheftet halten, daß sie es nicht ertragen kann, wenn er ihr einmal den Rücken kehrt.

Aber zur Erklärung der Ursache ihrer Klagen wäre vielleicht das Wort dieses hervorragenden Interpreten ihrer Sinnesart angebracht:

Deine Frau, wenn du zu lange ausbleibst,
glaubt, daß du es schnöde außer Haus treibst,
dich betrinkst und deinen großen Spaß hast,
ohne sie dich austobst ohne Maß fast.

Oder sollte es einfach so sein, daß Widerspenstigkeit und Widerrede ihnen wohltun und Freude machen – sie sich also erleichtert fühln, wenn sie es uns schwermachen?

In der wahren Freundschaft, wie ich sie erfahren habe, gebe ich mich meinem Freund mehr hin, als ich ihn an mich ziehe. Nicht nur, wenn ich ihm Gutes tun kann, ist mir dies lieber, als wenn er mir Gutes tut, sondern auch, wenn er es statt mir sich selber tut: Die größte Wohltat erweist er mir, wenn er sie sich erweist. Und über seine Abwesenheit, sollte sie ihm angenehm oder nützlich sein, freue ich mich weitaus mehr als über seine Anwesenheit; und eigentlich ist es ja gar keine Abwesenheit, solang man brieflich in Verbindung bleiben kann.

Ich habe damals sogar Gewinn und Vorteil daraus gezogen, daß wir fern voneinander weilten. Durch unsre Trennung nahmen wir das Dasein viel umfassender in Besitz: Er lebte, genoß und sah sich um für mich – und ich für ihn, vollkommner noch, als wäre er zugegen gewesen. Wenn wir zusammen waren, blieb ein Teil immer untätig, denn wechselweise ging einer im andern auf. Die örtliche

Trennung hingegen bereicherte den Zusammenklang unsrer Gefühle. Jener unersättliche Hunger nach körperlicher Anwesenheit aber, von dem ich oben sprach, verrät eine gewisse Unfähigkeit zum wechselseitigen Genuß der Seelen.

Wenn man nun mein Alter gegen meine Reisen ins Feld führt, entgegne ich, daß es im Gegenteil Sache der Jugend ist, sich den vorherrschenden Auffassungen zu fügen und um andrer willen sich einzuschränken. Sie vermag noch beidem dienlich zu sein: den Leuten und sich selbst. Wir aber haben mehr als genug mit uns allein zu tun. Laßt uns in dem Maße, wie uns die natürlichen Annehmlichkeiten verlorengehn, sie durch die künstlichen ersetzen! Es ist ungerecht, die Jugend zu entschuldigen, wenn sie sich den Vergnügungen hingibt, und gleichzeitig dem Alter zu verwehrn, solche zu suchen.

Als ich jung war, verbarg ich meine muntren Regungen hinter wohlbedachter Zurückhaltung; alt nun, vertreibe ich die mißmutigen, indem ich die Zügel lockre. So verbieten denn auch Platons Gesetze, vor dem vierzigsten, fünfzigsten Lebensjahr auf Reisen zu gehn, da man erst in höherem Alter den rechten Nutzen und Erkenntnisgewinn daraus ziehen könne. (Ich würde freilich eher dem zweiten Artikel dieser Gesetze zustimmen, der Reisen nach sechzig untersagt.)

»Aber in eurem Alter werdet ihr nie von einer so langen Wegstrecke zurückkehren!« Na und? Ich unternehme meine Reisen weder, um zurückzukehrn, noch um ans Ziel zu kommen. Ich unternehme sie allein um der Bewegung willen, solang mir die Bewegung gefällt. Ich bin unterwegs, um unterwegs zu sein. Denen, die einem Hasen oder einer Pfründe hinterherlaufen, geht es gar nicht ums Laufen; ums Laufen geht es denen, die es als Sport und Spiel betreiben und sich darin üben wollen.

Die Einteilung meines Reiseplans läßt sich jederzeit und

allerorts ändern. Er gründet auf keinen großen Erwartungen, jede Tagesetappe ist mir Ziel genug (und mit meiner Lebensreise halte ich es genauso). Indes habe ich viele ferne Orte gesehn, an denen ich mir gewünscht hätte, bleiben zu können. Warum auch nicht, wo doch viele Weise selbst der Stoa, dieser strengsten Philosophenschule, ihrem Land den Rücken gekehrt haben (so Chrysippos, Kleanthes und Diogenes, Zeno und Antipater) – ohne den geringsten Anlaß, mit ihm unzufrieden zu sein, nur um in den Genuß einer andren Luft zu kommen! So besteht denn auch das größte Mißvergnügen auf meinen Wanderfahrten darin, daß mir der Entschluß verwehrt ist, dort meine Bleibe zu errichten, wo es mir gefällt, und daß ich mich stets nach dem Allerweltsbrauch richten und zur Rückkehr aufraffen muß.

Wenn ich fürchtete, woanders als am Ort meiner Geburt zu sterben, wenn ich glaubte, fern von den Meinen schwerer zu sterben, dann würde ich Frankreich, dann würde ich mein Kirchspiel kaum jemals ohne Zittern und Zagen verlassen – fühle ich doch ständig den Krallengriff des Tods in Kehle und Lende. Aber ich bin aus anderm Holz geschnitzt: Für mich ist er überall derselbe. Hätte ich freilich zu wählen, würde ich, davon bin ich überzeugt, lieber als im Bett zu Pferde sterben, fern von meinem Haus und den Meinen.

Das letzte Abschiednehmen von unsren Lieben zerreißt uns mehr das Herz, als es uns tröstet. Daher vergesse ich dieses Gebot der menschlichen Gesittung nur zu oft: Es ist das einzige, das mich belastet, und das große und ewige Lebewohl zu sagen würde ich daher am liebsten unterlassen. Wenn die Gegenwart der Freunde und Angehörigen auch einige Erleichterung bringen mag, so andrerseits hundert Beschwernisse. Viele Sterbende habe ich von diesem ganzen Troß erbärmlich umlagert gesehn, schier erdrückt vom Gedränge.

Es gilt als Pflichtverletzung, ja als Beweis von zu geringer Liebe und Fürsorge, dich in Ruhe sterben zu lassen. Einer martert dir daher die Augen, der zweite die Ohren, der dritte, dich zum Reden zwingend, den Mund; jedem der fünf Sinne, jedem Körperglied setzt man schrecklich zu. Das Herz krampft sich dir vor Selbstmitleid zusammen, wenn du die Wehklagen der Freunde und Angehörigen vernimmst – und vielleicht vor Wut, wenn sich völlig verlognes Jammern von andren dreinmischt. Wer schon vorher feinnervig war, wird es in diesem Zustand der Entkräftung noch mehr. Er bedarf in seiner großen Not einer sanften und einfühlsamen Hand, die ihn genau an der Stelle kratzt, wo es ihn juckt; sonst lasse man gefälligst ganz von ihm ab. Wenn wir eine weise Geburtshelferin brauchen, um in die Welt einzutreten, dann einen noch weiseren Sterbehelfer, der uns wieder hinausgeleitet. Ein solcher, am tröstlichsten ein Freund, wäre für den Beistand in einer solchen Stunde nicht mit Gold aufzuwiegen.

Die stolze Unerschütterlichkeit der Stoiker, die ihre Kraft aus sich selber schöpft und sich weder von Hilfe noch von Hinderung beeinflussen läßt, habe ich keineswegs zu erreichen vermocht. Ich stehe eine Stufe tiefer. Nicht aus Furcht, sondern aus Vorbedacht strebe ich deshalb an, mich bei meinem Scheiden wie ein Kaninchen zu verkriechen. Mir steht nicht der Sinn danach, im Akt des Sterbens Standhaftigkeit zu beweisen oder zur Schau zu stellen. Für wen auch? Zu dieser Stunde endet doch all mein Anspruch auf öffentliches Ansehn und all mein Interesse daran. Mir genügt ein in sich gesammelter, ruhiger und einsamer Tod, der ganz mein Eigen ist und mit meinem zurückgezognen, von der Öffentlichkeit unbehelligten Leben im Einklang steht.

Im Gegensatz zum Aberglauben der Römer, bei denen der als unglücklich galt, der wortlos starb und seine nächsten

Angehörigen nicht um sich hatte, ihm die Augen zu schließen, habe ich mit der eignen Tröstung genug zu tun, ohne andre trösten zu müssen, Gedanken genug, die mir durch den Kopf gehn, ohne daß ich die Umstehenden brauchte, mir neue beizusteuern, und Stoff genug, mich zu beschäftigen, ohne daß ich auf erborgten angewiesen wäre. Dieser Akt ist nicht mehr Teil des gesellschaftlichen Rollenspiels – diesen Akt spielt jeder allein.

Leben und lachen sollten wir unter den Unsren, versauern und sterben aber unter Unbekannten! Gegen Bezahlung findet man immer einen, der uns den Kopf richtig legt und die Füße reibt, uns aber nicht öfter auf den Leib rückt, als wir es wünschen; der uns ein gleichgültiges Gesicht zeigt und uns unsren Gedanken nachhängen oder aber jammern läßt, wie es uns grade paßt.

Tag für Tag suche ich mir jene kindische, ja menschenunwürdige Neigung auszureden, mit unserm Leid das Mitleid der uns Nahestehenden zu erwecken. Um sie zu Trauer und Tränen zu rühren, machen wir unsre Beschwerden schlimmer, als sie sind. Und die Standhaftigkeit im Ertragen von Unglück, die wir an allen andern rühmen, tadeln und verurteiln wir an unsren Angehörigen, wenn sie dem unsern damit begegnen: Uns genügt es nicht, daß sie unsre Schmerzen nachzuempfinden suchen – sie sollen von ihnen niedergeschmettert sein wie wir.

Dabei müßte man gerade die Traurigkeit soweit wie möglich mindern, doch mehren die Freude. Wer sich ohne Grund bemitleiden läßt, verdient es auch dann nicht, bemitleidet zu werden, wenn ein Grund vorliegt. Sich selber stets beklagen führt dazu, daß man nie beklagt wird. Einen, der immer wieder den Erbarmungswürdigen spielt, findet keiner mehr erbarmungswürdig. Wer sich quicklebendig sterbenskrank stellt, wird sterbenskrank für quicklebendig gehalten. Ich habe welche gekannt, die fuchsteufelswild wurden, wenn man ihre Gesichtsfarbe frisch und den Puls regelmäßig fand, die sich zwangen, niemals zu lachen, weil das ihre Genesung verraten hätte, und die ihre Gesundheit haßten, weil sie kein Mitleid erregte. (Und was das Schlimmste ist: Es waren nicht einmal Frauen.) Was mich betrifft, zeige ich, wenn ich krank bin, mein Leiden höchstens so, wie es ist, und unterlasse alles vorsätzliche Schreien und Wehklagen über das, was ich an Argem auf mich zukommen sehe.

Wenn nicht Heiterkeit, so ist zumindest Gleichmut die angemeßne Haltung am Bett eines vernünftigen Kranken: Ihn wird es, gerade weil er sich in einem der Gesundheit entgegengesetzten Zustand befindet, nicht aufregen, sondern vielmehr freuen, sie in andern stark und vollkommen zu sehn und damit wenigstens ihren Anblick genießen zu können. Und er wird, nur weil er sich in den Abgrund sinken fühlt, keineswegs die Gedanken an das Leben zurückweisen noch sich den gewohnten Gesprächen entziehn.

Nachdenken über die Krankheit will ich, wenn ich gesund bin. Ist sie da, hat sie mich auch ohne Zutun meiner Vorstellungskraft fest genug im Griff. Wir bereiten uns im voraus auf die Reisen vor, die zu unternehmen wir entschlossen sind. Die Stunde aber, da wir zu Pferde steigen müßten, widmen wir denen, die um uns sind, und dehnen sie ihnen zu Gefallen aus.

Ich merke, wie ich aus der öffentlichen Darstellung meines Sinnens und Trachtens den unverhofften Gewinn ziehe, damit eine gewisse Richtschnur zu erhalten. Immer wieder einmal kommt mir in den Sinn, daß ich meiner hier erzählten Lebensgeschichte ja nicht untreu werden darf. Ihre Offenlegung vor aller Augen zwingt mich also, auf meinem Weg zu bleiben, um die Schildrung meiner Eigenschaften nicht Lügen zu strafen – Eigenschaften, die gemeinhin weniger widersprüchlich und entartet sind, als es die krankhafte Niedertracht der heutigen Urteile hinstellt. Die Gleichförmigkeit und Einfachheit meiner Lebensführung ergibt vielmehr ein Bild, das sich leicht deuten läßt; da es jedoch in seiner Art etwas neu und ungewohnt ist, bietet es der üblen Nachrede ein allzuleichtes Spiel.

Wie die Dinge liegen, findet somit jeder, scheint mir, der mir tüchtig auf den Leib rücken will, in meinen eingestandnen und bekanntgemachten Unvollkommenheiten Angreifbares genug, um nach Herzenslust zubeißen zu können – er wird nicht leer ausgehn dabei. Wenn er aber meint, ich sei ihm durch meine Enthüllungen und Selbstanklagen zuvorgekommen und beraubte seinen Biß deshalb der Zähne, steht es ihm frei, von seinem Recht auf Erweitrung und Ausdehnung Gebrauch zu machen (denn jeder Angriff hat über die Gerechtigkeit hinausgehende Rechte), indem er die Fehler, deren Wurzeln in mir ich ihm aufgezeigt habe, zu Bäumen hochzieht und nicht nur jene gegen mich ins Feld führt, die Besitz von mir ergriffen haben, sondern auch die, welche mir lediglich drohn. Sie sind mir allesamt abträglich, nach Gewicht nicht minder als nach Zahl. Nur zu – feste draufgehaun!

Ich würde ohne weiteres dem Beispiel des Philosophen Bion folgen, der, als Antigonos ihn wegen seiner Herkunft reizen wollte, ihm sofort ins Wort fiel: »Ich bin der Sohn eines Metzgers, der gebrandmarkter Sklave war, und einer Hure, die mein Vater seines niedren Standes wegen geheiratet hat. Beide begingen irgendeine Untat und wurden bestraft. Ein Redner fand mich anziehend und kaufte mich schon als Kind. Bei seinem Tod vermachte er mir all sein Vermögen. Damit begab ich mich hierher nach Athen, um mich der Philosophie zu widmen. Die Geschichtsschreiber können sich also die Mühe ersparen, Auskünfte über mich einzuholn – ich selbst werde ihnen alles offenlegen.« So nimmt ein freimütiges Bekenntnis Anwürfen den Wind aus den Segeln und entwaffnet jede Verleumdung.

Alles in allem aber habe ich den Eindruck, daß ich genausooft über Gebühr gelobt wie getadelt werde – und auch, daß man mir seit meiner Jugend einen Platz einzuräumen pflegt, der an Rang und Ehren eher ober- als unterhalb dessen liegt, was mir zusteht.

Ich würde mich in einem Land wohler fühlen, wo dergleichen Rangordnungen entweder fest geregelt sind oder unwichtig genommen werden. Wenn unter Männern ein Streit über die Geh- und Sitzordnung drei Wortwechsel überschreitet, wird er zur Flegelei. Um solch ungehobelte Auseinandersetzungen zu vermeiden, macht es mir überhaupt nichts aus, der Regel zuwider voran- oder hinterherzugehn, und noch nie hat einer den Vortritt vor mir haben wollen, dem ich ihn nicht gelassen hätte.

Außer dem erwähnten Gewinn, den ich daraus ziehe, daß ich über mich schreibe, erhoffe ich mir noch diesen: Sollte es vor meinem Tod geschehn, daß einem wohlgesinnten Menschen meine Wesensart zusagt und gefällt, wird er eine Begegnung zwischen uns anstreben; und da ist es mir nunmehr möglich, ihm einen großen Vorsprung einzuräumen – denn alles, was ihm eine lange und vertrauliche Bekanntschaft mit mir im Laufe etlicher Jahre an Einblicken hätte verschaffen können, vermag er jetzt diesen Aufzeichnungen in drei Tagen zu entnehmen, und genauer und zuverlässiger obendrein.

Komische Marotte: Manches, was ich an sich keinem sagen möchte, sage ich hier allen, und meine engsten Freunde schicke ich, wenn sie über mein geheimstes Wissen oder Denken Aufschluß wünschen, in einen Buchladen:

Seht, wie er alles offenlegt,
was ihn in tiefster Brust bewegt!

Würde ich meinerseits dank einer ebenso rückhaltlosen Selbstdarstellung auf jemand andern aufmerksam, dessen Wesensart der meinen entspräche – gewiß ginge ich ihm sehr weit entgegen, um ihn kennenzulernen; denn die Wohltat einer harmonischen Verbundenheit kann man meines Erachtens gar nicht teuer genug erkaufen. O ein Freund! Wie wahr ist doch der alte Sinnspruch, daß der Umgang mit einem solchen notwendiger und ersprießlicher sei als der mit den Elementen Feuer und Wasser!

Zurück zum Thema: Es ist, wie ich dargelegt habe, so übel nicht, allein und fern den Unseren zu sterben. (Wir halten es ja auch für unsre Anstandspflicht, selbst natürliche Verrichtungen, die weniger erbärmlich und abstoßend sind als dieser Vorgang, beiseite zu erledigen.) Schon jene, deren Leiden es mit sich bringt, daß sie eine lange Lebensstrecke dahinsiechen müssen, sollten sich möglichst den Wunsch versagen, ein ganzes Haus mit ihrem Elend zu verdüstern. Deshalb fanden es die Inder in einer bestimmten Provinz Rechtens, denjenigen umzubringen, der einer solchen Misere anheimgefallen war; in andren Gebieten ließen sie ihn allein, auf daß er selber sehe, wie er am besten davonkommt.

Wem werden die Dahinsiechenden am Ende nicht lästig und unerträglich? Die üblichen Pflichten gehen nicht so weit, daß man dergleichen auf sich nehmen müßte. Diese Unglückseligen zwingen ihre besten Freunde zur Erbarmungslosigkeit, und ihre Frauen und Kinder verhärten sie derart, daß sie durch die ständige Gewöhnung das Leiden nicht länger nachfühlen, geschweige Mitleid darüber bekunden können. Mein Ächzen bei einer Nierenkolik rührt keinen mehr. Selbst wenn die Gesellschaft der Freunde und Angehörigen dem Kranken einige Erleichtrung brächte (was keineswegs immer der Fall ist, da der Unterschied der Befindlichkeiten in ihm leicht Neid und Haß auf die andern auslöst, wer immer sie sein mögen), wäre es dann nicht zu unverschämt, dies ein halbes Leben lang auszunutzen?

Je mehr ich die Umstehenden sich aus Gutherzigkeit meinetwegen abmühn sähe, desto peinlicher wäre mir's.

Wir dürfen uns durchaus auf andre stützen, nicht aber so schwer auf sie legen, daß sie darunter zusammenbrechen. Man denke nur an jenen König, der kleinen Kindern die Kehle aufschlitzen ließ, um sich ihres Blutes zur Heilung von einer Krankheit zu bedienen, die ihn befallen hatte; oder an jenen andern, dem man knospende junge Mädchen herbeischaffte, ihm des Nachts seine alten Glieder zu wärmen und seinem sauren, übelriechenden Atem die Süße des ihren beizumischen. (Was mich betrifft, würde ich mir in einem solchen Zustand der Lebensschwäche freudigen Herzens Venedig als Kurort verordnen.)

Dem hinfälligen Greisenalter ziemt Einsamkeit. Ich bin gesellig bis zum Übermaß. Gleichwohl scheint es mir vernünftig, daß ich der Welt den peinlichen Anblick meines Alterns von jetzt ab erspare und ganz für mich über es nachbrüte – daß ich mich also zurückziehe und wie die Schildkröten in mein Gehäus verkrieche. So lerne ich die Menschen sehen, ohne mich an sie zu klammern, denn das wäre auf einer so abschüssigen Bahn eine Unverschämtheit. Es ist Zeit, der Gesellschaft den Rücken zu kehrn.

»Aber auf so langen Reisen werdet ihr eines Tages elend in einer Dreckshütte, wo es euch an allem fehlt, auf der Strecke bleiben!« Nun, die meisten notwendigen Dinge trage ich bei mir. Und dann: Wir können dem Schicksal, falls es vorhat, sich uns an die Fersen zu heften, sowieso nicht entgehn. Sollte ich erkranken, bedarf ich keiner besondren Heilmittel: Was die Natur nicht in mir vermag, das soll auch keine Quacksalberei vermögen.

Gleich am Anfang von Fieberanfällen und mich niederwerfenden Krankheiten, wenn ich der Gesundheit noch nahe, noch voll bei Kräften bin, versöhne ich mich kraft der christlichen Sterbesakramente mit Gott und fühle mich dadurch entlasteter und freier: Mir scheint, daß ich auf diese Weise die Krankheit um so besser überstehe.

An Notaren und Advokaten habe ich noch weniger Bedarf als an Ärzten. Man erwarte nicht von mir, daß ich bei voller Gesundheit unterlaßne Verfügungen über meine Angelegenheiten im kranken Zustand nachholn werde. Was ich im Hinblick auf den Tod tun will, ist stets schon getan – ich würde nicht wagen, es einen einzigen Tag aufzuschieben. Wenn also etwas ungetan blieb, besagt dies entweder, daß der Zweifel mich von einer Entscheidung abhielt (denn sich nicht entscheiden heißt manchmal sich gut entscheiden) oder daß ich in der Sache ohnehin nichts tun wollte.

Ich schreibe mein Buch für wenige Menschen und für wenige Jahre. Wäre sein Stoff dauerhaft, hätte ich ihn einer dauerhafteren Sprache als dem Französischen anvertraun müssen. Wer kann in Anbetracht von dessen ständigen Veränderungen, denen es bis zur Stunde unterliegt, die Hoffnung hegen, daß seine gegenwärtige Form in fünfzig Jahren noch in Gebrauch sein werde? Es entgleitet Tag für Tag weiter unsren Händen, im Laufe meines Lebens hat es sich bereits zur Hälfte gewandelt. Wir sagen, jetzt sei es vollendet. Dasselbe sagt aber jedes Jahrhundert von seiner Sprache. Ich werde mich deshalb hüten, das Französische dafür zu halten, solange es fortfährt, dahinzueilen und seine Form zu verändern – und das tut es ja. Den guten und nützlichen Schriften obliegt es, ihm als Hort zu dienen. Sein künftiges Ansehen aber wird mit den Geschicken unsres Staates Hand in Hand gehn.

Da dem so ist, scheue ich mich nicht, meinem Buch hier etliche persönliche Dinge einzufügen, deren Dienlichkeit mit den heute Lebenden dahingeht und die das besondre Wissen einiger weniger berührn, denen sie mehr sagen werden als dem gewöhnlichen Leser. Letztlich geht es mir darum zu vermeiden, daß man (wie ich es so oft erlebe, wenn man das Andenken an die Verstorbnen hin und her wendet) über mich das große Palaver beginnt: »Er dachte wie folgt...« – »Er lebte wie folgt...« – »Er wollte dies...« – »Hätte er im Sterben sprechen können, würde er bestimmt gesagt haben, daß...« – »Er hätte als Schenkung verfügt, daß...« – »Ich kannte ihn besser als jeder andre.«

Deshalb mache ich hier, soweit es die Schicklichkeit erlaubt, meine Neigungen und Gefühle schriftlich bekannt. Noch bereitwilliger und freimütiger täte ich es unter vier Augen jedem gegenüber, der Nähres zu erfahren wünschte. Doch auch so – wenn man diese Memoiren recht betrachtet, wird man finden, daß ich darin alles gesagt, zumindest alles zu verstehn gegeben habe. Was ich nicht rundheraus sagen konnte, darauf weise ich mit dem Finger:

Es reicht, nur wen'ge Dinge zu benennen,
den Rest wird jeder Kluge selbst erkennen.

So lasse ich an Kenntnis von mir nichts zu wünschen oder zu erraten. Wenn man sich über mich unterhalten will, möchte ich, daß es der Wirklichkeit entspreche und mir gerecht werde. Stellte einer mich anders dar, als ich war – und sei es, um mich zu ehren –, käme ich stracks aus dem Jenseits zurück, um ihn Lügen zu strafen. Selbst von den Lebenden spricht man, wie mir auffällt, stets anders, als sie sind; und hätte ich mich nicht für das lebenswahre Bild eines Freundes nach dessen Tod mit aller Kraft eingesetzt, würde man ihn mir in tausend sich widersprechende Teile auseinandergerissen haben.

Um die Ausführungen über meine schwachen Seiten zu beenden, muß ich gestehn, daß ich auf Reisen selten in einer Herberge ankomme, ohne daß mir sogleich durch den Kopf ginge, ob ich darin nicht gelassen erkranken und sterben könnte. Ich möchte hierzu an einem Ort untergebracht sein, der ganz nach meinem Geschmack ist: ohne Lärm, ohne Schmutz, weder verräuchert noch voll stickiger Luft. Mit solchen Äußerlichkeiten suche ich den Tod mir gewogen zu stimmen, oder besser gesagt, mich aller andren

Belastungen zu entledigen, damit ich mich ganz auf ihn konzentrieren kann – wird er mir doch auch ohne zusätzliche Bürde genug zu schaffen machen! Ich will, daß er an den Annehmlichkeiten und Bequemlichkeiten meines Lebens teilhabe. Er ist ein großes und wichtiges Stück davon, und ich hoffe von Stund an, daß er meine Vergangenheit nicht verleugnen möge.

Es gibt Todesarten, die leichter sind als andre, und je nach Betrachtungsweise des einzelnen nehmen sie unterschiedliche Züge an. Von den natürlichen scheint mir jene sanft und sacht, die aus Ermüdung und Entkräftung erfolgt. Was die gewaltsamen betrifft, ist mir die Vorstellung, in einen Abgrund zu fallen, schrecklicher als die, von einer Mauer erschlagen zu werden, und schlimmer dünkt mich, ein scharfer Schwertstreich streckte mich nieder als der Schuß einer Arkebuse; lieber hätte ich den Schierlingsbecher des Sokrates geleert als mich wie Cato ins Schwert gestürzt. Und wenn es auch auf dasselbe hinausläuft, stellt mir meine Phantasie dennoch den Unterschied, ob ich mich in einen glühenden Ofen oder den Lauf eines breiten Flusses werfe, als ebensogroß dar wie den zwischen Leben und Tod – derart verblendet starrt unsre Furcht mehr auf das Wie als aufs Was! Der Vorgang dauert nur einen Augenblick; der aber ist von solchem Gewicht, daß ich gern etliche Tage meines Lebens dafür gäbe, ihn auf meine Weise durchzustehn.

Da nun die Vorstellung jedem die eine Todesart bitterer ausmalt als die andre, jeder aber auch eine gewisse Wahl zwischen ihnen hat, laßt uns ein wenig weitersuchen, ob wir nicht eine finden, die frei von allem Mißbehagen ist. Könnte man nicht vielleicht sogar lustvoll sterben, wie es Antonius und Kleopatra taten, die sich als *Commourents* gemeinsam den Tod gaben?

Die harten und exemplarischen Todesarten, zu denen

Philosophie und Religion bedeutende Menschen befähigen, lasse ich hier beiseite. Doch unter den weniger bedeutenden Menschen hat es etliche gegeben, die wie ein gewisser Petronius und ein gewisser Tigellinus in Rom den Tod, zu dem sie aufgefordert waren, durch die Gelöstheit ihrer Vorkehrungen gleichsam einzulullen verstanden: Inmitten der Annehmlichkeit ihrer üblichen Vergnügungen, inmitten junger Mädchen und fröhlicher Zechkumpane ließen sie ihn mit ihrem verfließenden Leben dahingleiten: keine Rede von Trost oder Testament, keine ehrgeizige Schaustellung von Standhaftigkeit, kein Gedanke an das, was auf sie zukam – nein, nur Spiele und Schmausen, Scherze und lockres Geplauder, zudem Liebesgedichte und Musik.

Sollten wir diese Gelassenheit nicht nachahmen können, wenn auch in angemeßnerer Haltung? Da es gute Todesarten für Narren gibt, und gute für Weise, machen wir doch solche ausfindig, die gut sind für die Menschen dazwischen! Ich kann mir jedenfalls eine vorstellen, die sowohl unbeschwert als auch, wenn schon gestorben werden muß, wünschenswert wäre. (Die römischen Tyrannen glaubten, einem Verbrecher die Wahl seines Todes zuzubilligen sei soviel wie ihm das Leben schenken.)

Freilich sah sich Theophrastos, dieser so feinsinnige, so bescheidne, so weise Philosoph von der Vernunft genötigt, stets folgenden (von Cicero ins Lateinische übersetzten) Vers anzuführn:

Auf unsre Weisheit kommt's nicht an –
das Schicksal ist der Steuermann.

Und wie sehr verhilft mir nun ebendas Schicksal dazu, mein Leben leicht eintauschen zu können! Es ist an einem Punkt angelangt, wo keiner mehr seiner bedarf, es aber auch keinem mehr im Wege steht. Eine solche Lage hätte ich schon in jedem früheren Lebensabschnitt begrüßt; doch jetzt, da es Zeit ist, meine Siebensachen zusammenzupacken und mein Bündel zu schnüren, macht es mir noch größeres Vergnügen, mit meinem Hinscheiden kaum jemandem Vergnügen zu bereiten und kaum jemandem Mißvergnügen. Das Schicksal hat durch einen geschickten Ausgleich dafür gesorgt, daß jene, die sich von meinem Weggang einen wesentlichen Gewinn erhoffen können, gleichzeitig einen wesentlichen Verlust erleiden. Oft bedrückt uns der Tod eines Menschen sogar mehr, weil er die andern bedrückt, und uns schmerzt deren Schmerz fast ebenso wie der eigne, ja zuweilen noch stärker oder gar ausschließlich.

Auf Reisen rechne ich zu den Annehmlichkeiten einer Unterkunft, wie ich sie suche, keineswegs Weiträumigkeit und reiche Ausstattung – die sind mir eher zuwider –, sondern eine gewisse rustikale Schlichtheit, wie man sie am häufigsten in Häusern antrifft, die weniger Drum und Dran aufweisen und denen die Natur daher einen ganz eigenen Reiz verliehn hat. *Hier schmaust man nicht üppig, doch gepflegt, nicht luxuriös, doch mit Lust.*

Was aber die Gefahr angeht, daß mich unterwegs der Tod ereilt, sollte sie eher jene beschäftigen, die von ihren Geschäften mitten im Winter über die Berge Graubündens getrieben werden. Ich hingegen, der ich meistens nur zum Vergnügen reise, verhalte mich vernünftiger: Sieht es rechts bedenklich aus, wende ich mich nach links; fühle ich mich zu schlecht, mich in den Sattel zu schwingen, bleibe ich, wo ich bin. Durch dieses Verhalten finde ich es in der Tat allerorts genauso angenehm und bequem wie zu Hause. Was freilich überflüssig ist, finde ich stets überflüssig. Schon Überfeinerung und unnötiger Aufwand berührn mich unangenehm.

Bin ich an irgend etwas Sehenswertem vorbeigeritten? Dann kehre ich eben um – es ist so oder so mein Weg! Ich lege mich auf keine Linie fest: keine grade und keine krumme. Finde ich an dem Ort nicht das vor, was man mir darüber erzählt hatte (denn es geschieht oft, daß die Urteile andrer nicht mit den meinen übereinstimmen, ja meistens mußte ich feststellen, daß sie falsch waren), beklage ich deshalb keinesfalls die Mühe meines Umwegs: Ich weiß nun, daß das, was man mir sagte, nicht stimmt.

Ich habe ein so anpassungsfähiges Naturell und einen so vielseitigen Geschmack wie nur irgendeiner auf der Welt. Die Verschiedenheit der Lebensweisen von einem Volk zum andern löst in mir nichts als Freude an solcher Mannigfaltigkeit aus. Jeder Brauch hat seinen Daseinsgrund. Irdene Teller oder aus Zinn oder aus Holz, Gekochtes oder Gebratnes, Butter oder Nuß- und Olivenöl, warm oder kalt – alles gilt mir gleich, ja derart gleich, daß ich, nun älter werdend, mir diese völlige Offenheit vorzuwerfen beginne, weil es mir not täte, daß ein wählerischerer und feinrer Geschmack meinen unterschiedslos genießenden Appetit zügle und meinem Magen hin und wieder Erleichtrung verschaffe.

Wurde ich außerhalb Frankreichs aus Höflichkeit gefragt, ob ich *à la française* bewirtet werden wolle, habe ich mich jedesmal darüber lustig gemacht und mich schleunigst auf den Tisch gestürzt, an dem die meisten Fremden saßen. Ich schäme mich, wenn ich sehe, wie meine Landsleute sich von dem törichten Hang benebeln lassen, vor Verhaltensweisen zurückzuscheun, die den ihren entgegengesetzt sind. Sie fühlen sich, sind sie nicht mehr in ihrem Dorf, nicht mehr in ihrem Element. Wohin sie auch gehn, klammern sie sich an ihre Gepflogenheiten und schütteln sich vor denen der Fremden. Begegnen sie einem Landsmann in Ungarn, feiern sie das als großes Ereignis: Sogleich rücken sie hautnah aneinander und verurteiln all die *barbarischen* Sitten, die sie um sich her sehn – da nicht französisch, *müssen* sie ja barbarisch sein!

Dabei sind solche Landsleute noch die intelligentesten: Sie

nehmen fremde Bräuche wenigstens wahr, wenn auch nur, um sie herabzusetzen. Die meisten aber machen sich bloß des Heimwegs willen auf den Hinweg. Sie reisen verschlossen, in ein mißtrauisches und sich jeder Kommunikation versagendes Schweigen gehüllt, um ja nicht von der ihnen unbekannnten Atmosphäre angesteckt zu werden.

Was ich hier über diese Leute sage, erinnert mich an etwas Ähnliches: Bei einigen unsrer jungen Höflinge habe ich zuweilen beobachtet, daß sie sich nur an ihresgleichen halten und uns teils herablassend, teils mitleidig wie Menschen von einem anderen Stern betrachten. Beraubt man sie jedoch ihrer Unterhaltungen über die Geheimnisse des Hofs (und das ist ihr einziges Jagdrevier), fällt ihnen plötzlich nichts mehr ein: in unseren Augen nun genauso ahnungslose Grünschnäbel und unbeholfne Klötze wie wir in ihren! Die Leute haben schon recht, wenn sie behaupten, nur ein vielseitiger Mann sei ein Mann von Kultur!

Im Gegensatz zu meinen Landsleuten reise ich, weil ich unsrer Lebensweise überdrüssig bin, und nicht, um Gascogner in Sizilien zu suchen (davon habe ich ja genug zurückgelassen); ich suche eher Griechen und Perser. Das sind die Leute, denen ich mich zuwende und die ich erforschen möchte; auf sie stelle ich mich ein und ihnen widme ich mich. Dabei fällt mir vor allem auf, daß ich kaum Sitten und Gebräuchen begegnete, die den unsren nicht gleichwertig wären. (Freilich habe ich gut reden – bin ich doch bloß gelegentlich so weit gereist, daß ich die Wetterfahne auf meinem Haus aus dem Blick verlor!)

Die meisten Reisegesellschaften von Landsleuten, die man unterwegs zufällig trifft, sind jedenfalls mehr Last als Lust. Ich pflege mich ihnen nicht anzuschließen, besonders jetzt, da das Alter mich zum Einzelgänger macht und dem üblichen Umgang entfremdet. Ich leide unter den anderen oder die andern unter mir – beides finde ich lästig, aber dieses noch mehr. Es ist ein seltenes, ein unschätzbare Erleichtrung bringendes Glück, einen rechtschaffnen Mann mit gesundem Menschenverstand bei sich zu haben, dessen Wesensart mit der eignen übereinstimmt und dem es Freude macht, einen zu begleiten. Ein solcher hat mir auf all meinen Reisen schmerzlichst gefehlt. Man müßte ihn freilich bereits daheim für sich gewählt und gewonnen haben.

An keinem Vergnügen, das ich nicht mit einem teile, finde ich Geschmack. Kaum daß mir ein heitrer Gedanke in den Sinn kommt, ärgere ich mich schon, daß dies in der Einsamkeit geschieht und ich niemand habe, dem ich ihn vortragen kann. *Wenn man mir die Weisheit unter der Bedingung anböte, sie verschlossen zu halten und unausgesprochen zu lassen, würde ich sie zurückweisen.*

Ein andrer schlägt einen noch höheren Ton an: *Wäre einem Weisen ein Leben gewährt, das ihn mit sämtlichen materiellen Gütern reichlich versorgte und ihm daher volle Muße ließe, alles Wissenswerte zu betrachten und zu überdenken, er sich dabei jedoch in derartiger Einsamkeit befände, daß er keinen Menschen zu sehen bekäme, so würde er aus diesem Leben scheiden.* Mir gefällt die Ansicht des Archytas, daß es selbst im Jenseits kein Vergnügen machte, unter jenen großen göttlichen Himmelskörpern ohne Begleitung eines Gefährten herumzuwandeln.

Freilich ist Einsamkeit einer langweiligen und unbedarften Gesellschaft immer noch vorzuziehn. Aristippos liebte es, überall als Fremder zu leben;

und wäre mir von meinem Los hienieden
ein Leben ganz nach meiner Art beschieden,

so würde ich es mit dem Hintern im Sattel verbringen, begierig zu schauen,

wo schwarze Regenwolken, schwere Nebel ziehn,
wo unterm Sonnenfeuer Feld und Flur verglühn.

Man mag mir einwenden: »Habt ihr keinen bequemeren

Zeitvertreib als das Reisen? Woran fehlt es euch denn? Liegt euer Haus nicht in einer schönen und gesunden Gegend? Ist es nicht mit allem hinreichend versehn, ist seine Weiträumigkeit nicht sogar mehr als hinreichend? Schließlich hat die königliche Majestät mit all ihrem Gefolge darin zweimal Aufnahme und Bewirtung gefunden. Und läßt von allen Familien die eure an geordneter Lebensführung nicht mehr unter sich, als sie an gesellschaftlichem Rang über sich hat? Bereitet euch euer Zuhause denn derart quälende Sorgen, daß ihr

nimmermehr sie könnt vergessen,
da sie euch das Herz zerfressen?

Wo wähnt ihr wohl ungestört und unbeeinträchtigt leben zu können? *Keinem gewährt Fortuna ein reines Glück.* Nehmt endlich zur Kenntnis, daß allein ihr selbst eure Bürde seid. Ihr werdet sie überallhin mit euch tragen und euch überall beklagen, denn außer für die tierischen und die göttlichen Seelen gibt es hienieden keine völlige Zufriedenheit. Wenn ihr in euren so glücklichen Verhältnissen das Glück nicht findet – wo meint ihr es denn zu finden? Für wieviel Tausende von Menschen wäre eure Lage die Erfüllung ihrer höchsten Wünsche! Ihr braucht euch nur zu läutern, denn euch selbst könnt ihr alles abverlangen, während ihr dem Schicksal gegenüber keinen anderen Anspruch habt, als es geduldig zu ertragen. *Es gibt keine Seelenruhe außer der, die auf vernünftiger Einsicht beruht.*«

Ich sehe, wie berechtigt diese Ermahnungen sind, ich sehe es sehr wohl. Aber man hätte mir das viel kürzer und treffender mit einem Wort sagen können: *Seid weise!* Die mir empfohlne feste Haltung brauchte ja Weisheit als Voraussetzung – sie wäre deren Werk und Wirkung. Solche Ratschläge gleichen denen eines Arztes, der einen armen dahinsiechenden Kranken anschreit, er solle gefälligst fröhlich sein. (Etwas weniger abwegig wäre es, wenn er ihn bloß ermunterte: »Schau, daß du gesund wirst!«)

Ich jedenfalls bin nur ein Mann der gewöhnlichen Art. *Begnüg dich mit dem, was dein ist, nämlich dem gesunden Menschenverstand* – diese Vorschrift finde ich klar, leicht zu verstehn und hilfreich (wenn auch ihre Einhaltung den Weisesten nicht minder schwerfällt als mir). Jeder führt den Satz im Munde, vielleicht ohne dessen ungeheure Tragweite zu erkennen, denn was besagt er nicht alles! Die Dinge sind durchweg bedingt und wandeln sich.

Daß meine Reiselust genaugenommen von Unrast und Unbeständigkeit zeugt, weiß ich – aber dies sind doch allgemein unsre vorherrschenden Eigenschaften. Ja, ich bekenne es: Selbst im Traum oder als Wunschbild sehe ich nichts, was ich festhalten wollte. Allein Abwechslung und Genuß der Vielfalt finde ich (falls überhaupt etwas) lohnend. Auf einer Reise erquickt mich ebendies, daß ich jederzeit ohne Nachteil haltmachen, mich woandershin wenden oder gemächlich wieder heimkehrn kann.

Ich liebe das Privatleben, weil ich es aus freien Stücken liebe und nicht aus mangelnder Eignung für öffentliche Ämter, die vielleicht gleichermaßen meiner Veranlagung entsprächen. Um so freudiger diene ich meinem Fürsten, weil ich es wiederum aus freien Stücken tue, ohne persönliche Verpflichtung, allein dem Urteil meiner Vernunft folgend und nicht etwa, weil mich alle andern Parteien unerwünscht und unannehmbar fänden und ich deshalb auf diesen Dienst angewiesen, gar zu ihm gezwungen wäre; und so mit allem sonst.

Bissen, die mir die Not zurechtschneidet, hasse ich, und jede Annehmlichkeit, von der ich auf Gedeih und Verderb abhinge, empfände ich als Griff an die Gurgel.

Ein Ruder taucht ins Wasser, eines streift den Strand –
so fahre ich aufs Meer und bleibe doch an Land.

Nie werde ich mir meine Bewegungsfreiheit durch eine einseitige Bindung nehmen lassen.

»In eurem Zeitvertreib«, sagt ihr, »steckt Eitelkeit.« Doch worin nicht? All die schönen Lehren sind Eitelkeit, und Eitelkeit ist alle Weisheit. *Der Herr weiß von der Weisen Gedanken, daß sie eitel sind.* Die ausgeklügelten Spitzfindigkeiten der Philosophen taugen nur für Moralpredigten, die uns seelisch gezäumt und gesattelt in die andre Welt entsenden wollen. Das Leben ist jedoch eine stoffliche und körperliche Bewegung, seinem ganzen Wesen nach unberechenbar und nie vollendet; demgemäß suche ich ihm zu dienen.

Was uns erhebt und was uns beugt –
von unsren Manen ist's gezeugt.

Der allgemeinen Beschaffenheit der Natur dürfen wir niemals zuwiderhandeln; im übrigen aber laßt uns unsrer eigenen Natur folgen!

Was nützen uns diese erhabnen Gipfel der Philosophie, auf denen sich kein menschliches Wesen niederlassen kann, und diese Regeln, die alles übersteigen, was wir gewohnt sind und vermögen? Oft höre ich, wie man uns Lebensideale anrät, die zu verwirklichen weder der Redner noch seine Zuhörer die geringste Hoffnung, ja – wesentlich schlimmer – die geringste Lust haben. Von demselben Bogen Papier, auf dem der Richter gerade seinen Urteilsspruch gegen einen Ehebrecher niedergelegt hat, reißt er heimlich ein Stück ab, um darauf ein Liebesbriefchen an die Frau seines Kollegen zu schreiben. Und jene Dame, die euch soeben auf sittenwidrige Weise erlaubte, sie zu befummeln, wird noch in eurer Gegenwart angesichts einer gleichen Willfährigkeit ihrer Freundin empörter aufschrein, als es Catos Tochter Portia getan hätte.

Manch einer verurteilt Menschen für Verbrechen zum Tode, die er nicht einmal unrecht findet. In meiner Jugend habe ich erlebt, daß ein bedeutender Mann mit einer Hand an Schönheit wie an Zügellosigkeit hervorragende Verse und mit der andern das polemischste Werk für eine Erneuerung des Glaubens veröffentlichte, das die Welt seit langem zu schlucken hatte.

So sind die Menschen. Man läßt die Gesetze und Vorschriften ihrer Wege gehn, wir aber halten uns an einen andren – nicht nur aus Zuchtlosigkeit, sondern oft auch aufgrund entgegengesetzter Beurteilung und Überzeugung. Hört euch einmal eine philosophische Vorlesung an! Originalität, Rhetorik und Schlüssigkeit beeindrucken auf der Stelle euren Geist und beschäftigen euch. Doch nichts ist darin, das euer Gewissen besänftigen oder aufrütteln könnte – keineswegs zu ihm wird hier gesprochen, nicht wahr?

Ariston hingegen sagte, wie ein Bad sei auch eine Vorlesung völlig wertlos, wenn sie einen nicht reinige und von Schmutz befreie. Man mag sich durchaus mit der Schale beschäftigen, aber erst, nachdem man sich das Mark einverleibt hat, so wie wir, nachdem wir guten Wein aus einem schönen Pokal getrunken haben, dessen kunstreiche Gravuren betrachten.

In allen Werkstätten der antiken Philosophie wird man finden, daß ein und derselbe Geistesarbeiter Regeln für eine züchtige Lebensführung und zugleich unzüchtige Liebesbreviere herausgab. Xenophon zum Beispiel schrieb wider des Aristippos Lustlehre im Schoße der Klinias an. Es ist nun keineswegs so, daß diese Leute auf wundersame Weise von einer Art Ebbe und Flut umgetrieben worden seien, sondern so, wie wir es bei Solon sehn: Hier präsentiert er sich als er selber, dort als Gesetzgeber; hier spricht er für die Sache der Menge, dort für die eigne; und da er sich seiner völligen Gesundheit sicher ist, hält er sich persönlich an die zwanglosen Regeln der Natur.

Nur wer sich an die besten Ärzte wendet,
hat Grund zur Hoffnung, daß sein Leiden endet.

Antisthenes gestattet dem Weisen, ohne Rücksicht auf die Gesetze nach seiner Art zu lieben und alles so zu tun, wie er es für angebracht halte, da er die Dinge besser beurteiln könne und besser wisse, was Tugend sei. Und sein Schüler Diogenes sagte, Verstörungen sollten wir die Vernunft entgegenstellen, dem Schicksal mutige Zuversicht und den Gesetzen die Natur.

Schwachen Mägen muß man eine strenge und künstliche Schonkost verschreiben, die gesunden hingegen folgen einfach dem, was ihnen ihr natürlicher Appetit verschreibt. Genauso machen es ja unsre Ärzte, die ihre Melone essen und jungen Wein dazu trinken, während sie ihre Patienten zu Sirup und Brotpampe zwingen.

»Ich weiß zwar nicht«, sagte das Freudenmädchen Laïs, »welche Bücher diese Herren lesen, wie gelehrt sie sind und welcher Philosophie sie anhängen; ich weiß nur, daß sie genausooft an meine Tür klopfen wie alle andern.« Da unsre Haltlosigkeit uns stets über das uns gesetzlich Erlaubte hinausträgt, hat man oft die Bestimmungen und Vorschriften für unser Leben enger gefaßt, als es die allgemeine Vernunft erfordert hätte,

weil keiner je genug zu sünd'gen glaubt,
wenn schlimmer er nicht sündigt als erlaubt.

Es wäre zu wünschen, daß zwischen den Geboten und ihrer Einhaltung ein ausgewogneres Verhältnis bestünde. Ein Ziel, das man nicht erreichen kann, scheint unangemessen. Kein Mensch ist so untadlig, daß er, legte man an all seine Gedanken und Handlungen das Richtscheit der Gesetze, in seinem Leben nicht zehnmal den Galgen verdiente – selbst wenn ihn zu bestrafen und hinzurichten noch so schädlich und schändlich wäre.

Wer seine Haut wohl wo zu Markte trägt
und wie – hat's, Ollus, jemals dich bewegt?

Umgekehrt könnte einer kein einziges Gesetz übertreten und gleichwohl nicht im geringsten das Lob verdienen, ein tugendhafter Mann zu sein: Eher würde er vielleicht zu

Recht von der Philosophie gegeißelt – so unausgewogen und gestört ist das Verhältnis zwischen innerer und äußrer Haltung.

Wir kommen gar nicht dazu, uns zu sorgen, ob wir vor Gott gerecht seien – wir vermögen es nicht einmal vor uns selbst. Der menschlichen Weisheit ist es noch nie gelungen, den Pflichten nachzukommen, die sie sich auferlegt hat; und wenn es ihr je gelänge, würde sie sich weitergehende auferlegen, die zu erfüllen sie ständig versuchte und bestrebt bliebe: So sehr ist unsre Befindlichkeit dem Stillstand feind.

Der Mensch verordnet sich damit seine Verfehlungen zwangsläufig selbst. Es spricht kaum für seinen Scharfsinn, daß er sich seine Pflichten nach Maßgabe einer anderen Natur als der eignen zurechtschneidert. Für wen macht er diese Vorschriften, von denen er erwartet, daß niemand sie einhält? Worin besteht das Unrecht, wenn einer nicht tut, was zu tun ihm unmöglich ist? Dieselben Gesetze, die uns dazu verurteilen, Versager zu sein, beschuldigen uns, wir seien Versager.

Doch sich zweifach zu zeigen – im Handeln auf diese, im Reden auf jene Weise – mag notfalls denen erlaubt sein, die sich zu Sachen äußern, nicht aber denen, die wie ich von sich selber sprechen: Meine Feder muß Gleichschritt mit meinen Füßen halten. Ein Leben in der Gesellschaft hingegen hat dem der andern Rechnung zu tragen. Catos Tugend zum Beispiel war nach dem Maße seiner Zeit allzu streng. Bei diesem Mann, der Allgemeinheit zu dienen bestimmt und damit befaßt, das Regiment über seine Mitmenschen zu führn, könnte man sagen, daß sein Gerechtigkeitssinn wenn nicht ungerecht, so zumindest der damaligen Lage unangemessen und folglich fruchtlos gewesen sei.

Schon meine eignen Verhaltensweisen machen mich, obwohl sie von den heute üblichen doch kaum eine Daumenbreite abweichen, meinen Zeitgenossen gegenüber ziemlich unzugänglich und ungesellig. Ich weiß nicht, ob ich mich von den Leuten, mit denen ich verkehre, zu Unrecht abgestoßen fühle. Sehr wohl aber weiß ich, daß ich mich zu Unrecht beklagen würde, wenn sie sich von mir mehr abgestoßen fühlten als ich von ihnen.

Die dem öffentlichen Leben zugewiesne Tugend hat viele Windungen, Vorsprünge und Einbuchtungen, damit sie sich den menschlichen Schwächen anpassen und einfügen kann: Sie ist mischförmig und ausgeklügelt – nicht gradlinig, eindeutig und beständig, sondern voller Wenn und Aber. Die Annalen werfen bis auf den heutigen Tag einem unsrer Könige vor, den Ermahnungen, mit dem sein Beichtvater ihm ins Gewissen geredet hatte, allzu treu gefolgt zu sein. Die Staatsgeschäfte erfordern eben ein skrupelloseres Vorgehn:

Pflichttreu, ehrlich, fromm? Allein
weg vom Hofe kannst du's sein!

Früher machte ich einmal den Versuch, im Dienste der öffentlichen Angelegenheiten meine Grundsätze und Lebensregeln so unbehaun und unausgefeilt, so rein und unverfälscht anzuwenden, wie sie mir angeboren oder von meiner Erziehung eingepflanzt wurden und wie ich mich ihrer in meinem Privatdasein wenn nicht mühelos, so zumindest sicher zu bedienen pflege: eine rechte Schüler- und Novizentugend. Ich fand sie jedoch in jenem Bereich unanwendbar, ja gefährlich. Wer sich in die Menge begibt, muß sich drehn und wenden, muß die Ellbogen einziehn, muß zurückweichen oder sich vordrängen und oft sogar, je nachdem, wer und was sich ihm entgegenstellt, seinen graden Weg verlassen. Er ist gezwungen, sich im Leben weniger nach sich selbst als nach den andern zu richten, nicht nach dem Ziel, das er sich setzt, sondern nach dem, das ihm gesetzt wird; und nach der Zeit; und nach den Menschen; und nach dem Stand der Dinge.

Platon sagt, wer sich den Angelegenheiten der Welt verschreibe, komme nur durch ein Wunder mit reiner Weste davon. Und er sagt weiter, daß er, wenn er einen Philosophen an die Spitze eines Staates stelle, dabei nicht ein so verderbtes Gemeinwesen wie das Athens im Sinn habe (und noch weniger hätte er an eins wie das unsre gedacht, angesichts dessen sogar die Weisheit am Ende ihres Lateins wäre), weil ein gutes Kraut, das man in einen seiner Natur völlig abträglichen Boden verpflanze, sich ihm viel eher anpasse, als daß es ihn verbeßre.

Hätte ich mich ganz und gar dergleichen öffentlichen Tätigkeiten zu widmen, müßte ich mich, dessen bin ich mir bewußt, ziemlich neu einkleiden. Aber selbst wenn ich das über mich brächte (und warum sollte es mir mit der Zeit und einiger Bemühung unmöglich sein?), wollte ich es nicht. Die wenigen Erfahrungen, die ich mit solchen Aufgaben gemacht habe, waren ausreichend, mir den Geschmack hieran zu verderben. Zuweilen spüre ich zwar in mir gewisse Versuchungen zum Ehrgeiz aufsteigen, aber ich stemme mich hartnäckig und unbeirrbar dagegen:

Du, Catullus, wanke nicht,
standhaft sein ist deine Pflicht!

Man ruft mich selten zu derartigen Diensten, und genauso selten biete ich mich hierzu an. Freiheitsdrang und Müßiggang, meine zwei Haupteigenschaften, sind diesem Tun diametral entgegengesetzt.

Wir verstehn es nicht, zwischen den Befähigungen des Menschen zu unterscheiden. Sie erstrecken sich nur auf Teilgebiete und haben Grenzen, die fein gezogen und daher schwer auszumachen sind. Aus einer bestimmten Tauglichkeit im Privatleben auf eine solche für Staatsgeschäfte zu schließen ist schlecht geschlossen. Mancher führt sich selber gut und versteht es dennoch nicht, andre gut zu führen; mancher versucht sich an einem dicken Buch *Essais*, ohne zu wissen, wie man Erfolge verbucht; mancher kann gut Festungen belagern, aber schlecht Schlachten schlagen; und mancher, der sich im persönlichen Umgang gut auszudrücken vermag, würde, falls er sich ans Volk oder an einen Fürsten wenden müßte, einen schlechten Redner abgeben. Ja, wenn einer das eine kann, ist das vielleicht eher als umgekehrt ein Zeichen, daß er das andre nicht kann.

Ich finde, die großen Geister sind kaum weniger für die kleinen Dinge geeignet als die kleinen Geister für die großen. Hätte man sich denn vorstellen können, daß Sokrates die Athener auf seine Kosten zum Lachen brachte, weil er es niemals schaffte, die Stimmen seines Bezirks auszuzählen und dem Rat darüber Bericht zu erstatten? Es ist gewiß das Verdienst der Hochachtung, die ich für die Vollkommenheiten dieses Mannes empfinde, daß sein Los mir zugleich ein so großartiges Beispiel liefert, wie ich die wesentlichsten meiner Unvollkommenheiten entschuldigen kann!

Unser Können ist also in winzige Stückchen zerteilt. Da dem meinen die Breite fehlt, bleibt selbst deren Anzahl kläglich. Denen, die Saturninus die oberste Befehlsgewalt übertragen hatten, rief er zu: »Kameraden, ihr verliert einen guten Hauptmann, weil ihr mich zu einem schlechten General macht!«

Wer sich in einer so kranken Zeit wie der heutigen rühmt, er widme sich dem Dienst der Welt mit unbefangener und lautrer Tugend, weiß entweder nicht, was Tugend ist, da mit den Sitten auch die Anschauungen verderben (und in der Tat höre man sich nur einmal an, wie dergleichen Leute ihre Tugend beschreiben; man höre nur, worauf sich die meisten in ihrer Lebensführung etwas zugute tun und welche Regeln sie sich aufstelln; das ist keine Tugend mehr, sondern ihre völlige Verdrehung zum Laster; und so verfälscht wird sie von ihnen dann auch in der Prinzenerziehung vermittelt) – oder, wenn er es weiß, rühmt er sich zu Unrecht und verübt in Wirklichkeit, was immer er sagen mag, tausend Dinge, für die ihn sein Gewissen verurteilt.

Die Erfahrungen, die Seneca unter ähnlichen Umständen gemacht hat, würde ich ihm gerne glauben, wenn er bereit wäre, offnen Herzens mit mir hierüber zu sprechen. Das ehrenvollste Zeichen von Tugend in einer solch schwierigen Lage besteht darin, fremde Fehler aufzudecken und sich die eigenen freiweg einzugestehn sowie sich vom Abgleiten ins Böse nicht mitreißen zu lassen, sondern es zu verzögern, indem man sich ihm mit aller Macht entgegenstemmt, auf Beßrung hofft und sie herbeiwünscht.

Ich beobachte, wie in den Kämpfen, denen wir zur Zeit ausgesetzt sind und die Frankreich spalten und zerstückeln, jeder sich abmüht, seine Sache zu verfechten, dabei aber (bis hin zu den Besten) mit Lug und Trug vorgeht. Wer freiweg hierüber schreiben wollte, müßte sich weit hervorwagen und dürfte keinen Schaden scheun: Selbst die Partei, die das größere Recht auf ihrer Seite hat, ist Glied eines von Würmern wimmelnden Körpers. Bei einem solchen nennt man das am wenigsten angefreßne Glied freilich *gesund* – was insofern seine Richtigkeit hat, als die Namen unsrer Eigenschaften ausschließlich auf Vergleichen gründen. Was man *bürgerliche Rechtschaffenheit* heißt, bemißt sich nach Ort und Zeit.

Ich würde mich wundern, bei Xenophon ein Lob für folgendes Verhalten des Agesilaos zu finden: Als diesen ein benachbarter Fürst, mit dem er ehedem Krieg geführt hatte, um freies Geleit durch sein Land bat, gewährte er ihm das Ansuchen und ließ ihn den Peloponnes überquern; obwohl der Fürst sich so in seiner Gewalt befand, sah Agesilaos nicht nur davon ab, ihn gefangenzunehmen oder zu vergiften, sondern empfing ihn überdies höflich und ohne ihm etwas zuleide zu tun.

Für Xenophon wäre das nämlich, da den damaligen Sitten und Gebräuchen entsprechend, überhaupt nicht der Rede wert gewesen; anderswo und zu spätren Zeiten aber wird man die Lauterkeit und Großherzigkeit einer solchen Handlungsweise gebührend zu würdigen wissen. Unsre affigen Internatsschüler freilich hätten darüber nur gewitzelt – so wenig gleicht die spartanische Tugend der französischen!

Gewiß gibt es auch bei uns noch tugendhafte Männer, aber nur nach unsrem Maßstab. Wer sich in seiner Lebensführung nach festen Prinzipien richtet, die über denen seiner Zeit stehn, muß sie entweder herunterbiegen und verflachen oder (und dazu würde ich ihm raten) sich in seine Klause zurückziehn und es ablehnen, sich mit uns zu befassen – denn was würde er andernfalls gewinnen?

Seh' ich einen tugendhaften Mann, so dächt' ich,
eine Mißgeburt zu sehen, unterm Pfluge
Fische oder einen Eselhengst, der trächtig!

Man kann sich nach besseren Zeiten zurücksehnen, nicht aber den gegenwärtigen entfliehn; man kann sich andre Obrigkeiten wünschen, muß aber dennoch den jetzigen gehorchen; und zuweilen mag den schlechten zu gehorchen sogar verdienstvoller sein als den guten. Solange uns das Bild der alteingeführten Gesetze unsrer Monarchie in irgendeinem Winkel des Landes leuchtet, werde ich dort meine Bleibe haben. Sollte das Unglück wollen, daß man deren Geltung durch widersprüchliche Auslegung behinderte und zwei Parteien entstünden, zwischen denen die Wahl schwer und fragwürdig wäre, würde meine Entscheidung mutmaßlich die sein, mich davonzumachen und aus dem Sturm fortzustehlen; möge die Natur oder das wechselnde Kriegsglück mir inzwischen beistehn!

Zwischen Caesar und Pompeius hätte ich offen Partei

ergriffen. Aber zwischen den drei Spitzbuben, die danach kamen, wäre mir nur die Wahl geblieben, mich zu verstecken oder den Mantel nach dem Wind zu hängen (was ich, wenn die Vernunft nicht mehr das Staatsruder führt, zulässig finde). Freilich:

Wo der wohl endet,
der ständig wendet?

Dieses Füllsel fällt etwas aus dem Rahmen meines Themas. Ich schweife häufig ab, doch eher mit meine Freiheit nutzendem Vorbedacht als unbedacht; meine Gedanken folgen einander durchweg, wenn auch zuweilen von weitem; sie behalten sich stets im Blick, wenn auch zuweilen nur aus den Augenwinkeln.

Ich habe neulich einen zweiteiligen, erstaunlich buntscheckigen Dialog Platons überflogen; der Anfang handelt von der Liebe, der ganze Rest von der Redekunst. Die Alten scheuen vor solchen Wechselspielen keineswegs zurück, sondern lassen sich auf diese Weise mit wundervoller Anmut im Winde treiben – selbst wenn es nur so scheint.

Auch bei mir decken sich die Überschriften der *Essais* nicht immer mit deren Inhalt; oft bezeichnen sie ihn nur durch ein bestimmtes Merkmal – wie bei Terenz die Titel *Das Mädchen von Andros* oder *Der Eunuch* und so, wie man manchen Römern gewisse Beinamen gab: etwa *Sulla* oder *Sylla* (»Der Sommersprossige«), *Cicero* (»Die Kichererbse«, da er eine Warze auf der Nase hatte) oder *Torquatus* (»Der Mann mit der Halskette«).

Ich liebe die hüpfende, Luftsprünge machende Gangart der Poesie. Sie ist, wie Platon sagt, eine leichtfüßig dahinschwebende, vom *Daimon* beflügelte Kunst. So gibt es auch Werke des Plutarch, in denen er sein Thema vergißt und der Gegenstand seiner Darlegungen nur noch beiläufig auftaucht, von fremdem Beiwerk völlig überrankt. Man sehe sich sein Vorgehn einmal in *Der Daimon des Sokrates* an:

Himmel, wieviel Schönheit liegt doch in diesem Abwechslungsreichtum, in diesen übermütigen Eskapaden – und eine um so größere, je lässiger und zufälliger sie wirken!

Es ist der unaufmerksame Leser, der meinen Gegenstand aus den Augen verliert, nicht ich. In irgendeiner Ecke wird sich stets ein Wort finden, das, wie knapp auch immer, hinlänglich zu verstehen gibt, worum es geht. Ständig suche ich Abwechslung, ungestüm und auf gut Glück. Mein Stil vagabundiert genauso herum wie mein Geist. Besser eine Spur Tollheit als ein Zuviel an Dummheit, sagen die Lehren unsrer alten Meister und noch eindrücklicher ihre Beispiele.

Tausend Dichter schreiben nur eine schleppende und matte Prosa, während die beste der Antike rundum die Kraft und Kühnheit großer Dichtung ausstrahlt und so von gleichem Feuer zeugt (weswegen ich sie hier auf einer Stufe mit den Versen einstreue) – jener großen Dichtung, der man zweifellos Vorrang und Führung in der Wortkunst zuerkennen muß.

Nach Platon sitzt der Dichter auf dem Dreifuß der Musen und sprudelt im Furor der Entrückung wie eine Fontäne alles aus sich hervor, was in ihm aufsteigt, ohne hierüber nachzudenken und es zu wägen; daher entströmen ihm in stoßartigen Schwällen Dinge von unterschiedlicher Färbung und oft widersprüchlicher Substanz. Er selbst ist ganz Dichtung – und Dichtung auch die alte Theologie, sagen die Gelehrten, und die erste Philosophie ebenso. Dichtung ist die Ursprache der Götter.

Ich will, daß der Stoff sich von alleine gliedre. Er zeigt deutlich genug, wo er anfängt, wo er sich wandelt, wo er vorläufig endet und wo er auf sich zurückkommt, ohne daß ich ihn schwachen oder unaufmerksamen Ohren zu Gefallen mit Wörtern zusammennähn und verschnüren oder mich selber kommentieren müßte. Wer würde nicht lieber gar nicht als nur flüchtig oder schlafend gelesen? *Nichts ist so nützlich, daß es einem im Vorübergehn nützte.* (Wäre Bücher in die Hand nehmen soviel wie sie aufnehmen, wäre sie anblicken soviel wie Einblick gewinnen und wäre sie überfliegen soviel wie sie erfassen, hätte ich unrecht, mich für so völlig unwissend auszugeben, wie ich es tue.)

Da ich unfähig bin, die Aufmerksamkeit des Lesers durch das Gewicht meiner Darlegungen zu fesseln, empfände ich es als gar nicht so schlecht, wenn wenigstens ihr Durcheinander ihn fesselte. »Aber hernach wird es ihn gereuen, seine Zeit damit verbracht zu haben!« Na und? Er hat sie immerhin *damit* verbracht!

Und dann: Es gibt Gemüter, die alles geringschätzen, was sie verstehn, und die mich daher um so höher schätzen werden, je weniger sie mitbekommen, was ich meine. Aus der Dunkelheit meiner Gedanken werden sie auf deren Tiefe schließen; dabei ist mir Dunkelheit, ehrlich gesagt, höchst zuwider, und am liebsten vermiede ich sie – wenn ich nur wüßte, wie. Aristoteles brüstet sich an einer Stelle, er bediene sich ihrer vorsätzlich. Welch verwerflicher Vorsatz!

Weil die häufige Aufsplitterung in kurze *Essais*, wie ich sie am Anfang vorzunehmen pflegte, mir der Aufmerksamkeit des Lesers Abbruch zu tun schien, noch ehe sie erweckt war – wer vertieft sich schon gerne in so wenig –, bin ich darangegangen, sie länger zu machen. Man muß sich nun auf sie einstellen und Zeit für sie nehmen. Wem man bei solchen Beschäftigungen keine einzige Stunde widmen will, dem will man gar nichts widmen; und man tut nichts für einen, für den man nur dann etwas tut, wenn man gleichzeitig etwas andres tun kann.

Hinzu kommt, daß mich vielleicht besondre Gründe zwingen, manches nur halb zu sagen, widersprüchlich zu sagen, verworren zu sagen.

Zu Aristoteles möchte ich nachtragen, daß ich auf einen spielverderberischen Verstand allgemein nicht gut zu sprechen bin, und selbst wenn solch feingesponnene Spekulationen und ausgefallne Projekte uns der Wahrheit näherbrächten, fände ich sie, da sie dem Leben auf den Leib rücken, allzu teuer erkauft. Daher versuche ich umgekehrt, sogar Eitelkeit und Eselei zum Zuge kommen zu lassen, falls sie mir Spaß machen; ich folge einfach meinen natürlichen Neigungen und drücke ihnen gegenüber gern ein Auge zu.

Nicht nur in Rom, sondern gewiß auch anderswo habe ich zerfallene Bauten gesehn und Statuen und unter weitem Himmel hohe Erdhügel, denn der Mensch hinterläßt seine Spuren überall. Völlig wahr! Und dennoch: Ich könnte die Zeugen der Vergangenheit dieser so großen und mächtigen Stadt wieder und wieder besuchen, ohne daß meine Verehrung und Bewundrung je ein Ende nähme. Der Toten zu gedenken ist uns allen ans Herz gelegt – ich aber bin von Kindesbeinen an mit denen Roms aufgewachsen. Dessen Geschichte war mir vertraut, lange bevor ich die meines Hauses kannte. Ich wußte vom Kapitol und von seiner Lage früher als vom Louvre, vom Tiber früher als von der Seine. Lebensumstände und Geschicke des Lucullus, des Metellus und des Scipio hatte ich besser im Kopf als die irgendeines Franzosen. Sie sind dahingegangen.

Dahingegangen ist auch mein Vater und auch für immer; und in achtzehn Jahren hat er sich ebensoweit vom Leben und von mir entfernt wie jene in sechzehn Jahrhunderten. Gleichwohl lasse ich nicht ab, im Gedenken an die gemeinsam verbrachte Zeit und an seine Liebe vollkommen mit ihm verbunden zu bleiben und weiter höchst lebendigen Umgang zu pflegen.

Ja, ich bin so geartet, daß ich mich noch tiefer als den Lebenden den Toten verpflichtet fühle. Sie können für sich selber nichts mehr tun; um so mehr, scheint mir, bedürfen sie daher meiner Unterstützung: Hier erstrahlt Dankbarkeit in ihrem reinsten Glanz. Wenn eine Wohltat erwidert und vergolten werden kann, wird sie weniger weitherzig erwiesen.

Als Arkesilaos den erkrankten Ktesibios besuchte und ihn in armseligen Umständen fand, schob er das Geld, das er ihm geben wollte, klammheimlich unter sein Kopfkissen; indem er es so verstohlen tat, erließ er ihm zugleich alle Dankesschuld. Jene, die sich meine Freundschaft und Erkenntlichkeit verdienten, haben sie noch nie dadurch eingebüßt, daß sie nicht mehr unter uns weilten: Ich pflegte sie vielmehr, da abwesend und es nicht wahrnehmend, um so reichlicher und gewissenhafter zu entlohnen. Von meinen Freunden spreche ich noch liebevoller, wenn es keine Möglichkeit mehr gibt, daß sie es erfahrn.

So habe ich mich auch hundertmal für die Verteidigung des Pompeius und die Sache des Brutus geschlagen. Diese Verbundenheit dauert zwischen uns fort – selbst die gegenwärtigen Dinge besitzen wir ja nur durch unsre Vorstellungskraft. Da ich mich in diesem Zeitalter unnütz finde, flüchte ich mich in jenes andre. Von ihm bin ich dermaßen betört, daß die Geschicke des in seiner Blütezeit so freien und gerechten Rom (denn ich liebe weder seine Kindheit noch sein Alter) mich leidenschaftlich hinreißen. Daher kann ich mich am Bild seiner Straßen und Häuser und an diesen unergründlichen Ruinen, die bis zu den Antipoden zu reichen scheinen, nicht sattsehn. Liegt es in der Natur der Sache oder ist es eine Täuschung unsrer Einbildung, daß der Anblick der Stätten, die von jenen Menschen bewohnt und mit Leben erfüllt waren, deren Andenken wir in Ehren halten, uns wesentlich stärker berührt als die Berichte ihrer Taten oder die Lektüre ihrer Schriften?

Groß ist die Macht der Erinnerung, die solchen Orten inne-

wohnt, unendlich groß aber in dieser Stadt, denn wohin immer wir uns wenden, setzen wir den Fuß auf ein Stück Geschichte. Es beglückt mich, mir die Gesichter der alten Römer vorzustellen, ihren Gang und ihre Kleidung. Immer wieder sage ich ihre großen Namen vor mich hin und lasse sie mir in den Ohren klingen. *Ich verehre diese Männer und erhebe mich stets bei Nennung ihrer Namen.*

An Dingen, die bedeutende und bewundernswerte Teile aufweisen, bewundre ich alle Teile, selbst die unbedeutenden. Ich wäre gern einmal dabei gewesen, wenn jene Römer miteinander tafelten, plauderten und spazierengingen! Die Bilder und Erinnrungsstücke all der achtbaren und tapfren Männer nicht zu achten, die ich habe leben und sterben sehn und die uns durch ihr Beispiel so viele gute Lehren geben, wäre Undank. Ach, wüßten wir ihnen doch nachzuleben!

Aber dieses Rom verdient auch so, wie es heute ist, daß man es liebe, da es sich schon seit derart langer Zeit und durch derart viele Verträge mit unsrer Krone verbündet hat: die einzige der ganzen Menschheit gehörende Stadt, die einzige Weltstadt. Die hier gebietende höchste Obrigkeit wird vom Erdkreis samt und sonders anerkannt – Rom ist die Metropole aller christlichen Nationen. Ob Spanier oder Franzose, jeder fühlt sich hier zu Hause. Um unter seine Patrizier aufgenommen zu werden, braucht man nur der Christenheit anzugehörn, ganz gleich, wo. Keinem Ort hienieden hat der Himmel je eine derart große und unversiegliche Gunst zukommen lassen. Voller Stolz und Erhabenheit ist selbst der Zerfall dieser Stadt,

noch schöner in Ruinen: Ihr Vergehn
läßt ihre Ruhmestaten auferstehn.

Im Grabe noch stellt sie das Sinnbild der Weltherrschaft dar und trägt deren Insignien, *damit offenbar werde, daß an diesem einzigartigen Ort die Natur ihr Werk mit Wohlgefallen verrichtet hat.*

Nun könnte einer sich Vorwürfe machen und mit sich selber rechten, wenn er sich in eine derart unnütze Begeisterung hineinsteigert. Uns wohltuende Gefühle sind jedoch keineswegs unnütz. Wie immer sie beschaffen sein mögen – schenken sie einem Mann, der dabei seinen gesunden Menschenverstand behält, ein fortwährendes Glück, käme es mir nie in den Sinn, ihn zu bedauern.

Ich schulde Fortuna großen Dank, daß sie mir bis zur Stunde keine schweren Schläge zugefügt hat – wenigstens nicht schwerere, als ich ertragen konnte. Vielleicht ist das ihre Art, jene unbehelligt zu lassen, von denen sie nicht behelligt wird?

Dem, der viel begehrt,
dem wird viel verwehrt.

Doch:

Je mehr du dir versagst in deinem Leben,
je mehr wird von den Göttern dir gegeben.
Ganz wunschlos sein – das will ich nun erstreben.

Wenn sie so fortfährt, werde ich höchst vergnügt und zufrieden von hinnen scheiden,

von den Göttern weitres nicht erflehn –
sondern einfach gehn.

Aufgepaßt aber, Klippen! Tausende scheitern noch vorm Hafen.

Darüber, was geschehen wird, wenn ich nicht mehr hier bin, tröste ich mich leicht hinweg; die gegenwärtigen Dinge geben mir genug zu schaffen.

So lege ich am Ende
den Rest in Schicksals Hände.

Auch bin ich nicht so stark an die Zukunft gebunden, wie man es von Männern mit Kindern behauptet – die tragen ja deren Namen und Ehre weiter! Aber wenn es das ist, was Söhne derart wünschenswert macht, sollte ich mir vielleicht um so weniger welche wünschen. Ich hänge schon von selbst nur zu sehr an der Welt und diesem Leben. Es reicht mir, durch die unabdingbaren Umstände meines Daseins persönlich dem Zugriff des Schicksals ausgesetzt zu sein, ohne daß es seine über mich ausgeübte Gerichtsbarkeit auf andre ausdehnen müßte.

Zudem war ich noch nie der Meinung, daß Kinderlosigkeit ein Mangel sei, der das Leben zwangsläufig unvollkommner und freudloser mache. Unfruchtbar zu sein hat auch seine Annehmlichkeiten. Kinder zählen nicht zu dem, was man sich unbedingt wünschen müßte, zumal in diesen Tagen, wo es schwierig wäre, sie zu ordentlichen Menschen zu erziehn. *Nichts Gutes kann heute entstehen, so verderbt ist der Samen.* Freilich: Wurden einem welche geschenkt und wieder genommen, hat man allen Grund, ihren Verlust zu beklagen.

Jener, der mir das Haus zur Verwaltung hinterließ, meinte in Anbetracht meiner so wenig häuslichen Sinnesart, daß ich es gewiß zugrunde richten würde. Doch er irrte sich, denn hier sitze ich nun darinnen wie am ersten Tag, da ich es übernahm, wenn nicht gar ein bißchen besser – ohne Pfründe freilich und ohne Amt.

Wenn Fortuna mir also auch keine übermäßig schweren Schläge zugefügt hat, gewährte sie mir andrerseits auch keine sonderliche Gunst. Alle Gaben, mit denen sie unser Haus bedachte, ließ sie ihm schon vor mehr als hundert Jahren zukommen. Ich persönlich besitze keinerlei wesentliches und handfestes Gut, das ich ihrer Freigebigkeit verdankte. Zwar hat sie mir an Ehren und Würden einige Gunstbezeigungen erwiesen, doch sie sind ohne Substanz: nichts als Wind; und in Wahrheit fielen sie mir zu, ohne daß ich darum gebeten hätte – mir, der ich weiß Gott ganz Sinnenmensch bin, der ich nur der greifbaren, in all ihrer Fülle greifbaren Wirklichkeit Geschmack abgewinne und der ich, wagte ich es zu gestehn, Genußsucht kaum weniger entschuldbar fände als Ehrgeiz, Schmerz kaum weniger abstoßend als Schande, Gesundheit kaum weniger wünschenswert als Buchwissen oder Reichtum als Adel!

Unter ihren Gunstbezeigungen ist mir keine zugeflossen, die, obwohl ebenfalls nichtig, meinem sich daran gleichwohl ergötzenden kindischen Sinn derart gefiele wie die prunkvoll mit Siegeln und goldnen Buchstaben ausgestellte Bulle über das römische Bürgerrecht, das mir kürzlich, als ich in der Stadt weilte, großzügigst gewährt wurde; und weil solche Urkunden in mehr oder minder ehrenden Fassungen erteilt werden und es mir sehr willkommen gewesen wäre, wenn man mir, ehe ich die meine erhielt, eine ältre Ausfertigung gezeigt hätte, will ich hier die meine zur Befriedigung derer, die vielleicht die gleiche Neugier plagt wie vorher mich, Wort für Wort abschreiben:

Auf den von Orazio Massimo, Marzio Cecio und Alessandro Muti, Konservatoren der ehrwürdigen Stadt Rom, betreffs der Verleihung des Römischen Bürgerrechts an den erlauchtesten Herrn Michel de Montaigne, Ritter des Sankt-Michaels-Ordens und Kammerherrn des Allerchristlichsten Königs, an den Senat erstatteten Bericht hin beschließen Senat und Volk von Rom wie folgt:

Da wir nach altem Brauch und Gesetz stets mit glühendem Eifer diejenigen unter uns aufnehmen, die, ausgezeichnet durch Tugend und Adel, unserer Republik zum Nutzen und zur Zierde gereicht haben oder künftig gereichen könnten, glauben wir, bewegt vom Beispiel und Ansehen unserer Vorväter, diesen edlen Brauch bewahren und ihm folgen zu sollen.

Zu diesem Behufe, da der erlauchteste Michel de Montaigne, Ritter des Sankt-Michaels-Ordens und Kammerherr des Allerchristlichsten Königs und dem Römischen Namen zutiefst verbunden, sowohl kraft des Ansehens und Ruhmes seiner Familie als auch kraft der Verdienste seiner eigenen Tugend höchst würdig ist, durch den Willen und obersten Beschluß des Römischen

Senats und Volkes in die Römische Bürgerschaft aufgenommen zu werden, hat es dem Römischen Senat und Volk gefallen, den erlauchtesten Michel de Montaigne, mit allen Ehren reich geziert und sehr geliebt von diesem ruhmreichen Volk, sowie seine Nachkommen in das Register der Römischen Bürger einzutragen und mit allen Vorrechten und Würden auszustatten, welche diejenigen genießen, die als Bürger und Patrizier Roms geboren wurden oder es nach oberster Rechtsverfügung geworden sind.

Hierbei halten Senat und Volk Roms dafür, daß sie ihm das Bürgerrecht weniger aus Huld als zur Begleichung einer Schuld verleihen und ihm weniger eine Wohltat erweisen als eine solche von ihm empfangen, da er durch die Annahme des Bürgerrechts die Stadt selber in besonderem Maße ziert und ehrt.

Die Konservatoren haben kraft ihres Amtes diesen Senatsbeschluß durch die Schreiber des Römischen Senats und Volkes urkundlich abfassen, im Archiv des Kapitols hinterlegen und davon diese mit dem amtlichen Siegel der Stadt versehene Ausfertigung herstellen lassen.

Im Jahre 2331 nach der Gründung der Stadt und 1581 nach Christi Geburt, am dritten Tag der Iden des März.

Orazio Fosco, Schreiber des Heiligen Römischen Senats und Volkes,

Vincente Martoli, Schreiber des Heiligen Römischen Senats und Volkes.

Da ich keiner anderen Stadt Bürger bin, freue ich mich besonders, es nun der edelsten zu sein, die es je gab und geben wird. Wenn sich die andren ebenso aufmerksam betrachteten wie ich mich, würden sie sich ebenso voller Nichtigkeit und Torheit finden. Mich ihrer entledigen kann ich aber nicht, ohne mich meiner selbst zu entledigen. Wir sind alle durchtränkt hiervon, die einen wie die andern; aber jene, die es erkennen, stehn sich etwas besser dabei (doch nicht einmal dessen bin ich mir sicher).

Die durchgängige Neigung und Gepflogenheit, alles mögliche, nur nicht uns selbst zu betrachten, hat uns ganz schön aus der Klemme geholfen – erfüllt uns der Blick ins Innre doch mit größtem Mißvergnügen! Nichts als Elend und Eitelkeit bekommen wir da zu sehn. Um uns nicht den Mut zu nehmen, hat die Natur unsren Gesichtssinn daher wohlbedacht nach außen gerichtet. Wir lassen uns leicht stromabwärts treiben, doch gegen den Strom uns selbst wieder näherzukommen fällt uns schwer. So gerät auch das Meer, wenn es auf sich zurückgeworfen wird, in wirbelnde Verwirrung. »Betrachtet doch«, sagt jeder, »die Himmelsbewegungen, betrachtet die Menschenmenge, den Streit dieses Mannes hier, die vorquellenden Adern jenes dort, das Testament des dritten – kurz: Seht immer hinauf oder hinunter oder zur Seite oder nach vorn oder zurück!«

Entgegengesetzt aber lautete das Gebot, das uns in fernen Zeiten jener Gott zu Delphi verkündete: »Blickt in euch, erkennt euch, gebt euch eignen Halt! Führt euren Geist und euren Willen, die sich anderswo verzehrn, zu sich zurück! Ihr verzettelt, ihr verausgabt euch. Sammelt euch, haltet stand: Man lenkt euch von euch ab, man betrügt euch, man beraubt euch eures Selbst!

Siehst du nicht, daß diese Welt all ihre Blicke in sich senkt und sich mit offnen Augen selbst anschaut? Doch bei dir ist alles Eitelkeit, innen und außen – weniger eitel nur dann, wenn weniger ausgedehnt.

Von dir abgesehn, o Mensch, erforscht jedes Wesen zunächst sich selbst und bestimmt dann nach Maßgabe seiner Bedürfnisse die Grenzen seines Wünschens und Werkens. Kein einziges unter ihnen ist so leer und so armselig wie du, der du das Weltall zu umfassen glaubst: Du bist der Forscher ohne Funde, der Richter ohne Gerichtsbarkeit und in diesem Possenspiel am Ende der dumme August.«

10

Über den rechten Umgang mit dem Willen.

Im Vergleich zu den meisten Menschen werde ich von wenig Dingen berührt – oder besser gesagt: ergriffen (denn berühren sollten uns die Dinge schon, solang sie nicht von uns Besitz ergreifen). Ich bin sehr darauf aus, diesen Vorzug der Dickfelligkeit, der schon von Natur bei mir ziemlich ausgeprägt ist, mit Fleiß und Bedacht weiterzuentwickeln. Nur wenigem verschreibe ich mich daher, von wenigem nur lasse ich mich leidenschaftlich hinreißen. Mein Blick ist klar, aber ich hefte ihn auf nur wenige Gegenstände; und obwohl meine Sinne empfindsam und beeindruckbar sind, bin ich schwer von Begriff und weiß mit vielem nichts recht anzufangen; ebendarum lasse ich mich selten auf etwas ein.

Soweit ich irgend kann, befasse ich mich ganz mit mir; doch sogar diese Neigung möchte ich gern zügeln und im Zaum halten, damit ich nicht allzu rückhaltlos von ihr eingenommen werde, denn der Besitz meines Selbst hängt von fremder Gunst ab: Das Schicksal hat mehr Macht hierüber als ich. Deshalb sollte ich auch dem Wunsch nach Gesundheit, die ich doch besonders hochschätze, nicht so hemmungslos frönen, daß mir die Krankheiten darüber unerträglich werden. Zwischen dem Haß auf den Schmerz und der Liebe zur Lust muß man das rechte Maß halten; so schreibt denn auch Platon unserm Leben hierfür den Mittelweg vor.

Jenen Leidenschaften, die mich von mir wegziehn und an sonstwen binden wollen, widersetze ich mich folglich mit aller Kraft. Meine Meinung ist, daß man andern sich zwar leihen sollte, sich hingeben aber nur ans eigne Selbst. Und wenn mein Wille noch so leicht zu verpfänden und für diesen oder jenen einzuspannen wäre – ich hielte es nicht durch: Dafür bin ich von Natur und durch Gewöhnung zu weich,

zu ruh'ger Muße nur geboren,
den Weltgeschäften längst verloren.

Mich auf heftige und hartnäckige Auseinandersetzungen einzulassen und dann meinen Gegner den Sieg davontragen zu sehn, so daß mein heißes Bemühen in Schimpf und Schande endete, könnte mir recht grausam zusetzen. Und bisse ich mich wie andre in einer Sache immer gleich fest, brächte meine Seele nie die Kraft auf, all die Ängste und Aufregungen zu ertragen, von denen jene, sich mit so vielerlei abgebend, gehetzt werden: Sie geriete bei solch innerem Tumult augenblicklich aus den Fugen.

Wenn man mir manchmal die Führung fremder Geschäfte aufdrängte, versprach ich, sie zwar in die Hand zu nehmen, nicht aber in die Leber, in die Lunge; sie zu schultern, nicht aber, sie mir einzuverleiben; für sie Sorge zu tragen, gewiß, nicht im geringsten aber, mich dafür zu ereifern. Ich behalte sie im Auge, zerbreche mir aber nicht den Kopf über sie. Es reicht mir, die Masse dringender Angelegenheiten im eignen Hause ordnungsgemäß zu erledigen, die mir schon schwer genug im Magen liegen und an die Nieren gehn, ohne mir zusätzliche Massen aufzubürden und unter ihnen zusammenzubrechen. Genug schon bin ich mit meinen natürlichen und wesentlichen, meinen persönlichen Angelegenheiten beschäftigt, ohne mir noch fremde auf den Hals zu laden.

Jene, die wissen, wieviel sie sich schulden und wie viele Pflichten ihnen sich selbst gegenüber auferlegt sind, werden feststellen, daß die Natur ihnen damit ein Amt gegeben hat, das sie hinlänglich ausfüllt und alles andre als müßig ist. Du hast mit dir reichlich zu tun – such nicht das Weite!

Die Menschen geben sich in Miete. Ihre Kräfte gehören nicht mehr ihnen, sondern denen, zu deren Sklaven sie sich machen: Nun sind ihre Vermieter bei ihnen zu Hause, nicht sie. Diese allgemeine Bereitschaft zur Selbstaufgabe mißfällt mir. Wir sollten mit der Freiheit unsrer Seele achtsam umgehn und sie bloß in berechtigten Fällen verpfänden; von solchen aber gibt es, recht bedacht, äußerst wenige.

Seht doch nur, wie die Leute darauf abgerichtet sind, sich vereinnahmen und mitreißen zu lassen! Das geschieht überall, in kleinen Dingen wie in großen; ob es sie selbst betrifft oder nicht, unterschiedslos springen sie ein, wo immer eine Arbeit oder Aufgabe zu erledigen ist – fehlt ihnen diese hektische Betriebsamkeit, sind sie ohne Leben. *Sie beschäftigen sich um der Beschäftigung willen*, dies aber weniger, weil sie unentwegt rennen wollen, sondern mehr, weil sie nicht stehnbleiben können: wie ein im Fallen befindlicher Stein etwa, der auch nicht vorm Aufschlagen einhält.

Für bestimmte Leute ist Geschäftigkeit das Kennzeichen von Kompetenz und Geltung. Ihr Geist sucht seine Ruhe im ständigen Hin und Her – wie Säuglinge die ihre im Schaukeln der Wiege. Sie können von sich sagen, ihren Freunden gleichermaßen dienlich wie sich selber undienlich zu sein. Sein Geld verschleudert niemand an andre, jeder aber seine Zeit und sein Leben. Mit nichts geht man so freigebig um wie mit diesen – den einzigen Dingen, mit denen zu geizen lobenswert und uns nützlich wäre.

Da nehme ich eine völlig andre Haltung ein: Ich ziehe mich in mich selbst zurück, und was ich begehre, das begehre ich meist gelassen; und ich begehre wenig. Beschäftige mich und werke ebenso: unaufgeregt und selten. Was jene andern erstreben und betreiben, tun sie mit ihres Wollens voller Wucht. Es gibt aber so viele Löcher in unsrem Weg über die Erde, daß wir, um sicher zu gehen, möglichst leicht und oberflächlich auftreten sollten: darüber hingleitend, damit wir nicht einsinken. Selbst die Wollust ist in ihren Tiefen voller Schmerz:

Die Asche unterm Tritt verhehlt
das Feuer dir, das in ihr schwelt.

Die Herren Räte von Bordeaux wählten mich zum Bürgermeister ihrer Stadt, als ich fern von Frankreich war und mir jeder derartige Gedanke noch ferner lag. Ich lehnte zunächst ab; aber man überzeugte mich schließlich, daß dies unrecht sei, zumal der Befehl des Königs hinzukam.

Es ist ein Amt, das um so schöner erscheinen muß, als es keinen anderen Lohn oder Gewinn einbringt denn die Ehre, es auszuüben. Es dauert zwei Jahre, aber es kann durch Wiederwahl verlängert werden, was höchst selten vorkommt. Bei mir war es der Fall, nach nur zwei frühren Beispielen: Vor einigen Jahren wurde der Herr de Lansac wiedergewählt und kürzlich der Herr de Biron, Marschall von Frankreich, an dessen Stelle ich trat. Mir folgte der Herr de Matignon, ebenfalls Marschall von Frankreich. Mich in solch edler Gesellschaft zu befinden erfüllte mich natürlich mit Stolz.

Ihrem Lande stets in Krieg und Frieden
treu zu dienen: beiden war's beschieden.

Das Schicksal wollte durch diesen besondren Umstand, den es aus eignem Entschluß beitrug, sich an meiner Rangerhöhung beteiligen – einem keineswegs belanglosen Umstand, wie man aus folgendem Beispiel ersieht: Alexander wies die Gesandten Korinths, die ihm das Bürgerrecht antrugen, hochmütig ab; als sie ihm nun aber erklärten, daß auch Bacchus und Herkules in ihrem Bürgerregister stünden, nahm er es dankbar entgegen.

Bei meiner Ankunft in Bordeaux legte ich den Ratsherren wahrheitsgetreu und gewissenhaft dar, wie ich zu sein glaube: ohne Gedächtnis und ohne Geistesgegenwart, ohne Erfahrung und ohne Tatkraft; aber auch ohne Gehässigkeit und ohne Ehrbegierde, ohne Habsucht und ohne Neigung zu Gewaltmaßnahmen – auf daß sie genau unterrichtet seien, was sie von meiner Amtsführung zu erwarten hätten. Und weil allein die Kenntnis meines verstorbnen Vaters und die Ehrung seines Andenkens sie zu ihrem Schritt bewogen hatte, fügte ich in aller Klarheit die Warnung hinzu, daß es mir höchst zuwider wäre, wenn irgend etwas meinen Willen derart in Anspruch nähme wie seinerzeit die Angelegenheiten ihrer Stadt den seinen, als er deren Geschicke in demselben Amt lenkte, zu dem sie mich nun beriefen.

Ich entsinne mich, wie ich ihn in meiner Jugend als alten Mann sah, der im Innern von den Plackereien dieser Amtsgeschäfte grausam aufgerieben wurde, indem er, Haushaltung und Gesundheit vergessend, die milde Luft seines Landsitzes (auf die er wegen der Gebrechlichkeit seiner hohen Jahre seit langem angewiesen war) immer wieder verließ und sein Leben derart geringachtete, daß er es während der ausgedehnten und beschwerlichen Reisen aufs Spiel setzte, die er in ihrem Dienst unternahm. Aber so war er eben; und diese Gesinnung entsprang einer ihm von Natur aus eignen großen Menschenfreundlichkeit: Nie hat es eine hilfsbereitere und leutseligre Seele gegeben.

Eine solche Handlungsweise lobe ich an andern – ich aber habe keine Lust, ihr zu folgen; und es fehlt mir nicht an Entschuldigungsgründen. Er jedoch hatte sich sagen lassen, daß man dem Nächsten zuliebe sich selbst vergessen müsse und daß dem Gemeinwohl gegenüber das Eigenwohl völlig unerheblich sei.

Die meisten Regeln und Vorschriften der Welt wollen uns aus uns selbst hinaustreiben und zum Dienst für die Gesellschaft auf den Markt jagen. Ihre Urheber dachten ein gutes Werk zu tun, wenn sie uns von uns ablenkten und abbrächten, weil sie annahmen, daß wir allzusehr an unserm

Selbst hingen und durch ein nur allzu natürliches Band. Zu diesem Zweck ließen sie wahrhaftig nichts ungesagt.

Es ist ja keineswegs neu, daß die Weisen die Dinge nach Maßgabe ihrer Dienlichkeit predigen, nicht ihrer Wahrheit – hat diese doch ihre Unbequemlichkeiten und Beschwernisse, und oft ist sie mit uns gar unvereinbar: Oft muß man uns täuschen, damit wir uns nicht täuschen, und uns die Augen verbinden wie den Verstand betäuben, damit wir klarer sehen und besser verstehn. *Denn es sind Unwissende, die da urteilen; deshalb muß man sie häufig in die Irre führn, damit sie nicht irren.* Wenn die Weisen uns verordnen, nicht zuerst uns selbst, sondern vorher drei, vier, fünfzig höherrangige Dinge zu lieben, ahmen sie die Kunst der Bogenschützen nach, die auch, um das Ziel zu treffen, es weit oberhalb anvisiern. Will man krummes Holz gradebiegen, biegt man es in die entgegengesetzte Richtung.

Ich nehme an, daß es im Tempel der Pallas, wie wir es bei allen sonstigen Religionen sehn, äußere Mysterien gab, die der Zurschaustellung fürs Volk dienten, und andre, verborgnere und höhere, die dazu bestimmt waren, nur den Eingeweihten offenbart zu werden. Vermutlich findet sich unter diesen auch der wahre Maßstab für jene Liebe, die jeder sich selber schuldet: nicht also eine Liebe, die uns mit herrischer und hemmungsloser Gier nach Ruhm und Gelehrsamkeit, Reichtum und dergleichen äußren Dingen streben läßt, als wären sie Teil unsres Seins; noch eine sich willensschwach dahinwindende Liebe, mit der es geht wie mit dem Efeu, der die von ihm umschlungne Mauer zerfrißt und dem Zerfall preisgibt – sondern eine bedacht- und heilsame Liebe, nützlich und wohltuend zugleich. Wer ihre Pflichten kennt und ihnen nachkommt, sitzt wahrlich im Rate der Musen; er hat den Gipfel der menschlichen Weisheit erreicht, des menschlichen Glücks.

Da er genau weiß, was er sich schuldet, weiß er auch, daß

dies ihm vorschreibt, Umgang mit den andern Menschen und der Welt zu pflegen und zu dem Zweck der Gesellschaft gegenüber seinen Anteil an Pflichten und Diensten wahrzunehmen. Wer überhaupt nicht für andre lebt, der lebt auch kaum für sich. Und umgekehrt: *Wer sich selber freund ist, der ist allen freund.*

Die wichtigste Aufgabe aber, die wir haben, ist für jeden die eigne Lebensführung, denn ebendarum sind wir hier. Wie jener ein Narr wäre, der selber anständig und fromm zu leben unterließe und nun glaubte, seiner Schuld dadurch ledig zu sein, daß er andre dazu hinleitete und erzöge, so trifft meines Erachtens auch der eine falsche und naturwidrige Wahl, der es unterläßt, selber fröhlich und gesund zu leben, nur um andern hierzu zu verhelfen.

Ich will mitnichten, daß man den Ämtern, die man übernimmt, seine Hingabe in Wort und Tat, ja notfalls seinen Schweiß und sein Blut versage:

Fürs Vaterland zu sterben und die treuen,
mir teuren Freunde werde ich nicht scheuen.

Das sollte jedoch nur leihweise geschehn, von Fall zu Fall, auf daß der Geist seine Ruhe und Gesundheit bewahre: nicht in Untätigkeit, doch frei von Verstörung und Leidenschaft. Tätigkeit als solche belastet ihn so wenig, daß er selbst im Schlaf noch tätig bleibt. Aber man muß ihn achtsam in Bewegung setzen; denn während der Körper die Lasten, die man ihm aufbürdet, nicht schwerer nimmt, als sie sind, macht der Geist sie oft zu seinem Schaden schwerer und umfänglicher, indem er ihnen ihr Gewicht nach eignem Gutdünken zumißt.

Die Menschen tun gleiche Dinge mit ungleicher Anspannung von Körperkraft und Willen. Tat und innere Beteiligung kommen durchaus ohne einander aus. Wie viele setzen täglich ihr Leben in Kriegen aufs Spiel, die ihnen gleichgültig sind, und stürzen sich in die Gefahren einer Schlacht, deren Verlust ihren Schlaf der nächsten Nacht nicht im geringsten stört! Derweil sitzt ein andrer in seinem Haus, fern jenen Gefahren, denen auch nur ins Auge zu sehn er niemals gewagt hätte, und ist in tiefster Seele über den Ausgang dieses Krieges viel quälender besorgt als der Soldat, der Leib und Leben darin einsetzt.

Ich habe mich auf öffentliche Ämter einzulassen vermocht, ohne auch nur einen Fingerbreit von mir abzuweichen, und mich andern hingeben können, ohne mich preiszugeben.

Heftigkeit und Ungestüm des Verlangens behindern die Ausführung unsrer Vorhaben weitaus mehr, als sie diese fördern, weil sie uns Verzögerungen und Widerstände schwerer ertragen lassen und uns mit Groll und Argwohn gegen jene erfüllen, mit denen wir es zu tun haben. Wir betreiben eine Sache niemals gut, wenn wir von ihr umgetrieben und besessen sind:

Eifer macht, und das gilt immer,
alle Dinge nur noch schlimmer.

Wer hingegen allein sein Geschick und seinen Verstand ins Spiel bringt, geht gelöster zu Werke: Er ficht, fintierend und parierend, in aller Gemütsruhe auf Zeit – je nachdem, was die Lage erfordert. Verfehlt er sein Ziel, stört und kümmert ihn das nicht im geringsten, ungebrochen ist er vielmehr zu jedem neuen Versuch bereit. Stets behält er die Zügel in der Hand.

Den hingegen, der von seinem heftigen und herrischen Verlangen berauscht ist, sehen wir zwangsläufig viel Unbesonnenes und Unzweckmäßiges begehn. Sein stürmisches Wollen reißt ihn mit sich fort – ein kopfloses Dahinrasen, das, kommt das Glück ihm nicht sehr zu Hilfe, fast nichts fruchtet.

Die Philosophie verlangt, daß wir bei der Vergeltung empfangner Kränkungen uns des Zorns enthalten, und dies keineswegs, damit die Rache geringer ausfalle, sondern damit sie im Gegenteil um so zielgenauer und nachhaltiger treffe; das aber werde durch ungestümes Dreinhauen verhindert. Nicht nur trübe der Zorn, meint sie, den Blick, sondern er lasse auch den Arm des Rächers erschlaffen: Solch Feuer lähme und verzehre all seine Kraft.

Je überstürzter, desto langsamer – zu große Hast stellt sich selbst ein Bein, fällt und kommt nicht mehr hoch: *Eile ist ihr eignes Hemmnis.* (Ich beobachte zum Beispiel immer wieder, daß sogar der Habgier größter Stolperstein sie selber ist. Je angestrengter sie nach ihrem Ziel hechelt, desto weniger bringt sie ein. Im allgemeinen errafft sie Reichtümer viel schneller, wenn sie sich mit einem Anschein von Freigebigkeit maskiert.) Ein Adliger, ein vortrefflicher Mann und mein Freund, hätte beinah den Verstand darüber verloren, daß er sich der Angelegenheiten eines Fürsten, der sein Herr war, allzu leidenschaftlich und hingebungsvoll annahm.

Dieser Fürst hat sich mir gegenüber übrigens folgendermaßen beschrieben: Er sehe zwar wie jedermann den Ernst unglücklicher Ereignisse; solche jedoch, für die es keine Abhilfe gebe, pflege er auf der Stelle hinzunehmen. Bei den andren ergreife er zunächst die erforderlichen Maßnahmen (was ihm dank seiner Geistesgegenwart auch immer schnellstens gelingt) und warte dann in aller Ruhe ab, was sich hieraus ergebe.

Und in der Tat habe ich ihn erlebt, wie er bei höchst wichtigen und heiklen Unternehmungen völlige Gelassenheit zeigte und von Anfang bis Ende seine Entscheidungsfreiheit behielt. Ich finde ihn im Unglück größer und tüchtiger als im Glück: Seine Niederlagen gereichen ihm mehr zum Ruhm als seine Siege, seine Demütigungen mehr als seine Triumphe.

Beobachtet doch einmal, wie selbst bei so unbedeutenden und nichtigen Beschäftigungen wie dem Schach- oder Paume-Spiel und dergleichen, wenn man von der Siegesbegierde allzu heftig und hitzig gepackt wird, dort der Geist und hier die Glieder sogleich in Verwirrung geraten und nur noch wahllos zu Werke gehn: Man blendet und behindert sich selbst. Wer hingegen eine gleichmütigere Haltung zu Gewinn und Verlust einnimmt, bleibt stets selbstbeherrscht. Je weniger sich einer beim Spiel erregt und ereifert, desto überlegner und sichrer spielt er.

Zudem überfordern wir die Fassungs- und Festhaltekraft der Seele, wenn wir ihr zu viele Dinge zur Verarbeitung geben. Manche sollte man ihr nur zeigen, manche ihr nahebringen, manche ihr einverleiben. Zu sehen und wahrzunehmen vermag sie alles, nähren aber sollte sie sich nur von sich selbst. Daher muß man sie aufklären, was sie im Grunde angeht und worin im Grunde ihr Sein und Haben besteht.

Die Gesetze der Natur lehren uns, was wir wirklich brauchen. Wenn die Weisen uns sagen, daß ihr zufolge keiner bedürftig sei, jeder aber es zu sein wähne, unterscheiden sie solcherart scharfsinnig zwischen den Bedürfnissen, die von ihr, und denen, die von unsrer zügellosen Phantasie kommen. Jene, deren Umgrenzung man sieht, sind die der Natur, die anderen jedoch, die vor uns herfliehn und die wir niemals einholn werden, die unsren. Die Armut an materiellen Gütern ist leicht zu beheben, die der Seele – unmöglich.

Sich stets genügen lassen, was genügt: So klug
ist leider keiner, jeder hätte sonst genug.
Daß Reichtum glücklich mache – eitel Lug und Trug!

Als Sokrates sah, wie man eine riesige Menge von Reichtümern – Edelsteine und kostbares Hausgerät – mit großem Pomp durch die Stadt trug, rief er aus: »Wie viele Dinge gibt es doch, die ich nicht begehre!« Metrodoros wiederum nahm täglich nur Nahrung im Gewicht von zwölf Unzen zu sich, Epikur noch weniger; und Metrokles schlief im

Winter bei den Schafen, im Sommer in den Vorhallen der Tempel. *Mit dem, was die Natur fordert, versorgt sie uns auch.* Kleanthes lebte von seiner Hände Arbeit und rühmte sich, daß er, wenn er wolle, einen zweiten Kleanthes ernähren könne.

Wenn das, was wir von Natur aus im ursprünglichen und strengen Sinne zur Erhaltung unsres Daseins brauchen, uns zuwenig dünkt (und wie wenig es in der Tat ist und wie wohlfeil unser Leben erhalten werden kann, läßt sich nicht besser als durch die Überlegung ausdrücken, es sei so wenig, daß es sich ebendarum dem Zugriff und den Schlägen des Schicksals entziehe), dann laßt uns etwas hinzunehmen: Nennen wir auch das *Natur*, was ein jeder von uns gewohnt ist und was seinem Stand entspricht! Bewerten und behandeln wir uns also getrost nach dieser Maßgabe, dehnen wir unsre Eigentumsansprüche bis dorthin aus, denn bis dorthin, scheint mir, vermögen wir uns durchaus zu rechtfertigen. Die Gewöhnung ist eine zweite Natur und nicht minder mächtig. Was an dem fehlt, woran ich gewöhnt bin, das, finde ich, fehlt *mir*; und es wäre mir fast ebenso lieb, daß man mir das Leben nähme, wie daß man es mir verkümmern ließe und mich tief unter die Stufe drückte, auf der ich es so lange gelebt habe.

Ich bin nicht mehr in der Verfassung, einen größeren Wechsel zu verkraften und mich in eine neue und ungewohnte Lebensweise zu stürzen, nicht einmal in eine beßre. Es ist nun zu spät, ein andrer zu werden. Und wie ich, falls mir zu dieser Stunde plötzlich ein Füllhorn an Glück in die Hände fiele, beklagen würde, daß dies nicht zu einer Zeit geschah, da ich es hätte genießen können –

Wozu des Glückes Gaben,
kann ich mich nicht dran laben? –,

so würde ich selbst eine innre Bereicherung beklagen. Es ist fast besser, niemals ein untadliger Mann zu werden als derart spät und niemals recht leben zu lernen als erst dann, wenn man kein Leben mehr vor sich hat. Was ich für den bedachtsamen Umgang mit der Welt an Erfahrungen gesammelt habe, würde ich, der ich nun gehe, leichten Herzens einem überlassen, der kommt. Senf nach der Mahlzeit!

Was stelle ich mit Gütern an, mit denen ich nichts anstellen kann? Wozu all das Wissen für einen, der keinen Kopf mehr hat? Es ist der reinste Spott und Hohn, wenn Fortuna uns Gaben zuwirft, die uns mit begründetem Groll erfüllen, weil sie uns zur rechten Zeit fehlten. Hört auf, mich zu führen, die Beine versagen mir! Von den vielen Formen der Tauglichkeit genügt uns jene, die zum Ertragen der Übel tauglich macht. Versucht einmal, die mächtige Stimme eines Heldentenors einem Sänger zu geben, dessen Lungen verfault sind, und Eloquenz einem Einsiedler, der in die Wüsten Arabiens geflüchtet ist!

Zum Fallen bedarf es keiner Kunst: Ist ein Werk getan, stellt sich das Ende von selbst ein. Meine Welt ist versunken, meine Schale geleert; ich gehöre ganz der Vergangenheit. Es bleibt mir nichts, als dazu ja und amen zu sagen und meinen Weggang dementsprechend einzurichten.

Als Beispiel will ich folgendes anführn: Die kürzliche Löschung von zehn Kalendertagen durch den Papst hat mich derart durcheinandergebracht, daß ich mich einfach nicht hieran gewöhnen kann. Ich stamme noch aus den Jahren, da wir anders rechneten; und der so alte und lange Brauch hält mich fest und läßt mich nicht mehr los. Zu keiner Neuerung fähig, selbst wenn sie Verbeßrungen bringt, sehe ich mich deshalb gezwungen, in diesem Fall ein wenig Ketzer zu sein. Da hilft kein Zähneknirschen – meine Vorstellung wirft mich immer zehn Tage voraus oder zurück und brummelt mir in die Ohren: »Diese Umstellung gilt nur für jene, die das Leben noch vor sich haben!«

Selbst wenn die ach so süße Gesundheit mir ab und zu

noch einen kurzen Besuch abstattet, macht sie mich eher traurig, als daß ich sie genießen könnte – vermag ich ihr doch keine Unterkunft mehr zu bieten! Die Zeit verläßt mich, ohne ihr Bleiben aber bleibt einem nichts. O wie wenig würde ich mir aus jenen hohen Ämtern machen, die ich auf der Welt sehe und in die man nur Männer wählt, die schon im Aufbruch sind: Man bedenkt hierbei weniger, wie gut als wie kurz sie ihre Pflichten wahrnehmen werden – von Anfang an hat man das Ende im Blick.

Zusammengefaßt: Ich bin dabei, diesen Menschen, den ihr vor euch seht, zu vollenden, nicht aber, einen andern daraus zu machen. Durch lange Gewöhnung ist mir dessen Form zum Wesen geworden und sein Los zur Natur.

Ich sage also, daß jeder von uns schwachen Menschen gerechtfertigt werden kann, wenn er das Seine auch nach Maßgabe dessen bestimmt, was er gewohnt ist und was seinem Stand entspricht. Zugleich gilt aber, daß jenseits dieser Grenze nur noch Verwirrung herrscht; nicht weiter als bis zu ihr können wir folglich unsere Forderungen ausdehnen. Je mehr wir unsre Bedürfnisse und Besitzansprüche übersteigern, desto mehr setzen wir uns Schicksalsschlägen und sonstigen Widrigkeiten aus.

Der Weg, den unsre Wünsche einschlagen, muß auf das enge Feld der uns am unmittelbarsten zugänglichen Annehmlichkeiten begrenzt und eingeschränkt bleiben, und obendrein sollte er nicht in grader Linie verlaufen, die irgendwo außerhalb endet, sondern einen Kreis bilden, dessen Enden sich nach kurzem Umlauf in uns schließen. Alle Vorhaben, die ohne diese Bereitschaft zur Rückkehr in uns selbst unternommen werden – und ich meine eine ernsthafte, nicht immer wieder abschweifende Rückkehr –, sind abwegig und krankhaft: wie bei den Hab- und Ehrsüchtigen und vielen andern, die hinter allem Mehr her sind und sich so ständig davonrennen.

Die meisten unserer Tätigkeiten sind Possen. *Die ganze Welt treibt Schauspielerei.* Wir müssen unsre Rollen darin gebührend übernehmen, aber eben als Theaterfigur. Aus Maske und Aufmachung sollte man nicht ein wirkliches Wesen machen und aus Fremdem nicht Eignes. Wir wissen Haut und Hemd nicht auseinanderzuhalten. Es reicht, sich das Gesicht zu schminken, das Herz bedarf dessen nicht. Ich kenne Leute, die sich genausooft in andre Gestalten und Wesen verwandeln, wie sie neue Ämter übernehmen, und die, etwa Prälat geworden, selbst Leber und Eingeweide in diesen Stand erheben und ihre Würde noch auf dem Klosett nicht ablegen.

Ich vermag ihnen nicht beizubringen, das ihnen geltende Hutabziehn von dem zu unterscheiden, das ihrem Amt, ihrem Gefolge oder ihrem Maulesel gilt. *Sie sind derart von ihrem Rang eingenommen, daß sie ihre Natur darüber vergessen.* So blasen und blähn sie ihre Seele und ihre natürliche Redeweise bis zur Höhe ihres Amtssessels auf.

Der Bürgermeister von Bordeaux und Montaigne, das waren immer zwei, klar und säuberlich voneinander geschieden. Wenn einer Rechtsanwalt oder Finanzmann ist, braucht er deswegen nicht für die Gaunereien blind zu sein, die in solchen Berufen vorkommen. Welcher Tätigkeit ein Ehrenmann auch nachgeht – für deren Unzulänglichkeiten und Lächerlichkeiten kann er keineswegs verantwortlich gemacht werden und sollte sie daher auch nicht zum Anlaß nehmen, sein Metier abzulehnen: Dessen Ausübung ist in seinem Lande halt üblich, und sie bringt Gewinn. Es gilt, in der Welt zu leben und sie so zu nutzen, wie man sie vorfindet. (Freilich sollte sogar ein Kaiser in der Urteilskraft über seinem Kaisertum stehn und dieses als etwas seinem Wesen Äußerliches betrachten und einschätzen, sein Leben unabhängig hiervon zu genießen wissen und privat daherreden wie Hinz und Kunz, zumindest mit sich selbst.)

Ich verstehe mich einer Sache nicht allzu tief und umfassend zu widmen. Wenn ich mich willentlich einer Partei anschließe, dann nie mit so leidenschaftlicher Hingabe, daß mein Verstand davon angesteckt würde. In den gegenwärtigen Wirren dieses Staates läßt mich meine Parteinahme weder die rühmlichen Eigenschaften unsrer Gegner noch die unrühmlichen derjenigen verkennen, denen ich folge. Die Leute beten alles an, was auf ihrer Seite ist; ich wiederum finde die meisten Vorgänge sogar auf meiner Seite unentschuldbar. Eine gut geschriebne Abhandlung verliert doch nicht deswegen an Eleganz, weil sie sich gegen meine Sache richtet. Vom Kernpunkt der Kontroverse abgesehn, habe ich stets meine Ausgewogenheit und völlige Unparteiischkeit bewahrt. *Ich hege allenfalls kriegsbedingten, nie aber persönlichen Haß.*

Darauf bin ich um so stolzer, als ich die meisten in die umgekehrte Haltung verfallen sehe. *Der Leidenschaft bedient sich, wer sich der Vernunft nicht zu bedienen weiß.* Jene, die in ihrem Zorn und Haß über die Sache hinausschießen, wie es vorwiegend geschieht, zeigen damit, daß ihre Erregung anderswoher kommt, nämlich persönliche Gründe hat – genauso wie einer, der von einem Geschwür geheilt ist und dennoch weiter vom Fieber geschüttelt wird, damit zeigt, daß dieses auf einen andern, verborgneren Ursprung zurückgeht.

Der Haß dieser Leute gilt also gar nicht der gegnerischen Sache an sich – etwa weil sie das allgemeine und staatliche Interesse schädige –, sondern sie sind ihr nur deswegen feind, weil sie ihrem Privatinteresse Abbruch tut. Daher ereifern sie sich ohne Rücksicht auf Gerechtigkeit und Staatsräson aus rein persönlicher Leidenschaft. *Denn sie tadeln nicht so sehr das Ganze wie jeder das daran, was ihn selbst betrifft.*

Ich will durchaus, daß der Sieg unser sei, aber ich spiele

keineswegs verrückt, wenn er es nicht ist. Ich stehe fest zur gesetzestreueren Partei, aber mir liegt nichts daran, mich wider alle Vernunft durch besondre Feindseligkeit gegen die andern hervorzutun. Nachdrücklich lehne ich abwegige Argumente wie diese ab: »Er bewundert die Manieren des Herrn de Guise, also ist er von der Liga!« – »Die Taten des Königs von Navarra beeindrucken ihn über die Maßen, also ist er Hugenotte.« – »Am Lebenswandel unsres Königs findet er allerlei auszusetzen, also ist er im Innern Rebell.«

Ich habe nicht einmal der Obrigkeit zu Rom das Recht zugestanden, mein Buch zu verurteiln, weil darin ein Ketzer unter den besten Dichtern dieses Jahrhunderts aufgeführt ist. Warum sollten wir uns nicht trauen, von einem Dieb zu sagen, er habe beachtliche Beine? Und muß denn eine, nur weil sie auf den Strich geht, auch gleich stinken? Wenn einer sich mit seinem Anwalt überwirft, findet er tags darauf, auch dessen Plädoyers seien nichts wert.

Hat man in weiseren Zeiten als den unsren dem Marcus Manlius den stolzen Titel *Capitolinus*, der ihm als Retter von Religion und öffentlicher Freiheit gegeben worden war, etwa wieder entzogen? Hat man, nur weil er später zum Schaden der Gesetze seines Landes die Königswürde zu erlangen trachtete, die Erinnerung an seine Großmut, seine Waffentaten und die ihm für seine Tapferkeit verliehnen militärischen Auszeichnungen etwa gelöscht?

Ich erwähnte an andrer Stelle bereits den religiösen Übereifer, der selbst rechtschaffne Menschen auf Irrwege trieb. (Was mich angeht, kann ich ohne weiteres von ein und demselben Mann sagen: »Hier handelt er verwerflich und hier untadlig.«) Auch verlangen solche Leute, daß jeder von ihrer Partei für schlimme Voraussagen oder unheilvolle Wendungen blind und taub sei und daß wir Urteil und Überzeugung nicht in den Dienst der Wahrheit, sondern unsres Wunschdenkens stellen. Ich würde eher ins andre

Extrem verfallen, so sehr fürchte ich, daß mein Begehren mich trügt. Hinzu kommt, daß ich den Dingen, die ich ersehne, ohnehin etwas ängstlich mißtraue.

Ich habe zu meiner Zeit schier unglaubliche Beispiele einer grenzenlosen, blinden Bereitwilligkeit der Völker gesehn, ihr Glauben und Hoffen von ihren Herren beliebig dorthin führen und verführn zu lassen, wo es diesen dienlich war – unberührt davon, daß hundertmal Enttäuschung auf Enttäuschung folgte und von den ihnen vorgegaukelten Wahnbildern eins nach dem andern zerplatzte. Da erstaunt es mich gar nicht mehr, daß sich Menschen schon von den Bauernfängereien des Apollonius von Tyana und Mohammeds hereinlegen ließen. Sinne und Verstand solcher Leute werden von ihrer Leidenschaft völlig erstickt. Haben sie ihr Urteilsvermögen erst einmal eingebüßt, können sie nichts anderes mehr wählen, als was ihnen lächelt und sie in ihrer Sache bestärkt.

Das hatte ich bereits bei der ersten unsrer Parteien, die von diesem Fieber ergriffen wurde, deutlich beobachten können. Die zweite aber, die nach ihr entstanden ist, trat sogleich in deren Fußstapfen und übertrifft sie mittlerweile. Daraus folgre ich, daß die Verirrungen des Volks unweigerlich diesen Weg nehmen. Ist die erste ausgebrochen, jagen ihr immer weitre hinterher: wie windgepeitschte Wogen. Man gehört nicht zur Gemeinschaft, wenn man sich herauszuhalten vermag und es ablehnt, im Strom mitzuschwimmen.

Doch man schadet den gesetzestreuen Parteien ganz gewiß, wenn man ihnen mit Heuchelei weiterhelfen will. Ich habe mich stets hiergegen ausgesprochen, denn das ist ein Mittel, für das nur kranke Geister empfänglich sind. Die gesunden erreicht man auf Wegen, die nicht nur ehrlicher, sondern auch sicherer sind, um sie über Rückschläge hinwegzutrösten, damit sie guten Mutes bleiben.

Der Himmel sah noch nie ein so tiefes Zerwürfnis wie

das zwischen Caesar und Pompeius, und er wird auch künftig kein solches mehr sehn. Gleichwohl glaube ich zu erkennen, daß diese schönen Seelen sich im Umgang miteinander einer großen Mäßigung befleißigten. Es herrschte zwischen ihnen eine Rivalität um Macht und Ehre, gewiß, doch sie ließen sich davon nicht zu blindwütigem Haß hinreißen: Diese Rivalität war ohne Heimtücke und Niedertracht. Ich entdecke bei ihnen, selbst wenn sie am verbittertsten aufeinanderschlugen, noch immer einen Rest von Respekt und Wohlwollen, und ich schließe daraus, daß jeder von ihnen sein Ziel, wenn irgend möglich, lieber ohne als mit dem Verderben des andern erreicht hätte. Wie sehr unterschied sich hiervon doch das Verhältnis zwischen Marius und Sulla. Seid gewarnt!

Man darf seine Interessen nicht in wilder Hast verfolgen und über seinen Leidenschaften den Kopf verliern. Als ich jung war, widersetzte ich mich dem Vordringen der Liebe, sobald sie mich allzusehr zu vereinnahmen drohte; ich bemühte mich dann, sie mir niemals so vergnüglich werden zu lassen, daß sie mich am Ende unterwürfe und auf Gnade und Ungnade in ihre Gewalt brächte. Ebenso verfahre ich nun auch bei all den andren Gelegenheiten, denen sich mein Wille mit zu großer Begierde zuwendet: Wenn ich sehe, daß er sich an seinem eignen Wein zu berauschen beginnt, werfe ich mich in die seiner Schlagseite entgegengesetzte Richtung. Auf keinen Fall möchte ich sein Luststreben derart fördern, daß ich ihn nur blutenden Herzens aus seinem Rausch zurückreißen könnte.

Gemüter, die so abgestumpft sind, daß sie alle Dinge nur halb sehen, sind insofern glücklich zu preisen, als ihnen die schädlichen weniger anhaben können: eine Art geistige Verhornung, die etwas von Gesundheit an sich hat – von einer Gesundheit, welche die Philosophie keineswegs verachtet. Gleichwohl ist es falsch, sie *Weisheit* zu nennen, wie wir es oft tun.

So machte sich zum Beispiel in der Antike einer über Diogenes lustig, weil er ihn dabei antraf, wie er mitten im Winter völlig nackt eine aus Schnee geformte Bildsäule umarmte, um seine Leidensfähigkeit zu erproben. »Ist dir nicht ganz schön kalt?« fragte ihn dieser Mann. »Überhaupt nicht«, antwortete Diogenes. »Nun«, darauf der andre, »was glaubst du dann Schweres und Vorbildliches zu vollbringen, wenn du in dieser Stellung verharrst?« Will man die Standfestigkeit eines Menschen messen, muß man in der Tat wissen, inwieweit er überhaupt leidet.

Jene anderen Gemüter hingegen, denen es beschieden ist, widrige Geschehnisse und Schicksalsschläge in ihrer ganzen Tiefe und Härte zu erfahren, und die daher deren Bitterkeit werden auskosten, deren drückende Bürde werden tragen müssen, sollten sich nach Kräften hüten, ihnen Vorschub zu leisten, und alle Wege meiden, die dazu führen könnten. Wie umsichtig handelte da doch König Kotys: Er bezahlte großzügig das schöne und reich verzierte Gefäß, das man ihm dargebracht hatte; da es jedoch besonders zerbrechlich war, zerbrach er es auf der Stelle selbst, um sich rechtzeitig eines so leicht vorausschaubaren Anlasses zum Zorn auf seine Diener zu entledigen!

Ähnlich habe ich es mit Absicht unterlassen, meine Angelegenheiten mit denen andrer zu vermengen; und stets suchte ich eine zu enge Bindung meiner materiellen Interessen an die meiner Angehörigen und jener Menschen zu meiden, denen ich zu tiefer Freundschaft verpflichtet bin; denn hieraus ergeben sich gewöhnlich Entfremdung und Zwist.

Obwohl ich früher Glücksspiele mit Karten und Würfeln liebte, habe ich sie schon vor langer Zeit allein deswegen aufgegeben, weil es mich jedesmal unweigerlich wurmte, wenn ich verlor – wie sehr ich mich auch bemühen mochte, mir nichts anmerken zu lassen.

Ein Ehrenmann, der es sich zu Herzen nimmt, wenn er

der Lüge geziehn oder auf andre Weise beleidigt wird, und der weder willens noch fähig ist, sich mit irgendeiner albernen Entschuldigung zufriedenzugeben und abspeisen zu lassen, sollte sich vor zweifelhaften Geschäften und hitzigen Auseinandersetzungen darüber hüten.

Ich fliehe finstre und zänkische Gemüter wie die Pest, und von Gegenständen, die ich nicht leidenschaftslos und unparteiisch erörtern kann, lasse ich die Finger, es sei denn, die Pflicht zwingt sie mir auf. *Besser gar nicht erst anfangen als abbrechen.* Aber wenn man sich schon damit befassen muß, ist es das sicherste, gut vorbereitet zu sein.

Ich weiß natürlich, daß manche Weise einen anderen Weg eingeschlagen und nicht gezögert haben, sich etlichen Dingen mit Haut und Haar zu verschreiben. Solche Menschen sind sich ihrer Stärke derart sicher, daß sie sich deren Schutz bei allen erdenklichen Widrigkeiten anvertraun: Sie bekämpfen die Übel mit der Kraft ihrer Unerschütterlichkeit:

So hält ein Fels, ins weite Meer vom Land
hinausgeschoben, ausgesetzt den Wuten
gewalt'ger Stürme und der Wucht der Fluten,
nicht wankend und nicht weichend ehern stand.

Geben wir uns nicht mit dergleichen Beispielen ab – wir sind ihnen doch nicht gewachsen! Diese Männer bringen es über sich, selbst angesichts der Zerstörung ihres Landes, das bis dahin all ihr Sinnen und Trachten beherrschte, standhaft zu bleiben und Haltung zu bewahrn. Für uns gewöhnliche Seelen ist das zu anstrengend und hart. Cato opferte seinem Land das edelste Leben, das es je gegeben hat; wir andren aber sollten, klein wie wir sind, die Stürme schon von weitem fliehn; nicht danach sollten wir trachten, sie ertragen zu können, sondern danach, daß wir sie gar nicht erst zu spüren bekommen. Den Schlägen, die wir nicht zu parieren wissen, müssen wir ausweichen.

Als Zenon sah, wie Chremonides, ein Jüngling, den er liebte, näherkam und sich zu ihm setzen wollte, sprang er schleunigst auf. Von Kleanthes nach dem Grund seines Verhaltens gefragt, antwortete er: »Wenn ich die Ärzte richtig verstehe, verordnen sie uns, alle schwellfähigen Glieder ruhig zu halten und nicht zu erregen.«

Sokrates sagt keineswegs: »Ergebt euch nicht den Reizen der Schönheit, widersteht ihr, kämpft gegen sie an!«, sondern umgekehrt: »Flieht sie, entzieht euch ihren Augen und meidet jede Begegnung mit ihr: Sie ist ein starkes Gift, das selbst von weitem wirkt!« Und sein guter Schüler Xenophon, der die ungewöhnlichen Vorzüge des Kyros beschreibt (oder ihm nur andichtet, aber ich glaube doch eher, zutreffend beschreibt), läßt ihn gleichwohl an seiner Kraft zweifeln, den Reizen der göttlichen Schönheit Pantheas zu widerstehn, seiner berühmten Gefangnen, so daß er die Aufgabe, sie aufzusuchen und zu bewachen, einem andern anvertraut habe, dessen Möglichkeit, sich Freiheiten herauszunehmen, geringer gewesen sei. Desgleichen der Heilige Geist: *Und führe uns nicht in Versuchung!*

Wir beten mitnichten, daß unsrer Vernunft die Überwältigung durch die Wollust erspart bleibe, sondern daß sie von ihr nicht einmal auf die Probe gestellt werde und wir nicht in die Lage geraten mögen, auch nur den Annäherungen, Bedrängnissen und Versuchungen der Sünde ausgesetzt zu sein. Wir flehn zu unserm Herrn, unser Gewissen unbehelligt zu lassen, jeder Berührung mit dem Bösen voll und ganz enthoben.

Jene, die von sich behaupten, ihr Rachegelüst oder irgendeine andre verwerfliche Leidenschaft überwunden zu haben, sagen oft durchaus die Wahrheit, aber nur hinsichtlich dessen, was ist, nicht dessen, was war. Sie sprechen *heute* so zu uns, nachdem sie selber Beweggrund und treibende Kraft ihrer Verirrung gewesen sind. Man braucht also bloß weiter zurückzugehn, bloß diesen Beweggrund zum Anfang zurückzuführn, und schon hat man sie ertappt. Meinen sie denn, ihr Fehler werde geringer dadurch, daß er alt ist, und die Folgen eines unrechten Beginnens könnten Rechtens sein?

Wer seinem Lande wie ich alles Gute wünscht, ohne aus Gram über seine jetzige Lage Magengeschwüre oder die Magersucht zu bekommen, wird zwar betrübt sein, doch keineswegs vor Schreck erstarren, wenn er es vom Ruin oder von der nicht minder ruinösen Fortdauer dieser Verderbnis bedroht sieht.

Armes Schiff, wie kannst du, von den Winden,
von den Wogen und vom Steuermann
hin und her gerissen, Ruhe finden?

Wer den Gunstbezeigungen der Fürsten nicht hinterherhechelt, als seien sie ihm unentbehrlich, bleibt von der Kälte ihres Empfangs und ihrer Mienen sowie der Wechselhaftigkeit ihres Wohlwollens ziemlich unberührt. Wer nicht sklavisch an seinen Kindern oder seinen Ehrenämtern hängt, lebt selbst dann noch recht behaglich, wenn er sie verliert. Wer Gutes hauptsächlich zu seiner eignen Befriedigung tut, gerät kaum aus der Fassung, wenn die Menschen sein Handeln schlechter beurteiln, als er es verdient.

Eine Viertelunze Bereitschaft, dergleichen zu ertragen, schafft genügend Abhilfe. Mir bekommt dieses Rezept jedenfalls gut. So wohlfeil ich kann, kaufe ich mich von vornherein frei, und ich gewahre, daß ich auf diese Weise schon vielen Mühen und Schwierigkeiten entgangen bin. Es kostet mich nur wenig Anstrengung, den ersten Regungen einer Leidenschaft Einhalt zu gebieten und ihren Gegenstand, sobald er mich zu vereinnahmen beginnt, fallenzulassen, ehe er mich mit sich fortreißt.

Wer den Start nicht abbricht, hat keine Aussicht, das Rennen abzubrechen. Wer den Leidenschaften nicht die Türe zuschlägt, wird sie, sind sie erst einmal eingetreten, nie wieder verjagen können. Wer mit dem Anfang nicht zurechtkommt, wird mit dem Ende noch weniger zurechtkommen. Und wer dem Stoß nicht zu wehren wußte, wird dem Sturz nicht wehrn. *Denn die Leidenschaften treiben sich selbst immer weiter an, ist man von der Vernunft erst einmal abgewichen; die menschliche Schwachheit gestattet sich selbst alles, wird so unversehens aufs hohe Meer hinausgetrieben und findet keinen Ort mehr, wo sie Anker werfen kann.*

Ich aber spüre rechtzeitig, wenn die ersten leichten Brisen in der Seele aufkommen, mich streicheln und zu umsäuseln beginnen: Vorboten des Sturms! *Schon lange vor dem Schlag erbebt das Gemüt.*

Wenn Matrosen ernst dem Wehn der Winde lauschen,
die, gefangen noch, im Wald des Festlands rauschen,
heißt dies: Bald wird wilder Sturm die Segel bauschen.

Wie viele Male habe ich ein offensichtliches Unrecht hingenommen, um der Gefahr zu entgehn, daß mir die Richter ein noch schlimmeres antun – nach schier endlosen Scherereien und schmutzigen, ja schändlichen Machenschaften, die meiner Natur mehr zuwider sind als Folter und Feuer! *Man sollte alles Zulässige und vielleicht noch mehr tun, um Prozesse zu vermeiden, denn es ist nicht nur edelmütig, sondern zuweilen auch vorteilhaft, auf einen gewissen Teil seiner Rechte zu verzichten.*

Wären wir wirklich weise, müßte uns ein solcher Verzicht erfreun und sogar mit Stolz erfüllen – wie jenes arglose Kind aus vornehmem Hause, das ich eines Tages jedermann strahlend erzählen hörte, seine Mutter habe soeben ihren Prozeß verlorn – als wäre es um deren Husten und Fieber oder etwas Derartiges gegangen, das man gerne loswird.

Selbst was die Vergünstigungen betrifft, die mir das Schicksal gewährte – verwandt- und freundschaftliche Beziehungen etwa zu denen, die über nahezu unbegrenzten Einfluß verfügen –, habe ich nach bestem Gewissen zu vermeiden gesucht, sie zum Nachteil andrer zu nutzen und mir mehr Rechte zukommen zu lassen, als Rechtens ist.

So habe ich durch mein tägliches Verhalten erreicht, daß ich in bezug auf Prozesse noch ein unbeschriebenes Blatt bin (o möge es so bleiben!), obwohl sie sich mir immer wieder als höchst berechtigt anboten – ich hätte nur ja zu sagen brauchen; und unbeschriebnes Blatt auch, was sonstige Händel angeht. Ohne schwerwiegende Rechtsverletzungen, erlittne oder zugefügte, habe ich nun bald ein langes Leben hinter mich gebracht, und ohne Schlimmeres über mich hören zu müssen, als daß ich Montaigne heiße. Seltne Gnade des Himmels!

Unsre größten Auseinandersetzungen haben lächerliche Ursachen und Triebfedern. Welch Unheil brach doch über unsern letzten Herzog von Burgund wegen des Streits über eine Karrenladung Schafshäute herein! Und war nicht die Empörung des Marius über die Gravur auf einem Petschaft Sullas der erste und entscheidende Anlaß für die schrecklichste Erschüttrung, von der das Weltgetriebe jemals heimgesucht wurde (denn Pompeius und Caesar sind nichts anderes als die Abkömmlinge und Nachfolger dieser beiden)?

Und zu meiner Zeit habe ich gesehn, wie die weisesten Häupter unsres Königreichs höchst feierlich und für die Staatskasse höchst kostspielig sich versammelten, um bestimmte Vereinbarungen und Verträge auszuhandeln, während die wahre Entscheidung darüber doch vollkommen von den Gesprächen im Boudoir der Damen abhing – und davon, welche Meinung dort von irgendeinem Dämchen vertreten wurde.

Die Dichter haben das genau verstanden, sie, die wegen eines Apfels ganz Griechenland und Asien sich in Blut und

Feuer stürzen ließen! Ergründet doch einmal, warum jener dort darangeht, Ehre wie Leben mit Dolch und Schwert aufs Spiel zu setzen, fragt ihn, was seine Fehde ausgelöst hat, und er wird es euch nicht sagen können, ohne schamrot zu werden – so unbedeutend war der Anlaß!

Solange man das Boot noch zurüstet, braucht man nur eine Spur Überlegung; ist man aber an Bord, straffen sich alle Seile. Da bedarf es nun großer Anstalten, die weitaus schwieriger und folgenschwerer sind. Wieviel leichter ist es doch, das Boot gar nicht erst zu betreten, als wieder herunterzukommen!

Wir sollten uns entgegengesetzt zum Schilfrohr verhalten, das im ersten Aufschießen einen langen und graden Schaft hervortreibt; dann aber, als wäre es außer Atem und hätte sich erschöpft, beginnt es zahlreiche dicke Knoten zu bilden, gleichsam Ermüdungsmale, die zeigen, daß es nicht mehr seine ursprüngliche Lebendigkeit und Ausdauer hat. Es ist daher besser, schön langsam und umsichtig zu beginnen und uns Atem und Schwungkraft für den entscheidenden Augenblick zu bewahrn, da es auf die Vollendung unsers Vorhabens ankommt. In Wirklichkeit jedoch haben wir die Führung unsrer Geschäfte nur anfangs fest im Griff; hernach aber, einmal in Gang gesetzt, sind sie es, die uns führen und mit sich reißen, und wir müssen ihnen folgen.

Nun heißt das keineswegs, daß ich dank dieser Lebensregel aller Schwierigkeiten ledig sei und nicht häufig Mühe gehabt hätte, meine Leidenschaften an die Kandare zu nehmen und zu zügeln. Sie lassen sich nicht immer nach Maßgabe des Anlasses beherrschen, sondern brechen sich oft rücksichtslos und gewaltsam Bahn. Gleichwohl kann sie einem viel ersparen und sogar Gewinn bringen, außer solchen Leuten, denen vernünftiges Handeln, wenn kein höheres Ansehn dabei herausspringt, nicht genug ist; denn in der Tat schlägt das angeratene Verhalten nur für jeden selbst zu Buch: Man wird glücklicher dadurch, aber nicht geachteter – hat man sich doch geläutert, schon ehe man sich vor aller Augen in den Tanz stürzt und der Wandel bemerkt werden kann.

Doch wie auch immer: Nicht nur hier, sondern ebenso bei allen sonstigen Lebenspflichten schlagen jene, denen es um ihr Ansehn geht, einen völlig anderen Weg ein als die, deren Ziel Vernunft und innre Ordnung ist.

Ich sehe, wie Leute sich vor Wut Hals über Kopf auf die Kampfbahn stürzen, im Rennen aber erlahmen. Plutarch wiederum sagt von denen, die aus falscher Scham leicht nachgeben und in alles Verlangte sofort einwilligen, daß sie hernach nicht weniger leicht ihre Einwilligung vergäßen und wortbrüchig würden.

Ähnlich pflegt einer, der unbekümmert einen Streit anzettelt, ihn ebenso unbekümmert wieder aufzugeben. Mich hingegen würde dasselbe Beharrungsvermögen, das mich abhält, einen solchen zu beginnen, unaufhaltsam vorantreiben, wäre ich erst einmal in Fahrt und Feuer. Schlimme Sache: Hat man sich darauf eingelassen, geht es weiter auf Biegen oder Brechen. »Fangt kühl an«, sagte Bias, »aber fahrt heiß fort!«

Von mangelnder Zurückhaltung verfallen wir in mangelnden Mut zur Züglung, und das ist noch unerträglicher.

Die meisten heutigen Schlichtungen unsrer Zwistigkeiten sind schändlich und verlogen. Wir suchen nur den Schein zu retten und verraten und verleugnen darüber unsre wahren Absichten. Wir übertünchen den Sachverhalt. Wir wissen sehr wohl, wie wir es gesagt und gemeint haben, und alle, die dabei waren, wissen es und ebenso unsre Freunde (denen wir verdeutlichen wollten, daß wir im Recht sind). Nun aber stellen wir auf Kosten unseres Freimuts und unsrer Mannesehre die geäußerten Gedanken in Abrede und nehmen hasenfüßig zur Falschheit Zuflucht, nur um uns zu vergleichen. Wir strafen uns selber Lügen, nur um ungeschehn zu machen, daß wir andre Leute Lügen gestraft haben.

Es darf euch nicht kümmern, ob euer Tun und Reden unterschiedliche Auslegungen zuläßt: Zu eurer eigenen, wahrhaft aufrichtigen Auslegung müßt ihr stehn, sobald ihr sie vorgebracht habt – koste es, was es wolle. Eure Tugend und euer Gewissen sind gefordert, und denen setzt man keine Larve auf. Überlassen wir die gemeinen Kniffe und Winkelzüge den Rechtsverdrehern im Justizpalast!

Die Entschuldigungen und Ehrenerklärungen, die von Männern, wie ich sehe, Tag für Tag abgegeben werden, um unbesonnene Äußerungen zurückzunehmen, scheinen mir diese an Peinlichkeit noch zu übertreffen. Dann doch lieber den Gegner noch einmal demütigen als mit einer solchen Abbitte sich selbst! Gewiß, ihr habt ihn in eurem Jähzorn herausgefordert; nun, da ihr abgekühlt und wieder zur Vernunft gekommen seid, wollt ihr ihn mit Schmeichelworten begütigen; mit diesem Kniefall aber geht ihr weiter als mit eurer Überhebung zuvor. Ich finde, kein Wort, das ein Edelmann sagt, kann so böse sein, daß die Schande für ihn nicht noch größer ist, wenn er sich durch einen Machtspruch dazu zwingen läßt, es für ungesagt zu erklärn: Eigensinn sieht man einem Mann seines Standes eher nach als klein beigeben.

Es fällt mir ebenso leicht, den Leidenschaften aus dem Weg zu gehn, wie es mir schwerfällt, sie, einmal davon ergriffen, im Zaum zu halten. *Sie lassen sich eher der Seele entziehn als mäßigen.* Wer es nicht bis zur erhabnen Unerschütterlichkeit der Stoiker zu bringen vermag, der rette sich wie ich in den Schoß bäurischer Dickfelligkeit. Was jene aus Tugend taten, suche ich aus meiner Natur heraus zu tun. Den Stürmen ist die mittlere Region zugewiesen; in der oberen wie in der untren hingegen, bei den Philosophen und den Landleuten, vereinen sich Glückseligkeit und Ruhe.

O glücklich, wem der Dinge Wesen zu ergründen,
wem alle Furcht zu überwinden je gelang,
wer kühn des Schicksals Macht, der Wasser Gier bezwang
des Acheron! Und glücklich, wer der Flöte Klang
des Pan kennt und die Nymphen, die im Wald sich finden.

Bei ihrer Geburt sind alle Dinge zart und schwach. Daher muß man mit offnen Augen auf den Anfang sehn; denn wie man, wenn etwas klein ist, die Gefahren darin noch nicht ohne weiteres entdecken kann, so entdeckt man später, ist es groß geworden, die Abhilfe nicht mehr. Hätte ich den Weg des Ehrgeizes eingeschlagen, würde ich Tag für Tag auf eine Million Widrigkeiten gestoßen sein, die zu überwinden mir wesentlich schwerer gefallen wäre, als es mir schwerfiel, der natürlichen Neigung Einhalt zu gebieten, die mich auf ihn ziehen wollte:

So fand ich denn zu Recht
mich vorzuwagen schlecht.

Alle öffentlichen Handlungen unterliegen vielfältigen und nicht voraussehbaren Auslegungen, denn zu viele Köpfe urteiln darüber. Manche behaupten von meiner Führung des Bürgermeisteramtes von Bordeaux (und ich bin froh, hier ein Wort darüber sagen zu können, nicht etwa, weil sie der Rede wert wäre, sondern um sie als Beispiel für mein Verhalten in diesen Dingen darzulegen), ich hätte mich hierbei als ein Mann gezeigt, der sich allzuschwer zu etwas bewegen lasse und keinen rechten Eifer zeige – und damit geben sie den Anschein genau wieder. Ich versuche in der Tat meinem Geist und meiner Seele die Gelassenheit zu erhalten, *immer schon ruhig von Natur aus, heute aber mehr noch durch das Alter;* und wenn sie sich von einem plötzlichen und überwältigenden Eindruck zuweilen aus der Fassung bringen lassen, so wahrhaftig wider meinen Willen.

Aus diesem naturgegebnen Phlegma darf man indes keinen Beweis für eine Untauglichkeit ableiten (denn Mangel an Eifer und Mangel an Verstand sind zweierlei), und noch weniger für eine schnöde Undankbarkeit gegenüber dieser Bürgerschaft, die alles in ihrer Macht Stehende tat, um mir gefällig zu sein, sowohl bevor sie mich kennenlernte wie danach; denn noch mehr Ehre als mit der ersten Wahl zum Bürgermeister hat sie mir dadurch erwiesen, daß sie mir das Amt zum zweitenmal antrug.

Ich wünsche ihr alles denkbar Gute, und gewiß hätte ich, wäre sie in Bedrängnis geraten, keine Anstrengung gescheut, ihr herauszuhelfen. Jedenfalls habe ich mich für sie in gleichem Maße gerührt wie für mich selbst – handelt es sich doch um ein zuverlässiges, edelmütiges und kampffreudiges Volk, das überdies zu gehorchen und Disziplin zu wahren weiß; wenn es richtig geführt wird, ist es jederzeit für eine gute Sache einzusetzen.

Es wird auch gesagt, meine Amtszeit sei vorübergegangen, ohne bleibende Spuren zu hinterlassen. Das ist ja köstlich: In einer Zeit, da fast jeder des Zuvieltuns überführt ist, will man mir meine Zurückhaltung vorwerfen!

Ich galoppiere munter los, sobald der Wille mir die Sporen gibt. Solch Ungestüm aber ist der Beharrlichkeit feind. Wer sich meiner nach meiner Art bedienen will, erteile mir Aufträge, die eines energischen und freimütigen Anpackens bedürfen und auf gradem und kurzem Wege ausgeführt werden müssen, möge er durchaus gefährlich sein. Da werde ich etwas zustande bringen. Muß man dafür jedoch lange und mühselige, krumme und Gerissenheit erfordernde Wege einschlagen, tut man besser daran, sich an einen andern zu wenden.

Nicht alle wichtigen Ämter sind schwierig. Ich wäre in einer dringenden Notlage durchaus bereit gewesen, mich etwas härter ins Zeug zu legen, denn ich vermag mehr zu tun, als ich tue und mir zu tun gefällt. Immerhin habe ich, soviel ich weiß, nichts von dem, was die wohlverstandne Pflicht von mir verlangte, ungetan gelassen. Aufgaben freilich, die nur der Ehrgeiz zu den Pflichten zählt und mit deren Namen behängt, habe ich gern vergessen. Das sind nun gerade jene, die Augen und Ohren der Leute am meisten beeindrucken: Nicht die Sache, sondern der Schein befriedigt sie. Wenn sie keinen Lärm hören, meinen sie, man schläft.

Mein Wesen ist jedoch dem lärmenden Unwesen entgegengesetzt. Ich könnte Unruhen niederschlagen, ohne meine Ruhe zu verlieren, und eine Störung der öffentlichen Ordnung zu bestrafen würde meinen Gleichmut nicht stören. Und wenn mir einmal Zorn und flammende Erregung angebrachter scheinen? Nun, dann leihe ich sie von andren und setze sie mir als Maske auf. Mein Gemüt ist eben mild, eher fad als feurig.

Ich werfe einer Amtsperson, die schläft, dies niemals vor, solang jene, die sie zu betreuen hat, ebenfalls schlafen – die Gesetze schlafen ja auch. Ich für mein Teil lobe mir jedenfalls ein sanft dahingleitendes, glanz- und lautloses Leben, *weder unterwürfig noch überheblich.* Meine Glücksgöttin will es so. Ich wurde in ein Geschlecht hineingeborn, das seine Tage ohne Aufregung und Aufsehn verbrachte und dessen Ehrgeiz seit langem, wie sich die Leute erinnern, besonders darauf aus ist, rechtschaffen zu leben.

Bei uns sind die Menschen derart abgerichtet, sich mit hektischer Betriebsamkeit hervorzutun, daß Güte und Besonnenheit, Gleichmut und Beständigkeit sowie ähnlich stille und unauffällige Eigenschaften gar nicht mehr wahrgenommen werden. Rauhe Gegenstände nimmt man wahr, glatte gehn einem unmerklich von der Hand; Krankheiten nimmt man wahr, die Gesundheit kaum oder gar nicht – ebensowenig wie das, was uns wohltut, im Vergleich zu dem, was weh tut.

Wenn man das, was sich im Beratungszimmer erledigen ließe, auf den Marktplatz verlegt, wenn man den hellen Mittag abwartet, um im Licht der Öffentlichkeit Dinge zu tun, die man schon die Nacht zuvor hätte tun können, und wenn man eifersüchtig selber zu verrichten trachtet, was ein Kollege ebensogut zu verrichten weiß, heißt das auf seinen Ruf und seinen persönlichen Nutzen bedacht sein, nicht aber auf das Wohl der Sache. (Im alten Griechenland etwa führten manche Chirurgen die Operationen nach den Regeln ihrer Kunst auf Schaugerüsten vor den Augen der Passanten aus, um neue Kundschaft für ihre Praxis zu gewinnen.) Solche Menschen glauben, vernünftige Anordnungen würden nur dann gehört und verstanden, wenn man sie mit Pauken und Trompeten verkündet.

Die Ehrsucht ist kein Laster für kleine Leute und für ein Tun wie das unsre. Man sagte zu Alexander: »Euer Vater wird euch ein großes, leicht zu regierendes und friedliches Reich hinterlassen.« Doch er, obwohl Knabe noch, eiferte eher seines Vaters Siegen und dessen strengem Regiment nach: Er wollte die Weltherrschaft erringen, nicht aber sie in Muße und Frieden genießen. Alkibiades wiederum sagt bei Platon, ihm sei es lieber, jung und schön, edel und reich sowie überaus gelehrt zu sterben, als ständig in solchem Zustand zu verharrn.

Bei einer starken und ausgreifenden Seele wie der Alexanders ist die Ehrsucht eine vielleicht entschuldbare Krankheit. Wenn aber kümmerliche Zwergenseelen plötzlich größenwahnsinnig werden und meinen, ihr Name verdiene weithin Verbreitung, weil sie einmal einen Streitfall richtig entschieden oder für die Aufrechterhaltung der regelmäßigen Wachablösung an einem Stadttor gesorgt haben, so entblößen sie, je höher sie deswegen den Kopf recken, nur um so mehr ihren Arsch. Dies bißchen rechtes Tun hat weder Leben noch Bestand: Schon nach der ersten Erwähnung löst es sich in nichts auf, so daß es nie über die nächste Straßenecke hinausgelangt.

Erzählt deshalb wenigstens eurem Sohn und eurem Diener munter drauflos davon – wie jener Mann aus der Antike, der, weil niemand etwas von seinen Heldentaten wußte und er folglich keine Zuhörer für seine Selbstanpreisungen fand, sich kurzentschlossen vor seinem Kammermädchen in die Brust warf und ausrief: »O Dionysia, wenn du wüßtest, welch tüchtigen und tapfren Mann du zum Herrn hast!«

Oder tragt es, wenn's gar nicht anders geht, euch selber vor, jenem mir bekannten Kronanwalt gleich, der, nachdem er eine ganze Schiffsladung von Paragraphen so lautstark wie unrichtig von sich gegeben hatte, aus dem Verhandlungssaal ins Pissoir des Justizpalastes eilte und dort gehört wurde, wie er voller Andacht zwischen den Zähnen murmelte: *Nicht uns, o Herr, nicht uns, sondern deinem Namen gib die Ehre!*

Wer sich nicht aus einer andern Geldbörse entlohnen kann, tu's aus der eignen!

Der Ruhm ist nicht für ein paar lumpige Groschen zu haben. Die außergewöhnlichen und vorbildlichen Taten, denen er gebührt, würden die zahllose Masse belangloser Alltagsverrichtungen nicht neben sich dulden. Die Titel, die dir für das Ausbessern eines alten Stücks Mauerwerk oder das Entschlammen eines öffentlichen Rinnsteins zugefallen sind, mögen von Marmortafeln so hoch in den Himmel gehoben werden, wie es dir gefällt – von Leuten mit gesundem Menschenverstand aber bestimmt nicht!

Nicht jeder lobenswerten Tat folgt das Lob auf dem Fuße, da müssen schon Schwierigkeit und Seltenheit hinzukommen. Ja, auch nur Achtung gebührt nach Auffassung der Stoiker keineswegs jeder tugendhaften Handlung, und sie lehnen es ab, daß man einem Mann, der sich einer triefäugigen alten Vettel versagt, für solche Enthaltsamkeit die geringste Anerkennung zolle. Der Ruhm, den Panaitios dem Scipio Africanus dafür zuschreibt, daß er keine Geschenke annahm, wurde diesem sogar von denen, die im übrigen seine bewundernswerten Eigenschaften gelten ließen, mit der Begründung verweigert, das sei weniger der seine als der seines ganzen Jahrhunderts.

Unsere Freuden sind unserm Rang angemessen – greifen wir nicht nach denen der Großen! Die unsren sind natürlicher und um so handfester und sicherer, je näher sie am Boden bleiben. Wenn wir dem Ehrgeiz schon nicht aus Gewissensgründen entsagen, dann laßt es uns aus Ehrgeiz tun! Verschmähn wir diesen unwürdigen, bettlerhaften Hunger nach Ansehen und Ruhm, der uns so weit erniedrigt, daß wir jede Art Leute darum anflehn, bereit, den schimpflichsten Preis zu zahlen! *Was ist das für ein Ruhm, den man auf dem Fischmarkt kaufen kann?* Sich Ehre so zu erwerben ist ehrlos.

Lernen wir endlich, nicht nach mehr Ruhm zu gieren, als wir verdienen. Sich jedesmal, wenn man etwas Natürliches und Nützliches getan hat, groß aufzublähn kommt Leuten zu, bei denen das etwas Seltnes und Außergewöhnliches ist: Sie wollen so zeigen, wieviel Anstrengung es sie gekostet hat. Je mehr Aufsehen aber eine hochherzige Tat erregt, desto mehr ziehe ich von ihrer Hochherzigkeit ab, weil ich den Argwohn hege, sie sei eher um dieses Aufsehns als der Hochherzigkeit willen begangen worden: Ausgestellt ist halb verkauft!

Wesentlich schöner finde ich es, wenn einer, der eine tugendhafte Handlung vollbringt, sie seiner Hand gleichmütig und in aller Stille entgleiten läßt und dann ein ehrenwerter Mann auf sie aufmerksam wird, der sie dem Schatten entreißt und um ihrer selbst willen ans Licht zieht. *Mir scheint all das lobenswerter, was ohne Prahlerei und ohne Zuschauer geschieht.* (Und das sagt ausgerechnet Cicero, der ruhmsüchtigste Mann der Welt!)

Als Bürgermeister hatte ich nur alles zu bewahren und so in Gang zu halten, wie ich es vorfand, und das ist ein unscheinbares Tun, das kaum auffällt. Neuerungen können glanzvoll sein; sie verbieten sich jedoch in einer Zeit, da gerade sie es sind, die uns derart bedrängen, daß wir nicht wissen, wie wir uns ihrer erwehren sollen. Nichthandeln ist oft ebenso verdienstlich wie Handeln, aber es steht weniger im Licht; und das geringe Verdienst, das ich habe, ist fast ausschließlich von solcher Art.

Kurz, meine Aufgaben in diesem Amt kamen meiner Veranlagung entgegen, und dafür bin ich ihnen sehr dankbar. Würde wohl jemand wünschen, krank zu sein, nur um seinen Arzt beschäftigt zu sehn? Und müßte man einen Arzt nicht auspeitschen, der uns die Pest auf den Hals wünschte, um seine Kunst praktizieren zu können? Ich habe nie die verwerfliche und doch recht verbreitete Einstellung geteilt, Aufruhr und Verderben hätten über diese Stadt hereinbrechen und so meiner Amtsführung zu mehr Glanz und Gloria verhelfen sollen; vielmehr bemühte ich mich nach besten Kräften, alle Beschwernisse von ihr fernzuhalten und ihr Leben zu erleichtern.

Selbst wenn mir einer für die Ordnung und wohltuende, ungestörte Ruhe keinen Dank wissen wollte, die meine Amtsführung begleitet hat, kann er mir zumindest den Anteil nicht streitig machen, der mir daran kraft meines Glückes zusteht; denn ich bin nun einmal so, daß Glück zu haben mir gleichermaßen lieb ist wie weise zu sein und ich meine Erfolge ebensogern allein der Gnade Gottes anrechne wie meiner eignen Mitwirkung.

Ich hatte ja den Leuten meine Unzulänglichkeit für die Führung solch öffentlicher Angelegenheiten beredt genug dargelegt (und dabei eignet mir noch etwas Schlimmeres als diese Unzulänglichkeit: daß sie mir nämlich kaum mißfällt und ich im Hinblick auf den von mir gewollten Lebenswandel kaum versuche, ihr abzuhelfen). Trotzdem nahm ich mein Zwischenspiel in Bordeaux keineswegs auf die leichte Schulter, sondern habe das, was ich mir zu erreichen versprach, doch annähernd zustande gebracht – und was ich jenen versprach, mit denen ich zu tun hatte, sogar weit übertroffen; denn ich pflege stets etwas weniger zu versprechen, als ich tun kann und zu halten hoffe.

Ich bin sicher, daß ich weder Groll noch Haß hinterlassen habe. Daß man mir nachtraure und mich zurückwünsche – darauf bin ich, das zumindest weiß ich ganz genau, nie sonderlich erpicht gewesen.

Der Fluten Ruh, des Meeres friedlich' Antlitz trügt:
Ein Ungeheuer ist's, das auf der Lauer liegt!

II

Über die Hinkenden.

Zwei, drei Jahre sind es her, daß man in Frankreich das Jahr um zehn Tage verkürzt hat. Wie viele Umwälzungen sollten dieser Neuerung folgen! Sie veränderte wahrlich den Lauf von Himmel und Erde zugleich. Dennoch ist nichts von seinem angestammten Platz gerückt: Meine Nachbarn finden die beste Stunde für Saat und Ernte, den rechten Augenblick für ihre Geschäfte und die ihrem Werken günstigsten und ungünstigsten Tage an genau derselben Stelle wieder, die sie ihnen seit undenklichen Zeiten zugewiesen haben. In unserm täglichen Lebensablauf spürte man früher weder den Irrtum, noch spürt man heute die Verbeßrung: So rundum unzuverlässig ist alles und so grob, stumpf und trüb unser Wahrnehmungsvermögen!

Es wäre, sagt man, möglich gewesen, diese Neuregelung auf eine weniger unbequeme Weise durchzuführn, wenn man nach dem Beispiel des Augustus einige Jahre lang bis zum völligen Ausgleich den Schalttag abgezogen hätte, der sowieso hinderlich ist und nur Verwirrung stiftet – Ausgleich, den man mit der jetzigen Verbeßrung nicht einmal erreicht hat, weil wir ja immer noch ein paar Tage im Rückstand bleiben. Gleichzeitig damit hätte man für die Zukunft vorsorgen und anordnen können, nach Ablauf von soundso vielen Jahren sei dieser zusätzliche Tag für immer zu streichen, so daß unsre Fehlrechnung künftig vierundzwanzig Stunden nie überschreiten würde.

Wir können die Zeit nicht anders als nach Jahren berechnen. Die Menschen bedienen sich dieses Maßes seit vielen Jahrhunderten, und doch ist es uns noch nicht gelungen, es genau festzulegen; Tag für Tag fragen wir uns, welch andere Formen ihm die andren Völker wohl gegeben haben mögen und welchen Gebrauch sie hiervon machten. Wie, wenn die Himmel, während sie altern, zu uns her zusammenschrumpften (was einige behaupten) und uns daher sogar hinsichtlich der Stunden und Tage in Ungewißheit stürzten? Und was ist mit den Monaten? Plutarch sagt, die Sternkunde habe zu seiner Zeit die Bewegung des Monds noch nicht zu bestimmen gewußt. Wie herrlich wir doch für unsre Buchführung über die vergangnen Dinge gerüstet sind!

Ich habe eben wieder einmal darüber nachgegrübelt (wie ich es oft tue), ein wie ungenau arbeitendes, unzuverlässiges Instrument doch der menschliche Verstand ist. Ich beobachte, daß die Leute im allgemeinen, wenn mit Tatsachen konfrontiert, lieber ihre Zeit darauf verwenden, deren Begründung zu suchen, als sich an ihre Tatsächlichkeit zu halten. Sie lassen die Sachen fahrn, um über deren Ursachen zu schwätzen – ulkige Ursächler, denen jede *Causa* zur *Causerie* gerät.

Die Erkenntnis der Ursachen steht aber allein dem zu, der die Dinge führt, und nicht uns, denen sie bloß zuteil werden und die wir sie auch ohne Einblick in deren Wurzel und Wesen unsrer Natur gemäß voll und ganz nutzen können. Der Wein schmeckt einem, der über seine Grundeigenschaften Bescheid weiß, deswegen doch nicht besser als den andern. Im Gegenteil: Körper und Seele tun ihrem Recht auf Nutzung der Erde Abbruch, wenn sie einen Anspruch auf wissenschaftliche Erkenntnis daruntermischen. Wissen und Bestimmen sind wie das Geben Sache des Herrn und Meisters; Sache der Untergebnen, Untertanen und Lehrlinge aber sind das Annehmen wie des Empfangnen Gebrauch – und allenfalls das Fragen.

Kehren wir zum Verhalten unserer Leute zurück. Gewöhnlich fangen sie folgendermaßen an: »Wie kommt es, daß so etwas geschieht?« Sie sollten lieber fragen: »Geschieht es denn?« Unsre Vorstellungskraft vermag hundert andre Welten zu errichten und deren inneres Gesetz und Gefüge herauszufinden. Sie braucht hierzu weder Fundament noch Stein und Mörtel. Laßt ihr freien Lauf, und sie baut auf Leerem wie auf Vollem, mit dem Nichts genauso wie mit Material:

Sogar dem Rauch
gibt Schwerkraft sie,
dem feinsten Hauch!

Ich finde, daß man in fast allen Fällen sagen müßte: »Es ist nichts dran.« Gern würde ich diese Antwort so oft wie möglich geben, aber ich traue mich nicht, denn sofort schreit man dann los, das sei eine von Geistesschwäche und Unwissenheit zeugende Kapitulation. Und so muß ich halt zur Gesellschaft das Gaukelspiel mitmachen und mich auf die Erörterung alberner Gegenstände und Geschichten einlassen, von denen ich kein Wort glaube.

Hinzu kommt, daß es ja wirklich ein bißchen grob und rechthaberisch ist, eine behauptete Tatsache rundheraus zu bestreiten; denn unter den Leuten, die einem vornehmlich schwer zu glaubende Dinge einreden wollen, gibt es kaum welche, die nicht beteuerten, sie hätten sie mit eigenen Augen gesehn, oder nicht Zeugen anführten, deren Autorität unsren Widerspruch im Keime erstickt. Infolge dieser Gepflogenheit erfahren wir die Gründe und Ursachen von tausend Dingen, die es nie gegeben hat, und schlagen sich die Leute mit tausend Streitfragen herum, deren Für so falsch ist wie das Wider. *Das Falsche liegt so nahe am Wahren, daß der Weise sich nicht auf einen derart abschüssigen Hang begeben sollte.*

Wahrheit und Lüge haben gleiche Gesichter, und auch ihr Gang, Gehabe und Geschmack sind sich ähnlich: Unser Auge sieht keinen Unterschied zwischen ihnen.

Ich finde, daß wir Täuschungsversuchen nicht nur zaghaft entgegentreten, sondern es geradezu darauf anlegen, ihnen zum Opfer zu fallen. Wir lieben es, uns in eitle Dinge zu verstricken, da alles Eitle mit unserm Wesen konform geht.

Ich habe zu meiner Zeit das Entstehen vieler Wunder gesehn. Selbst wenn sie schon bei der Geburt wieder verlöschen, können wir unschwer den Lauf voraussagen, den sie genommen hätten, wäre ihnen ein volles Leben beschieden gewesen: Man braucht nur das Ende des Zwirnsfadens zu finden, und schon vermag man davon soviel abzuspulen, wie man will. Jedenfalls ist es vom Nichts bis zum winzigsten Etwas ein weiterer Weg als von diesem zur größten Sache der Welt.

Wenn nun die ersten, die sich mit solch plötzlich auftauchenden Wunderzeichen vollgesogen haben, ihre Geschichte zu verbreiten beginnen, merken sie aus den Einwänden, die man dagegen erhebt, wo die schwache Stelle ihrer Überredungsversuche liegt; und so gehn sie daran, sie mit täuschend nachgemachtem Werg zu kalfatern. Außerdem machen wir uns *aufgrund der den Menschen angebornen Neigung, Gerüchten eifrig neue Nahrung zu geben*, natürlich Vorwürfe, wenn wir mit dem uns geliehnen Pfund nicht wuchern und es ohne Zutat aus dem eignen Topf weitergeben.

Anfangs gebiert der Irrtum einzelner den Irrtum aller, dann gebiert der Irrtum aller den Irrtum jedes einzelnen. Von Hand zu Hand wandernd, nimmt das Ganze Gestalt an und stattet sich immer reicher aus, so daß der entfernteste Zeuge schließlich näher unterrichtet ist als der nächste und fester überzeugt der zuletzt als der zuerst Unterrichtete: ein natürlicher Wachstumsprozeß. Jeder, der etwas glaubt, hält es für ein Gebot der Nächstenliebe, auch andre davon zu überzeugen, und zu diesem Zweck scheut er sich nicht, seiner Geschichte soviel Selbsterfundnes anzufügen, wie er für erforderlich hält, um den Widerstand jener zu überwinden, die er bekehren will – Widerstand, der seines Erachtens nur auf ihrer Begriffsstutzigkeit beruht.

Ich für mein Teil, der ich äußerst gewissenhaft bedacht bin, nicht zu lügen, und mich daher kaum damit abgebe, die Glaubwürdigkeit meiner Worte zu beteuern, ertappe mich gleichwohl immer wieder dabei, wie ich beim Vortrag irgendeiner Sache durch Widerspruch oder die Hitze meines Erzählens in Feuer gerate und nun mittels Stimmaufwand, Gebärden und Wahl schlagkräftiger Wörter, ja maßloser Übertreibung den Gegenstand mächtig aufblähe – nicht ohne Schmälerung natürlich der schlichten Wahrheit. (Immerhin aber tue ich dies mit der Einschränkung, daß ich dem erstbesten gegenüber, der mich wieder zur Besinnung bringt und fragt, wie denn nun die Wahrheit nackt und nüchtern aussehe, sofort klein beigebe und sie ihm nun ohne Ausschmückung darlege, ohne Schnörkel und Schwulst.) Lebhaftes und lautes Sprechen, wie ich es gewohnt bin, gerät eben leicht in Überschwang.

Auf nichts sind die Menschen im allgemeinen mehr aus als darauf, ihre Überzeugungen in Umlauf zu bringen. Wo die üblichen Mittel hierzu nicht ausreichen, nimmt man Zwang und Gewalt zu Hilfe, Feuer und Schwert. Unglücklicherweise ist es so weit gekommen, daß als zuverlässigster Prüfstein für die Wahrheit die Menge der Gläubigen gilt – wo die Zahl der Narren in dieser Menschenmasse doch die der Weisen um ein Vielfaches übertrifft! *Als ob es etwas Verbreiteteres gäbe als den Mangel an Weisheit. Gerade die Menge der Unweisen aber gibt der Weisheit ihre Würde.*

Es ist ein schwieriges Unterfangen, sich sein Urteil gegen die vorherrschenden Meinungen zu bilden. Vom Glauben an ein Wunder werden zuerst die Unverständigen ergriffen;

von da breitet er sich kraft der Zunahme von Zahl und Alter der Zeugnisse auf die Verständigen aus. Was mich betrifft, würde ich, was ich einem nicht glaube, auch hundertundeinem nicht glauben; und nie beurteile ich Meinungen danach, seit wieviel Jahren sie bestehn.

Noch nicht lange ist es her, daß einem unsrer Fürsten, dessen gesundes und fröhliches Naturell die Gicht zerrüttet hatte, Berichte über die Wundertaten eines Priesters zu Ohren kamen, der nur durch Worte und Gebärden angeblich alle Krankheiten zu heilen verstand; davon war der Fürst so beeindruckt, daß er sich zu einer langen Reise überreden ließ, um ihn aufzusuchen. Dort betäubte die Einbildungskraft des Fürsten nun tatsächlich für wenige Stunden den Schmerz seiner Beine, so daß er vorübergehend wieder in den Genuß der Dienste kam, die ihm zu leisten sie seit langem verlernt hatten.

Wenn das Schicksal es zu einer Häufung von fünf, sechs solcher Fälle hätte kommen lassen, würde dies gereicht haben, das Geschehnis zum wirklichen Wunder zu machen. So aber ist der Scharlatan, wie man später herausfand, ständig derart einfältig und unsachgemäß zu Werke gegangen, daß man ihn nicht einmal der geringsten Bestrafung für würdig hielt; und folgte man den meisten solcher Dinge bis dahin, wo der Hund begraben liegt, würde man sie genauso beurteilen. *Trugbilder staunen wir nur aus der Distanz an.* So gaukelt unser Blick uns oft seltsame Erscheinungen in der Ferne vor, die sich in nichts auflösen, sobald wir uns ihnen nähern. *Ein Gerücht aber verflüchtigt sich nicht einmal im klaren Licht der Wahrheit.*

Es ist erstaunlich, aus welch nichtigen Anfängen und belanglosen Anlässen solch berühmte Wunder gewöhnlich entstehn. Gerade das aber behindert deren Erforschung; denn während man nach gewichtigen und beweiskräftigen Ursachen und Beweggründen sucht, die ihrer so ungeheuren Breitenwirkung angemessen wären, verliert man die wirklichen aus den Augen: Wir übersehn sie wegen ihrer Kleinheit. Daher bedarf es für solche Untersuchungen eines wahrhaft umsichtigen, aufmerksamen und scharfsinnigen Forschers, der unvoreingenommen und unparteiisch ist.

Vor mir verstecken sich bis zur Stunde all diese Wunder und wundersamen Geschehnisse. Dafür habe ich auf der ganzen Welt bisher kein ausgeprägteres Monster und Mirakel gesehn als mich selbst. Zeit und Gewöhnung machen einen mit allem Befremdlichen vertraut; je mehr ich aber mit mir Umgang pflege und mich kennenlerne, desto mehr frappiert mich meine Ungestalt, desto weniger werde ich aus mir klug.

Das Recht zu entscheiden, ob dergleichen Begebenheiten Glauben und Verbreitung finden, bleibt im wesentlichen Fortuna vorbehalten. Als ich vorgestern zwei Meilen von meinem Haus durch ein Dorf kam, fand ich den Ort noch in fiebernder Erregung, weil gerade ein vermeintliches Wunder aufgeflogen war; mehrere Monate lang hatte es die Nachbarschaft schon in Atem gehalten und selbst die angrenzenden Provinzen in Unruhe versetzt, so daß Menschen aller Schichten in hellen Scharen herbeizuströmen begannen.

Es ging um folgendes: Ein junger Einheimischer hatte sich eines Nachts einen Spaß daraus gemacht, in seinem Haus eine Geisterstimme nachzuahmen – an nichts Schlimmeres dachte er hierbei, als sich eben für den Augenblick zu vergnügen. Da ihm die Sache jedoch über Erwarten gut gelang, nahm er, um in seiner Posse noch mehr Register ziehn zu können, ein Mädchen aus dem Dorf hinzu, ein einfältiges und stockdummes Ding; und am Ende waren sie gar zu dritt, in gleichem Alter und von gleichem geistigen Format.

Anfangs verkündeten sie ihre Botschaften lediglich in den Häusern der Leute, dann aber auch öffentlich, indem sie sich unter dem Altar der Kirche verbargen, ihre Stimmen nur bei Nacht ertönen ließen und streng untersagten, Licht herbeizubringen. Von Worten, in denen von der Bekehrung der Welt und dem drohenden Jüngsten Tag die Rede war (denn das sind Dinge, hinter deren ehrfurchtgebietender Hoheit Bauernfängereien am leichtesten Unterschlupf finden), gingen sie zur Vorführung von allerlei spukhaften Erscheinungen über, die so läppisch und lachhaft waren, daß sich kaum etwas derart Plumpes im Spiel kleiner Kinder findet.

Hätte das Schicksal den Schwindel nur ein klein wenig begünstigen wollen, wer weiß, bis zu welchem Ausmaß er gediehn wäre! Zur Stunde sitzen die armen Teufel jedoch im Gefängnis und werden wahrscheinlich für die allgemeine Leichtgläubigkeit büßen müssen – und ich frage mich, ob nicht irgendein Richter sich für die seine an ihnen rächen wird. Im vorliegenden Falle sehen wir klar, weil er aufgedeckt ist; in vielen vergleichbaren aber, die wir nicht zu durchschaun vermögen, bin ich der Meinung, daß wir uns des Urteils enthalten sollten, ob pro oder kontra.

Viele – oder um es entschiedner zu sagen: sämtliche Fehlurteile auf der Welt entstehen daraus, daß man uns Furcht vor dem Eingeständnis unsrer Unwissenheit beibringt und wir daher alles hinzunehmen gehalten sind, was wir nicht widerlegen können. Über jegliche Sache spricht man in einem dogmatischen Ton, der keinen Einspruch duldet. Der römische Gerichtsstil hingegen verlangte, daß selbst die Aussage eines Augenzeugen und das auf sicherster Erkenntnis beruhende Urteil eines Richters in die Redeform des *Mir scheint* zu fassen seien.

Ich sträube mich sogar gegen Wahrscheinliches, wenn man es mir als untrüglich hinstellt. Ich liebe vielmehr Ausdrücke, welche die Unbesonnenheit unsrer Behauptungen mildern und mäßigen, also: *vielleicht* und *gewissermaßen*, *ein wenig* und *man sagt*, *ich denke* und dergleichen. Und hätte ich Kinder erziehen müssen, würde ich ihnen die in Frage stellende und unentschiedne Art des Antwortens (etwa: »Was besagt dies?« und »Ich verstehe das nicht«, »Kann sein« und »Ist das wahr?«) derart in den Mund gelegt haben, daß sie noch mit sechzig Jahren eher Lernende gewesen wären, statt sich mit zehn als Lehrmeister aufzuspielen, wie sie es heutzutage tun. Wer von seiner Unwissenheit geheilt werden will, muß sie zunächst eingestehn.

Iris ist die Tochter des Thaumas, des *Staunens*; und das Staunen ist die Grundlage aller Philosophie, das Forschen ihr Fortschritt, die Unwissenheit ihr Ende. Ja, in der Tat, es gibt eine Unwissenheit, die so fundiert und so weitgespannt ist, daß sie an Würde und Wagemut dem Wissen in keiner Weise nachsteht – eine Unwissenheit, die sich zu erwerben nicht weniger Erkenntnisfähigkeit verlangt als der Erwerb von Wissen.

Ich habe in meiner Jugend den Kommentar gelesen, den Jean de Coras, Richter am Parlament von Toulouse, zu seinem Urteil im Prozeß über einen seltsamen Vorfall drucken ließ. Er ging um zwei Männer, von denen jeder sich für den andern ausgab. Soweit ich mich erinnere (und ich erinnre mich allein an ebendies), schien er mir den Betrug desjenigen, den er schuldig sprach, als derart verwunderlich und all unsre wie seine eignen Erkenntnisse als derart weit überschreitend darzustellen, daß ich die Verurteilung des Mannes zum Tode durch den Strang höchst vermessen fand.

Laßt uns doch eine andere Urteilsform einführn, etwa des Wortlauts: »Das Gericht hat keine Ahnung, wovon die Rede ist.« Das wäre jedenfalls ehrlicher und offner als jenes Verhalten der Areopagiten, die, durch einen Fall in Bedrängnis gebracht, weil sie ihn nicht zu entwirren vermochten, schließlich verfügten, die Parteien sollten in hundert Jahren wiederkommen.

Die Hexen in meiner Nachbarschaft geraten jedesmal in

Lebensgefahr, wenn ein neuer Autor den Wirklichkeitsgehalt ihrer Visionen nachzuweisen sucht. Das Wort Gottes gibt uns für dergleichen Dinge zwar völlig zuverlässige und unwiderlegbare Beispiele; sie jedoch auf die gegenwärtigen Vorfälle anwenden zu wollen erfordert einen anderen Verstand als den unsren, da wir deren Ursachen und Mittel nicht zu erkennen vermögen. Vielleicht steht es allein jenem allmächtigen Wort zu, uns zu sagen: »Dies hier ist Hexerei und dies; das dort hingegen nicht.« Gott müssen wir es glauben, das versteht sich wahrlich von selbst, aber deswegen doch nicht irgendeinem unter uns, den seine eigne Erzählung verwundert (und sie verwundert ihn notgedrungen, falls er nicht von allen guten Geistern verlassen ist), ob er damit nun gegen einen andern oder gegen sich selbst aussagt.

Ich bin schwer von etwas Unwahrscheinlichem zu überzeugen und halte mich daher möglichst an das Handgreifliche und Wahrscheinliche. So entgehe ich diesen alten Vorwürfen: *Die Menschen vertrauen am meisten dem, was sie nicht begreifen* und *Der menschliche Geist hat den Hang, allem Dunklen zu glauben.* Ich merke natürlich, daß man über meine Einstellung in Zorn gerät: Unter Androhung der abscheulichsten Strafen untersagt man mir, die Existenz von Hexen und Hexerei zu bezweifeln. Eine neue Art, andre zu überzeugen!

Doch gottlob läßt sich mein Glaube nicht mit Faustschlägen zwingen. Sollen die Anhänger des Hexenglaubens doch über jene herfallen, die ihrer Auffassung völlige Falschheit vorwerfen! Ich werfe ihr ja nur vor, sie sei gewagt und schwer einzusehn; und die Behauptung des Gegenteils verurteile ich ebensosehr, wie sie es tun, wenn auch weniger hochfahrend. *Man möge diese Dinge als wahrscheinlich hinstellen, doch nicht als sicher.*

Wer seine Meinung in herausforderndem Befehlston durchsetzen will, zeigt damit nur, wie schwach sie begründet ist. Daß in einem reinen Wortstreit um das rechte Dogma jene Leute genausoviel Plausibles vorbringen mögen wie ihre Widersacher – sei's drum! Wenn man jedoch die praktischen Folgerungen bedenkt, die sie daraus ziehn, spricht alles für die Gegner. Ehe man Menschen tötet, muß die Beweislage klar sein wie der hellichte Tag. Unser Leben ist ein zu wirkliches und wesentliches Gut, als daß man es zum Blutzeugen für solch übernatürliche und imaginäre Vorkommnisse machen dürfte.

Was die Giftmischereien betrifft, lasse ich sie beiseite: Das sind Mordtaten, und von der schlimmsten Sorte. Doch auch hier, wird gesagt, dürfe man sich nicht immer an das Selbstgeständnis der Hexen und Hexer halten, denn man habe sie sich zuweilen der Tötung von Menschen bezichtigen sehn, die man hernach gesund und munter fand.

Hinsichtlich andrer absurder Beispiele, wie sie unten folgen, würde ich am liebsten sagen, man solle sich damit begnügen, einem Menschen, auch wenn er als noch so vertrauenswürdig gilt, nur in den rein menschlichen, natürlichen Dingen Glauben zu schenken; in denen aber, die auf einer übernatürlichen Wirkung beruhn und außerhalb seines Fassungsvermögens liegen, allein dann, wenn sie von einer ebenfalls übernatürlichen Macht beglaubigt sind. Dieses Vorrecht, das einigen unsrer Zeugen Gott in seiner Güte gewährt hat, darf nicht herabgewürdigt und leichtfertig allen möglichen Leuten eingeräumt werden.

Mir dröhnen die Ohren von tausend Geschichten wie dieser: »Drei Leute haben den Mann an jenem Tag im Orient gesehn, drei andre am nächsten im Okzident« – zu der und der Stunde, an dem und dem Ort, in der und der Kleidung! Ich würde dergleichen mir selbst nicht glauben. Wieviel naturgemäßer, wieviel wahrscheinlicher finde ich es, daß drei Menschen lügen, als daß einer binnen zwölf

Stunden geschwind wie der Wind von Ost nach West versetzt worden sei! Und wieviel naturgemäßer als die Mär, daß einer unter uns, von einem fremden Geist besessen, auf einem Besenstiel leibhaftig durch seinen Schornstein hinausgefahren sei, scheint mir die Erklärung, daß hier der aus dem Gleis geratne, irrlichternde eigne Geist des Menschen den Verstand aus seiner Verankerung gelöst und mit sich fortgerissen habe!

Spähn wir doch nicht nach äußeren, uns unbekannten Wahngebilden, wir, die wir ständig von unsern eignen, innren umgetrieben werden! Mir scheint es entschuldbar, wenn man einem Wunder gegenüber zumindest so lange ungläubig bleibt, wie man es auch mit nicht wunderbaren Ursachen erklären kann; und ich teile die Auffassung des heiligen Augustinus, bei Dingen, die schwer zu beweisen und schwerlich zu glauben sind, solle man eher dem Zweifel als der Gewißheit zuneigen.

Es sind einige Jahre her, daß ich durch das Herrschaftsgebiet eines unabhängigen Fürsten reiste, der, um mich zu meinem Besten von meinen Zweifeln an Hexereien abzubringen, mir die Gunst erwies, mich in seiner Gegenwart an einem abgesonderten Ort zehn, zwölf ebendeswegen einsitzende Gefangne sehen zu lassen; darunter befand sich eine Alte, wahrlich eine Hexe an Häßlichkeit und Mißgestalt, die seit langem schon für ihr Treiben in diesem Metier weithin bekannt war.

Ich besah mir die *Beweise* und *freiwilligen Geständnisse* sowie ein seltsames Körpermal, an dem diese armselige Alte keine Empfindung hatte. Ich fragte sie aus und unterhielt mich mit ihr wie den andern in aller Ausführlichkeit, wobei ich mich der wachsten Aufmerksamkeit befleißigte, deren ich fähig war. Da ich kaum der Mann bin, der sich sein Urteil durch Vorurteile knebeln läßt, hätte ich diesen Gefangnen am Ende mit bestem Gewissen eher Nieswurz denn Schierling verordnet. *Die Sache sah mehr nach geistiger Verwirrung als nach Frevel aus.* Doch die Rechtspflege kuriert solche Krankheiten eben mit ihren Mitteln.

Unter den Argumenten und Einwänden, die von ehrenwerten Männern sowohl dort wie häufig auch anderswo gegen mich vorgebracht wurden, habe ich keine gehört, die mich überzeugt und nicht stets eine triftigere Schlußfolgrung nahegelegt hätten als die ihre. Freilich gebe ich mich gar nicht erst damit ab, *Begründungen* und *Beweise* zu entwirren, die sich auf Erfahrungen und Tatsachen berufen – sie haben ja kein Ende, das man in den Griff bekommen könnte. Daher haue ich sie öfters einfach durch: wie Alexander seinen Knoten. Jene Leute schätzen den Wert ihrer religiösen Spekulationen doch wohl allzu hoch ein, wenn sie um derentwillen einen Menschen bei lebendigem Leibe verbrennen lassen!

Praestantius erzählt von seinem Vater (und dergleichen Beispiele gibt es etliche), daß er, tiefer als in tiefstem Schlaf versunken, sich eingebildet habe, ein das Gepäck von Soldaten tragendes Packpferd zu sein – und was er sich einbildete, war er plötzlich. Wenn Hexen und Hexer ihre Träume ebenso materialisiern, wenn Träume sich daher zuweilen der Wirklichkeit tatsächlich einverleiben können, glaube ich dennoch nicht, daß Menschen dafür vor Gericht gestellt werden sollten.

Dies sage ich als einer, der weder Richter ist noch Ratgeber der Könige (und sich dessen auch nicht im entferntesten für würdig erachtete), sondern als gemeiner Mann, der seiner Geburt und Bestimmung nach der staatlichen Gewalt in Wort und Tat Gehorsam schuldet. Wer meine Hirngespinste zum Anlaß nähme, auch nur gegen die belanglosesten Gesetze, Meinungen oder Gepflogenheiten seines Dorfes zu verstoßen, täte sich einen großen Tort an und mir nicht minder. Mit dem, was ich sage, bürge ich für keine andere Gewißheit als die, daß ich meine jeweiligen Gedanken wahrheitsgetreu wiedergebe – die aber sind höchst ungeordnet und befinden sich in stetem Wandel.

Ich rede über alles plaudernd, doch rate stets nur zaudernd. *Anders als die andern schäme ich mich keineswegs zu gestehn, daß ich nicht weiß, was ich nicht weiß.* Ich würde keine so gewagten Reden führn, wenn ich Anspruch darauf erheben könnte, daß man mir glaubt. Daher habe ich einem Großen, der sich über die Unverblümtheit und Heftigkeit meiner Meinungsäußerungen beklagte, folgendes erwidert: »Da ich merke, wie ihr darauf aus seid, euch für die eine Seite zu entscheiden, lege ich euch die andre mit allem mir möglichen Nachdruck dar, nicht um euer Urteil zu beeinflussen, sondern damit ihr klarer seht. Gott lenkt euer Herz und wird euch die rechte Wahl treffen lassen.« Ich bin nicht so überheblich, auch nur den Wunsch zu hegen, meine Meinungen möchten in derart wichtigen Sachen den Ausschlag geben: Mein Stand und Los hat sie keineswegs zur Einflußnahme auf so hochrangige Machtentscheidungen bestimmt.

Fest steht, daß ich nicht nur Wesenszüge, sondern auch Meinungen genug habe, die ich meinem Sohn, hätte ich denn einen, gern verleiden würde. Warum auch nicht, wo die wahrheitsgetreusten Meinungen dem Menschen angesichts seiner erschreckenden Unbedarftheit doch keineswegs immer die förderlichsten sind!

Ob es nun hierher paßt oder nicht, ist mir gleich: Nach einem in Italien allgemein verbreiteten Sprichwort kennt keiner die ganze Süße der Liebe, der noch nie mit einer Hinkenden geschlafen hat. Allgemeine Erfahrung oder irgendein besondrer Fall legte dem Volk vor undenklichen Zeiten dieses Wort in den Mund. Man sagt es aber nicht nur von den Frauen, denn die Königin der Amazonen antwortete dem Skythen, der ihre Liebe begehrte: *Am besten macht's der*

Hinkende! In jenem von Frauen gebildeten Staat verkrüppelten sie, um der Herrschaft der Männer zu entgehn, diesen schon in der Kindheit Arme, Beine und andre ihnen Überlegenheit verleihende Gliedmaßen, und sie bedienten sich der Krüppel dann ausschließlich zum selben Zweck, zu dem wir uns hierzulande der Frauen bedienen.

Ich hätte gesagt, daß es die ungleichmäßige Bewegung einer Hinkenden sei, die dem Liebeswerk einen neuartigen Lustgewinn verschaffe und von denen, die es mit ihr versuchten, als wollüstiger Reiz empfunden werde. Kürzlich erfuhr ich jedoch, daß die antike Philosophie die Frage bereits entschieden hat: Sie erklärt, die Beine und Schenkel der Hinkenden erhielten wegen der Erlahmung nicht mehr die ihnen zugeteilte Nahrung, woraus sich ergebe, daß die darüberliegenden Geschlechtsteile um so besser genährt seien, um so voller entwickelt und kräftiger; oder auch, die mit dem Gebrechen Behafteten hätten, da es ihre Bewegungen mindre, einen geringeren Kräfteverschleiß und könnten sich daher um so unverbrauchter den Liebesspielen widmen. Dies ist auch der Grund, warum die Griechen den Weberinnen nachsagten, sie seien infolge ihrer bewegungsarmen, sitzenden Tätigkeit geiler als andre Frauen.

Doch was vermöchten wir auf dieser Ebene nicht alles ins Feld zu führn! Von den Weberinnen etwa könnte ich ebensogut behaupten, daß sie durch die Vibrationen, die sich, während sie an ihrer Arbeit sitzen, auf sie übertragen, gereizt und erregt würden – wie bei uns die Damen durch das Gerüttel und Geschüttel ihrer Kutschen.

Dienen diese Beispiele nicht als Bestätigung dafür, daß wir den Tatsachen, wie ich am Anfang sagte, mit unsern Begründungen oft vorauseilen und deren Rechtsprechung unendlich ausdehnen, bis sie sich gar im leeren Raum tummeln und wir über Nichtseiendes urteiln? Nicht nur biegt sich unsre Erfindungskraft solche Begründungen für jederart

Hirngespinste zurecht, sondern unser Vorstellungsvermögen läßt sich auch leicht vom oberflächlichen Schein der Dinge zu falschen Folgerungen verleiten. So habe ich mir allein aufgrund der Wertschätzung jenes seit alten Zeiten verbreiteten Sprichworts einmal weisgemacht, von einer Frau deswegen mehr Lust empfangen zu haben, weil sie krumm war: Dies rechnete ich tatsächlich zu ihren Reizen!

Torquato Tasso sagt in seinem Vergleich von Franzosen und Italienern, unsre Beine seien, wie er bemerkt habe, dünner als die der Edelleute seines Landes, und er sieht die Ursache darin, daß wir ständig zu Pferde säßen. Aus der gleichen Ursache aber zieht Sueton hinsichtlich des Germanicus den entgegengesetzten Schluß: Er behauptet, dieser habe gerade dadurch die seinen stämmiger gemacht.

Nichts ist so biegsam und wenig festgelegt wie unser Verstand (gleich dem Schuh des Theramenes, der an beide Füße paßte). Er ist doppeldeutig und widersprüchlich, und doppeldeutig und widersprüchlich sind auch die Dinge. »Gib mir eine Silberdrachme«, sagte ein Philosoph, Kyniker, zu Antigonos. »Das ist kein Geschenk von einem König«, erwiderte dieser. »Dann gib mir sechstausend Drachmen!« Antwort: »Das ist kein Geschenk für einen Kyniker.«

Die Stoppelfelder brennt man ab. So schafft
vielleicht das Feuer künft'ger Triebe Saft
weit offne Wege – oder so, wer weiß,
verschließt's der Erde Adern, daß die Kraft
der Sonne ihr nicht schade, Nordwinds Eis.

Jede Medaille hat ihre Kehrseite. Daher sagte in der Antike Kleitomachos von Karneades, er habe, indem er den Menschen alles vorschnelle Meinen und Urteilen ausriß, die Werke des Herkules noch übertroffen. Diese Geistestat des Karneades war meines Erachtens eine Reaktion auf die Unverschämtheit und maßlose Überheblichkeit jener, die von sich behaupteten (und ihr Metier daraus machten), alles zu wissen.

Äsop wurde mit zwei andern Sklaven zum Verkauf ausgestellt. Der Käufer erkundigte sich beim ersten, wozu er tauglich sei, und da dieser seinen Wert herausstreichen wollte, versprach er goldne Berge: Er verstünde sich auf dieses wie auf jenes. Der zweite versprach genausoviel und mehr noch. Als die Reihe an Äsop kam und er ebenfalls gefragt wurde, was er könne, antwortete er: »Nichts; denn diese beiden Alleskönner haben ja das Ganze schon mit Beschlag belegt.«

So also ging es in den Schulen der Philosophie zu. Die Anmaßung jener, die dem menschlichen Geist die Fähigkeit zuschrieben, alles erkennen zu können, ließ andre, die sich dadurch herausgefordert fühlten, die trotzige Meinung vertreten, er könne nichts erkennen: Diese nahmen hinsichtlich des Nichtwissens einen ebenso extremen Standpunkt ein wie jene hinsichtlich des Wissens. Es läßt sich somit nicht bestreiten, daß der Mensch in allem maßlos ist und vor nichts haltmacht, bis ihn an der Mauer des Unausweichlichen die Ohnmacht überwältigt weiterzugehn.

12

Über die Physiognomie.

Fast all unsere Meinungen haben wir auf gut Glauben von den maßgeblichen der Alten übernommen (was an sich gar nicht so übel ist, denn in einem derart kranken Zeitalter wie dem heutigen könnten wir nichts Schlimmeres tun, als unser eigenes Meinen zum Maßstab zu machen). Die Worte des Sokrates zum Beispiel, wie seine Freunde sie uns überliefert haben, nehmen wir allein aus Hochachtung vor dem Beifall der Öffentlichkeit beifällig auf, nicht aber aus eigner Erkenntnis ihrer Vortrefflichkeit – sie entsprechen ja weder unserm Geschmack noch unsrer Lebensführung. Wenn sie zu dieser Stunde aus dem Mund eines Zeitgenossen kämen, wüßten bloß wenige sie zu schätzen.

Wir nehmen Reize nur noch wahr, wenn sie künstlich sind: gestelzt, gebläht und aufgedonnert. Geht der Liebreiz im Gewand natürlicher Schlichtheit einher, wird er von einem so groben Blick wie dem unsern leicht übersehn, denn seine Schönheit ist zart und verborgen. Um dieses geheime Leuchten zu entdecken, bedarf es eines zur Klarheit geläuterten Auges. Halten wir Unschuld etwa nicht für eine Schwester der Dummheit und deshalb tadelnswert?

Sokrates läßt seine Seele den natürlichen Gang der einfachen Leute gehn. So spricht ein Bauer, so spricht eine Frau aus dem Volk. Nie führt er andere im Mund als Fuhrleute und Tischler, Schuhflicker und Maurer. Seine Erfahrungssätze und Gleichnisse gewinnt er dem alltäglichsten Tun und Treiben der Menschen ab. Jeder versteht sie. Nie hätten wir den Adel und Glanz seiner bewunderswerten Ideen in ihrer so schlichten Gestalt heute wahrgenommen – wir, die wir alles als flach und unerheblich ansehn, was nicht auf den Stelzen der Schulweisheit einherstolziert kommt, und die wir Gedankenreichtum nur bemerken, wenn er mit Pomp zur Schau gestellt wird. Unsre Welt ist bloß auf Protz und Prahlerei gerichtet. Mit nichts als Luft blähn sich die Menschen auf, und von jedem Windstoß lassen sie sich in eine andre Richtung treiben: wie Ballons.

Sokrates hingegen gab sich nicht mit eitlen Hirngespinsten ab. Sein Ziel bestand darin, uns Gegenstände und Verhaltensregeln an die Hand zu geben, die der unmittelbaren Lebenswirklichkeit dienen:

Behalt das Ziel im Auge, folge der Natur –
doch alles, was du tust, das tue maßvoll nur!

Er war immer ein und derselbe und erhob sich nicht durch Sprünge zum höchsten Maß der Kraft, sondern durch sein ausgewognes Temperament – oder, besser gesagt, er erhob weder sich noch sonst etwas, sondern führte alles auf sein ursprüngliches und natürliches Maß zurück und unterwarf diesem die eigne Kraft ebenso wie die von ihr zu überwindenden Schwierigkeiten und Härten.

Bei Cato sieht man deutlich, daß seine Haltung weitaus angespannter war als bei andren Menschen. In den großen Taten seines Lebens und im Sterben meint man ihn stets auf hohem Rosse zu sehn. Sokrates hingegen bleibt mit beiden Füßen auf der Erde und widmet sich seinen höchst nützlichen Gedankengängen ruhigen Schritts. Selbst angesichts der denkbar dornigsten Widrigkeiten, ja des Todes hält er sich an den gewohnten Lauf des menschlichen Lebens.

Glücklicherweise hat es sich so ergeben, daß wir über diesen Mann, der am würdigsten ist, der Welt als Vorbild bekanntgemacht zu werden, auch die sichersten Kenntnisse besitzen. Die klarsichtigsten Menschen, die jemals lebten, haben uns über ihn Klarheit verschafft: Ihre auf uns gekommnen Zeugnisse sind von bewundernswerter Genauigkeit und Lebensechtheit.

Es ist großartig, wie er zum Beispiel die bloßen Vorstellungen eines Knaben in so geordnete Bahnen zu lenken wußte (und ohne sie dabei zu verbiegen oder zu überdehnen), daß diesem hieraus die schönsten Erkenntnisse der menschlichen Seele erwuchsen: einer Seele, die Sokrates weder als erhaben noch als reich vorführt, sondern als lediglich mit gesundem Menschenverstand begabt – das aber auf höchst lebendige, ja vollkommne Weise!

Aus solch allgemeinen und natürlichen Triebkräften, aus solch gewöhnlichen und alltäglichen Vorstellungen gewann er in aller Ruhe und Gelassenheit nicht nur die eindeutigsten, sondern auch hochherzigsten und kraftvollsten Lebensregeln für unser Glauben und Tun, die es je gegeben hat. Er war es, der die menschliche Weisheit vom Himmel herunterholte, wo sie ihre Zeit nur vergeudete, um sie dem Menschen zurückzugeben, denn in ihm liegt ihre ureigentliche, all ihre Kräfte beanspruchende Aufgabe und ihre nützlichste.

Seht doch nur, wie er sich vor seinen Richtern verteidigt, seht, kraft welcher Erwägungen er inmitten der Kriegsgefahren seinen Mut anfeuert, seht, mit welchen Vernunftgründen er seine Standhaftigkeit gegenüber Verleumdung, Tyrannei und Tod zu stärken pflegt – ja, gegenüber dem zänkischen Gebaren seiner Frau! Da ist nichts der Kunst und Wissenschaft entliehn, die einfachsten Leute erkennen darin ihre eigenen Mittel und Kräfte. Weiter zurückzugehn und herabzusteigen ist nicht möglich. Er hat der menschlichen Natur einen großen Dienst erwiesen, indem er ihr zeigte, wieviel sie aus sich selbst vermag.

Wir sind, ein jeder von uns, reicher, als wir glauben; aber man erzieht uns zum Betteln und Borgen. Man verleitet uns dazu, uns mehr fremden Gutes zu bedienen als des eignen. In nichts weiß der Mensch an der Grenze seiner Bedürfnisse einzuhalten. An Sinnenlust, Reichtum und Macht errafft er mehr, als er umfangen kann, seine Gier ist keiner Mäßigung fähig.

Ich finde, mit dem Wissensdurst verhält es sich ebenso: Jeder macht sich viel mehr zu schaffen, als er schaffen kann, und viel mehr, als ihm zu schaffen aufgegeben ist. Der Mensch meint, es sei nützlich, das Wissen so weit auszudehnen, wie sich das Reich des Wißbaren erstreckt. *In den Wissenschaften leiden wir wie in allem anderen an unsrer Maßlosigkeit.* Daher lobt Tacitus die Mutter des Agricola zu Recht dafür, ihres Sohnes Heißhunger nach Wissen gedämpft zu haben. Mit ruhigem Blick betrachtet, ist es ein Gut, dem wie den andren Gütern des Menschen von Natur aus viel Fragwürdigkeit und Nichtigkeit eignet – und zudem eins, das uns teuer zu stehen kommt.

Der Erwerb geistiger Kost ist viel heikler als der irgendeiner andern; denn haben wir Dinge zum Essen und Trinken gekauft, tragen wir sie in einem Gefäß nach Hause, und es liegt dann an uns, ihre Güte zu prüfen und zu entscheiden, wann wir etwas davon zu uns nehmen wollen und wieviel. Das Wissen jedoch können wir von vornherein in kein anderes Gefäß füllen als unsren Geist: Im Augenblick des Kaufs verleiben wir es uns ein, und so verlassen wir den Markt entweder gestärkt – oder schon mit Durchfall. Es gibt ein schädliches Wissen, das uns bloß behindert und belastet, und ein andres, das uns unter dem Vorwand, heilsam zu sein, sogar vergiftet.

Mich hat es gefreut, an einem bestimmten Ort Menschen zu sehn, die aus Frömmigkeit das Gelübde der Unwissenheit ablegen – so wie manche das der Keuschheit, der Armut oder der Buße. Auch dies ist ja eine Kasteiung unsrer zügellosen Wünsche: die uns zum Bücherstudium anstachelnde Begierde zu dämpfen und die Seele jener wollüstigen Selbstgefälligkeit zu berauben, von der wir gekitzelt werden, sobald wir zu wissen wähnen; daher heißt es das Gelübde der Armut wahrhaft umfassend erfüllen, wenn man es auf die des Geistes ausdehnt.

Um zu leben, wie es uns zusagt, bedürfen wir nur eines geringen Wissens. Sokrates lehrt uns, daß wir es bereits in uns haben, und er zeigt, auf welche Weise wir es auffinden und uns seiner bedienen können. All unsre Kenntnisse, soweit sie über die naturgegebnen hinausgehn, sind entbehrlich und nahezu nichtig. Es ist schon viel, wenn sie uns nicht mehr belasten und durcheinanderbringen, als sie uns nützen. *Eine gesunde Seele braucht nicht viel Buchwissen.* Wir leiden unter dem hektischen Übereifer unsres Geistes, dieses aufgeregten Wirrkopfs von Diener.

Haltet Einkehr, und ihr werdet in euch alle Argumente der Natur gegen den Tod finden – wahrhafte, die euch in der Not am besten helfen können. Sie sind es, die einen Bauern, ja ganze Völker ebenso standhaft sterben lassen wie einen Philosophen. Würde ich denn weniger frohgemut sterben, wenn ich Ciceros *Gespräche in Tusculum* nicht gelesen hätte? Ich meine, nein; denn nun, da ich mich dem Tode nah sehe, merke ich, daß durch sie mein Wortschatz zwar zugenommen hat, meine innre Zurüstung jedoch kein bißchen: Wie die Natur das Herz mir schuf, wappnet es sich für den Kampf nicht anders als das der Männer und Frauen aus dem gemeinen Volk.

Die Bücher haben mir weniger zur Belehrung denn zur Übung gedient. Und wie, wenn die Philosophie in der Absicht, uns mit neuen Bollwerken gegen die natürlichen Widrigkeiten zu bewehren, unserm Geist eher deren Größe und Schwere als die von ihr vorgebrachten ausgeklügelten Argumente eingeprägt hätte, die uns dagegen feien sollen?

Denn ausgeklügelt sind sie in der Tat, und oft lenkt die Philosophie damit für nichts und wieder nichts unsre Aufmerksamkeit auf sich. Seht doch, wie selbst die am knappsten formulierenden und klügsten Autoren um ein gewichtiges Argument herum soundso viele unwichtige ausstreun, die sich bei näherer Betrachtung als völlig haltlos erweisen! Lediglich verbale Spitzfindigkeiten sind das, die uns täuschen.

Da freilich auch *das* gelegentlich einem guten Zweck dienen kann, will ich sie hier nicht genauer unter die Lupe nehmen. Dergleichen Sophistereien, geborgt oder nachgeahmt, finden sich selbst in diesem Buch genug, an etlichen Stellen. Man sollte daher auf der Hut sein, daß man nicht *aussagekräftig* nenne, was nur artig gesagt ist, und das nur Feinsinnige nicht *handfest*, und nicht *gut*, was nur schön klingt. *Solche Dinge kostet man besser, als daß man sie trinkt.* Und *wenn es nicht um den Geist, sondern um die Seele geht*, so gilt erst recht: Keineswegs alles, was köstlich ist, verköstigt.

Wenn ich die Bemühungen sehe, denen Seneca sich unterzieht, um gegen den Tod gewappnet zu sein, wenn ich ihn auf seinem Hochseil vor Anstrengung ins Schwitzen und außer Atem geraten sehe, weil er im Schwanken so lang wie möglich eine feste Haltung vorzuführen sucht, könnte dies meinen Glauben an seine Größe erschüttern, wüßte ich nicht, daß er sie mit seinem Sterben mannhaft bekräftigt hat. Seine so häufige fieberhafte Unrast zeigt aber, was für ein ungestümer, hitzköpfiger Mann er von Natur aus war (und auch, wie hart er von seinem Gegner bedrängt wurde). *Ein großer Geist spricht ruhiger und selbstsichrer.* Und: *Es gibt nicht ein Gewand für den Geist und ein andres für die Seele.* Man muß ihn mit diesen seinen eignen Worten überführn.

Demgegenüber finde ich Plutarchs Art, da abgehobner und entspannter, um so kraftvoller und überzeugender. Der Gang seiner Seele war, dessen bin ich gewiß, selbstsichrer und gleichmäßiger. Seneca, impulsiver, stachelt uns an und läßt uns hellwach hochspringen, er wirkt mehr auf den Intellekt. Plutarch, gesetzter, bildet uns auf beständige Weise weiter und stärkt so unsre Einsichtsfähigkeit; er wirkt mehr auf die Vernunft. Jener reißt unser Urteil mit sich fort, dieser gewinnt es für sich.

Desgleichen habe ich andre, in noch höherer Achtung stehende Schriften gesehn, deren Urheber den Pfahl im Fleische, mit dem sie im Kampf liegen, als derart quälend und übermächtig, ja unüberwindlich darstellen, daß uns, die wir Teil des gemeinen Haufens sind, ein ebenso großes Staunen über die Absonderlichkeit und unglaubliche Gewalt ihrer Versuchungen wie über die Widerstandskraft ergreift, mit der sie sich ihnen entgegenstemmen.

Zu welchem Ende wollen wir uns mit solch hehren philosophischen Bemühungen denn abhärten? Richten wir den Blick doch einmal zur Erde: auf die armen Leute, die wir da allerorts schuften sehn, den Kopf über ihre Arbeit gebeugt: Sie wissen weder etwas von Aristoteles noch von Cato, weder von Lehrbeispielen noch von Leitsätzen. Doch sie sind es, aus denen die Natur Tag für Tag Werke der Beständigkeit und Ausdauer hervorbringt, reiner und kraftvoller als jene, die wir in der Schule so eifrig studiern.

Wie viele habe ich unausgesetzt vor Augen, die ihrer Armut nicht achten! Wie viele, die den Tod herbeisehnen, wie viele, die ihn ohne Aufregung und Erschüttrung hinter sich bringen! Der Mann, der meinen Garten umgräbt, hat heute morgen vielleicht seinen Vater oder seinen Sohn begraben. Selbst die Namen, mit denen sie ihre Krankheiten belegen, mildern und mindern deren Bitterkeit. Bei ihnen heißt die Schwindsucht einfach *Husten*, die Ruhr *Bauchweh* und eine Brustfellentzündung *Erkältung*; und so gelassen, wie sie das Leiden benennen, ertragen sie es auch. Ihre Erkrankung muß schon sehr schwer sein, bevor sie ihretwegen die tägliche Arbeit unterbrechen: Ins Bett legen sie sich nur zum Sterben. *Diese einfache und allen zugängliche Tugend ist zu einer unzugänglichen Geheimwissenschaft verkommen.*

Ich schrieb dies ungefähr zu der Zeit, da in unsren Kriegswirren schwere Gewitterwolken sich mehrere Monate lang über mir zusammenbrauten und mit ihrer ganzen Gewalt gradewegs auf mich zu entladen drohten: Auf der einen Seite hatte ich die Feinde vor meinem Tor, auf der andern die Plünderer, die schlimmsten Feinde von allen. *Sie kämpfen nicht mit Waffen, sondern mit Verbrechen.* So erlitt ich alle Unbill des Krieges auf einmal.

Von Feinden links und rechts bedroht,
erschrak ich vor der nahen Not.

Welch Monstrum von Krieg! Die andren wüten gegen einen äußeren Feind, dieser gegen sich selbst: Sein eignes Gift zerfrißt und zersetzt ihn. Er ist von so bösartiger und zerstörerischer Natur, daß er sich vor lauter Wut Glied für Glied ausreißt, bis er mit allem übrigen zerfetzt am Boden liegt – wir sehen, wie er viel häufiger in sich selbst zusammenbricht als aus Mangel an Hilfsmitteln oder durch feindliche Macht. Alle Disziplin flieht ihn. Er will den Aufruhr aus der Welt schaffen und ist selber voll davon; er will den Ungehorsam züchtigen und dient ihm als Beispiel. Zur Verteidigung der Gesetze unternommen, leistet er der Rebellion gegen die eignen Vorschub.

Wohin ist es mit uns gekommen! Unsere Arznei breitet die Ansteckung aus:

So führt die eigne Medizin,
da Gift, uns nun in den Ruin. //
Denn eine solche Kur
verschärft das Leiden nur. //
Der Götter Gunst ward uns entzogen,
da Recht in Unrecht wir gebogen.

In solchen Seuchen kann man anfänglich die Gesunden noch von den Kranken unterscheiden; dauern sie jedoch wie bei uns länger, dann befallen sie den ganzen Volkskörper von Kopf bis Fuß, kein Teil bleibt von der Fäulnis verschont;

denn nichts wird so gierig eingesogen wie der Brodem der Zuchtlosigkeit, nichts breitet sich so rasend aus und dringt so tief ins Blut.

Unsere Armeen werden nur noch durch fremden Kitt zusammengehalten – aus Franzosen läßt sich keine geordnete und zuverlässige Kampftruppe mehr bilden. Welche Schande! Disziplin ist heute ausschließlich bei den ausländischen Söldnern zu sehn; bei uns hingegen folgt jeder *seinem* Kopf, nicht dem des Befehlshabers. Ihm machen daher die eignen Truppen mehr zu schaffen als die feindlichen. Von ihm verlangt man, daß er um Zustimmung bettelt, schließlich klein beigibt und folgt, er allein hat zu gehorchen; alle anderen sind frei und ungebunden.

Mit Vergnügen sehe ich, wieviel Feigheit und Engherzigkeit in der Ehrsucht steckt, auf wieviel Unterwürfigkeit und Selbsterniedrigung sie angewiesen ist, um ihr Ziel zu erreichen – doch mit Mißvergnügen, wie sogar rechtschaffne und gerecht denkende Naturen, die an führender Stelle der allgemeinen Verderbnis Herr zu werden suchen, täglich tiefer in ihren Sog geraten. Lange Zeit Derartigem ausgesetzt zu sein erzeugt Gewöhnung, Gewöhnung wiederum Duldung, ja Einwilligung und Nachvollzug. Wir besaßen der mißratenen Seelen wahrlich genug, ohne daß man auch die wohlgeratnen und edelmütigen hätte verderben müssen. Wenn wir so fortfahrn, wird schwerlich jemand übrigbleiben, dem wir die Gesundheit unsres Staates anvertrauen können – falls das Schicksal sie ihm jemals wiedergibt.

Verhindert nicht, daß uns ein Heros unverweilt,
o Götter, in solch schlimmer Zeit zu Hilfe eilt!

Wie ist doch die alte Regel in Vergessenheit geraten, daß die Soldaten mehr ihren Befehlshaber als den Feind fürchten müßten – und jenes wunderbare Beispiel des Apfelbaums in einem Lager des römischen Heeres, an dem der Besitzer, nachdem dieses abgezogen war, die köstlich reifen Früchte samt und sonders unberührt fand!

Ich wünschte mir, daß unsre Jugend ihre Zeit, statt sie mit minder nützlichen Reisen und dem Erlernen minder ehrenvoller Dinge zu vergeuden, zur einen Hälfte darauf verwendete, sich einen Seekrieg unter irgendeinem tüchtigen Admiral der Ritter von Rhodos anzusehn, und zur andern darauf, sich eingehend mit der Disziplin der türkischen Armeen zu befassen, denn sie unterscheidet sich in vieler Hinsicht von der unsren, und dies zu ihren Gunsten.

Dazu gehört zum Beispiel, daß unsere Soldaten auf Feldzügen zügelloser werden, jene hingegen zurückhaltender und folgsamer; denn wer dort den kleinen Leuten etwas zuleide tut oder sie bestiehlt, wird in Friedenszeiten nur mit der Bastonade bestraft, im Krieg aber, von Mundraub abgesehn, mit dem Tod. Es gibt da feste Sätze: Für ein ohne Bezahlung mitgenommnes Ei sind fünfzig Stockschläge fällig. Für alles andere jedoch, es mag noch so geringfügig sein, wird der Missetäter auf der Stelle gepfählt oder geköpft.

In der Geschichte von Selim, dem grausamsten Eroberer, den es je gab, habe ich mit Erstaunen gelesen, daß bei der Unterwerfung Ägyptens die wunderschönen, an schmackhaften Früchten überreichen Gärten rund um Damaskus, obwohl völlig offen, von seinen Soldaten nicht ausgeplündert wurden.

Kann es in einem Gemeinwesen überhaupt ein Übel geben, das dazu berechtigte, es mit einem so tödlichen Gift wie dem Bürgerkrieg zu bekämpfen? Nein, sagte Faonius, nicht einmal die Usurpation der Staatsgewalt durch einen Tyrannen sei ein hinlänglicher Anlaß. Auch Platon will nicht zulassen, daß man zur Beseitigung von Mißständen die Ruhe der Vaterlands gewaltsam störe, und er lehnt Verbesserungen ab, wenn sie das Blut der Bürger kosten und sie zugrunde richten. In einer solchen Lage, bestimmt er, sei es vielmehr Pflicht jedes rechtschaffnen Mannes, alles beim alten zu lassen und allein Gott zu bitten, daß er mit seiner allmächtigen Hand eingreifen möge. (Seinem großen Freund Dion scheint er es zu verargen, daß er etwas anders vorgegangen ist.)

Ich war in dieser Hinsicht Platoniker, ehe ich überhaupt wußte, daß es einen Platon auf der Welt gegeben hat. Und wenn man meint, diesen bedeutenden Mann aus unserer Glaubensgemeinschaft schlechthin ausschließen zu sollen – ihn, dem dank der Aufrichtigkeit seines Gewissens verdientermaßen die göttliche Gnade widerfuhr, durch die allgemeine Finsternis der damaligen Welt weit ins christliche Licht vorzudringen –, gereicht es uns, finde ich, kaum zur Ehre, uns von einem Heiden sagen lassen zu müssen, wie ungläubig es sei, Gott nicht zuzutraun, daß er uns ganz allein, ohne unsre Mitwirkung helfen könne.

Ich frage mich oft, ob unter den vielen, die in diesen Kriegswirren mitmischen, sich auch nur einer von so schwachem Verstand finde, daß er sich tatsächlich habe einreden lassen, er könne eine Neugestaltung durch die schrecklichste der Verunstaltungen herbeiführen und auf dem sichersten Weg zu unsrer Verdammung sein Seelenheil erlangen – daß er sich habe einreden lassen, er vermöchte der hochheiligen Sanftmut und Gerechtigkeit des göttlichen Wortes hilfreich beizuspringen, indem er Gemeinwesen, Obrigkeit und Gesetze umstürze (unter deren Schutz Gott doch ihn selbst gestellt hat), indem er die Heimat, seine Mutter, zerstückle und die einzelnen Teile ihren alten Feinden zum Fraß hinwerfe, indem er die Herzen seiner Brüder mit vatermörderischem Haß erfülle und indem er alle Teufel und Furien zu seiner Unterstützung herbeirufe.

Ehrgeiz und Habsucht, Rachgier und Grausamkeit an sich und allein sind uns noch nicht angriffswütig genug –

laßt sie uns durch den Mißbrauch der glorreichen Namen *Gerechtigkeit* und *Gottesfurcht* weiter entfachen und entflammen! Einen ärgeren Zustand als den, in dem die Niedertracht rechtmäßig wird und sich mit Billigung der Obrigkeit den Mantel der Tugend umhängen darf, kann man sich nicht vorstellen. *Kein Gesicht ist lügnerischer als das einer verderbten Religion, die den Willen Gottes zum Vorwand für Verbrechen nimmt.* Die schlimmste Form von Ungerechtigkeit liegt nach Platon dann vor, wenn das, was ungerecht ist, als gerecht gilt.

Während der mich damals bedrohenden Kriegswirren (von denen ich oben sprach) mußte das Volk Ungeheures über sich ergehen lassen, nicht nur die unmittelbaren Zerstörungen,

überall in Feld und Flur
schändliche Verwüstung nur,

sondern auch die Verelendung seiner Zukunft. Die Lebenden hatten darunter zu leiden, doch ebenso die Ungebornen. Jeden plünderte man aus, folglich auch meine Bauern; so raubte man dem Volk sogar die Hoffnung, denn man entriß ihm alles, womit es für lange Jahre seinen Lebensunterhalt hätte bestreiten können.

Räuberhorden ziehen plündernd durch das Land,
selbst die kleinste Kate setzen sie in Brand. //
Keine Mauer in der Stadt, die Schutz gewährt,
rings die Äcker wie das Weideland verheert!

Außer diesem Schlag mußte ich noch weitre einstecken. Zum Beispiel bekam ich die Widrigkeiten zu spüren, die eine gemäßigte Haltung in solch krankhaften Wirren mit sich bringt. Alle wollten mir etwas am Zeuge flicken: Dem Ghibellinen war ich ein Guelfe, dem Guelfen ein Ghibelline. (Einer meiner Dichter sagt das sehr schön, aber ich weiß nicht mehr, wo.) Die Lage meines Hauses und der freundschaftliche Umgang mit den Menschen in meiner

Nachbarschaft schien mich von der einen Seite zu zeigen, mein Leben wie mein Handeln von der andren. Es kam freilich deswegen zu keinen förmlichen Anklagen, denn da gab es nichts, woran man sich hätte festbeißen können: Ich weiche nie von den Gesetzen ab. Wer mich hätte beschuldigen wollen, wäre mir alles schuldig geblieben. Es handelte sich also nur um heimliche Verdächtigungen, die unterderhand umliefen und denen es in solch heillosem Durcheinander nie an irgendwelchen Scheingründen zu fehlen pflegt; und auch an mißgünstigen oder leichtgläubigen Geistern herrscht ja kein Mangel.

Gewöhnlich leiste ich unzutreffenden Gerüchten, die Fortuna gegen mich ausstreut, durch ein Verhalten sogar Vorschub, das mir schon immer eigen war: Ich lehne es ab, mich zu rechtfertigen, zu entschuldigen oder zu interpretieren, da mich dünkt, ich brächte mein reines Gewissen ins Zwielicht, wenn ich es zu verteidigen für nötig hielte. *Das Offensichtliche wird nämlich durch Argumentiern zerredet.* Und statt vor der Anschuldigung zurückzuweichen, packe ich eher, als ob mir jeder mit dem gleichen Klarblick ins Herz sähe wie ich selbst, den Stier bei den Hörnern und überbiete sie noch durch ein ironisches oder spöttisches Eingeständnis – falls ich eben nicht die Sache keiner Antwort wert finde und einfach schweige.

Leute, die meinen, damit zeigte ich nur, wie schwach und unhaltbar meine Sache sei, nehmen mir dieses Gebaren übel – nicht minder aber jene, die hierin eine überhebliche Selbstsicherheit sehn, namentlich die Großen, für die das Fehlen von Unterwürfigkeit der größte aller Fehler ist und die jener Rechtschaffenheit barsch begegnen, die sich ihrer selbst bewußt ist und keinen Sinn für Demut, Willfährigkeit und Bittstellerei hat. An diesem Pfeiler habe ich mir schon oft den Kopf eingerannt.

Soviel steht fest: Über dem, was mir damals widerfahren

ist, hätte ein Ehrgeizling sich erhängt und ein Geldgieriger desgleichen.

Ich habe nicht den geringsten Erwerbstrieb.

Ich möchte, bleibt mir, was ich hab', der Tage Rest
nur mir noch leben, falls der Götter Rat mich läßt.

Doch die Verluste, die mir durch Übergriffe andrer zugefügt werden, sei es Diebstahl oder Gewalttat, schmerzen mich fast genauso wie einen, den die Krankheit des Geizes quält. Dabei empfinde ich die Verletzung an sich unendlich bitterer als den Verlust.

Tausenderlei Übel fielen über mich her, eins nach dem andern. Ich hätte es leichter mit ihnen aufgenommen, wären sie alle auf einmal gekommen. Ich ging bereits in Gedanken durch, wem unter meinen Freunden ich mich im Alter, falls notleidend und hilfsbedürftig, anvertrauen könne. Doch nachdem ich mir die Augen ringsum ausgesehen hatte, stand ich im Hemde da.

Von solcher Höhe kann man sich nur dann herunterfallen lassen, wenn sich einem die Arme einer starken, zuverlässigen und vom Glück gesegneten Liebe entgegenbreiten – die aber ist selten, falls es sie überhaupt gibt. Letzten Endes mußte ich erkennen, daß es das sicherste sei, mich in allem, was mich und meine Bedürfnisse betrifft, nur an mich selbst zu halten und für den Fall, daß Fortuna mir ihr Wohlwollen kaltsinnig entzöge, mich meinem eignen um so nachdrücklicher anzuempfehln, mich mit um so größerer Aufmerksamkeit mir selbst zuzuwenden.

In allem stürzen sich die Menschen auf fremde Stützen, statt die eignen zu benutzen, die allein doch stark, allein doch zuverlässig sind, wenn man sich mit ihnen recht zu bewehren weiß. Jeder läuft von sich weg, der Zukunft hinterher, weil noch niemand zu sich selbst gekommen ist.

So gelangte ich zu der Überzeugung, daß all jene Widrigkeiten sogar ihr Gutes hatten, aus folgenden Gründen:

Erstens muß man unartige Schüler, die nicht gehorchen, mit einer Tracht Prügel zur Vernunft bringen, so wie wir ein krummes Holz durch Feuer und die Gewalt der Keile wieder gradebiegen. Die Ermahnung, mich an mich selbst zu halten und von den äußren Dingen zu trennen, predige ich mir schon seit langem; trotzdem richte ich meinen Blick noch immer ständig zur Seite: Kaum grüßt mich ein Großer mit einem Kopfnicken, richtet ein paar huldvolle Worte an mich oder macht mir eine freundliche Miene (Gott weiß, wie wenig Mangel heutzutage an solchen Zeichen besteht und wie wenig sie folglich besagen), und schon bin ich in Versuchung geführt. Noch immer höre ich mir ohne Stirnrunzeln die Schmeicheleien an, mit denen man mich ins Licht der Öffentlichkeit locken will, und ich wehre mich derart schwach dagegen, daß es aussieht, als ob ich ihnen im Grunde lieber nachgäbe. Ein so ungelehriger Geist verdient doch wirklich Prügel! Ein Faß, das sich lockert, undicht wird und auseinanderzufallen droht, muß man mit tüchtigen Hammerschlägen wieder zusammenklopfen und dicht machen.

Zweitens dienten mir jene Widrigkeiten zur Einübung in Schlimmeres (für den Fall, daß ich, obwohl ich mir von der Gunst des Schicksals sowie meiner Wesensart und Lebensführung erhoffe, zu den letzten zu gehörn, die dieser Sturm umwirft, gleichwohl zu den ersten gehören sollte), indem sie mich beizeiten lehrten, meine Daseinsweise einzuschränken und auf eine neue Lage vorzubereiten. Die wahre Freiheit besteht darin, daß man alles über sich vermag. *Am mächtigsten ist, wer Macht über sich selber hat.*

In gewöhnlichen, ruhigen Zeiten bereitet man sich auf gewöhnliche und maßvolle Mißgeschicke vor; doch inmitten dieser uns seit nunmehr dreißig Jahren heimsuchenden Wirren sieht sich jeder Franzose zu jeder Stunde der völligen Zerstörung seiner privaten oder öffentlichen Existenz ausgesetzt. Deshalb muß man sein Herz mit um so größerer Widerstandskraft rüsten. Seien wir dem Schicksal dankbar, daß es uns in einer Zeit hat leben lassen, die weder schlapp und verweichlicht noch dem Müßiggang ergeben ist: Manch einer, der auf andre Weise nie berühmt geworden wäre, wird es durch sein Unglück werden.

So wie ich in den Geschichtsbüchern kaum jemals von derartigen Umwälzungen anderer Gemeinwesen lese, ohne zu bedauern, daß ich nicht dabei sein konnte, um sie genauer zu verfolgen, gibt es meinem Erkenntnisdrang eine gewisse Befriedigung, daß ich nun das denkwürdige Schauspiel des Sterbens unseres Staates mit eignen Augen beobachten kann, seine Symptome und Begleitumstände. Und da ich es nicht aufzuhalten vermag, bin ich dankbar, daß es mir vergönnt ist, ihm wenigstens beizuwohnen und daraus zu lernen. Schon in den schattenhaften Darstellungen des Theaters suchen wir begierig zu erkennen, welch tragische Spiele das Schicksal mit dem Menschen treibt.

Das tun wir keineswegs ohne Mitleid mit dem, was wir dort hören und sehn; doch uns dem Schmerz über die unsäglich erschütternden Geschehnisse hinzugeben bereitet uns Lust. Nichts kitzelt, was nicht kneift. Gute Geschichtsschreiber machen in ihren Darstellungen deshalb einen weiten Bogen um ruhige Zeiten, als wären sie tote Gewässer und windstille Meere, um so schnell wie möglich wieder auf die Umstürze und Kriege zu kommen, von denen sie wissen, daß wir sie dorthin beordern.

Ich frage mich, ob ich ohne Gesichtsverlust gestehen darf, wie wenig es mich an Ruhe und Seelenfrieden gekostet hat, mehr als die Hälfte meines Lebens mitten im Zusammenbruch meines Landes zu verbringen. Mit etwas zu wohlfeiler Geduld pflege ich Unglücksfälle hinzunehmen, die mich nicht persönlich in Mitleidenschaft ziehn; tun sie es aber, sehe ich, ehe ich mich beklage, weniger auf das, was mir genommen wurde, als auf das, was mir an sichrem Besitz verbleibt, innerlich und äußerlich.

Es liegt ein gewisser Trost darin, von den Übeln, die immer wieder auf uns anlegen, bald diesem, bald jenem zu entgehn, weil sie rund um uns andre niederstrecken. Überdies wird bei öffentlichen Kalamitäten meine Anteilnahme um so schwächer, je umfassender sie ist. (Ohnehin nimmt ziemlich jeder *die öffentlichen Plagen nur insoweit wahr, wie sie seine privaten Interessen berühren.*)

Auch war die ursprüngliche Gesundheit unsres Gemeinwesens so beschaffen, daß sich das Bedauern, das wir über ihren Verlust empfinden müßten, in Grenzen hält: Gesundheit war es schon, aber nur im Vergleich zur darauf folgenden Krankheit. Wir sind kaum aus großer Höhe abgestürzt. Korruption und Brigantentum scheinen mir am unerträglichsten, wenn sie in Amt und Würden stehn. Es empört uns weniger, in einem Wald ausgeplündert zu werden als an einem geschützten Ort. Bei jener *Gesundheit* war von den einzelnen Gliedern, die das große Ganze bildeten, eins verfaulter denn das andre, mit meist derart eingefressenen Geschwüren, daß es für sie keine Heilung mehr gab (und auch gar nicht verlangt wurde).

Dieser Zusammenbruch hat mich jedenfalls dank meiner Gemütslage eher angeregt als umgefegt, da ich nicht nur mit mir im Frieden war, sondern auch erhobnen Hauptes einherging – fand ich doch nichts, was ich mir hätte vorwerfen müssen. Da Gott außerdem den Menschen die Übel sowenig wie die guten Dinge rein und unvermischt zuschickt, hielt meine Gesundheit jene Zeit besser durch, als ich es gewohnt bin; und wie ich nichts ohne sie vermag, gibt es wenig, was ich nicht mit ihr vermöchte.

So befähigte sie mich, all meine inneren Kräfte wachzurütteln und die Streiche abzuwehrn, die leicht mich hätten tiefer treffen können; und dies Durchhalten machte mir bewußt, daß ich der Mißgunst des Schickals gegenüber eine ziemliche Widerstandskraft besaß und daß es schon tüchtig zustoßen müßte, wenn es mich aus dem Sattel werfen wollte. Ich sage das freilich keineswegs, um es zu noch härterem Dreinschlagen zu reizen, im Gegenteil, ich gebe klein bei – ergebenster Diener! Möge es um Gottes willen damit zufrieden sein.

Des Schicksals Angriffe setzen mir nämlich durchaus zu; denn obwohl ich genug über mich vermag, meinen gewöhnlichen Zustand ruhig und frei von quälenden Grübeleien zu halten, fallen mich doch zeitweise widerwärtige Gedanken an (so wie andrerseits jene, die von Traurigkeit ergriffen und niedergedrückt sind, sich trotzdem in Abständen von einer kleinen Freude so streicheln lassen, daß ein Lächeln ihr Gesicht erhellt): Während ich mich rüste, sie zu bekämpfen und zu verjagen, bohrn sie ihre Stechrüssel in mich.

Nach den damaligen Übeln brach ein noch schlimmres über mich herein: Vor und in meinem Haus bleckte plötzlich die Pest in ihrer bösartigsten Form gegen mich die Zähne; und wie ein gesunder Körper nur von den schwersten Krankheiten gefällt wird, vermochte auch erst diese Epidemie die besonders gesunde Luft meines Landsitzes zu vergiften (der seit Menschengedenken keine Seuche, selbst wenn sie bereits in benachbarten Gebieten wütete, etwas anhaben konnte). Die Auswirkungen waren verheerend:

Ob Greis, ob Jüngling – alle liegen sie im Grab,
denn über alle brach Proserpina den Stab.

Das konnte ja heiter werden! Schon der Anblick meines Hauses jagte mir Angst und Schrecken ein: Alles, was darin war, mußte ich schutzlos zurücklassen, jedem preisgeben, der es haben wollte. Ich, der ich so gastfrei bin, sah mich größten Schwierigkeiten gegenüber, eine Zufluchtsstätte für die Meinen zu finden: eine verstört herumirrende Familie, die, selbst von Furcht ergriffen, ihren Freunden und Bekannten Furcht einjagte, überall auf entsetzte Abwehr traf, wo sie unterzukommen suchte, und auf der Stelle weiterziehen mußte, sobald auch nur einem aus dem verlornen Häuflein eine Fingerspitze weh zu tun begann.

Alle Krankheiten werden in einer solchen Misere für die Pest gehalten – man nimmt sich gar nicht erst die Zeit, sie zu untersuchen. Und das Allerschönste ist, daß man nach den Regeln der ärztlichen Kunst bei jedem Verdacht auf Ansteckung vierzig Tage voller Hangen und Bangen abwarten muß, ob das Übel tatsächlich ausbricht, während die Einbildung jeden ihrer Art gemäß auf die Folter spannt und die Gesundheit selber zu fiebern beginnt.

All dies würde mich weit weniger berührt haben, hätte ich am Leiden der andern nicht mitleiden und in diesem Elend der Karawane sechs Monate lang zum Führer dienen müssen; denn für mich selbst trage ich stets meine Zurüstungen in mir: Entschlossenheit und Geduld. Die Furcht vor dem Übel, die hier am meisten zu fürchten ist, setzt mir kaum zu. Und wäre ich allein und zur Flucht entschlossen gewesen, hätte ich mich viel unbekümmerter und viel weiter davongemacht.

Überdies scheint mir diese Todesart keine der schlimmsten. Sie ist gewöhnlich kurz, man fühlt, da völlig betäubt, keinen Schmerz und tröstet sich mit dem Gedanken, daß es den andern auch nicht besser ergeht – und zudem fallen all die feierlichen Anstalten, Beileidsbezeigungen und sich drängenden Trauergäste weg.

Von der Bevölkerung meiner Gegend kam nicht der hundertste Teil mit dem Leben davon.

Sieh, wie verödet rings die Weidegründe liegen:
das Reich der Hirten, voller Schafe einst und Ziegen.

Da auf meinem Gut die Einkünfte zum größten Teil von der Hände Arbeit meiner Leute stammen, wird das, was hundert Menschen für mich bestellten, für lange Zeit brachliegen.

Doch welch ein Vorbild an innerer Stärke konnten wir da in der schlichten Wesensart dieses ganzen Volkes sehn! Landauf, landab kümmerte sich keiner mehr um die Erhaltung seines Lebens. Die Trauben, der größte Reichtum des Landes, blieben am Weinstock hängen, während sich alle unterschiedslos für den Tod bereit machten und ihn noch am selben Abend oder dem nächsten Tag erwarteten; und ihre Gesichter und ihre Stimmen verrieten dabei so wenig Entsetzen, daß man den Eindruck gewann, sie hätten sich mit dieser Schicksalsfügung abgefunden und sähen hierin ein allgemeines und unentrinnbares Strafgericht.

Und unentrinnbar ist der Tod immer. Doch auf welch schwankendem Boden steht unsre Entschlossenheit, ihm ins Auge zu sehn! Schon sein verschieden schnelles Herannahn (handle es sich auch nur um ein paar Stunden), schon die Erwägung, in welcher Gesellschaft wir ihn erleiden werden, läßt ihn uns verschieden empfinden. Schaut euch demgegenüber diese einfachen Leute an: Da sie alle noch im selben Monat sterben, Kinder, Jünglinge und Greise, entsetzen sie sich gar nicht mehr, beweinen sie sich nicht einmal. Etliche sah ich, die fürchteten, allein zurückbleiben zu müssen, wie in einer schrecklichen Einsamkeit und Ödnis; und gemeinhin bemerkte ich bei ihnen keine andere Sorge als die um ihre Bestattung. Es tat ihnen weh, die Leichen zerstreut auf den Feldern liegen zu sehn, den wilden Tieren preisgegeben, die sich sogleich in Scharen über sie herzumachen pflegten.

(Wie die Anschauungen der Menschen doch voneinander abweichen! Die Neoriten zum Beispiel, ein Volk, das von Alexander unterjocht wurde, warfen die Leichen in den tiefsten Wäldern eigens den wilden Tieren zum Fraße vor; dies galt bei ihnen als die einzig zufriedenstellende Bestattungsart.)

Manche schaufelten sich schon bei voller Gesundheit ihr

Grab, andre legten sich in das ihre sogar lebendigen Leibes hinein; und einer meiner Tagelöhner scharrte im Sterben mit Händen und Füßen die Erde über sich. Heißt das nicht sich wahrlich tief einhüllen, um gelöster zu entschlafen? Eine Tat, die an Außergewöhnlichkeit in gewisser Hinsicht der jener römischen Soldaten ähnelt, die man nach der Schlacht von Cannae mit dem Kopf in Löchern steckend fand, von ihnen eigenhändig gegraben und dann zugeschüttet, um sich so zu ersticken.

Kurz, ein ganzes Volk schwang sich kraft der täglichen Erfahrung plötzlich zu einer Haltung auf, die an Festigkeit keiner noch so sorgfältig eingeübten nachstand.

Die meisten Unterweisungen der Philosophie, die uns Mut zusprechen wollen, sind eher Schau als Stärkung, eher Schmuck als Gewinn. Wir haben uns von der Natur abgewandt und wollen ihr nun Lehren erteilen, ihr, die uns so sicher und gedeihlich zu führen wußte! Selbst die Spuren ihrer Gebote jedoch, selbst das wenige, was von deren Bild dem Leben dieses bäurisch-urwüchsigen Volkes dank wohltätiger Unwissenheit eingepflanzt geblieben ist – selbst das muß sich die Philosophie Tag für Tag ausleihn kommen, um es ihren Jüngern als Vorbild an Natürlichkeit, Gelassenheit und Standhaftigkeit anzuempfehln.

Es ist doch kurios zu sehen, wie diese Jünger, derart vollgestopft mit schönen Kenntnissen, gezwungen sind, es solch schlichter Einfalt nachzutun, und nachzutun obendrein in den wichtigsten Werken der Tugend; kurios, daß unsere Weisheit sich gar von den Tieren die für die größten und notwendigsten Bereiche unsres Daseins förderlichsten Lehren aneignen muß: wie wir leben und sterben sollen, wie mit unsren Gütern haushalten, wie unsre Kinder lieben und aufziehn, wie Gerechtigkeit üben – welch höchst erhellendes Zeugnis der menschlichen Schwäche! Und kurios schließlich, daß unser Verstand, den wir nach Belieben handhaben und der uns ständig etwas Neues und Andersartiges entdeckt, uns nicht die Spur Natur zu belassen scheint.

Wie die Parfümmacher das Öl mit weit hergeholten Zutaten verfälschen, so die Philosophen die Natur mit einer derartigen Vielzahl weit hergeholter Argumente und Diskurse, daß sie darüber wandelbar geworden ist und nun in jedermanns Belieben steht. Hierdurch aber hat sie die ihr eigene, sich stets und überall gleichbleibende Gestalt eingebüßt. Wenn wir für sie noch ein Zeugnis finden wollen, müssen wir es bei den Tieren suchen, da dort keiner Begünstigung ausgesetzt, keiner Bestechung und keinen Meinungsverschiedenheiten.

Gewiß, selbst die Tiere folgen nicht immer genau dem Weg der Natur; wenn sie jedoch einmal davon abweichen, dann derart geringfügig, daß man ihn nie aus den Augen verliert – so etwa, wie Pferde, die man an der Hand führt, zwar durchaus Sprünge und Sätze machen, doch niemals weiter, als die Leine reicht, und stets folgen sie danach ihrem Führer wieder auf dem Fuße; oder wie der Jagdfalke sich zwar in die Lüfte erhebt, dabei aber stets an seine Schnur gefesselt bleibt.

Übe dich innerlich in Verbannung, Folter und Krieg ein, in Schiffbruch und Krankheit, damit kein Übel dich als Neuling überrasche. Was nützt uns aber die Bemühung, all die Widrigkeiten, denen die menschliche Natur begegnet, in Gedanken vorwegzunehmen und uns derart angestrengt sogar für solche zu rüsten, die uns vielleicht nie begegnen werden? (*Befürchtetes Leid wirft uns genauso nieder wie erlittnes.* Nicht erst vom Schwertstreich selbst fühlen wir uns also getroffen, sondern schon von seinem Luftzug und Zischen.) Und was nützt es uns, wie von schwerstem Fieber Befallne – denn Fieberwahn ist es gewiß – auf der Stelle um Prügel zu bitten, nur weil das Schicksal sie uns eines Tages vielleicht verpassen wird? Oder schon am Johannistag den Pelzrock anzuziehn, weil man ihn zu Weihnachten brauchen wird?

»Macht euch im voraus mit allen Übeln vertraut, die euch begegnen können«, heißt es, »namentlich mit den schlimmsten; erprobt euch darin, auf daß ihr gewappnet seid!« Im Gegenteil: Das Leichteste und Natürlichste wäre, selbst unsre Gedanken davon freizuhalten. Solchen Leuten kommen die Übel nicht schnell genug, und ihre Dauer, sind sie eingetroffen, ist ihnen nicht lang genug; daher müsse, sagen sie, unser Geist sie ausdehnen und verlängern, sie sich bereits vorher einverleiben und darüber brüten: als wären sie unsren Sinnen nicht so schon ganz schön beschwerlich!

»Sie werden uns beschwerlich genug sein, wenn sie da sind«, sagt denn auch einer der Meister (und er gehört nicht irgendeiner weichlichen Philosophenschule an, sondern der härtesten), »inzwischen ergreife Partei für dich selbst, glaube das, was dir am meisten zusagt! Was nützt es dir, wenn du deinem künftigen Verhängnis entgegenkommst und es vorwegnimmst, aus Furcht vor der Zukunft die Gegenwart verlierst und dich jetzt bereits unglücklich machst, nur weil du es bestimmt einmal sein wirst?« So lauten seine Worte.

Zweifellos leistet uns die Philosophie einen guten Dienst, indem sie uns recht genau über das Ausmaß der Übel unterrichtet, auf daß

Sorge und Erschrecken
Herz und Hirn uns wecken,

und es wäre gewiß schädlich, wenn deren Größe unserm Fühlen und Wissen vorenthalten bliebe.

Fest steht aber auch, daß die Zurüstung auf den Tod die meisten bisher mehr gemartert hat als er selbst. Daher sagte ein sehr kluger Autor ehedem zu Recht: *Übel erleiden setzt unseren Sinnen weniger zu als das Nachdenken darüber.*

Das Gefühl, daß der Tod uns unmittelbar bevorstehe, ermuntert uns zuweilen von sich aus zu dem raschen Entschluß, dem, was völlig unausweichlich ist, nicht länger auszuweichen. Vor Zeiten hat man immer wieder Gladiatoren gesehn, die, nachdem sie nur feige gekämpft hatten, den Tod tapfer zu schlucken bereit waren, indem sie ihre Kehle dem Schwertstreich des Gegners darboten. Einem in der Ferne liegenden Tod ins Auge zu blicken erfordert indes eine zähere und folglich schwerer zu erbringende Festigkeit des Muts.

Falls ihr nicht zu sterben versteht – keine Angst! Die Natur wird euch, wenn es soweit ist, schon genau sagen, was ihr zu tun habt, und die Führung der Sache voll und ganz für euch übernehmen; grübelt also nicht darüber nach.

Ihr sucht, wie sich der Tod euch naht, herauszufinden
und wann wohl – aber niemals werdet ihr's ergründen! //
Ein sichrer Schlag, der jäh euch trifft, macht wen'ger Pein,
als stets voll Furcht vor einem ungewissen sein!

Durch die Sorge um den Tod trüben wir das Leben und durch die Sorge um das Leben den Tod: Dem Leben weinen wir nach, der Tod schreckt uns. Dennoch rüsten wir uns nicht fürs Sterben – es geht ja im Nu vorbei: Eine Viertelstunde Hinnahme ohne schmerzliche Folgen bedarf keiner besondren Vorkehrungen. Die Wahrheit zu sagen: Wir rüsten uns dagegen, uns für den Tod zu rüsten.

Die Philosophie befiehlt uns, den Tod stets vor Augen zu haben, ihn vorauszusehen und vorauszubedenken, und dann gibt sie uns Verhaltensregeln an die Hand, die gewährleisten sollen, daß diese Voraussicht und dieses Vorausbedenken uns ja nicht weh tue. Genauso machen es die Ärzte, die uns in Krankheiten stürzen, damit sie etwas haben, an dem sie ihre Arzneien und Künste ausprobieren können.

Haben wir nicht zu leben gewußt, ist es abwegig, uns sterben zu lehren und so das Ende dem Ganzen zu entfremden. Haben wir jedoch ruhig und standhaft zu leben gewußt, werden wir gleicherweise zu sterben wissen.

Das ganze Leben der Philosophen ist eine Vorbereitung auf den Tod. Damit mögen sie sich brüsten, soviel sie wollen. Ich hingegen meine, daß der Tod zwar das Ende des Lebens ist, nicht aber dessen Ziel; zwar sein Schlußpunkt, seine äußerste Grenze, nicht aber sein Zweck. Es muß vielmehr auf sich selber gerichtet sein, sich selber wollen. Seine wahre Aufgabe besteht darin, sich seine eigne Ordnung und Führung zu geben, mit sich ins reine zu kommen. Und erst zu den vielen anderweitigen Pflichten, die dieses allgemeine und grundlegende Kapitel *Recht zu leben wissen* umfaßt, gehört dann der Abschnitt *Recht zu sterben wissen*; und er könnte einer der leichtesten sein, wenn unsre Furcht ihm nicht ein derartiges Gewicht gäbe.

Nach dem Nutzen und der reinen Wahrheit zu urteiln, steht das, was uns die Einfalt lehrt, kaum hinter dem zurück, was uns auf der andern Seite die philosophische Doktrin predigt. Empfindungsweise und Seelenstärke der Menschen sind verschieden. Man muß sie daher ihrer Wesensart gemäß auch auf verschiednen Wegen zu ihrem Besten führen.

Wo's dem Sturm beliebt, mich hinzutreiben,
werd' ich, wenn auch flücht'ger Gast nur, bleiben.

Ich habe in meiner Nachbarschaft noch nie einen Bauern darüber nachgrübeln sehen, mit wie großer Fassung und Festigkeit er seine letzte Stunde durchstehn werde. Die Natur lehrt ihn, nicht eher ans Sterben zu denken, als wenn gestorben wird; dann aber übertrifft er an gelaßner Haltung den Aristoteles, dem der Tod doppelt zu schaffen machte: als solcher und als Gegenstand seines so langen Vorausbedenkens. Deshalb war Caesar der Meinung, daß der am wenigsten vorausbedachte Tod der unbeschwerteste und glücklichste sei. *Leidet einer früher als nötig, so mehr als nötig.*

Die Bitterkeit der Todesvorstellung ist das Werk unsrer Ungeduld. Indem wir den Fügungen der Natur zuvorzukommen und sie in die eigne Hand zu nehmen suchen, legen wir uns selber Steine in den Weg. Sollen doch die Gelehrten mit gefurchter Stirn ihren Gedanken an den Tod nachhängen und sich so bei voller Gesundheit den Geschmack am Essen verderben! Der gemeine Mann jedenfalls braucht, bevor der Streich ihn trifft, weder Arznei noch Tröstung, und selbst dann beschäftigt er ihn kein bißchen mehr, als er ihn tatsächlich fühlt.

Meinen wir nicht das, wenn wir sagen, daß es die Unbedarftheit und mangelnde Vorstellungskraft des gemeinen Volkes seien, die ihm diese Stärke zum Erdulden der gegenwärtigen Übel und diese völlige Unbekümmertheit um künftige Verhängnisse geben? Und daß seine Seele, da derb und dickfellig, ebendarum weniger verletzbar und aus der Ruhe zu bringen sei? Wenn dem so ist, dann laßt uns in Gottes Namen ab jetzt diese Schule der Einfalt besuchen! Was die philosophischen Schulen uns als höchsten Lohn harter Mühen versprechen, dazu führt diese ihre Schüler mit sanfter Hand.

An guten Lehrern, die uns diese natürliche Einfalt nahebringen, soll es uns nicht fehlen! Einer davon wird Sokrates sein, denn soweit ich mich erinnre, sprach er zu den über sein Leben befindenden Richtern etwa in folgendem Sinne:

»Meine Herren, wenn ich euch bäte, mich nicht zum Tode zu verurteilen, würde ich, wie ich fürchte, meinen Anklagern ins offne Messer rennen. Sie unterstellen mir ja, ich hielte mich für klüger als die andern und glaubte, geheimere Kenntnisse von den Dingen zu haben, die über und unter uns sind. Ich weiß jedoch nur, daß ich mit dem Tod bisher weder Bekanntschaft gemacht noch Umgang gepflogen habe und auch noch nie einem begegnet bin, der dessen Wesen erfahren und mich darüber unterrichtet hätte. Jene, die sich vor ihm ängstigen, meinen ihn zu kennen. Ich für mein Teil aber weiß von seiner Beschaffenheit sowenig wie von jener der andern Welt. Vielleicht ist er etwas Gleichgültiges, vielleicht etwas Wünschenswertes.

Wenn er jedoch der Übergang von einem Ort zum andern ist, wird es vermutlich ein Gewinn sein, mit all den dahingeschiednen großen Männern zusammenzuleben und sich nicht mehr mit ungerechten und bestochnen Richtern abgeben zu müssen; ist er aber die Vernichtung unsres Seins, bringt es uns wiederum Gewinn, in eine lange und friedliche Nacht einzugehn. Nichts empfinden wir im Leben als süßer denn einen ruhigen und tiefen Schlaf, ohne Träume.

Die Dinge, von denen ich weiß, daß sie böse sind – wie seinem Nächsten unrecht tun, wie der Obrigkeit, ob Gott oder Mensch, ungehorsam sein –, meide ich gewissenhaft. Jene aber, von denen ich nicht weiß, ob sie gut oder böse sind, wüßte ich auch nicht zu fürchten.

Wenn ich nun sterben soll und euch im Leben zurücklasse, können allein die Götter sehen, wem es künftig besser ergeht, euch oder mir. Meinetwegen mögt ihr daher entscheiden, wie es euch gefällt. Meiner Gepflogenheit folgend, das anzuraten, was gerecht und nützlich ist, will ich aber doch sagen, daß ihr um eures Gewissens willen besser daran tätet, mich, falls ihr keine tieferen Einblicke in meine Sache habt als ich selbst, auf freien Fuß zu setzen. Ja, wenn ihr nach meinem vergangnen öffentlichen und privaten Handeln urteilt, nach meinen Vorsätzen, nach dem Nutzen, den Tag für Tag so viele junge und alte Bürger aus den mit mir geführten Gesprächen ziehn, und nach dem Guten, das ich euch allen getan habe, dann könnt ihr euch eurer Dankesschuld meinen Verdiensten gegenüber anständigerweise gar nicht anders entledigen als durch die Anordnung, daß ich meiner Armut wegen im Prytaneion auf Staatskosten verpflegt werde – was ihr ja, wie ich sah, mit geringerer Berechtigung oft schon andern gewährt habt.

Seht bitte keinen Eigensinn und keine Mißachtung darin,

daß ich nicht, wie es sonst der Brauch ist, durch inständiges Flehen euer Mitleid zu erregen suche. Da ich, mit Homer zu sprechen, sowenig wie die andren aus Holz oder Stein gezeugt bin, habe ich, von meinen Freunden ganz abgesehn, Verwandte genug, die tränenüberströmt ihre Trauer vor euch bekunden könnten, und überdies drei untröstliche Kinder, die euch zum Erbarmen bewegen würden. Wenn ich mich jedoch in meinem Alter und mit einem derartigen Ruf der Weisheit, daß mir seinetwegen hier der Prozeß gemacht wird, zu einem solch feigen Verhalten herabließe, brächte ich Schande über unsre Stadt. Was würde man dann wohl erst von den anderen Athenern sagen?

Ich habe jene, die mir zuhörten, stets ermahnt, ihr Leben niemals durch eine ehrlose Handlung zu erkaufen; und in den Kriegen meines Landes bei Amphipolis, bei Poteidaia, bei Delion und in andren Schlachten, an denen ich teilnahm, konnte ich durch meine Taten zeigen, wie fern es mir lag, meine Sicherheit je durch schändliches Verhalten zu gewährleisten.

Außerdem würde ich, wenn ich um Erbarmen flehte, euch in Versuchung führn, eure Pflichten zu verletzen und etwas Verwerfliches zu tun; denn nicht meine Bitten sollten euch überzeugen, sondern allein die schlüssigen Gründe der Gerechtigkeit. Euch an sie zu halten habt ihr den Göttern geschworn. Es sähe folglich so aus, als ob ich den Spieß umdrehn und nun euch verdächtigen wollte, nicht an deren Existenz zu glauben – ja, ich würde wider mich selbst bezeugen, nicht daran zu glauben, wie es doch meine Schuldigkeit ist, wenn ich solcherart ihrem Regiment mißtraute und meine Sache nicht voll und ganz in ihre Hände legte. Doch in Wahrheit vertraue ich mich ausschließlich ihnen an und bin gewiß, daß sie das tun werden, was für euch und für mich das Beste ist. Rechtschaffne Menschen, lebend oder tot, haben von den Göttern nichts zu fürchten.«

Ist dies nicht ein so hieb- und stichfestes wie unbefangnes und bescheidnes Plädoyer, zugleich von unvorstellbarer Erhabenheit, beispiellos in seiner Wahrhaftigkeit, seinem Freimut und seinem Rechtssinn? Und in welch äußerster Notlage wurde es vorgetragen! Sokrates tat fürwahr gut daran, es jenem vorzuziehn, das der große Redner Lysias schriftlich für ihn ausgearbeitet hatte, hervorragend in juristischem Stil abgefaßt, doch eines so edlen Gesetzesbrechers unwürdig.

Hätte man denn aus dem Munde eines Sokrates flehentliche Worte vernehmen sollen? Hätte seine hochherzige Tugend gerade in dem Augenblick die Segel streichen sollen, da sie sich am stolzesten blähten? Und hätte seine reiche und mächtige Natur ihre Verteidigung an die Redekunst abtreten und in der Stunde ihrer schwersten Prüfung auf die Wahrhaftigkeit und Unbefangenheit verzichten sollen, diese wahren Zierden seiner Ausdrucksweise, um sich mit der Schminke der formelhaften Wendungen und Winkelzüge einer auswendig gelernten Ansprache herauszuputzen?

Nein, es war von ihm höchst weise und seinem Wesen gemäß, ein so unverfälschtes Leben und so hehres Bild menschlicher Daseinsform nicht der Verfälschung auszuliefern – wären wir doch, hätte er sein Greisenalter um ein Jahr verlängert, der unsterblichen Erinnerung an sein glorreiches Ende beraubt worden! Er schuldete sein Leben nicht sich, sondern der Welt: als Vorbild. Wäre es nicht ein Verlust für alle, wenn er es in Müßiggang und Dunkelheit hätte enden lassen?

Seine gelaßne und ruhige Art, den Tod zu bedenken, hat es wahrhaftig verdient, daß die Nachwelt ihn dafür mit um so mehr Ehre bedachte. In der ganzen Rechtsprechung gibt es nichts so Gerechtes wie den Spruch, den Fortuna ihm zum Ruhme fällte – hatten die Athener hernach doch einen derartigen Abscheu gegen jene, die an seinem Tod schuldig waren, daß man sie wie Geächtete floh. Alles, was sie berührten, galt als verseucht. Niemand stieg in den Bädern mit ihnen ins Wasser, niemand grüßte sie oder sprach mit ihnen, so daß sie am Ende, unfähig, diesen öffentlichen Haß länger zu ertragen, sich erhängten.

Sollte jemand der Meinung sein, ich hätte unter den vielen Worten des Sokrates, die mir zur Stützung meiner Argumentation zur Verfügung standen, ein schlechtes Beispiel gewählt, weil diese Rede über die gewöhnliche Denkweise zu erhaben sei, erwidre ich: Ich habe es absichtlich getan. Ich bin nämlich umgekehrt der Überzeugung, daß sie dank ihrer außerordentlichen Natürlichkeit weit hinter und unter der gewöhnlichen Denkweise steht. In ihrer kindlichen Sicherheit, in ihrer kunstlosen und unbefangnen Kühnheit verkörpert sie die reine, sich ihrer selbst unbewußte Urgestalt der Natur.

Es leuchtet ein, daß wir von Natur aus den Schmerz, keineswegs aber, daß wir den Tod als solchen fürchten – ist er doch ein nicht minder wesentlicher Teil unsres Seins als das Leben. Wozu hätte die Natur uns Haß und Abscheu gegen ihn einflößen sollen, da er für sie doch die höchst nützliche Rolle spielt, das Wechselspiel ihrer Werke in steter Folge fortzuführn und so in diesem universalen Gemeinwesen mehr dem Werden und Wachsen als dem Sterben und Verderben zu dienen?

So widerstehn die Dinge all
sich stets erneuernd dem Verfall, //
weil Leben tausendfach entsteht
aus einem Leben, das vergeht.

Die Natur hat den Tieren ihren Selbsterhaltungstrieb eingepflanzt. Er geht so weit, daß sie bereits jede Beeinträchtigung ihres Wohlbefindens ängstigt: sich zu stoßen etwa und zu verletzen oder von uns angekettet und geschlagen zu werden – alles schmerzliche Widerfahrnisse, die sie über die Sinne wahrnehmen. Doch daß wir sie töten werden, vermag sie nicht zu ängstigen, denn ihnen fehlt die Fähigkeit, sich den Tod vorzustellen oder aus ihren Erfahrungen auf ihn zu schließen. Auch sagt man, daß man sie ihn nicht nur fröhlich hinnehmen sehe (und in der Tat wiehern die meisten Pferde im Sterben, und die Schwäne besingen ihn), sondern daß sie ihn notfalls sogar herbeiwünschten, wie viele Beispiele von verwundeten Elefanten bezeugten.

Ist darüber hinaus aber die Argumentationsweise, deren sich Sokrates in seiner Rede bedient, in ihrer Überzeugungskraft nicht mindestens ebenso bewundernswert wie in ihrer Unbefangenheit? Es ist doch wahrhaftig weitaus leichter, zu reden wie Aristoteles und zu leben wie Caesar, als wie Sokrates zu reden und zu leben. Hier ist die schwierigste und höchste Stufe der Vollkommenheit erreicht; keine Kunst kann sie je erklimmen.

Auf dieses Ziel hin werden unsre Fähigkeiten allerdings auch gar nicht ausgebildet. So vermögen wir sie weder auf die Probe zu stellen noch überhaupt kennenzulernen. Statt dessen kleiden wir uns in die andrer und lassen die unsern ungenutzt.

Gleichermaßen könnte freilich jemand über mich sagen, ich hätte hier lediglich von andrer Leute Blumen einen großen Strauß gebündelt und selber nichts als den Bindfaden beigesteuert. Gewiß, ich habe dem öffentlichen Geschmack das Zugeständnis gemacht, mich in diesem entliehnen Putz zu zeigen. Aber ich möchte keinesfalls, daß er mich verdecke und verhülle – das wäre das Gegenteil meiner Absicht, will ich doch nur das vor Augen führn, was mein Eigen ist, und mein Eigen von Natur; und hätte ich genug Selbstvertraun besessen, würde ich auf gut Glück allein mit meiner Stimme gesprochen haben. Nun aber bürde ich mir dem Zeitgeist entsprechend und fremdem Dreinreden folgend alle Tage mehr Anleihen auf, die über meinen Vorsatz und die ursprüngliche Textfassung weit hinausgehn. Doch wenn sie mich auch schlecht kleiden, wie ich wohl glaube – sei's drum! Vielleicht sind sie jemand anderm von Nutzen.

Manch einer führt Platon und Homer im Munde, der sie nie gelesen hat, wie auch ich viele Zitate auf gut Glück anderen Stellen als ihrer Quelle entnommen habe. Da hier, wo ich schreibe, um mich herum tausend Wälzer stehn, könnte ich mir, wenn ich wollte, aus einem Dutzend literarischer Flickwerke (die ich kaum einmal durchblättre) ohne Mühe und bar jeder Sachkenntnis genug herausklauben, um diese Abhandlung *Über die Physiognomie* auf Hochglanz zu poliern – ja, es reichte schon das Vorwort irgendeines deutschen Schriftstellers, um mich mit Zitaten vollzustopfen. So läßt sich ein wohlfeiler Ruhm erwerben, mit dem man die leichtgläubige Welt an der Nase herumführn kann.

Dergleichen Sammelsurien abgedroschener Gemeinplätze, mit denen so viele Leute ihr Studium betreiben, ohne sich in geistige Unkosten zu stürzen, sind kaum für andere als abgedroschne Themen brauchbar. Sie dienen uns zum Angeben, nicht zur Anleitung fürs Leben – lächerliche Frucht einer Wissenschaft, die Sokrates dem Euthydemos gegenüber so amüsant herunterputzt. Ich habe gesehn, wie Bücher über Dinge gemacht wurden, die der Autor weder studiert noch verstanden hat. Er betraute einfach einige seiner gelehrten Freunde mit der Suche nach diesem oder jenem Material, das er für die Abfassung brauchte, und gab sich seinerseits damit zufrieden, den Plan entworfen und die ihm unbekannten Stoffmengen fleißig gestapelt und zusammengebündelt zu haben. Wenigstens Tinte und Papier sind von ihm.

Das heißt, genau besehn, allenfalls sich ein Buch kaufen oder ausleihn, nicht aber es verfassen – nicht daß man es schreiben kann, verrät man damit seinen Mitmenschen, sondern daß man es nicht schreiben kann (was ihnen vorher vielleicht weniger bewußt war). Ein Kammerpräsident brüstete sich in meiner Gegenwart einmal, mindestens zweihundert Fremdzitate in einer seiner Verfügungen untergebracht zu haben. Indem er dies überall hinausposaunte, schien er mir den ganzen Ruhm zu verspieln, den er sich damit zunächst erworben hatte. Welch kleingeistige und absurde Angeberei für eine so hohe Persönlichkeit und wegen einer solchen Sache!

Ich tue das Gegenteil. Angesichts so vieler Anleihen bin ich froh, hier und da etliche tarnen zu können, indem ich sie zu neuer Verwendung umforme und verkleide. Auf die Gefahr hin, daß man mir nachsagt, ich hätte ihren ursprünglichen Sinn mißverstanden, gebe ich ihnen eigenhändig einen besondren Dreh, damit sie weniger fremd wirken.

Für jede Quelle, die ich nenne, verschweige ich zwei. Mir macht es einfach Spaß, die Zitate nicht nur in einem anderen als dem ursprünglichen, sondern oft sogar im entgegengesetzten Sinn zu verwenden, und zuweilen füge ich sie meinem Argumentationsgang so nahtlos ein, daß man schon einen guten Blick braucht und sie oft im Original gelesen haben muß, um sie wiederzuerkennen. Wie die Pferdediebe, die ihre Beute unkenntlich machen, färbe auch ich der meinen Mähne und Schweif um und blende ihr zuweilen ein Auge. Wenn ihr erster Herr sie als gemächlichen Paßgänger benutzte, setze ich sie in Trab; diente sie ihm hingegen mit dem Reit-, so mir mit dem Packsattel.

Jene anderen aber, so pedantisch wie unselbständig, weisen nach und stellen groß heraus, was sie von andern ergattert haben; darum sind ihnen die Richter gewogner als mir. Wir, die wir der eigenen Natur vertraun, sind umgekehrt der Meinung, daß der Ehre des Erfindens ein unvergleichlich hoher Vorrang gegenüber der Ehre bloßen Zitierens gebühre.

Hätte ich gelehrt schreiben wollen, würde ich früher damit begonnen haben: bereits in der Zeit kurz nach meinem Studium, als ich noch Geist und Gedächtnis besaß; und mehr der Kraft ebendieses Alters statt dem jetzigen würde ich mich anvertraut haben, hätte ich die Schriftstellerei zu meinem Beruf machen wollen. Auch wäre die holde Gunst, die Fortuna mir dank der Mittlerdienste meines Werkes jüngst für die Zukunft durchblicken ließ, damals in eine günstigere Zeit gefallen.

Zwei meiner Bekannten, große Männer auf dem Gebiet der Gelehrsamkeit, haben meines Erachtens die Hälfte ihrer Vorrangstellung eingebüßt, weil sie es ablehnten, ihre Werke mit vierzig Jahren zu veröffentlichen, und lieber bis zum sechzigsten warteten. Die Reife hat wie die Jugendfrische ihre Nachteile, und schlimmere dazu. Das Alter ist für diese Art Arbeit genauso ungeeignet wie für jede andre. Wer als Greis seine Hinfälligkeit unter Druck setzt, um gedruckt zu werden, macht sich zum Narren, wenn er hofft, er könne sich auf diese Weise noch Säfte abpressen, aus denen man nicht seine Abgelebtheit und seine kraftlosen Träumereien herausschmeckte. Unser Geist wird im Alter faul und faulig.

Ausschweifend und in Worten schwelgend rede ich vom Nichtwissen, vom Wissen aber kläglich karg; von diesem nur beiläufig und aus Zufall, von jenem aber explizit und aus Prinzip. Eingehend behandle ich nichts als das Nichts und keine andere Wissenschaft als die von der Unwissenheit. Ich habe für mein Werk die Zeit gewählt, wo ich mein Leben, das ich darstellen will, völlig überblicken kann; was mir davon verbleibt, gehört schon eher dem Tod; doch selbst von ihm würde ich, falls ich ihn so gesprächig antreffen sollte, wie er andern begegnet ist, bei meinem Weggang den Menschen gerne noch berichten.

Was nun Sokrates betrifft, dieses vollendete Beispiel aller großartigen Eigenschaften, verdrießt es mich, daß ihm, wie man sagt, ein Gesicht und ein Körper von äußerster Häßlichkeit beschieden war, was überhaupt nicht zur Schönheit seiner Seele paßte – ihm, der die Schönheit derart liebte, daß sie ihn völlig hinzureißen vermochte. Die Natur hat ihm unrecht getan. An sich ist nichts wahrscheinlicher, als daß eine Beziehung, ja Übereinstimmung zwischen Körper und Geist besteht. Kaum denkbar daher, daß diese Dissonanz hier anders als durch irgendeine Entwicklung zustande kam, die den normalen Gang unterbrochen hat. So sagte Sokrates denn auch von der Häßlichkeit seines Körpers, sie würde in der Tat eine gleiche seiner Seele verraten haben, wenn er diese nicht durch Selbsterziehung geläutert hätte. (Aber ich glaube, er machte, als er das sagte, einen seiner üblichen Scherze, denn noch nie hat eine so vortreffliche Seele sich ausschließlich selbst erschaffen.)

Es hängt für die Seele viel davon ab, in welch einem Körper sie untergebracht ist; denn es gibt viele körperliche Eigenschaften, die den Geist schärfen, und viele, die ihn stumpfen! Der dies sagt, spricht von einer widernatürlichen Häßlichkeit und Mißgestalt der Gliedmaßen. Doch Häßlichkeit nennen wir auch, was uns auf den ersten Blick unangenehm auffällt, meistens am Gesicht, und wovon wir uns oft aus höchst belanglosen Gründen abgestoßen fühln: sei es eine bestimmte Hautfärbung oder ein Fleck, ein grober Zug oder irgend etwas Unerklärliches an einem im übrigen wohlgegliederten und makellosen Körper.

Eine solche Häßlichkeit ist rein oberflächlich – bei La Boétie zum Beispiel umhüllte sie eine wahrhaft schöne Seele –, und sosehr sie sich dem Auge aufdrängen mag, beeinträchtigt sie die geistige Verfassung doch weit weniger und läßt selbst nach Meinung der Leute keine sichren Rückschlüsse auf sie zu. Die andere, die man als eigentliche

Mißgestalt bezeichnen sollte, ist schwerwiegender und wirkt sich eher bis ins Innre aus.

Nicht jeder Schuh aus glänzend poliertem Leder zeigt die Form des darin steckenden Fußes, doch jeder recht geformte.

Ich kann nicht oft genug sagen, wie hoch ich die Schönheit schätze, diese einnehmende und bezwingende Gabe. Sokrates nannte sie zwar *eine Tyrannei von kurzer Dauer*, doch Platon *das Privileg der Natur.* Wir haben nichts, was sie an Ansehn überträfe. Sie nimmt im menschlichen Umgang den ersten Rang ein: Sie hat den Vortritt, beeindruckt unser Urteil auf den ersten Blick und verführt es mit wunderlicher Macht.

Obwohl Phryne einen hervorragenden Anwalt hatte, wäre ihr Prozeß verlorn gewesen, wenn sie nicht ihr Kleid geöffnet und die Richter durch den Glanz ihrer Schönheit bestochen hätte; und ich stelle fest, daß Kyros, Alexander und Caesar, diese drei Beherrscher der Welt, über ihren großen Unternehmungen niemals vergaßen, der Schönheit Tribut zu zollen; das gleiche gilt für Scipio den Älteren.

Im Griechischen bezeichnet ein und dasselbe Wort *das Schöne* und *das Gute*, und auch der Heilige Geist nennt oft jene *gut*, von denen er sagen will, daß sie *schön* seien. Ich wollte gern die Rangordnung der Güter übernehmen, wie sie laut Platon ein damals weitverbreitetes, von einem alten Dichter stammendes Lied aufführte: Gesundheit, Schönheit, Reichtum.

Aristoteles sagt, das Recht zu befehlen gebühre den schönen Menschen, und wenn es unter ihnen welche gebe, deren Schönheit jener der Götterstatuen nahekomme, so stehe ihnen auch die gleiche Verehrung zu. Als jemand von ihm wissen wollte, warum man öfter und länger mit schönen Menschen Umgang pflege, antwortete er: »Eine solche Frage kann nur ein Blinder stellen!« Die meisten Philosophen, und die größten, entrichteten ihre Studiengebühr zum Erwerb der Weisheit mit den Kupplerdiensten ihrer Schönheit.

Nicht nur bei den Menschen, die mir dienen, sondern auch bei den Tieren schätze ich Schönheit keine zwei Fingerbreit weniger als Tauglichkeit. Gleichwohl scheint mir, daß jene Gesichtsformen und Züge, aus denen man auf bestimmte Anlagen und deren mutmaßliche Entfaltung in der Zukunft zu schließen sucht, nicht ohne weiteres unter den Begriff von Schönheit oder Häßlichkeit fallen – ebensowenig wie in Zeiten der Pest jeder Wohlgeruch und jede Aufklarung des Himmels Gesundung verspricht noch mit jeder Wolkenverdichtung und jedem Gestank sogleich Ansteckung droht.

Aber auch jene, die den Damen vorwerfen, ihr Charakter widerspreche ihrer Schönheit, treffen nicht immer ins Schwarze. Gewiß, schon manches Mal las ich aus zwei schönen Augen bedrohliche Anzeichen einer bösartigen und gefährlichen Natur heraus, wie umgekehrt ein nicht allzu wohlgeformtes Gesicht einen vertrauenerweckenden Zug von Rechtschaffenheit haben kann: Es gibt Physiognomien, die einem Gutes verheißen, und umdrängt von siegreichen Feinden wird man unter all den unbekannten Menschen ohne Zögern eher dem einen als dem andern sich ergeben und sein Leben anvertraun – und dies kaum nach Maßgabe der Schönheit! Obwohl auf den Gesichtsausdruck also wenig Verlaß ist, sollte man ihm doch eine gewisse Aufmerksamkeit widmen.

Müßte ich Übeltäter auspeitschen, schlüge ich bei jenen härter zu, die den ihnen von der Natur auf die Stirn geschriebnen Versprechen abtrünnig werden und sie Lügen strafen. Jede Bösartigkeit im Gewand der Gutmütigkeit würde von mir um so schärfer gezüchtigt.

Anscheinend sind manche Gesichter vom Glück begünstigt, andre benachteiligt; und ich glaube, daß es einen geübten Blick erfordert, die gutmütigen von den unbedarften zu unterscheiden, die strengen von den hartherzigen, die arglistigen von den griesgrämigen, die unfreundlichen von den schwermütigen – und all die verwandten Ausdrucksformen. Es gibt Schönheiten, die nicht nur stolz, sondern auch abweisend sind, und es gibt andre, die sind zwar süß, doch schon ein wenig weiter süßlich. Hieraus zu schließen, wie es ihnen künftig ergehn werde, lasse ich lieber dahingestellt.

Ich habe, wie ich bereits anderswo sagte, für mein Teil schlicht und einfach den Leitsatz der Alten übernommen, daß wir nicht fehlen können, wenn wir der Natur folgen, und daß das oberste Gebot deshalb darin besteht, ihr gemäß zu leben. Weder habe ich wie Sokrates durch die Kraft der Vernunft meine natürlichen Anlagen verbessert noch meinen Neigungen mit Vorbedacht entgegengewirkt. Ich lasse mich gehen, wie ich gekommen bin, ich bekämpfe nichts; die zwei maßgeblichen Teile meines Ichs leben aus freien Stücken in Frieden und gutem Einvernehmen zusammen – Gott sei Dank war die Milch meiner Amme ja auch wohltemperiert und daher recht gesund.

Beiläufig möchte ich folgendes sagen: Ich sehe, daß wir einer bestimmten scholastischen Moralvorstellung, die unter uns fast ausschließlich im Schwange ist, einen höheren Wert beimessen, als sie es verdient, da sie, Sklavin der Vorschriften, unter der Fuchtel von Furcht und Hoffnung steht. Ich hingegen liebe eine Tugend, welche die Gesetze und Religionen nicht erschaffen, sondern der sie lediglich Geltung und Spielraum zur Vervollkommnung verschaffen – eine Tugend, die sich stark genug fühlt, ohne fremde Hilfe zu bestehn, und die mit ihren eignen Wurzeln aus der Saat der allumfassenden Vernunft heranwächst, an der jeder der Natur nicht entfremdete Mensch in seinem Innern teilhat. Diese

Vernunft war es, die Sokrates aus seiner Neigung zum Laster herausverhalf und ihm eine aufrechte Haltung gab, die ihn den in seiner Stadt das Regiment führenden Menschen und Göttern gehorsam machte und die ihn beherzt in den Tod gehn ließ – nicht weil seine Seele unsterblich, sondern weil er sterblich war.

Eine Lehre, die dem Volk eintrichtert, der rechte Glaube reiche allein, der göttlichen Gerechtigkeit Genüge zu tun, also auch ohne den rechten Lebenswandel, ist für jedes Gemeinwesen schädlich, ja, wie scharfsinnig ersonnen auch immer, wahrhaft verheerend. Die Erfahrung zeigt uns doch, welch himmelweiter Unterschied zwischen Frömmigkeit und Gewissenstreue besteht!

Ich habe ein recht vorteilhaftes Äußeres, sowohl was die Gestalt als auch die Wirkung auf andre angeht.

Sagte ich, »ich habe«? Eine glatte
Lüge! Richtig muß es heißen: »hatte«! //
Man sieht (ich habe, ach, zuviel versprochen)
vom arg verschlißnen Körper nur noch Knochen.

Es verhält – Pardon, verhielt sich damit also gerade umgekehrt als bei Sokrates. Oft ist es mir begegnet, daß Leute, die mich überhaupt nicht kannten, allein im Verlaß auf meine Erscheinung und meinen Gesichtsausdruck großes Vertrauen in mich setzten, ganz gleich, ob es um ihre oder meine Angelegenheiten ging; in fremden Ländern hat mir das manch seltne, aus dem Rahmen fallende Vergünstigungen eingebracht.

Die zwei folgenden Erfahrungen aber verdienen vielleicht, daß ich im einzelnen darauf eingehe.

Ein gewisser Jemand hatte beschlossen, mein Haus und mich zu überfallen. Seine List bestand darin, allein an mein Tor zu kommen und mich recht dringlich um Einlaß zu bitten; ich kannte ihn dem Namen nach und hatte daher durchaus Grund, ihm als meinem Nachbarn zu trauen, zumal er von weitem mit mir verschwägert war. Ich ließ ihm öffnen, wie ich es bei jedem zu tun pflege.

Da stand er nun und spielte den Bestürzten, sein Pferd außer Atem und abgehetzt. Er erzählte mir folgendes Märchen: Eine halbe Meile von hier habe ihn soeben einer seiner Feinde angefallen (den ich auch kannte, und von ihrer Fehde hatte ich gehört). Da dieser Feind ihn und seine unvorbereitete, an Zahl unterlegne Mannschaft überrumpelt habe und ihm seither mächtig auf den Fersen sei, suche er nun bei mir Zuflucht. Überdies mache er sich große Sorge um seine Leute, die er tot oder gefangen glaube. In meiner Arglosigkeit suchte ich ihn zu beruhigen und ihm Trost und Stärkung zu spenden.

Kurz danach, siehe da, tauchen vier, fünf seiner Krieger auf, die sich ebenso verstört gebärden, und bitten um Einlaß, und dann weitere und nochmals weitre, wohlberitten und wohlbewaffnet, bis zu fünfundzwanzig, dreißig schließlich, und alle geben vor, der Feind sitze ihnen im Nacken. Dieses rätselhafte Verhalten begann nun doch meinen Argwohn zu wecken. Ich wußte ja genau, in was für Zeiten ich lebte und wie sehr man mir mein Anwesen neiden mochte, und ich hatte etliche Beispiele von Leuten aus meiner Bekanntschaft vor Augen, denen das gleiche Mißgeschick widerfahren war.

Doch wie auch immer – da ich mir sagte, daß nichts gewonnen wäre, wenn ich mein Entgegenkommen, nachdem einmal begonnen, nicht bis zum Ende durchhielte, und da ich mich des Haufens sowieso nicht entledigen konnte, ohne den völligen Bruch heraufzubeschwörn, beging ich den natürlichsten und einfachsten Weg, wie ich es stets tue, und befahl, sie einzulassen.

Hinzu kommt, daß ich von Natur fürwahr wenig mißtrauisch und argwöhnisch bin; vielmehr neige ich dazu, alles zu entschuldigen und am wohlwollendsten auszulegen.

Ich nehme die Menschen so, wie sie gewöhnlich sind, und solang mich nicht triftige Beweise dazu zwingen, glaube ich an derart widernatürliche und entartete Neigungen ebensowenig wie an Monster und Mirakel.

Zudem bin ich ein Mensch, der sich am liebsten Fortuna anvertraut und sich mit Haut und Haaren in ihre Arme sinken läßt – wofür mich glücklich zu preisen ich bis zur Stunde mehr Anlaß hatte, als mich zu beklagen; denn ich habe gefunden, daß sie meine Angelegenheiten umsichtiger und gedeihlicher betreut als ich selbst. Es gibt in meinem Leben durchaus einige Unternehmungen, von denen man zu Recht sagen kann, ihre Durchführung sei schwierig gewesen, ich hätte sie aber, wenn man so will, klug betrieben. Doch selbst hier ist anzunehmen, daß nur ein Drittel mein Werk war, während für gut und gern zwei Drittel ihr die Ehre gebührt.

Unser Fehler ist, scheint mir, daß wir uns nicht genug dem Himmel anvertrauen und von unserer eignen Lebensführung mehr erwarten, als uns zusteht. Daher scheitern unsre Pläne so oft. Der Himmel ist eifersüchtig auf den Umfang, den wir unserm Anspruch auf Weisheit zum Nachteil des seinen einräumen; so beschneidet er ihn uns in gleichem Maße, wie wir ihn zu erweitern trachten.

Jene Leute nun blieben zu Pferde in meinem Hof, während ihr Herr sich mit mir im Empfangssaal aufhielt. Er wollte nicht, daß man sein Pferd in den Stall führe, da er, wie er sagte, unverweilt wieder davonreiten müsse, sobald er Nachricht von seinen übrigen Männern habe. Damit war nun alles in seiner Hand – er brauchte nur noch zuzuschlagen.

Hernach hat er oft gesagt (denn er scheute sich nicht, die Sache zu erzähln), es seien mein Gesicht und mein offenherziges Auftreten gewesen, die den verräterischen Anschlag seiner Faust entwunden hätten. Jedenfalls stieg er, während seine Leute die Augen ständig auf ihn gerichtet hielten, um nicht zu verpassen, welches Zeichen er ihnen geben würde, wieder zu Pferde, so daß sie baß erstaunt waren zu sehn, wie er sich davonmachte und die schon sichre Beute fahrenließ.

Ein andermal unternahm ich im Vertrauen auf was weiß ich welchen Waffenstillstand zwischen unseren Armeen, der grade verkündet worden war, eine Reise durch ein außerordentlich unsichres Gebiet. Kaum hatte man Wind davon bekommen, und schon setzten mir drei, vier berittene Trupps von verschiednen Seiten nach, um mich zu fangen. Am dritten Tag holte mich einer davon ein, und auf der Stelle wurde ich von fünfzehn, zwanzig maskierten und wohlbewaffneten Adligen angegriffen, denen eine Welle berittner Arkebusenschützen folgte. Da hatten sie mich nun! Ich mußte mich ergeben, und gefangen führten sie mich tief ins Dickicht eines nahe gelegnen Waldes, rissen mich aus dem Sattel und raubten mich aus; sie durchwühlten meine Kisten und nahmen mir die Geldkassette weg; Pferde und Ausrüstung wurden unter die neuen Herren aufgeteilt.

In diesem Dickicht palaverten wir nun lange über die Frage meines Lösegelds, das sie so hoch veranschlagten, daß mir klar schien, wie wenig sie über mich und meine Verhältnisse wußten. Schließlich gerieten sie untereinander in einen großen Streit, ob sie mich leben lassen sollten, und in der Tat gab es viele bedrohliche Umstände, die mir vor Augen führten, in welcher Gefahr ich schwebte.

Jetzt, Aeneas, ist dein Mut gefragt,
jetzt sei stark dein Herz und unverzagt!

Ich berief mich immer wieder auf den in Kraft befindlichen Waffenstillstand und zeigte mich lediglich bereit, ihnen das als Beute zu überlassen, was sie mir entrissen hatten (und dessen Wert nicht zu verachten war), ohne weitres Lösegeld zu versprechen.

Nachdem wir zwei, drei Stunden dort verbracht hatten,

setzten sie mich auf einen alten Gaul, mit dem ich ihnen gewiß nicht entwischen konnte, unterstellten mich der besondren Aufsicht durch fünfzehn, zwanzig Arkebusenschützen, teilten meine Leute den ihren zu und befahlen, daß man uns auf getrennten Wegen gefangen davonführn solle. Als ich bereits zwei, drei Arkebusenschüsse weit entfernt war,

dabei schon, Castor anzuflehn,
und Pollux, mir doch beizustehn,

wurden sie plötzlich von einem völlig unverhofften Meinungsumschwung erfaßt: Ich sah den Anführer wieder auf mich zukommen, er richtete versöhnlichere Worte an mich und unterzog sich der Mühe, meine zwischen den Leuten aufgeteilte Habe zusammenzusuchen und, soweit noch auffindbar, mir zurückgeben zu lassen, selbst die Geldkassette. Aber das größte Geschenk, das sie mir machten, war endlich meine Freiheit – alles übrige berührte mich in diesem Augenblick herzlich wenig.

Was die wahre Ursache dieser so überraschenden Sinnesänderung und Umkehr ohne ersichtlichen Beweggrund war, dieser wundersamen Reue nach einem wohlüberlegt geplanten Überfall, wie sie mittlerweile bei uns zum Gewohnheitsrecht geworden sind (denn ich hatte ihnen gleich zu Anfang offen bekannt, welcher Partei ich angehörte und wohin meine Reise ging) – das weiß ich wahrhaftig heute noch nicht. Der unter ihnen damals am meisten hervortrat, sich schließlich die Maske abnahm und mir seinen Namen nannte, betonte mir gegenüber immer wieder, daß ich die Befreiung meinem Gesicht sowie meinen offenherzigen und unerschrocknen Worten verdankte: Sie hätten gezeigt, daß ich ein solches Mißgeschick nicht verdiente. Dann bat er mich gegebnenfalls um gleiche Behandlung.

Es ist möglich, daß die göttliche Güte sich dieses banalen Mittels hat bedienen wollen, um mich am Leben zu erhalten: Sie schützte mich schon tags darauf gegen weitere, noch schlimmre Hinterhalte, vor denen mich ausgerechnet jene Leute gewarnt hatten!

Übrigens ist der zweite dieser Männer noch am Leben und kann die Geschichte bestätigen; der erste kam kürzlich um.

Wenn mein Gesicht nicht für mich einstünde, wenn man aus meinen Augen und meiner Stimme nicht die Arglosigkeit meines Sinnens und Trachtens läse, hätte ich mit meinem rückhaltlosen Freimut, alles (ob richtig oder falsch) herauszusagen, was mir gerade durch den Kopf geht, und über alles dreist mein Urteil abzugeben, nicht schon so lange ohne Streit und Anfeindung leben können. Diese Verhaltensweise mag man zu Recht für unhöflich und schlecht zu unsren Umgangsformen passend halten. Doch ist mir noch nie einer begegnet, der sie als bösartig und verletzend ausgelegt oder mir meine offenherzigen Worte verübelt hätte, wenn er sie aus meinem Mund vernahm. Von andern wiederholt freilich, verändert sich wie ihr Klang so auch der Sinn.

Zudem hasse ich keinen Menschen, und ich scheue derart davor zurück, jemandem weh zu tun, daß ich es nicht einmal im Dienste des Rechts über mich bringe; und als es meines Amtes war, Verbrecher abzuurteiln, habe ich eher die Gerechtigkeit zu kurz kommen lassen. *Ich wünschte, es würden nicht mehr Verbrechen begangen, als ich zu bestrafen den Mut habe.* Einmal, heißt es, machte man Aristoteles den Vorwurf, er habe sich eines schlechten Menschen zu sehr erbarmt. »Des Menschen«, antwortete er, »habe ich mich in der Tat erbarmt, nicht aber seiner Schlechtigkeit.«

Das Entsetzen über eine Untat erhitzt die Urteile gewöhnlich bis zum Ruf nach Rache – ebendies aber kühlt das meine ab: Die Bestürzung über den ersten Mord löst in mir die Furcht vor einem zweiten aus, dem Mord am Mörder, und gerade meine Abscheu vor der ersten Grausamkeit bewirkt, daß ich jede Wiederholung verabscheue. Auf mich, der ich nur ein kleiner Spielkartenkönig bin, mag demnach zutreffen, was man über Charillos, den König von Sparta, gesagt hat: »Er kann unmöglich gut sein, denn er ist nicht böse gegenüber den Bösen.« Oder auch so (denn Plutarch gibt diese Worte wie tausend andre Dinge in zwei unterschiedlichen, ja entgegengesetzten Versionen wieder): »Er muß bestimmt gut sein, denn er ist es sogar gegenüber den Bösen.«

Wie ich mich nur ungern selbst für rechtmäßige Akte verwende, wenn sie Menschen betreffen, denen sie Ungemach bereiten, so mache ich mir andrerseits, die Wahrheit zu sagen, zuwenig Gewissen daraus, mich selbst für unrechtmäßige zu verwenden, wenn sie von den betroffnen Menschen begrüßt werden (und solche gibt es von mehr als einer Art).

13

Über die Erfahrung.

Keine Begierde ist natürlicher als die Wißbegierde. Wir erproben alle Mittel, die uns Erkenntnis verheißen. Wenn wir mit dem Denken nicht weiterkommen, behelfen wir uns mit der Erfahrung.

Vielerlei Versuche sind's, durch welche Kunst entsteht:
Die Exempel zeigen uns, wie man zu Werke geht.

Sie bietet uns zwar nur eine schwächre und weniger würdige Möglichkeit, doch die Wahrheit ist etwas so Großes, daß wir keinen Notbehelf verschmähen dürfen, der uns zu ihr führt.

Das Denken hat zahlreiche Formen, daher wissen wir nicht, an welche wir uns halten sollen; die Erfahrung aber hat deren nicht weniger. Der Schluß, den wir aus Ähnlichkeiten der Geschehnisse zu ziehen suchen, ist wenig sicher, denn in Wirklichkeit sind sie immer unähnlich. Es gibt im Erscheinungsbild der Dinge keine umfassendere Eigenschaft als die Verschiedenheit und Vielfalt.

Schon Griechen und Römer nahmen wie wir heute als überzeugendstes Beispiel für gleiches Aussehn die Eier. Dennoch hat es Menschen gegeben, die zwischen ihnen Unterscheidungsmerkmale erkannten, namentlich einen zu Delos. Nie verwechselte er eins mit dem andern, und wenn mehrere Hennen vorhanden waren, wußte er genau zu sagen, von welcher das Ei stammte.

Die Ungleichheit schleicht sich von selbst in unsre Werke ein – keine Kunst erreicht jemals Gleichheit. Weder Perrozet noch irgendein andrer Hersteller kann die Rückseite seiner Karten so glätten und weißen, daß ein gewiefter Spieler sie nicht zu unterscheiden wüßte, wenn er sie durch die

Hände eines Mitspielers gleiten sieht. Die Ähnlichkeit vereinheitlicht weniger, als die Unähnlichkeit trennt. Die Natur hat es sich zur Aufgabe gesetzt, nie ein Zweites zu schaffen, das nicht vom Ersten abwiche.

Darum kann mir auch die Auffassung Justinians kaum gefallen, der durch eine Unzahl von Gesetzen die Macht der Richter zu zügeln gedachte, indem er ihnen jeden Bissen zurechtschnitt. Er übersah dabei, daß die Auslegung der Gesetze der Willkür ebenso großen Spielraum läßt wie ihre Abfassung.

Auch jene, die glauben, sie könnten unsre Streitigkeiten dämpfen, ja ihnen Einhalt gebieten, indem sie uns an den Wortlaut der Bibel verweisen, machen sich etwas vor: Als ob sich unserm Geist beim Auslegen dessen, was andre meinen, nicht ein ebenso weites Feld eröffnete wie beim Darlegen dessen, was er selber meint, und als seien beim Kommentieren nicht ebensoviel Schärfe und Streitsucht im Spiel wie beim Kreieren!

Wir sehen ja, wie irrig die Auffassung Justinians ist, besitzen wir doch in Frankreich mehr Gesetze als die ganze übrige Welt – und mehr, als nötig wären, sämtliche Welten des Epikur zu reglementieren. *Wurden wir ehedem von Verbrechen geplagt, so heute von Gesetzen.* Gleichwohl überließen wir unsern Richtern soviel zum Erwägen und Entscheiden, daß ihre Freiheit nie mächtiger und zügelloser war. Was haben unsre Gesetzgeber denn dadurch gewonnen, daß sie hunderttausend besonders geartete Einzelfälle herausgriffen und kategorisierten, um hunderttausend Gesetze hierfür zu schaffen? Diese Zahl steht doch immer noch in keinem Verhältnis zur unendlichen Mannigfaltigkeit des menschlichen Tuns und Treibens.

Selbst wenn wir die von uns ausgedachten Fälle immer weiter vervielfältigen – nie werden wir mit der Vielfalt der tatsächlichen Schritt halten. Und fügte man noch hundertmal mehr hinzu, würde sich unter den künftigen Vorkommnissen dennoch kein einziges finden, das mit einem aus den vielen Tausenden der als Muster registrierten so haargenau übereinstimmte, daß nicht irgendein Umstand, irgendeine Abweichung bliebe, die eine entsprechend abweichende Urteilserwägung verlangte. Zwischen unsren sich unaufhörlich wandelnden Handlungen und den unwandelbaren und starren Gesetzen gibt es kaum eine Beziehung.

Am wünschenswertesten sind daher die einfachsten Gesetze, die allgemeinsten und die, von denen es die wenigsten gibt – ja, mehr noch: Es wäre, glaube ich, besser, überhaupt keine zu haben, als von ihnen, wie es bei uns der Fall ist, in solchen Mengen überschwemmt zu werden. Die Natur gibt uns die ihren stets mit glücklicherer Hand als wir uns die unsren. Das von den Dichtern geschilderte Goldene Zeitalter beweist das ebenso wie der Zustand, in dem wir die Völker leben sehn, die keine andern kennen.

Da finden sich solche, denen es genügt, den erstbesten Fremdling, der über ihre Berge gewandert kommt, um die Schlichtung ihrer Streitigkeiten zu bitten. Andre wählen am Markttag einen aus ihrer Mitte, der auf der Stelle über all ihre Zwistigkeiten entscheidet. Welches Risiko würden wir denn eingehn, wenn die Weisesten unter uns auch die unsren auf diese Weise schlichteten: nach Augenschein und jeweiliger Sachlage, ohne an Präzedenzfälle gebunden zu sein oder solche schaffen zu müssen? Jedem Fuß seinen Schuh!

Als König Ferdinand Ansiedler nach Westindien schickte, ordnete er wohlweislich an, daß keine Jünger der Jurisprudenz mitgenommen würden, damit nicht auch in dieser neuen Welt die Rechtshändel wie Pilze aus dem Boden schössen – handle es sich hierbei doch um eine Wissenschaft, die ihrer Natur nach Zank und Zwist gebäre. Wie Platon war er also der Meinung, daß mit Advokaten und Ärzten einem Land schlecht gedient sei.

Woher kommt es, daß unsere Alltagssprache, die für jeden andern Zweck so bequem zu gebrauchen ist, in Verträgen und Testamenten dunkel und unverständlich wird? Woher, daß einer, der sich in allem, was er sonst sagt und schreibt, klar auszudrücken weiß, in diesen Dingen keine Worte findet, seinen Willen kundzutun, die nicht zweifelhaft und widersprüchlich wirkten? Kommt es nicht daher, daß die Fürsten dieser Kunst es sich besonders angelegen sein ließen, hierfür feierlich-formelle Wörter auszuwählen und gekünstelte Sätze zu drechseln, wobei sie so lange jede Silbe abgewogen und jede kleinste Kombinationsmöglichkeit peinlichst genau durchgeprüft haben, bis sie sich in diese Unzahl zu Floskeln zerstückelter Redefiguren verwickelten und verstrickten, aus denen sich nun keinerlei klar verständliche Regel und Vorschrift mehr ableiten läßt? *Alles, was man zu Staubkörnchen zerkleinert, wird zur formlosen Masse.*

Habt ihr einmal Kindern zugesehn, wenn sie versuchen, einen Klumpen Quecksilber zu zerteilen? Je eifriger sie sich bemühn, ihn durch Kneten auseinanderzudrücken und so ihrem Willen gefügig zu machen, desto mehr erregen sie den Freiheitsdrang dieses edlen Metalls: Es entschlüpft ihren kläglichen Künsten, indem es sich in immer kleinere Kügelchen zerteilt, die, unzählbar, in alle Richtungen davonhuschen.

Genauso verhält es sich mit jenen Spitzfindigkeiten: Indem man sie immer weiter unterteilt, lehrt man die Menschen, ihre Zweifel entsprechend zu steigern. Man verleitet uns, die Schwierigkeiten durch Aufgliederung zu mehren; man zieht sie auf diese Weise in die Länge und tritt sie breit. Da man die Fragen so zerkleinert überallhin aussät, läßt man in der Welt eine immer üppigere Ernte von Verunsicherung und Streitsucht heranreifen – wie das Erdreich ja auch um so mehr hervorbringt, je tiefer es umgegraben, je feiner es zerbröckelt und zerkrümelt wird. *Die Gelehrsamkeit ist es, welche die Schwierigkeiten schafft.*

Schon bei Ulpian waren wir im Zweifel, wir sind es erst recht bei seinen Kommentatoren Bartolus und Baldus. Es wäre nötig gewesen, die Spuren dieser zahllosen Meinungsverschiedenheiten zu tilgen, statt damit zu protzen und der Nachwelt den Kopf vollzustopfen.

Ich weiß nicht, wie ich es erklären soll, aber die Erfahrung zeigt uns, daß derart viele Auslegungen die Wahrheit aus den Angeln heben und zersplittern. Aristoteles schrieb, um verstanden zu werden. Wenn ihm das nicht gelang, wird es einem weniger fähigen Autor noch weniger gelingen, ihn verständlich zu machen – trug jener doch immerhin seine eigenen Gedanken vor! Alles reißen wir auseinander, verwässern es und lassen es zerfließen. Aus einem Gegenstand machen wir tausend und geraten durch solch fortwährendes Vervielfältigen und Unterteilen in die Unendlichkeit von Epikurs Atomen.

Noch nie haben zwei Menschen die gleiche Sache gleich beurteilt, und es ist unmöglich, zwei völlig übereinstimmende Meinungen zu finden – nicht nur bei verschiedenen Menschen, sondern ebenso bei ein und demselben zu verschiednen Stunden. Meistens überkommen mich beim Lesen gerade da Zweifel, wo der Kommentator sich ausschweigt. (Am ehesten strauchle ich auf ebner Erde, wie ich auch gewisse Pferde kenne, die häufiger auf glattem Wege stolpern.)

Daß Kommentare aber Zweifel und Ratlosigkeit erst recht mehren – wer würde das bestreiten? Es gibt kein die Welt beschäftigendes Buch, menschlich oder göttlich, dessen Schwierigkeiten durch Interpretation beseitigt worden wären – der hundertste Kommentator reicht es ja strotzend von noch heikleren Schwierigkeiten, als der erste sie vorgefunden hatte, an den hundertundersten weiter! Wann könnten wir uns je hierauf einigen: Schluß nun – über dieses Buch gibt es nichts mehr zu sagen?

Noch deutlicher zeigt sich das im Rechtswesen. Den Werken zahlloser Gelehrter, zahllosen Gerichtsentscheidungen und ebenso zahllosen Auslegungen verleiht man zwar Gesetzeskraft, doch findet unser Auslegungsbedarf damit ein Ende? Läßt sich ein Fortschritt erkennen, sind wir einer ruhigen Klärung etwa nähergerückt? Brauchen wir heute denn weniger Anwälte und Richter als zu der Zeit, da dieser ganze Wust von rechtlichen Bestimmungen noch in den Kinderschuhen steckte? Im Gegenteil, wir versenken ihren Sinn in Grabesnacht, so daß wir ihn nur nach Überwindung all der Sperrketten und Eisengitter noch aufzudecken vermögen.

Die Menschen verkennen, woran ihr Geist von Natur aus krankt: Er sucht und stöbert überall herum, dreht sich dabei aber nur ohne Unterlaß im Kreis; so spinnt er sich wie unsre Seidenraupen ein, verwickelt sich im eignen Werk und geht darin zugrunde – *gleich der Maus im Pechfaß*. In der Ferne glaubt er was weiß ich welchen Schimmer einer imaginären Klarheit und Wahrheit zu erkennen, doch während er ihm nachzulaufen sucht, legen sich ihm so viele Schwierigkeiten, Hindernisse und neue Fragen in den Weg, daß er zu taumeln beginnt und nicht mehr weiterweiß.

Es ergeht ihm damit kaum anders als Äsops Hunden, die einen im Meer schwimmenden reglosen Körper zu sehn vermeinten und, da sie ihn nicht erreichen konnten, alles Wasser auszusaufen begannen, um einen trocknen Zugang zu gewinnen, und so erstickten. Auch was ein gewisser Krates über die Schriften Heraklits sagte, paßt hierzu: Wer sie lese, müsse ein guter Schwimmer sein, damit er vom Gewicht ihrer Gelehrsamkeit nicht in die Tiefe gerissen werde und ertrinke.

Allein persönliche Unzulänglichkeit stellt uns mit dem zufrieden, was wir oder andre auf der Jagd nach Erkenntnis erbeutet haben. Ein findigerer Kopf wird sich damit nie begnügen: Einem Nachfolger, ja uns selbst bleiben stets neue Wege genug zu entdecken. Unsres Forschens ist hienieden kein Ende – es endet mit uns erst in der jenseitigen Welt.

Ein Geist, den das Erreichte zufriedenstellt, beweist damit Enge oder Kleinmut; ein großzügiger hingegen bleibt niemals bei sich selber stehn; stets drängt er über seine Kräfte hinaus und überschreitet sie. Er setzt zu Sprüngen an, die weiter zielen, als er je gelangen kann. Wenn er sich nicht voranbewegt und die Sporen gibt, wenn er nicht ständig gegen Hindernisse anrennt und über sie hinwegsetzt, ist er nur halb in seinem Element. Was er verfolgt, hat weder Grenze noch Gestalt; was seine Kräfte speist, sind Zweifel, sind Verwundrung und die Lust am Jagen.

Daß dem so ist, gab uns Apoll deutlich genug zu verstehn, indem er stets nur andeutungsweise, doppelsinnig und dunkel zu uns sprach, auf daß unsre Wißbegierde nicht gesättigt werde, sondern uns immer weiter vorantreibe.

Diese fortwährende Bewegung des Geistes ist völlig unregelmäßig und kennt weder Leitlinie noch Ziel: Von sich aus erhitzen, zeugen und beerben die Gedanken einer den andern.

So rollt im ruhelosen Bach
dem Wasser endlos Wasser nach,
und jede Welle folgt im Wandern
der einen und enteilt der andern:
Sieh dort, wie diese jene scheucht
und selber dann der nächsten weicht!
Sieh Flut in Flut sich fortergießen:
Der Bach bleibt gleich, doch nie das Fließen.

Es macht einem mehr zu schaffen, die Interpretationen zu interpretieren als die Sachen, und es gibt mehr Bücher über Bücher als über irgendeinen Gegenstand sonst. Wir tun nichts anderes, als uns gegenseitig zu glossieren. Alles wimmelt von Kommentaren, an Autoren aber herrscht große Not.

Geht es in der angesehensten Gelehrsamkeit heutzutage nicht hauptsächlich darum, daß man es versteht, die Gelehrten zu verstehn? Ist nicht dies gemeinhin das Endziel alles Studierens? Unsere Meinungen pfropfen sich eine auf die andre: Die erste dient der zweiten als Stamm, die zweite der dritten, und so klettern wir von Stufe zu Stufe. Daher kommt es, daß jener, der am höchsten gestiegen ist, oft mehr Ehre hat als eigenes Verdienst, denn er verdankt es nur den Schultern des vorletzten, daß er alle um eine Winzigkeit überragt.

Wie oft habe ich mein Buch weit ausgreifen und über sich selbst reden lassen – was töricht war, und sei es nur, weil ich nicht hätte vergessen dürfen, was ich von anderen Autoren zu sagen pflege, die dasselbe tun: daß ihre so häufig auf das eigne Werk geworfnen Blicke zeigten, wie sehr ihr Herz vor Liebe zu ihm erzittre, und daß sogar, wenn sie ihm grobe Nasenstüber verpaßten, dies bloß ein kokettes Spiel ihrer mütterlichen Zuneigung sei (wie schon Aristoteles betonte, sich über- und sich unterschätzen entsprängen oft der gleichen Art Hochmut). Und ob meine Entschuldigung, daß ich hierin eine größere Freiheit als die andern haben müsse, weil ich ja absichtlich und ausdrücklich bloß über mich und über mein Schreiben wie über mein sonstiges Tun schriebe, sich mein Thema also von vornherein um sich selber drehe – ob diese Entschuldigung jeder gelten lassen wird, weiß ich nicht.

In Deutschland habe ich gesehn, daß Luther ebensoviel, ja noch mehr Zwistigkeiten und Zerwürfnisse über die zweifelsfreie Deutung seiner Auffassungen hinterlassen hat, als er über die rechte Auslegung der Heiligen Schrift hervorrief.

Unsre Streitigkeiten sind rein verbal. Ich frage, was *Natur* sei und was *Wollust*, was *Kreis* und was *Substitution* – doch das sind bloß Wortmünzen, und Wortmünzen wechselt man dafür ein. »Ein Stein ist ein Körper.« Nun gut. Hakte einer aber nach: »Und was ist ein Körper?« – »Substanz.« – »Und was Substanz?« – und so immer fort, würde den Erklärer sein Lexikon bald im Stich lassen. So tauscht man ein Wort gegen ein andres, oft noch weniger bekanntes. Ich weiß besser, was *Mensch* als was *beseelt* ist oder *sterblich* oder *vernünftig*. Um mir einen Zweifel zu nehmen, gibt man mir drei dafür: das Haupt der Hydra!

Sokrates fragte einmal den Menon, was *Tugend* sei. »Es gibt«, antwortete dieser, »eine Tugend für Männer und eine für Frauen, eine für Beamte und eine für Privatpersonen, eine für Kinder und eine für Greise.« Da rief Sokrates aus: »Schöne Bescherung! Wir waren auf der Suche nach der einen Tugend, und jetzt haben wir einen ganzen Schwarm davon!« So ist es: Wir stellen eine Frage und bekommen einen Bienenkorb voll Antworten.

Wie also keine Begebenheit und keine Gestalt einer anderen völlig gleich ist, so freilich auch keine einer andern völlig ungleich. Welch sinnreiche Mischung der Natur! Wären unsre Gesichter einander nicht ähnlich, könnten wir den Menschen nicht vom Tier unterscheiden, und wären sie einander nicht unähnlich, nicht Mensch von Mensch. So hängen zwar alle Dinge durch eine gewisse Ähnlichkeit zusammen, aber jedes Beispiel hinkt, und die aus der Erfahrung abgeleiteten Entsprechungen sind stets fehlerhaft und unzulänglich; dennoch lassen sich beim Vergleichen Berührungspunkte finden. Und dies macht man sich bei der Anwendung unserer Gesetze zunutze, denn durch an den Haaren herbeigezogne Auslegung kann man sie so zurechtbiegen, daß sie auf jede unsrer Angelegenheiten passen.

Da schon die Sittengesetze, welche die Pflicht jedes einzelnen sich selbst gegenüber betreffen, so schwer festzulegen sind, wie wir es in der Tat sehen, ist es kein Wunder, daß dies für die Gesetze, die das Zusammenleben so vieler einzelner regeln sollen, erst recht gilt. Man betrachte doch nur die Form der über uns herrschenden Justiz: Sie ist, da voller Widerspruch und Irrtum, ein wahres Zeugnis menschlichen Versagens. Wir finden darin so zahlreiche Beispiele übertriebner Milde oder Härte, daß ich nicht weiß, ob wir ebensoviel ausgewogne Urteile fänden! All das sind kranke und rechtsverletzende Auswüchse an Körper und Geist des Rechts.

Gerade kommen Bauern angerannt und berichten atemlos, sie hätten in einem mir gehörenden Waldstück einen von hundert Wunden bedeckten Mann liegen lassen, der noch atme und sie verzweifelt um Wasser und Hilfe beim Aufstehn angefleht habe; sie seien jedoch, statt ihm Beistand zu leisten, davongelaufen – aus Furcht, von den Gerichtsbütteln dort ergriffen und (wie man es ja mit Leuten macht, die man in der Nähe eines Ermordeten antrifft) für den Vorfall zur Verantwortung gezogen zu werden, was ihren völligen Ruin bedeutet hätte, da sie weder Geschick noch Geld genug besäßen, ihre Unschuld zu verteidigen. Was sollte ich ihnen sagen, wo sie doch, wenn sie das Werk der Menschlichkeit verrichtet hätten, tatsächlich in Schwierigkeiten geraten wären?

Wie oft ist herausgekommen, daß Unschuldige bestraft wurden, auch ohne Schuld der Richter – und wieviel Fälle mag es geben, wo es nicht herausgekommen ist! Zu meiner Zeit hat sich folgendes zugetragen: Einige Männer werden wegen eines Mords zum Tode verurteilt. Das Urteil ist, wenn noch nicht verkündet, so doch beschlossen und gefällt. In diesem Augenblick wird den Richtern von den Beamten eines benachbarten Untergerichts mitgeteilt, dort säßen einige Strafgefangne ein, die diesen Mord rückhaltlos gestanden hätten, so daß der Sachverhalt nun sonnenklar zutage liege.

Man berät, ob man deswegen die Vollstreckung des gegen

die ersten gefällten Urteils unterbrechen und aufschieben solle, wobei man in Betracht zieht, daß man damit einen Präzedenzfall für künftige Urteilsaussetzungen schaffen könnte, daß die Verurteilung ja rechtskräftig erfolgt sei und die Richter sich somit der Möglichkeit einer Meinungsänderung beraubt sähn. Kurz – die armen Teufel werden den Prozeßformeln geopfert.

Philippus (oder war es ein andrer?) half einer ähnlich mißlichen Lage folgendermaßen ab: Er hatte durch einen rechtskräftigen Spruch einen Mann zu einer hohen Schadenersatzzahlung an einen andern verurteilt. Als nach einiger Zeit der wahre Tatbestand ans Licht kam, zeigte sich, daß er den Mann zu Unrecht verurteilt hatte. Auf der einen Seite stand nun das Recht der Sache, auf der andern das Verfahrensrecht. Er tat nun gewissermaßen beidem Genüge, indem er erstens das Urteil aufrechterhielt und zweitens den Verurteilten aus eigner Tasche entschädigte. Aber er hatte es ja auch mit einem Fall zu tun, in dem sich seine Entscheidung widerrufen ließ; jene Männer hingegen wurden unwiderruflich gehängt. Wie viele Urteile habe ich erlebt, die verbrecherischer waren als das Verbrechen!

All das erinnert mich an folgende antike Auffassungen: Wer im ganzen recht handeln will, ist gezwungen, im einzelnen unrecht zu handeln, und wer erreichen will, im großen Gerechtigkeit zu üben, muß im kleinen Ungerechtigkeiten begehn. Oder: Das menschliche Rechtswesen ist dem Muster der Medizin nachgebildet, der alles Nützliche auch als Rechtens und nicht ehrenrührig gilt. Und es erinnert mich an die Behauptung der Stoiker, selbst die Natur verstoße in den meisten ihrer Werke gegen die Gerechtigkeit; und an die der Kyrenaiker, es gebe nichts an und für sich Gerechtes, sondern die Gerechtigkeit werde erst von Sitten und Gesetzen geformt; und an die der Theodotianer, ein Weiser sei sogar berechtigt, Diebstahl, Kirchenraub und jede Art Unzucht zu begehn, falls er dies ihm förderlich finde.

Abhilfe ist nicht in Sicht. Ich halte es hierin mittlerweile wie Alkibiades und werde mich niemals aus freien Stücken einem Richter stellen, der über meinen Kopf entscheidet, indem er meine Ehre und mein Leben mehr vom Geschick und Eifer meines Anwalts als von meiner Unschuld abhängig macht. Vor ein Gericht hingegen, das meine guten und meine schlechten Taten gleichermaßen in Rechnung stellte und von dem ich daher ebensoviel zu erhoffen wie zu befürchten hätte, würde ich mich ohne weiteres wagen. Für einen Mann aber, der mehr tut, als nichts Unrechtes zu tun, ist Straffreiheit eine ungenügende Entlohnung. Unsre Rechtspflege reicht uns nur *eine* Hand, und obendrein die linke. Keiner, der in sie einschlägt, kommt ungeschorn davon.

Die Geschichte des Kaiserreichs China, in dem Staatswesen und Künste ohne Kenntnis der unsren und ohne Austausch mit ihnen dem, was wir diesbezüglich vorzuweisen haben, auf zahlreichen Gebieten den Rang ablaufen, lehrt mich, daß die Welt wesentlich weiter und vielgestaltiger ist, als die Alten oder wir selbst uns je vorzustellen vermochten. Dort pflegen zum Beispiel die vom Kaiser zur Inspektion in die Provinzen entsandten Beamten nicht nur jene zu bestrafen, die in ihrem Amt Unterschlagungen begangen haben, sondern aus reiner Freigebigkeit auch die zu belohnen, deren Führung über das gewöhnliche Maß und die Erfordernisse ihrer Pflicht hinaus untadlig war. Die Provinzobern erscheinen vor diesen Abgesandten also nicht allein, um ihre Unschuld zu beteuern, sondern auch, um Gewinn daraus zu schlagen; nicht bloß, um bezahlt, sondern auch, um beschenkt zu werden.

Noch hat Gott sei Dank kein Richter als solcher mich je in welcher Sache auch immer angesprochen, ob in eigener oder fremder, in straf- oder zivilrechtlicher. Noch bin ich je im Innern eines Gefängnisses gewesen, und sei es nur zur Besichtigung. Meine Vorstellungskraft macht mir schon den Anblick von außen zuwider. Ich dürste derart nach Freiheit, daß ich, wenn man mir den Zugang zu irgendeinem Winkel Indiens verböte, mein Leben beengt fühlte, und gewiß werde ich, solang ich anderswo freies Land unter freiem Himmel finde, nie an einem Ort dahinkümmern, wo ich mich verkriechen müßte.

O Gott, wie schwer ertrüge ich die Lage, in der ich so viele Leute sehe, die an einen bestimmten Ort dieses Königreichs gefesselt sind: des Rechts beraubt, die großen Städte und die Fürstenhöfe zu betreten sowie die öffentlichen Straßen zu benutzen, weil sie sich wider unsre Gesetze aufgelehnt haben! Wenn die, denen ich diene, mir nur ein Haar zu krümmen drohten, machte ich mich spornstreichs auf und davon, um unter anderen zu leben, wo immer es wäre. In den jetzigen Bürgerkriegen verwende ich mein ganzes bißchen Klugheit allein hierauf: daß sie meiner Freiheit, zu kommen und zu gehn, keinen Abbruch tun.

Die Macht der Gesetze bleibt ja nicht deswegen unangetastet, weil sie gerecht, sondern weil sie Gesetze sind. Dies ist das mythische Fundament ihrer fortdauernden Geltung, ein andres haben sie nicht – und das kommt ihnen sehr zustatten: Oft werden sie von Hohlköpfen gemacht, und noch öfter von Leuten, denen ihr Haß auf Gleichheit den Sinn für Gerechtigkeit raubt – stets aber von Menschen nur, diesen windigen und wetterwendischen Machern.

Nichts ist gewöhnlich so weitgehend und so schwerwiegend fehlbar wie die Gesetze. Wer ihnen gehorcht, weil er sie für gerecht hält, gehorcht ihnen nicht aus dem rechten Grund. Unsre französischen bieten der Verwirrung und Korruption, wie wir sie bei deren Anwendung und Vollstreckung beobachten, wegen ihrer Unförmigkeit und Unübersichtlichkeit in mancher Hinsicht die Hand. Was sie fordern, ist derart schwerverständlich und inkonsequent, daß sich sowohl ihr Nichtbefolgen als auch die Fehlgriffe bei ihrer Verwaltung, Auslegung und Umsetzung zum Teil entschuldigen lassen.

Welchen Gewinn wir auch aus fremden Beispielen ziehen mögen, wird er uns kaum wesentlich weiterbringen, wenn wir die eigenen Erfahrungen schlecht zu nutzen verstehn, die uns doch vertrauter sind und gewiß ausreichen, uns zu lehren, was uns not tut.

Ich studiere mich mehr als irgend etwas andres – das ist meine Metaphysik, das ist meine Physik.

Ihr fragt, worin des mächt'gen Weltenlenkers Kunst besteht,
woher der Mond emporsteigt und wohin er untergeht,
wie seine Sicheln sich zu vollem Rund zusammenfinden,
und was die Stürme, was das Meer, gepeitscht von Wirbelwinden,
uns bringen, und warum der Wolken Wasser nie versiegen,
und ob des Weltgebäudes Einsturz wir schon bald erliegen? //
Versucht's doch, da die Frage euch so umtreibt, zu ergründen!

In meiner Unwissenheit über das große Ganze lasse ich mich für mein Teil lässig vom allgemeinen Weltgesetz führen. Es wird mich genug von sich wissen lassen, wenn ich es fühle. Kein mir eignes Wissen könnte es je von seinem Weg abbringen: Mir zuliebe wird es sich gewiß nicht ändern! Es wäre Torheit, das zu erhoffen, und eine noch größere, sich deswegen zu grämen, bleibt dieses Gesetz doch aus Notwendigkeit immer gleich, allumfassend und allgültig. Angesichts der so zuverlässigen Führungskraft des Herrschers sollten wir daher voll und ganz davon ablassen, uns über seine Herrschaft den Kopf zu zerbrechen.

Die philosophischen Untersuchungen und Spekulationen dienen lediglich unsrer Neugier zur Nahrung. Die Philosophen verweisen uns zwar mit vollem Recht auf die Gesetze der Natur, machen sie aber durch ihre abgehobnen Erkenntnisse keineswegs klarer – im Gegenteil: Sie verfälschen sie und führn uns das Erscheinungsbild der Natur mit zu grell übermalten und verzerrten Zügen vor Augen. Hieraus entstehn all die völlig uneinheitlichen Darstellungen eines derart einheitlichen Gegenstands.

Wie die Natur uns mit Füßen zum Gehen versehn hat, so auch mit Weisheit zu unsrer Lebensführung – mit einer Weisheit, die zwar nicht derart ausgeklügelt, selbstherrlich und auf Schau bedacht ist wie jene der Philosophen, dafür aber gelöster, ruhiger und gedeihlicher, und was die andre nur im Munde führt, verrichtet diese handgreiflich bei jedem, dem das Glück beschieden ist, sich unbefangen und in wohlgeordneten Bahnen mit sich selbst befassen zu können – eben ganz der Natur gemäß. Je kindlicher wir uns ihr anvertraun, desto weiser handeln wir. O welch weiches und sanftes, zudem heilsames Ruhekissen ist für einen wohlgeratnen Kopf doch das Nichtwissen und Nichtwissenwollen!

Ich möchte lieber mich selber recht verstehen als den Cicero. An meiner eignen Erfahrung fände ich genug, um weise zu werden, wäre ich ein guter Schüler. Wer sich ins Gedächtnis ruft, wie er bei einem frühren Wutanfall außer sich geriet und wie weit ihn dieser Fiebertaumel hinriß, wird die Häßlichkeit solch leidenschaftlichen Aufbrausens schärfer sehn als bei der Lektüre des Aristoteles – und so einen berechtigteren Widerwillen dagegen fassen.

Wer sich der Übel erinnert, die ihn ereilt oder auch nur bedroht haben, und wie geringfügige Anlässe ihn von einer Lebenslage in eine andre versetzten, sucht sich kraft dessen für künftige Wechselfälle zu rüsten und die Bedingtheit seines Daseins zu erkennen. Das Leben Caesars enthält für uns nicht mehr Lehren als das unsre: ob eines Kaisers oder eines einfachen Mannes Leben, stets ist es allem ausgesetzt, was Menschen begegnen kann. Laßt uns nur auf uns selber hören, da erfahrn wir alles, was wir im wesentlichen brauchen!

Und wer sich erinnert, daß er sich soundso oft mit seinem Urteil verrechnet hat – ist der etwa kein Tor, wenn er ihm nun nicht für immer mißtraut? Überführt mich das Argument eines andern einer falschen Meinung, lerne ich daraus weniger, was er mir Neues sagt und was ich in diesem besonderen Fall nicht wußte (denn das wäre ein magrer Gewinn), als vielmehr, mir meiner Unzulänglichkeit und der Fehlbarkeit meines Verstandes überhaupt bewußt zu werden – Voraussetzung dafür, mich im ganzen bessern zu können. So halte ich es mit all meinen Irrtümern, und ich merke, daß mir diese Regel im Leben zu großem Vorteil gereicht.

Ich betrachte also, wenn ich stolpre, nicht den Stein als Ursache (und das gilt für alles, was mir mit Menschen wie mit Dingen widerfährt), sondern lerne daraus, meinem Gang nicht über den Weg zu traun und ihn daher in Zucht zu nehmen. Einzusehen, daß man eine Dummheit geäußert oder getan hat, besagt noch gar nichts – man muß einsehn, daß man von Grund auf dumm ist: eine wesentlich umfassendere und wichtigere Einsicht.

Daß mich mein Gedächtnis so oft im Stich gelassen hat, selbst wenn es mir am nachdrücklichsten seine Zuverlässigkeit beteuerte, ist für mich ebenfalls keine verlorne Lehre gewesen: Es mag mich jetzt noch so sehr beschwörn und seiner Treue versichern – ich schüttle nur abweisend den Kopf. Der erstbeste Einwand, den man wider sein Zeugnis erhebt, läßt mich zögern, und nie würde ich wagen, mich in einer Sache von Gewicht darauf zu verlassen oder einem andern gegenüber dafür einzustehn. Und verhielte es sich nicht so, daß das, was ich aus Gedächtnismangel tue, andre noch häufiger aus Mangel an Treu und Glauben tun, würde ich in bezug auf Fakten jederzeit eher der Wahrheit aus fremdem Munde trauen als aus meinem.

Wenn jeder die Umstände von Werden und Wirken der Leidenschaften, die ihn beherrschen, so genau ausspähte, wie ich es bei jener getan habe, der ich einmal anheimgefallen bin, würde er sie kommen sehn und daher ihren ungestümen Lauf etwas verlangsamen können: Sie packen uns nicht immer gleich beim ersten Ansprung am Kragen, vielmehr gibt es drohende Vorzeichen und stufenweise Steigerungen.

So regen unterm ersten Windhauch sich die Wellen kaum,
doch langsam werden sie zu hohen Wogen, weiß von Schaum,
und schießen aus der Tiefe plötzlich in den Himmelsraum.

Die Urteilskraft sitzt bei mir auf dem Präsidentenstuhl, zumindest bemüht sie sich angelegentlich, ihn einzunehmen. Sie läßt meinen Gefühlen ihren Lauf, den haßerfüllten wie den freundschaftlichen, ja sogar meiner Eigenliebe, ohne von ihnen beeinflußt oder verderbt zu werden: Wenn sie schon die andern Teile meines Wesens nicht nach ihrem Sinne reformieren kann, läßt sie sich von ihnen wenigstens nicht deformiern. Sie spielt ihre Rolle für sich.

Die Ermahnung zu beherzigen, daß jeder sich selbst erkennen solle, muß wirklich höchst wichtig sein, da der Gott der Wissenschaft und des Lichts sie an der Vorderseite seines Tempels anbringen ließ: gleichsam als Summe all seiner Ratschläge. So sagt uns denn auch Platon, Weisheit sei nichts anderes, als dies Gebot zu befolgen, und Sokrates bestätigt das im Xenophon anhand einzelner Beispiele.

Die Schwierigkeiten und Dunkelheiten jeder Wissenschaft werden nur denen bewußt, die bis zu ihnen vorgedrungen sind, denn um wahrnehmen zu können, daß man nicht weiß, bedarf es eines bestimmten Maßes an Erfahrungswissen: Man muß eine Tür aufzustoßen versucht haben, ehe man erkennen kann, daß sie uns verschlossen ist. (Daher rührt die scharfsinnige Bemerkung Platons, daß weder die Wissenden zu forschen brauchen, da sie ja wissen, noch die Unwissenden, da man, um zu forschen, wissen müsse, wonach man forscht.)

Dies gilt folglich ebenso für die Wissenschaft der Selbsterkenntnis, denn gerade daß ein jeder mit derart unangefochtner Überzeugung behauptet, sich hierauf trefflich zu verstehn, zeigt deutlich, daß kein einziger sich darauf versteht, wie schon Sokrates im Xenophon den Euthydemos belehrt. Ich, der ich mich mit keiner anderen Wissenschaft befasse, finde in dieser eine so unendliche Tiefe und Vielfalt, daß mein Lernen als einzige Frucht hervorbringt, mich fühln zu lassen, wieviel mir zu lernen bleibt.

Meiner so immer wieder erkannten und einbekannten Unzulänglichkeit verdanke ich meine Neigung zur Bescheidenheit, zum Gehorsam gegenüber den mir vorgeschriebnen Glaubenssätzen, zur beharrlichen und kühlen Mäßigung meiner Meinungen sowie zum Haß auf jene so abstoßend streitsüchtige Vermessenheit, die ausschließlich an sich selber glaubt und festhält: Todfeindin von Denkzucht und Wahrheitsfindung. Hört euch an, wie solch Neunmalkluge zu dozieren pflegen – schon die ersten Torheiten, die sie vorbringen, kleiden sie in den Stil von Religionsgründern und Gesetzgebern! Doch *nichts ist entstellender, als Behauptung und Beweis dem Erkennen und Begreifen vorauszuschicken.*

Aristarch sagte, vor seiner Zeit habe man kaum sieben Weise auf der Welt finden können, zu seiner Zeit aber fänden sich kaum sieben Menschen, die sich für unweise hielten. Hätten wir nicht mehr Grund als er, dies von der unsren zu sagen? Starres Beharren auf der eignen Meinung zeugt eindeutig von Dummheit. Da ist etwa einer hundertmal am Tag auf die Nase gefallen, doch siehe da, schon stolziert er wieder herum und kräht sein »Ergo, ergo!« heraus, unbeirrt und unbeirrbar wie zuvor – ja, man könnte glauben, es sei ihm seither eine neue Seele zugeflossen und eine neue Verstandeskraft, jenem Sohn der Erde in der Antike gleich, der aus jedem Sturz neue Stärke und Ausdauer gewann:

Kaum hingesunken, sieht man ihn sich kühn erheben,
von Mutter Erde neu gestählt zu neuem Leben.

Glaubt unser unbelehrbarer Starrkopf tatsächlich, er nehme mit jedem neuen Wortstreit, den er aufnimmt, einen neuen Geist auf?

Es ist meine eigne Erfahrung, die mich die menschliche Unwissenheit so groß herausstellen läßt: Diese wird uns meiner Ansicht nach von der Schule der Welt als das Unbezweifelbare schlechthin gelehrt. Mögen jene, die mein Beispiel oder das ihre zu belanglos finden, um daraus den gleichen Schluß zu ziehn, sich wenigstens von Sokrates überzeugen lassen, dem Meister aller Meister. So pflegte der Philosoph Antisthenes seinen Schülern zu sagen: »Gehen wir, ihr und ich, uns Sokrates anhörn! Bei ihm werde ich Schüler sein wie ihr.« Und wenn er die Lehre seiner stoischen Schule verfocht, nach der die Tugend hinreiche, ein Leben durch und durch glücklich zu machen, ohne daß es irgend etwas andres benötige, fügte er gewöhnlich hinzu: »Es sei denn die Kraft des Sokrates.«

Diese Aufmerksamkeit, die ich seit langem auf meine Selbstbetrachtung verwende, übt mich zugleich darin ein, auch andre angemessen zu beurteiln, ja, es gibt wenig, worüber ich kompetenter und treffender spräche. Oft begegnet es mir, daß ich die Wesenszüge meiner Freunde genauer sehe und zu unterscheiden vermag als sie selbst, und manchen habe ich schon durch die Richtigkeit meiner Beschreibung derart über sich aufgeklärt, daß er baß erstaunt war.

Da ich mich von Jugend an daran gewöhnt habe, mein Leben in dem andrer zu spiegeln, entwickelte sich in mir ein großer Beobachtungseifer, und sobald sich meine Gedanken mit den Menschen um mich herum befassen, lasse ich mir von den einer Urteilsbildung dienlichen Dingen kaum eines entgehn: ob Verhaltensweisen, Mienen oder Worte.

Alles studiere ich: das, was ich fliehen, wie das, dem ich folgen sollte. So schließe ich auch bei meinen Freunden aus dem, was von ihnen nach außen in Erscheinung tritt, auf ihre innren Neigungen. Hierbei geht es mir aber keineswegs darum, die unendliche Vielfalt unterschiedlicher und getrennter Handlungen in bestimmte Kategorien und Gattungen zu zwängen und diese Aufteilungen wiederum säuberlich in vorgegebne Klassen und Untergruppen zu zergliedern, denn

der Arten Zahl ist unbekannt,
und keiner hat sie je benannt.

Die Wissenschaftler sind es, die ihre Ideen zergliedern und bis ins kleinste mit spezifischen Begriffen umgrenzen. Ich hingegen, der ich nicht mehr Einblick habe, als die Alltagserfahrung mir völlig regellos zukommen läßt, lege die meinen, mich vorantastend, nur in groben Zügen dar – so auch hier, wo ich meine Meinungen in unverbundnen Sätzen ausspreche, wie man es bei Dingen zu tun pflegt, die sich nicht auf einmal und im ganzen sagen lassen. Die Fähigkeit, Beziehungen und Übereinstimmungen zwischen ihnen zu erkennen, findet sich nicht in so gewöhnlichen und niedrigen Geistern wie den unsren.

Allein die Weisheit ist ein in sich geschloßnes Ganzes. Sie bildet ein festes und einheitliches Bauwerk, in dem jeder Teil die ihm zukommende Stelle einnimmt und sein eignes Merkmal hat. Ich überlasse es den Leuten vom Fach, die unendliche Vielfalt der Erscheinungen in Reih und Glied zu stellen, unsrer Unbeständigkeit Einhalt zu gebieten und ihr eine feste Ordnung zu geben, wobei ich nicht weiß, ob sie das in einer so von Einzelheiten bestimmten, so unübersichtlichen und so unberechenbaren Sache jemals schaffen können. Ich jedenfalls finde es schwer, unsre Handlungen miteinander in Zusammenhang zu bringen – und nicht nur dies, sondern auch jede einzelne durch eine wesentliche Eigenschaft treffend zu kennzeichnen, derart doppelbödig, buntscheckig und je nach Beleuchtung wechselnd erscheinen sie mir.

Man hat die Wesensart des Königs Perseus von Makedonien als ungewöhnlich empfunden, da er sich auf keine Daseinsform festlegen ließ, sondern ständig von einer zur andern wanderte, so daß bei einem so leichtfüßig wechselnden, schweifenden Lebenswandel schließlich weder er noch sonstwer wußte, was für ein Mensch er sei. Das aber, scheint mir, trifft auf fast alle Menschen zu.

Namentlich einen seines Zuschnitts kenne ich jedoch, auf den dies, glaube ich, mehr noch als auf alle andern zutrifft: Nie geht er den Mittelweg, stets fällt er aus unerfindlichem Anlaß von einem Extrem ins andre, jedem Schritt vorwärts folgt plötzlich einer zur Seite und einer zurück, nichts an ihm ist einfach. Höchstwahrscheinlich wird man ihn daher eines Tages wohl so sehen: Er legte es mit Fleiß darauf an, sich bekannt zu machen, indem er sich unerkennbar machte.

Wenn man ein offnes Urteil über sich hören will, darf man keine verzärtelten Ohren haben; und da es nur wenige gibt, die Kritik hinnehmen können, ohne daß sie sich gekränkt fühlten, leisten uns jene, die gleichwohl das Risiko nicht scheuen, sie an uns zu üben, einen außerordentlichen Freundschaftsdienst – heißt es doch hilfreich lieben, wenn man einem andren zu seinem Besten zu nahe tritt und weh tut. Eine harte Aufgabe finde ich es freilich, jemanden zu kritisieren, dessen schlechte Eigenschaften die guten überwiegen. Platon verlangt von dem, der die Seele eines andern prüfen will, dreierlei: Wissen, Wohlwollen und Freimut.

Ich wurde einmal gefragt, wozu ich mich meiner Meinung nach geeignet hätte, wenn einer auf den Gedanken verfallen wäre, mich in Dienst zu nehmen, als ich im rechten Alter dazu war,

das Blut noch frisch und kraftvoll in den Adern kreiste,
das neid'sche Alter mir noch nicht die Schläfen weißte.

»Zu nichts«, erwiderte ich; und meine Entschuldigung dafür lautet gewöhnlich, daß ich mich tatsächlich zu nichts eigne, was mich einem andern versklavte.

Wohl aber würde ich meinem Dienstherrn, falls von ihm gewünscht, einige Wahrheiten über sich und seine Lebensführung gesagt haben – keineswegs in Bausch und Bogen, durch schulmeisterliche Belehrung, auf die ich mich nicht verstehe (und jene, die sich darauf verstehn, bewirken, wie ich sehe, ohnehin keinerlei wahre Besserung), sondern indem ich seine Handlungen bei jeder Gelegenheit Schritt für Schritt beobachtet und nach dem jeweiligen Augenschein bewertet hätte, auf ganz einfache und natürliche Weise, um ihn, mich gegen seine Schmeichler stellend, erkennen zu lassen, was die öffentliche Meinung von ihm hält. (Es gibt keinen unter uns, der nicht schlimmer wäre als die Könige, wenn er gleich ihnen durch diese speichelleckerischen Schranzen so unablässig verderbt würde. Wie auch anders, wo nicht einmal Alexander, dieser große König und Philosoph, sich ihrer erwehren konnte!)

Hierzu hätte ich Treue, Urteilskraft und Freimut genug besessen. Ein solches Amt dürfte keinen Titel haben, denn sonst würde es um seine Ungezwungenheit und Wirksamkeit gebracht. Auch kommen für diese Rolle keineswegs wahllos alle in Betracht, denn selbst die Wahrheit hat nicht das Vorrecht, zu jeder Stunde und auf jede Art und Weise vorgetragen zu werden. Sich ihrer zu befleißigen, so edel dies ist, hat seine Schranken und Grenzen. Häufig geschieht es, daß man sie, wie es in der Welt nun einmal zugeht, dem

Fürsten nicht nur auf vergebliche, sondern sogar schädliche Weise zu Ohren bringt, und zu Unrecht obendrein. Auch wird mir keiner weismachen, daß eine heilsame Ermahnung nicht unheilsam verabreicht werden könne und daß das Interesse der Sache nicht soundso oft dem der Form weichen müsse.

Für eine solche Aufgabe wünschte ich einen mit seinem Los zufriednen Mann,

was er ist, allein
dieses will er sein,

der von Geburt dem mittleren Stand angehört – zum einen, weil er dann, da nicht auf eine Karriere angewiesen, keine Angst hätte, seinem Herrn heftig und gründlich ins Gewissen zu reden, und zum andern, weil er dank dieses mittleren Standes mit Leuten jedweder Rangstufe leichter Umgang pflegen könnte. Ferner wünschte ich, daß dieses Amt einem Mann allein übertragen würde (denn dehnte man das Vorrecht einer solchen Freimütigkeit und Vertraulichkeit auf mehrere aus, führte das zu einem schädlichen Mangel an Ehrerbietung). Ja, das wünschte ich, und von diesem einen vor allem die Treue der Verschwiegenheit.

Ein König, der sich brüstet, er werde um seines Ruhmes willen dem Angriff des Feindes standhaft entgegensehn, verdient keinen Glauben, wenn er nicht einmal die zu seinem Besten vorgebrachten offenherzigen Worte eines Freunds ertragen kann, die doch keine weitere Macht über ihn haben, als ihm in den Ohren zu jucken – wieweit er sich danach richten will, liegt ja ganz in seiner Hand.

Es gibt keinen Stand unter den Menschen, der in derartigem Maße auf wahrhaftige und freimütige Ermahnungen angewiesen wäre wie die Könige. Sie tragen die Bürde eines öffentlichen Lebens und müssen der Meinung zahlreicher Zuschauer gefällig sein. Da man sich aber angewöhnt hat, ihnen alles zu verschweigen, was sie von ihrem Tun und

Treiben abbringen könnte, ziehn sie sich, ohne es zu merken, Haß und Abscheu ihrer Völker oft aus Anlässen zu, die sie unbeschadet ihrer Vergnügungen hätten vermeiden können, wenn man sie rechtzeitig gewarnt und eines Beßren belehrt hätte.

Gewöhnlich sehn ihre Günstlinge mehr auf den eignen als ihres Herrn Nutzen, und damit kommen sie gut voran; denn in Wahrheit werden aufrichtige Freundschaftsdienste gegenüber dem Fürsten zumeist einer harten und gefährlichen Belastungsprobe ausgesetzt, so daß sie nicht nur große Zuneigung und Offenherzigkeit erfordern, sondern auch Mut.

Letzten Endes ist dieses ganze hier zusammengekritzelte Sammelsurium nichts als die Wiedergabe der *Versuche* meines Lebens, aus dem man für die seelische Gesundheit genug lernen kann, wenn man es als Beispiel nimmt – als abschreckendes. Was aber die körperliche Gesundheit angeht, vermag niemand mit in der Tat nützlicheren Erfahrungen aufzuwarten als ich, da ich sie rein und durch keinerlei Vorbedacht und Vorurteil getrübt oder entstellt unterbreite: Die Medizin ist der praktischen Erfahrung ureigenste Domäne, die ihr vom theoretischen Denken denn auch voll und ganz überlassen wird.

Tiberius pflegte zu sagen, jeder, der zwanzig Jahre gelebt habe, sollte in eigner Verantwortung entscheiden können, was ihm schade oder weiterhelfe, und daher ohne ärztliche Beratung zurechtkommen. Vielleicht hat er diese Auffassung von Sokrates übernommen, der seinen Schülern als eine der wichtigsten Studien eindringlich die Beobachtung ihrer Gesundheit anriet und gewöhnlich hinzufügte, es sei schwer denkbar, daß ein verständiger Mensch, der Körperübungen betreibe und auf sein Essen und Trinken achte, nicht besser als jeder Arzt zu unterscheiden wisse, was für ihn gut oder schlecht sei.

So behauptet die Medizin selbst, zum Prüfstein ihres Wirkens nehme sie stets die Erfahrung. Platon sagte folglich zutreffend, ein wahrer Arzt müsse alle Krankheiten, die er heilen wolle, und alle Umstände und Wechselfälle, deren Beurteilung ihm aufgegeben sei, am eignen Leib erfahren haben. Recht so – soll er sich doch die Lustseuche erst einmal selber holen, wenn er wissen will, wie man sie kuriert!

Einem solchen Mann würde ich mich in der Tat anvertraun. Die anderen nämlich gängeln uns wie einer, der sich am Tische sitzend Meere, Klippen und Häfen hinmalt und darauf ein Schiffsmodell völlig risikolos hin- und herschiebt. Stürzt ihr ihn aber in den Ernstfall, weiß er nicht mehr ein noch aus. Sie beschreiben unsre Übel wie ein Stadttrompeter, der ein entlaufenes Pferd, einen entlaufnen Hund mit genauer Kennzeichnung ausruft: so und so die Ohren, so und so das Fell, so und so die Größe. Bringt ihr ihm aber das Tier, erkennt er's nicht.

Möge die Medizin mir doch in Gottes Namen einmal wirklich gute und spürbare Hilfe leisten – oh, wie würde ich da aus ehrlichem Herzen rufen:

Solch starker Kunst, die meine Leiden bannt,
ergebe ich mich mit erhobner Hand!

Die Künste, die versprechen, uns Leib und Seele gesund zu erhalten, versprechen uns viel; aber es gibt auch keine, die ihre Versprechen seltner hielten; und jene Leute, die sie heutzutage unter uns ausüben, lassen einen Erfolg ihres Wirkens noch weniger erkennen als alle andern. Man kann von ihnen höchstens sagen, daß sie Arzneien verkaufen, aber daß sie Ärzte seien, keineswegs.

Ich bin jetzt alt genug, um über meinen gewohnten Lebenswandel, der mich so weit zu führen vermochte, Rechenschaft zu geben. Wer davon kosten will, dem habe ich als sein Mundschenk vorgekostet. Hier nun einige meiner Eigenheiten, wie sie mir gerade einfallen (wobei ich im

Hinblick auf die Tatsache, daß jede meiner Verhaltensweisen sich mit den Umständen zu ändern pflegt, nur jene festhalte, die ich am häufigsten beobachten konnte und die bis zur Stunde in mir vorherrschen):

Meine Daseinsweise bleibt immer dieselbe, ob ich gesund bin oder krank: gleicher Stundengang und gleiches Bett, gleiche Speise, gleicher Trank – das ist mir dienlich. Daran ändre ich nicht das geringste, außer daß ich die Menge dessen, was ich zu mir nehme, mehr oder weniger meinem Appetit und Aufnahmevermögen anpasse. Gesundheit heißt für mich meinen gewohnten Zustand ungestört beibehalten. Wirft mich eine Krankheit nach der einen Seite aus ihm heraus, würden es die Ärzte, vertraute ich mich ihnen an, nach der andern tun: Ob durch ihre Kunst oder durch Fortunas Mißgunst, in beiden Fällen bin ich aus dem Gleis. Nichts aber glaube ich fester, als daß mir der Gebrauch der Dinge, die ich seit so langer Zeit schon gewohnt bin, niemals schaden kann.

Die Gewohnheit hat das Vorrecht, unser Leben zu formen, wie es ihr gefällt; sie vermag hierin alles. Sie ist der Zaubertrank der Circe, der mit unserer Natur macht, was er will. Wie viele Völker, nur ein paar Schritte von uns entfernt, halten die Furcht vor der Abendfeuchte, die uns doch so offensichtlich zusetzt, für lächerlich, und selbst unsre Bauern und Schiffer spotten darüber! Auf einer Matratze schlafen macht einen Deutschen krank, auf federnem Unterbett einen Italiener, ohne Bettvorhänge und Kaminfeuer einen Franzosen. Der Magen eines Spaniers verkraftet unsere Ernährungsweise sowenig wie der unsre die Trinksitten der Schweizer.

In Augsburg amüsierte es mich, wie ein Deutscher die Unbehaglichkeit unserer Kaminheizung mit demselben Argument angriff, das wir gewöhnlich gegen ihre Kachelöfen ins Feld führn. In der Tat steigt den meisten, die nicht daran gewöhnt sind, die dumpfe Wärme und auch der Geruch der erhitzten Kacheln zu Kopf – mir freilich nicht; denn ich finde, daß diese Wärme den Vergleich mit der unsern keineswegs zu scheuen braucht, da sie sich gleichmäßig und anhaltend rundum ausbreitet, ohne flackernde Flamme, ohne Rauch und ohne die Zugluft, der wir durch die Öffnung unsrer Kamine ausgesetzt sind.

Warum übernehmen wir nicht die Heizung der römischen Baukunst? Man sagt, damals habe man das Feuer nur außerhalb der Häuser, an ihrem Fuß gemacht, und von dort sei die Wärme durch Rohre im dicken Mauerwerk allen Wohnräumen zugeleitet worden, die man heizen wollte; jedenfalls habe ich das bei Seneca klar beschrieben gelesen (aber ich weiß nicht mehr, wo).

Als jener Augsburger mich ein Loblied auf die Annehmlichkeiten und Schönheiten seiner Stadt singen hörte, die dies wahrlich verdient, begann er mich wegen meiner bevorstehenden Weiterreise zu bedauern; und als eine der ersten Unannehmlichkeiten, die auf mich zukämen, sprach er nun von dem schweren Kopf, den mir andernorts die offnen Kamine machen würden! Er hatte einfach jemanden sich hierüber beklagen hören, und so glaubte er, uns müsse es genauso ergehn, während ihn die Gewöhnung hinderte, dieselbe Beschwernis bei sich zu Hause wahrzunehmen.

Jede Wärme, die vom Feuer kommt, macht mich schlapp und schläfrig, dabei behauptete Evenus, das Feuer sei die beste Würze des Lebens! Da greife ich lieber zu jedem andren Mittel, mich der Kälte zu erwehrn!

Während wir einen Widerwillen gegen die Neige des Weines am Faßboden haben, gilt in Portugal deren Bukett als Köstlichkeit und ist dortzulande das Getränk der Fürsten.

Kurz und gut – jedes Volk hat viele Sitten und Gebräuche, die irgendeinem andern, weil damit unvertraut, höchst seltsam, ja barbarisch vorkommen.

Wie sollen wir mit Leuten zurechtkommen, für die nur gedruckte Zeugnisse gelten, die Menschen nur Glauben schenken, wenn sie sich in Buchform äußern, und der Wahrheit nur, wenn sie das gehörige Alter hat? Man setzt seinen Dummheiten, indem man sie in Druck gibt, doch lediglich den Doktorhut auf! Für dergleichen Leute ist es von viel größerem Gewicht, wenn man »Ich habe es gelesen« sagt als »Mir ist es zu Ohren gekommen«.

Ich aber glaube dem Mund eines Menschen nicht weniger als seiner Feder (weiß ich doch, daß Reden und Schreiben gleichermaßen willkürlich sind), und unser Jahrhundert achte ich wie irgendein vergangnes. Daher berufe ich mich ebensogern auf einen meiner Freunde wie auf Aulus Gellius oder Macrobius und auf das, was ich gesehen habe, ebensogern wie auf das, was von diesen geschrieben wurde. Und wie man der Auffassung ist, daß eine Tugend nicht mit ihrer Dauer wachse, meine ich, daß eine Wahrheit nicht schon deswegen weiser sei, weil sie älter ist.

Ich halte es (wie ich oft betone) für reine Torheit, den Lehrbeispielen aus fernen Zeiten nachzulaufen, gibt es solche heutzutage doch in gleicher Fülle wie zur Zeit Homers und Platons. Aber ist der Grund nicht einfach der, daß wir mehr auf die Ehre des Zitierens denn die Wahrheitsfindung aus sind, als ob mehr dazu gehörte, unsre Beweise den Druckereierzeugnissen von Vascosan und Plantin statt dem zu entnehmen, was wir in unserm Dorf zu sehn bekommen? Oder fehlt uns nicht vielmehr das geistige Vermögen, näher zu prüfen und auszuwerten, was sich vor unsren Augen abspielt – die lebendige Urteilskraft also, darin das Beispielhafte zu erkennen und für uns heranzuziehn?

Wenn wir nämlich sagen, daß es uns an Autorität fehle, um unserm Zeugnis Glauben zu verschaffen, haben wir unrecht; denn meiner Ansicht nach könnten wir aus den alltäglichsten, gewöhnlichsten und bekanntesten Dingen, wenn wir sie nur ins rechte Licht zu rücken wüßten, die größten Wunder der Natur hervorzaubern und die wunderbarsten Beispiele namentlich für das menschliche Tun.

Weiter zu meinem Thema: Ich möchte die Beispiele, die ich aus Büchern kenne, so etwa, daß Aristoteles von einem gewissen Andron aus Argos berichtet, er habe die Sandwüsten Libyens ohne zu trinken durchquert, hier beiseite lassen, dafür aber einen Edelmann anführn, der sich etlicher Missionen ehrenvoll entledigt hat. Er sei, erzählte er in meinem Beisein, ebenfalls ohne zu trinken mitten im Sommer von Madrid nach Lissabon gereist. Für sein Alter ist er noch recht rüstig und weist in seiner Lebensführung nichts Ungewöhnliches auf, außer eben, daß er zwei, drei Monate, ja, wie er mir sagte, ein ganzes Jahr ohne Trinken auskommt. Er empfindet dann zwar Durst, kümmert sich aber nicht darum und vertritt die Auffassung, dieser Drang verliere sich leicht von selbst. Soweit er noch trinkt, tut er es mehr aus Laune als aus Bedürfnis oder Lust.

Und noch ein Beispiel: Vor nicht allzu langer Zeit traf ich einen der gelehrtesten und wohlhabendsten Männer Frankreichs dabei an, wie er in der eigens für ihn durch Teppichvorhänge abgeteilten Ecke eines Saals mit seinen Studien beschäftigt war, während seine Diener um ihn herum einen Höllenlärm vollführten. Er sagte mir (und Seneca behauptete von sich fast dasselbe), daß ihm Krach zum Vorteil gereiche: Unter dem Ansturm brüllender Stimmen zögen sich seine Gedanken gleichsam in sein Inneres zurück, so daß er sich um so eingehender seinen Betrachtungen widmen könne. Als er zu Padua studierte, war er in seinem Arbeitszimmer derart lange dem Geratter der Kutschen und dem Getöse des Marktplatzes ausgesetzt, daß er dem Lärm nicht nur keine Beachtung schenken, sondern ihn sogar für sein Studium nutzen lernte.

Sokrates antwortete dem Alkibiades, der sich verwundert zeigte, wie er das ständige Gekeife seiner zänkischen Frau aushalten könne: »So wie jene, die sich an das ständige Knarren der Wasserschöpfräder gewöhnt haben!« Mir ergeht es gerade umgekehrt: Ich habe einen sensiblen und leicht aus der Fassung geratenden Geist – wenn er mit sich beschäftigt ist, bringt ihn schon das leiseste Fliegensummen um.

Seneca hatte sich in seiner Jugend begeistert dem Beispiel des Sextius verschrieben, kein Fleisch von geschlachteten Tieren zu essen, und daran hielt er sich ein ganzes Jahr lang – mit Vergnügen, wie er berichtet; und er ging auch nur deshalb wieder hiervon ab, weil er nicht in den Verdacht geraten wollte, diese Regel von irgendwelchen neuen Religionen übernommen zu haben, die sie damals verbreiteten. Zur selben Zeit hatte er sich die Vorschrift des Attalus zu eigen gemacht, nicht mehr auf weichen Matratzen zu schlafen, und bis ins Greisenalter benutzte er tatsächlich nur noch solche, die dem Körpergewicht widerstehn. Was er sich so im Hinblick auf den vorherrschenden Brauch seiner Zeit als Abhärtung zugute hielt, läßt uns der unsre als Genußsucht erscheinen.

Seht euch einmal an, wie sehr sich die Lebensweise meiner Knechte von der meinen unterscheidet: Skythen und Indianer sind nicht weiter von meinem Stand und Stil entfernt! Ich entsinne mich, wie ich Betteljungen von der Straße weg in meinen Dienst nahm, die mich bald hernach wieder verlassen und Küche und Livree drangegeben haben, allein um zu ihrem früheren Leben zurückzukehrn; und einen traf ich später dabei an, wie er vom Kot der Straße Schnecken zu seiner Mahlzeit aufsammelte, und weder durch Bitten noch durch Drohen vermochte ich ihn von der Süße und Köstlichkeit abzubringen, die er in seiner Bedürftigkeit fand. So haben die Bettler ihre Wonnen und Herrlichkeiten wie die Reichen – und auch, sagt man, ihre gesellschaftlichen Ordnungen und Rangstufen.

All das sind Werke der Gewohnheit. Sie weiß uns nicht nur jeder beliebigen Daseinsform anzupassen (weswegen, sagen die Weisen, wir uns für die beste entscheiden sollten, denn ebendie Gewohnheit werde uns sogleich den Weg dorthin ebnen), sondern auch jedem Wechsel und Wandel – und dies ist das Nützlichste und Höchste, was wir von ihr lernen können.

Die beste meiner natürlichen Anlagen besteht darin, kaum starrsinnig zu sein, sondern flexibel. Von meinen Neigungen sind mir einige angenehmer und meinem Wesen tiefer eingewurzelt als andre; gleichwohl kostet es mich sehr wenig Überwindung, mich von ihnen abzuwenden und in die entgegengesetzte Richtung gleiten zu lassen. Ein junger Mensch muß seine Verhaltensregeln zuweilen durchbrechen können, um seine Kräfte wachzurütteln und vorm Erschlaffen und Verschimmeln zu bewahrn. Kein Lebenswandel ist so stumpf- und schwachsinnig wie einer, der sich von Vorschriften und Anleitungen ans Gängelband nehmen läßt:

Will jener eine Meile weit verreisen,
muß ihm der Almanach die rechte Stunde weisen.
Und ist sein Auge wund vom vielen Reiben,
läßt Salbe er sich nach dem Horoskop verschreiben.

Ich möchte einem jungen Menschen sogar raten, öfters über die Stränge zu schlagen, sonst wirft ihn die kleinste Ausschweifung um; damit aber machte er sich unbeliebt und würde im geselligen Umgang als lästig empfunden. Die unangemessensten Eigenschaften für einen Mann von Stand sind Geziertheit und Festgelegtsein auf ein abgehobnes Verhalten – abgehoben aber ist jedes, das es an Geschmeidigkeit und Anpassungswillen fehlen läßt. Aus Unvermögen oder Mangel an Mut nicht mitzutun, was man seinesgleichen tun sieht, hat etwas Schmachvolles. Sollen solche Leute doch in der Stube hocken bleiben! Dergleichen Verhalten ist überall ungehörig, für einen Kriegsmann aber verwerflich und untragbar – hat er sich doch, wie Philopoimen sagte, für die unterschiedlichsten Lebenslagen zu ertüchtigen.

Obwohl man mich, soweit man konnte, zur Freiheit und Offenheit nach allen Seiten erzogen hat, bin ich aus Trägheit mit den Jahren nun doch bei bestimmten Verhaltensformen stehngeblieben (denn mein Alter ist über das Lernen hinaus, es vermag fortan nur noch auf seine Lebenserhaltung zu sehn). So hat die Gewohnheit auf unmerkliche Weise in manchen Dingen bereits derart von mir Besitz ergriffen, daß ich es geradezu Exzeß nenne, wenn ich einmal davon abweiche.

Zum Beispiel kann ich jetzt, ohne daß ich darunter litte, weder tagsüber schlafen noch einen Imbiß zwischen den Mahlzeiten zu mir nehmen, weder frühstücken noch mich ohne große Zwischenpause von gut drei Stunden nach dem Abendessen schlafen legen, weder zu andrer Zeit als vor der Nachtruhe noch im Stehen Kinder machen, weder meinen Schweiß ertragen noch pures Wasser oder puren Wein trinken, weder lange barhaupt bleiben noch mir nach dem Mittagessen Haare und Bart schneiden lassen.

Auch würde ich mich ohne Handschuhe ebenso unwohl fühln wie ohne Hemd und ohne Waschen nach Tisch oder nach dem Aufstehn ebenso unwohl wie ohne Bettvorhänge und -himmel: All dies sind mir wesentliche Bedürfnisse. Zwar könnte ich ohne Tischtuch speisen, aber wie die Deutschen ohne weiße Serviette nur sehr widerwillig. Ich verschmutze die Tischwäsche mehr, als Deutsche und Italiener es tun, und benutze kaum Löffel und Gabel. Ich finde es schade, daß man eine dem Beispiel der Königshöfe folgende Bedienungsweise nicht fortgeführt hat, die ich bereits in Brauch kommen sah, nämlich uns nach jedem Gang wie die Teller auch die Servietten zu wechseln.

Von Marius, dem rastlosen Krieger, ist uns überliefert, daß er mit dem Alter im Trinken wählerisch wurde und dazu nur noch einen besondren Pokal benutzte. Auch ich fröne einer Vorliebe für eine bestimmte Art von Gläsern und trinke ungern aus einem gewöhnlichen – ebenso ungern, wie ich mir das Glas von gewöhnlicher Hand reichen lasse. Bei Trinkgefäßen mißfällt mir jedes Metall im Vergleich zu hellem und durchsichtigem Material. Laßt meine Augen mittrinken, soviel sie fassen!

Viele solcher Schwächen habe ich der Gewohnheit zu verdanken. Andrerseits hat mir auch die Natur etliche beigesteuert, so die, daß ich nicht mehr als zwei volle Mahlzeiten am Tage einnehmen kann, ohne meinen Magen zu überladen, noch mich einer davon gänzlich enthalten, ohne daß ich Blähungen und einen trocknen Mund bekomme und mir gründlich den Appetit verderbe. Zudem ertrage ich keine lange Nachtfeuchte: Schon seit Jahren widerfährt es mir, daß der Magen, wenn ich im Kriegsdienst eine ganze Nacht draußen verbringen muß (was ja gewöhnlich der Fall ist), nach fünf, sechs Stunden mir zuzusetzen beginnt und ich von heftigen Kopfschmerzen befallen werde; ich vermag dann nicht bis zum Tagesanbruch durchzuhalten, ohne mich zu übergeben. Während am Morgen die andern frühstücken gehn, gehe ich schlafen – und bin hernach so putzmunter wie zuvor.

Ich hatte immer gehört, daß diese Feuchte sich erst nach Einbruch der Dunkelheit ausbreite. Ein Edelmann jedoch, mit dem ich die letzten Jahre längre Zeit engen Umgang pflegte, ist von der Überzeugung durchdrungen, daß sie am unzuträglichsten und gefährlichsten sei, wenn die Sonne sich neige, ein, zwei Stunden vor ihrem Untergang, weswegen er sie dann sorgfältig meidet, während er der eigentlichen Nachtfeuchte nicht achtet – und beinahe hätte er mich angesteckt: mit seiner Empfindung mehr als mit seiner Meinung!

Wie, wenn schon das Nachgrübeln über unsre Gesundheit die Phantasie entfesselte und unser Verhalten änderte? Wer diesem Sog überstürzt nachgibt, beschwört sein eignes Verderben herauf. Mir tun viele Edelleute leid, die sich, jung und kerngesund, in ihren Stuben aus Furcht vor der Feuchte eingekerkert haben, weil sie dem dummen Rat ihrer Ärzte folgten. Man sollte doch wohl eine so verbreitete Gewohnheit wie den abendlichen Ausgang auch um den Preis eines gelegentlichen Schnupfens lieber beibehalten, als den gesellschaftlichen Umgang durch Entwöhnung für immer einzubüßen. Welch widerwärtige Wissenschaft, die uns die süßesten Stunden des Tages versalzen will!

Steigern wir unsre Kräfte soweit wie irgend möglich! Gefährdungen die Stirn bieten macht uns meistens stärker und läßt uns selbst angeborne Gebrechen überwinden, wie Caesar es mit seiner Fallsucht tat, die er, indem er ihr mit Verachtung begegnete, zu Fall brachte. Man sollte sich stets an die besten Regeln halten, sich ihnen aber nicht knechtisch unterwerfen – es müßten denn solche sein (falls es sie gibt), denen sich zu unterwerfen nützlich wäre.

Sowohl die Könige wie die Philosophen scheißen, und die Damen auch. (Andre zeichnen sich durch Diskretion und angemeßne Redeweise aus, ich aber rede frank und frei; denn das Leben derer, die im Licht der Öffentlichkeit stehn, ist der Etikette verpflichtet, das meine, im Dunkel der Privatheit stehend, genießt hingegen alle natürliche Ungebundenheit. Zudem neigt man als Gascogner sowieso ein wenig zur Indiskretion. Ich nehme mir jedenfalls heraus, im folgenden völlig offen zu sprechen.)

Man sollte dieser Verrichtung genau festgelegte nächtliche Stunden zuweisen und sich durch Gewöhnung zu deren Einhaltung zwingen, wie ich es getan habe, sich hierbei jedoch nicht, wie ich es mit zunehmendem Alter tue, zum Sklaven der Sorge um eine besondre Annehmlichkeit von

Örtchen und Sitz machen (noch sich den Vorgang durch langes Hockenbleiben verleiden). Ist es aber nicht einigermaßen entschuldbar, wenn wir für unsre schmutzigsten Geschäfte mehr Gepflegtheit und Reinlichkeit verlangen als anderswo? *Seiner Natur nach ist der Mensch ein auf Sauberkeit und Verfeinerung bedachtes Wesen.*

Von allen natürlichen Verrichtungen lasse ich mich bei dieser am widerwilligsten unterbrechen. Ich habe viele Kriegsleute unter der Unbotmäßigkeit ihres Bauchs leiden sehn, während der meine und ich uns niemals beim vereinbarten Stelldichein verpassen; und das findet in dem Augenblick statt, da ich aus dem Bett springe, falls uns nicht irgendeine unabweisbare Beschäftigung oder Krankheit hieran hindert.

Ich kann mir, wie gesagt, für die Kranken nichts Heilsameres denken, als daß sie gelassen die Lebensweise beibehalten, in der sie aufgewachsen sind. Jede Änderung, gleichgültig welche, verwirrt und schadet. Glaube, wer da will, daß Kastanien den Menschen im Périgord oder in Lucca abträglich seien oder Milch und Käse den Bergbauern! Man verordnet den Kranken jedoch eine nicht nur neue, sondern entgegengesetzte Lebensweise – ein Wechsel, den kein Gesunder aushalten würde.

Verschreibt einem Bretonen von siebzig Jahren Wasser, sperrt einen Seemann ins Dampfbad, verbietet einem baskischen Lakaien das Promenieren, und ihr entzieht ihnen Bewegung, Luft und Licht!

Ist Leben, so beschwert,
wohl dann noch lebenswert? //
Man zwingt uns, Altvertrautes aufzugeben
und um des Lebens willen nicht zu leben. //
O freie Luft zum Atmen, Kraftquell Licht –
nicht lebend dünkt mich, wem's daran gebricht.

Freilich: Wenn jene, die solches verschreiben, sonst auch

nichts Gutes bewirken, so doch zumindest dies, daß sie die Kranken rechtzeitig auf den Tod vorbereiten, indem sie ihnen den Genuß des Lebens Stück um Stück beschneiden und untergraben.

Ich habe, gesund oder krank, mich stets bereitwillig den Gelüsten überlassen, die sich gerade dringend in mir regten. Ich räume meinen Neigungen und Begierden maßgeblichen Einfluß ein. Ich liebe es nicht, Übel mit Übel zu kurieren. Ich hasse Heilmittel, die beschwerlicher sind als die Krankheit. Mit einer Nierenkolik und gleichzeitig dem Verbot geschlagen sein, sich dem Genuß von Austern hinzugeben – das sind zwei Übel für eins. Die Krankheit drangsaliert uns auf der einen Seite, die Diät auf der andern. Da man stets riskiert, sich zu verrechnen – laßt es uns im Genuß der Lebensfreuden riskieren! Die Leute tun aber das Gegenteil und halten nichts für nützlich, was nicht beschwerlich ist: Alles Leichte finden sie verdächtig.

Mein Appetit hat sich in vielen Dingen glücklicherweise von selbst dem angepaßt, was meinem Magen bekommt. Als ich jung war, liebte ich saure und scharfe Soßen; kaum fing mein Magen jedoch an, dagegen zu rebelliern, und schon tat mein Geschmack dasselbe. Oder: Wein gereicht den Kranken zum Nachteil – und prompt ist er, liege ich darnieder, das erste, was meinen Gaumen anwidert, unüberwindlich anwidert.

Was immer ich lustlos zu mir nehme, schadet mir; nichts aber schadet mir, was ich mir mit Lust und Hunger einverleibe. Nie ist mir Ungemach aus einem Tun erwachsen, das mir Freude machte. Daher habe ich meinem Vergnügen zuliebe alle ärztlichen Ratschläge weitgehend in den Wind geschlagen; und als junger Mann, von

Amors Flügelschlägen dieser bald, bald jener
zugeführt (und niemals schien sein Glanz mir schöner),

fröhnte ich ebenso unbesonnen und hemmungslos wie sonstwer den Begierden, die mich gepackt hielten:

Wer wie ich das Schwert geführt,
ist ein Mann, dem Ruhm gebührt.

Freilich zeichnete ich mich dabei mehr durch langes Stehvermögen als immer neue Draufgängerei aus,

auf sechsmal habe ich's in einer Nacht,
soweit ich mich entsinne, kaum gebracht.

Es war, wie ich bekennen muß, wahrhaftig Malheur und Mirakel zugleich, in welch zarter Jugend ich zufällig jenem Gott erstmals in die Arme lief; und um Zufall handelte es sich in der Tat, denn es geschah lange vor dem wahl- und erkenntnisfähigen Alter – so lange davor, daß ich mich dessen gar nicht mehr genau entsinne. (So kann man mein Los mit dem der Quartilla paaren, die sich nicht einmal erinnerte, je Jungfrau gewesen zu sein.)

Den arg verfrühten Bartwuchs und im Achselhaar
den Bocksgeruch fand meine Mutter sonderbar.

Die Ärzte täten im allgemeinen gut daran, ihre Verordnungen den heftigen Gelüsten anzupassen, von denen die Kranken ergriffen werden, denn es ist undenkbar, daß in solchen Begierden, wie ausgefallen und abwegig auch immer, nicht die Natur ihre Hand im Spiel habe. Und dann: Wie wichtig ist es doch, die Phantasie zufriedenzustellen! Ihr kommt meines Erachtens die höchste Bedeutung zu, eine höhere zumindest als allem andern. Die verbreitetsten und schwersten Übel sind jedenfalls die, welche sie uns aufbürdet.

Das spanische Sprichwort *Gott schütze mich vor mir selbst!* gefällt mir daher in vielfacher Hinsicht. Wenn ich krank bin, bedaure ich, kein Verlangen zu haben, das mir die Lust gewährte, es zu stillen (wovon mich die ärztliche Kunst schwerlich würde abhalten können). Genauso ergeht es mir mittlerweile schon im gesunden Zustand: Ich sehe kaum noch etwas, das ich mir erhoffen oder wünschen sollte. Es ist ein Elend, derart ermattet und erschöpft zu sein, daß man nichts mehr begehrt.

Die ärztliche Kunst ist keineswegs so einheitlich festgelegt, daß wir nicht für alles, was wir tun, irgendeine Autorität fänden. Sie wechselt je nach Himmelsstrich und Mondphase, nach Doktor Farnel und Doktor Scaliger. Wenn dein Arzt es nicht für gut hält, daß du schläfst, daß du Wein trinkst, daß du dies oder jenes ißt – sei unbesorgt: Ich werde dir einen anderen ausfindig machen, der andrer Meinung ist. Die Mannigfaltigkeit ärztlicher Auffassungen und Argumente erstreckt sich auf alle erdenklichen Krankheitsformen.

Ich habe gesehn, wie ein unglückseliger Kranker, dem sein Arzt zur Gesundung das Trinken verbot, vor Durst ohnmächtig wurde und fast umkam, nur um sich hernach von einem andren auslachen zu lassen, der diese Behandlung als widersinnig verurteilte. Da hatte der Ärmste nun den Lohn seiner Qual! Und neulich ist sogar ein Mann dieses Metiers selber an Nierensteinen gestorben, weil er durch äußerste Abstinenz sein Leiden zu bekämpfen suchte. Seine Kollegen sagen, gerade seine Enthaltsamkeit habe ihn ausgetrocknet und den Gries in den Nieren immer weiter verhärtet.

Mir ist aufgefallen, daß mich bei Verletzungen und Krankheiten das Sprechen ebenso anstrengt und mitnimmt wie irgendeine meiner Ausschweifungen. Meine Stimme zu benutzen fällt mir dann schwer und ermüdet mich, denn sie ist stets derart angespannt und laut, daß ich hohen Persönlichkeiten, wenn ich ihnen mit einer wichtigen Angelegenheit in den Ohren liegen mußte, peinlicherweise oft Anlaß gegeben habe, mich um Mäßigung meiner Lautstärke zu bitten.

Folgende Geschichte scheint mir einen kleinen Umweg wert: In einer griechischen Philosophenschule pflegte einer seine Meinungen stets lauthals vorzutragen, wie ich halt auch. Eines Tages nun ließ ihm der Diskussionsleiter ausrichten, er solle leiser sprechen. »Dann möge er mir mitteilen, welche Tonhöhe er denn wünsche«, lautete die Antwort. Hierauf erwiderte der andre, er solle sie danach richten, ob der Angesprochne Ohren habe zu hören. Das war gut gesagt, vorausgesetzt, er meinte damit: »Sprich je nach Gewicht der Sache, die du mit deinem Gegenüber zu erörtern hast!« Denn falls er sagen wollte: »Es reicht, wenn er dich hört« oder: »Laß deine Sprechweise von ihm bestimmen«, hätte er meines Erachtens unrecht.

Lautstärke und Stimmführung dienen nämlich der ausdrücklichen Verdeutlichung dessen, was man sagen will; als Redender liegt es also an mir, sie so zu wählen, daß ich recht verstanden werde. Es gibt einen Tonfall fürs Belehren, einen fürs Schmeicheln und einen fürs Schelten. Ich will nicht nur, daß meine Stimme den andern erreicht, sondern gegebnenfalls auch, daß sie in ihn dringt und ihn durchbohrt. Fahre ich meinen Diener in grobem und scharfem Ton an, wäre es ja der Gipfel, wenn ich die Antwort bekäme: »Herr, redet leiser, ich höre euch sehr gut!«

Freilich gilt ebenso, daß *manche Stimme nicht wegen ihrer Lautstärke gut zu verstehen ist, sondern dank ihrer Artikulation.*

Das Wort gehört halb dem, der spricht, und halb dem, der angesprochen ist. Dieser muß bereit sein, es in der Bewegung aufzufangen, mit der es auf ihn zukommt, so wie beim Paume-Spiel der Auffangende durch Vor- und Zurückspringen sein Verhalten ganz nach den Bewegungen des Schlägers und der Art des jeweiligen Schlages richtet.

Die Erfahrung hat mich außerdem gelehrt, daß wir uns durch Ungeduld zugrunde richten. Die Übel haben ihr Leben und ihre Grenzen, ihre Krankheiten und ihre Gesundheit. Die Beschaffenheit der Krankheiten ist jener von Mensch und Tier nachgebildet: Wie diesen sind auch ihnen Los und Daseinsdauer von Anfang an vorherbestimmt. Wer sie mit herrischer Gewalt zu verkürzen sucht, verlängert und vermehrt sie; er fordert sie heraus, statt sie zu besänftigen.

Ich bin der Meinung Krantors, daß man sich ihnen weder kopflos entgegenwerfen noch aus Feigheit vor ihnen in die Knie sinken sollte; notwendig ist vielmehr, ihnen der Natur sowie ihrer und unsrer Artung gemäß nachzugeben. Man muß ihnen freien Durchzug gestatten, und ich finde, daß sie sich bei mir, der ich sie gewähren lasse, tatsächlich kürzer aufhalten; einige von ihnen, die als besonders hartnäckig und langwierig gelten, bin ich durch ihren eignen Verfall losgeworden, ohne Hilfe der Heilkunst, ja, gegen deren Regeln. Lassen wir doch die Natur ein wenig walten, sie versteht ihr Geschäft besser als wir!

»Aber der und der ist doch daran gestorben!« Das werdet ihr auch – wenn nicht an dieser Krankheit, dann an einer andern. Und wie vielen blieb es keineswegs erspart, daran zu sterben, obwohl drei Ärzte um ihren Hintern versammelt waren!

Präzedenzfälle sind trübe Spiegel: In alles, was aus ihnen herausschaut, läßt sich alles hineindeuten. Mundet euch eine Arznei, dann schluckt sie! Immerhin verschafft sie euch für den Augenblick einen Lustgewinn. Ich jedenfalls werde weder an Namen noch Farbe Anstoß nehmen, solang sie appetitlich und wohlschmeckend ist – Genuß gehört zu den Dingen, die uns am meisten bereichern.

Ich habe in mir Grippen und Gichtflüsse, Durchfälle und Herzbeschwerden, Migränen und andre Erkrankungen alt werden und eines natürlichen Todes sterben lassen. Sie verließen mich, als ich mich schon halb darauf eingestellt hatte, sie behalten zu müssen. Man bannt sie nachhaltiger durch Höflichkeit als durch Widerstand. Es gilt, die Gesetze unsres Menschseins gelassen zu ertragen. Uns ist es bestimmt, alt, schwach und krank zu werden, trotz aller Heilkunst. Das ist das erste, was die Mexikaner ihre Kinder lehren, wenn sie ihnen beim Verlassen des Mutterleibs den Gruß entbieten: »Kind, du bist zur Welt gekommen, um zu leiden. Also leide, dulde und schweige!«

Wehzuklagen, weil einem etwas zustieß, das allen zustoßen kann, ist unangebracht. *Beschwere dich nur, wenn Unbill allein dir widerfahren ist.* Seht den Greis dort, wie er Gott bittet, ihm seine volle Kraft und Gesundheit zu erhalten – mit andren Worten: ihm die Jugend zurückzugeben!

Was fängst vergeblich du zu flehen an?
Wie kindisch doch dein Wunsch ist, tumber Mann!

Reine Torheit, in der Tat: Sein Zustand macht den Wunsch unerfüllbar, denn die langen Jahre haben Gicht, Nierensteine und Hartleibigkeit mit sich gebracht, so wie lange Reisen Hitze, Sturm und Regen mit sich bringen.

Platon glaubt nicht, daß Äskulap sich die Mühe machen würde, durch Behandlungen das Leben eines verbrauchten und hinfälligen Körpers zu verlängern, der für sein Land unnütz ist und nicht mehr zur Berufsausübung sowie zur Zeugung gesunder und kräftiger Kinder taugt; und er findet solch Bestreben auch mit der göttlichen Gerechtigkeit und Weisheit unvereinbar, denen es aufgegeben sei, alles einem nützlichen Zweck zuzuführn.

Mein guter Alter, es ist aus! Man kann dich nicht wieder auf die Beine bringen; allenfalls wird man dich ein bißchen zusammengipsen, ein bißchen schienen – und so dein Elend um ein paar Stunden verlängern:

Als wollte man ein altersschwaches Haus mit Stützen
erhalten; aber all die Mühe wird nichts nützen!
Der Bau ist derart morsch schon, daß er über Nacht,
da hilft kein Hilfsgerüst mehr, stäubend niederkracht.

Was man nicht vermeiden kann, muß man leiden lernen. Unser Leben ist wie die Harmonie der Welt aus Gegensätzlichem zusammengefügt, aus ungleichen Tönen: weichen und harten, hellen und dunklen, sanften und strengen. Ein

Musiker, der nur die einen liebte – was hätte der uns schon zu sagen? Er muß sie vielmehr gemeinsam zu benutzen und recht zu mischen wissen: wie wir das Gute und das Böse, die beide unserm Leben wesenseigen sind. Ohne diese Mischung kann unser Dasein nicht bestehn, denn es bedarf des einen Elements nicht minder als des andern. Gegen die Naturnotwendigkeit aufbegehren heißt genauso widersinnig handeln wie Ktesiphon, der sich mit seinem Maulesel auf einen Wettkampf einließ, wer besser ausschlagen könne.

Wenn ich Beschwerden habe, konsultiere ich nur selten die Ärzte, denn sie spielen sich groß auf, sobald sie einen am Wickel haben. Mit ihren Prognosen hämmern sie einem die Ohren voll. Als sie mich neulich in einem durch mein Leiden geschwächten Zustand antrafen, setzten sie mir, ihre vorgefertigten Meinungen mit Leichenbittermiene äußernd, übel zu, indem sie mir bald große Schmerzen, bald den drohenden Tod voraussagten. Das ließ mich zwar nicht die Fassung verliern, noch warf es mich zu Boden, aber getroffen und beunruhigt hat es mich doch; und wenn es meine Beurteilung des Leidens auch nicht wandelte und wanken machte, so war sie zumindest einer argen Anfechtung ausgesetzt – dergleichen bringt immer Aufregung und innre Kämpfe mit sich.

Nun gehe ich mit meiner Einbildungskraft so pfleglich um, wie ich kann, und wenn ich es vermöchte, würde ich ihr jede Bedrängnis und Infragestellung ersparn. Man muß ihr schmeicheln und sie in ihrer Selbsttäuschung möglichst bestärken. Mein Geist ist dafür gut geeignet: Nie fehlt es ihm an plausibel klingenden Argumenten. (Wüßte er ebenso zu überzeugen wie zu predigen, wäre er mir ein doppelt willkommner Helfer.)

Ein Beispiel gefällig? Nun, er sagt, es sei zu meinem Besten, daß ich Nierensteine habe. Alte Häuser wie ich würden natürlich irgendwann undicht (und in der Tat ist es an der Zeit, daß ich abzubaun und mich aufzulösen beginne – unser aller Los; hätte man für mich etwa ein neues Wunder bewirken sollen? Ich zolle damit dem Alter den schuldigen Tribut, billiger könnte ich gar nicht davonkommen); ich solle mich doch mit meinen Leidensgenossen trösten, da mich lediglich die unter den Menschen meiner Zeit häufigste Krankheit ereilt habe (und in der Tat sehe ich allenthalben Leute, die von dergleichen Gebrechen befallen sind; und deren Gesellschaft gereicht mir schon deshalb zur Ehre, weil das Übel sich mit Vorliebe an die Großen hält; es hat also seinem Wesen nach Adel und Würde); von den damit Geschlagnen seien nur wenige besser dran – und diese dann um den Preis, eine lästige Diät einhalten und täglich widerwärtige Arzneien schlucken zu müssen (und in der Tat verdanke ich meinen noch recht erträglichen Zustand allein der Huld Fortunas, denn die paar üblichen Aufgüsse von Männertreu und Türkenkraut, die ich zwei-, dreimal den Damen zuliebe geschluckt habe, weil sie mir mit mehr Süße, als mein Leiden Bitterkeit hat, die Hälfte ihres Tranks anboten, fand ich ebenso leicht einzunehmen wie wirkungslos; und jene andren müssen Äskulap tausend Gelübde tun und ihren Ärzten tausend Taler zahln, um einen so mühelosen und reichlichen Abgang des Grieses zu bekommen, wie er mir oft durch die bloße Gunst der Natur zuteil wird; dabei verletze ich in Gesellschaft nicht einmal den Anstand, denn ich kann mein Wasser zehn volle Stunden halten, so lang wie jeder andre).

Die Furcht vor diesem Übel, sagt mein Geist weiter, marterte dich seinerzeit, als es dir noch unbekannt war. Verzweiflung und Geschrei derer, die es durch ihre Unfähigkeit, es zu ertragen, noch verschärften, ließen dich davor zurückschaudern. Aber es ist ein Übel, das ebenjene Glieder züchtigt, mit denen du am meisten gesündigt hast – du bist doch ein Mann, der auf sein Gewissen hört!

Unverdiente Strafe? Grund zum Klagen.
Die verdiente aber mußt du tragen.

Bedenke, daß diese Züchtigung im Vergleich zu andren noch recht milde ausfällt und von väterlicher Liebe zeugt. Bedenk, wie spät sie kam. Sie beansprucht und belastet nur den Zeitraum deines Lebens, der hinfort sowieso unfruchtbar und verlorn ist, nachdem sie, als hättet ihr euch abgesprochen, die Ausschweifungen und Lustbarkeiten deiner Jugend frei gewähren ließ.

Die Furcht der Leute vor diesem Übel und ihr Mitleid mit seinen Opfern dient dir als Anlaß zu eitlem Stolz; hiervon magst du inzwischen dein Urteil zwar gereinigt und dein Denken befreit haben – deine Freunde sehen gleichwohl deinen Charakter immer noch etwas damit eingefärbt.

Natürlich, fährt mein Geist fort, tut es einem gut, wenn man von sich sagen hört: »Schaut doch, welche Seelenstärke! Schaut doch, wieviel er aushält!« Man sieht ja, wie dir vor Qual der Schweiß ausbricht und wie du erbleichst, wie du hernach rot anläufst und erzitterst, wie du alles bis aufs Blut ausspeist und dich in unheimlichen Zuckungen und Krämpfen windest, wie dir zuweilen große Tränen aus den Augen quellen und du einen dicken, schwarzen, widerwärtigen Urin ausscheidest (wenn er nicht von einem gezackten und scharfkantigen Stein aufgehalten wird, der dir das Innre deiner Rute grausam wundscheuert und zersticht); und man sieht, wie du zugleich gelassen wie immer die Anwesenden unterhältst, hin und wieder mit deinen Leuten herumscherzt, bei einer ernsthaften Erörterung deinen Mann stehst, dich für jeden Schmerzenslaut ausdrücklich entschuldigst und deine Pein bagatellisierst.

Erinnerst du dich jener Leute aus vergangnen Zeiten, die Leiden heißhungrig suchten, um ihre Tugend in Atem und Übung zu halten? Sieh die Sache doch so, daß es bei dir die Natur ist, die dich in diese glorreiche Philosophenschule drängt und zwängt, der du aus freien Stücken nie beigetreten wärst! Wenn du mir nun sagst, es handle sich hier schließlich um ein Leiden, das gefährlich, ja tödlich sei – welche andren sind es denn nicht? Es ist eine Roßtäuscherei der Ärzte, einige Krankheiten auszunehmen, von denen sie behaupten, sie führten nicht geradewegs zum Tod. Was hat man denn gewonnen, wenn diese Krankheiten sich ihm auf den Nebenwegen des Zufalls nähern und dann doch unmerklich zum Hauptweg hinübergleiten, der uns vorbestimmt ist?

Aber, so mein Geist, du stirbst doch gar nicht daran, daß du krank bist – du stirbst, weil du lebst. Der Tod tötet dich, ohne daß er die Krankheit dazu brauchte, ja, Krankheiten haben von manchen Leuten den Tod gar ferngehalten: Sie lebten länger, weil sie glaubten, jeden Augenblick sterben zu müssen. Hinzu kommt, daß es nicht nur Wunden, sondern auch Krankheiten gibt, die wie heilsame Arzneien wirken.

Das Nierenleiden ist oft nicht weniger lebenskräftig als der Mensch; man sieht Kranke, denen es von Kindheit an bis in ihr höchstes Alter die Treue hielt, und hätten sie es nicht selbst im Stich gelassen, wäre es bereit gewesen, ihnen weiter Gesellschaft zu leisten. Der Mensch tötet es öfter als es ihn!

Und wenn es dir auch das Bild deines nahen Tods vor Augen stellte – wäre es nicht ein nützlicher Dienst, einen Mann von solchem Alter daran zu erinnern, daß er sein Ende bedenke? Schlimmer ist: Du hast keinen Grund mehr, warum du genesen solltest. So oder so kann dich das uns allen auferlegte Los jeden Tag abberufen. Und sieh doch, wie geschickt und sanft dir diese Krankheit das Leben verleidet und dich von der Welt löst: nicht indem sie dich mit tyrannischer Gewalt niederzwingt, wie es so viele andre Krankheiten tun, von denen Greise ohne Unterlaß und endlos in den Banden von Schwäche und Schmerzen gehalten werden – nein, sie wird nur in Abständen, dich zu mahnen und zu belehren, bei dir vorstellig, nach langen Ruhepausen, als wollte sie dir Gelegenheit geben, ihre Lektion gemächlich zu wiederholen und zu überdenken.

Und um dir Gelegenheit zu geben, ein vernünftiges Urteil zu bilden und als beherzter Mann deine Wahl zu treffen, führt die Krankheit dir vor Augen, wie es um dein Menschsein insgesamt bestellt ist, sein Gutes und sein Schlechtes, an ein und demselben Tage als bald fröhlich ausgelaßnes, bald unerträgliches Leben. Wenn du den Tod auch nicht umarmst, gibst du ihm einmal im Monat wenigstens die Hand; daraus kannst du die Hoffnung schöpfen, daß er dich demnächst ohne Vorankündigung ganz an sich drücken wird und daß, nachdem er dich so oft bis zum Hafen geführt hat und du deswegen weiter auf euren gewohnten Umgang vertraust, du dich eines Morgens unversehens samt deinem Vertraun auf der andern Seite des Wassers wiederfindest.

Man darf, so die abschließenden Worte meines Geistes, sich nicht über Krankheiten beklagen, die sich mit der Gesundheit getreulich in die Zeit teilen.

Ich bin dem Schicksal dankbar, daß es mich so oft mit gleichartigen Waffen angreift. Durch diese ständige Wiederholung gewöhnt es mich an sie, übt mich in die Verteidigung ein und härtet mich ab. Von nun an weiß ich etwa, wie ich es anstellen muß, um mich ihrer zu erwehrn. Da mir ein natürliches Gedächtnis fehlt, schaffe ich mir eins aus Papier, und sowie sich ein neues Symptom meiner Krankheit zeigt, schreibe ich's auf. Da ich mittlerweile nahezu alle erdenklichen Beispiele hinter mir habe, gehe ich nunmehr, wenn mir ein schwerer Anfall droht, diese kurzen, wie die Blätter der Sibylle losen Aufzeichnungen durch und finde darin mit Sicherheit irgendeinen Fall aus meinen frühren Erfahrungen, der mich wegen seines günstigen Verlaufs über den neuen hinwegtröstet.

So läßt mich die Gewöhnung für die Zukunft hoffen, denn

da die Steinabgänge derart lange Zeit gleich geblieben sind, wird die Natur diesen Weg vermutlich unverändert fortsetzen und es zu keinen schlimmeren Anfällen kommen lassen, als ich sie jetzt erleide. Außerdem paßt das Wesen dieser Krankheit nicht schlecht zu meinem ungestümen und jäh wechselnden Temperament. Wenn sie mich nur gelinde angreift, macht sie mir angst, denn dann hält sie sich um so länger. Gewöhnlich aber fällt sie mit ungeheurer Heftigkeit über mich her und durchrüttelt und durchschüttelt mich ein, zwei Tage von Kopf bis Fuß.

Meine Nieren sind ein Menschenalter lang unverändert gesund geblieben, und es ist fast schon ein zweites her, daß sich ihr Zustand zu ändern begann. Die Übel dauern ihre Zeit wie die Wohltaten. Vielleicht nähert sich auch diese Plage ihrem Ende. Das Alter mindert die Hitze meines Magens; da er folglich alles nur noch mangelhaft verdaut, gibt er den unverdauten Rohstoff an die Nieren ab. Warum sollte es in einer neuen Phase nicht auch zu einer ähnlichen Mindrung der Hitze meiner Nieren kommen, so daß sie unfähig werden, den ihnen zugeleiteten Schleim weiterhin zu versteinern, und die Natur daher einen andren Weg der Reinigung einschlagen muß? Und da die Jahre bei mir offensichtlich einige Säfte ausgetrocknet haben – warum künftig nicht auch diesen Schleim, der den Rohstoff für die Griesbildung liefert?

Überdies: Gibt es etwas Wohligeres als den nach den jähesten und schärfsten Koliken eintretenden Umschwung, wenn man durch den Abgang eines Steins aus äußerstem Schmerz blitzartig wieder ins strahlende Licht einer völlig beschwerdefreien Gesundheit versetzt wird? Gibt es in dieser durchlittnen Pein etwas so Niederdrückendes, das nicht durch die Freude einer solch plötzlichen Beßrung aufgewogen würde? Wieviel schöner erscheint mir die Gesundheit, wenn sie der Krankheit derart unmittelbar folgt, daß ich beide gleichzeitig im Blick habe und beobachten kann, wie sie sich mit ihrer vollen Rüstung um die Wette in die Brust werfen und einander den Platz streitig machen!

So wie die Stoiker behaupten, die Laster seien zu dem guten Zweck in die Welt gekommen, der Tugend den Rücken zu stärken und sie aufzuwerten, können wir mit größerem Recht und weniger kühn spekulierend sagen, die Natur habe uns den Schmerz zu Ehre und Nutzen von Schmerzfreiheit und Lust verliehn. Als Sokrates, nachdem man ihm die Ketten abgenommen hatte, den von ihrem Gewicht ausgelösten wohligen Juckreiz in den Beinen verspürte, gab er sich mit Freuden der Betrachtung darüber hin, wie nahe Verwandte doch Lust und Schmerz seien und wie notwendig durch dieses Band verknüpft, so daß sie wechselweise einander folgten und hervorbrächten; und er rief aus, der gute Äsop hätte diese Überlegung zum Stoff für eine schöne Fabel nehmen sollen.

Was ich an den anderen Krankheiten als das Schlimmste ansehe, ist, daß sie in ihrer unmittelbaren Auswirkung weniger schwerwiegend sind als in ihren Folgen. Man braucht ein Jahr, um davon zu genesen, ständig von Schwäche und Angst erfüllt. Dieser Weg zur Wiederherstellung der Gesundheit hat so viele Stufen und Gefahren, daß er schier endlos scheint. Es grenzt schon an ein Wunder, wenn du, noch ehe man dich von Kopfwickel und Bettmütze befreit und dir den Genuß der frischen Luft, des Weines, deiner Frau und der Melonen wieder gestattet, keinen Rückfall erleidest – vielleicht in eine noch schlimmre Misere.

Die Nierenkoliken haben den Vorzug, daß sie hernach wie weggeblasen sind. Jene Leiden aber hinterlassen stets gewisse Spuren und Beeinträchtigungen, die den Körper für neue Krankheiten anfällig machen. Die eine reicht so der andern die Hand.

Jene unter ihnen sind hinnehmbar, die sich damit begnügen, uns am Wickel zu haben, ohne uns auch noch mit Folgen zu behelligen; geradezu höflich und hilfreich aber finde ich die, welche uns sogar nützliche Auswirkungen bescheren: Seit meinem Nierenleiden bleibe ich, scheint mir, von anderen Erkrankungen häufiger verschont; auch habe ich danach kein Fieber mehr gehabt. Ich behaupte, daß das häufige und äußerst heftige Erbrechen, an dem ich leide, mich reinigt, daß andrerseits die Perioden der Appetitlosigkeit und des übermäßigen Fastens, die ich durchmache, meine ungesunden Säfte aufbrauchen und daß die Natur mit den Steinen alles Überflüssige und Schädliche ausscheidet.

Man möge mir nun nicht einwenden, dies sei ein zu teuer erkauftes Heilmittel; denn was soll man dann erst von all den Ätzungen und stinkenden Tränken, Schwitzmitteln und Inzisionen, Dränagen und Diäten sagen, von all den Behandlungsformen, die uns statt Genesung oft den Tod bringen, weil sie uns mit größerer Zudringlichkeit und Gewalt angreifen, als wir ertragen können?

Daher meine Haltung: Habe ich einen Anfall, betrachte ich ihn als Arznei; und habe ich keinen, betrachte ich mich als vollständig und für immer geheilt.

Und hier noch eine besondre Gunstbezeigung meiner Krankheit: Sie treibt ihr Spiel nahezu für sich und läßt mich das meine treiben (und wenn ich es einmal nicht tue, dann nur aus Mangel an Mut). Während der heftigsten Koliken habe ich schon zehn Stunden im Sattel durchgehalten. Man ertrage das Leiden einfach, eine andre Verhaltensregel braucht man nicht! Man spiele und speise, laufe und tue dies oder auch das, soweit man irgend kann. Jede Zerstreuung wird einem mehr nützen als schaden.

Nun sage man das einem, der die Syphilis, einem, der die Gicht, einem, der einen Bruch hat! Dergleichen Krankheiten bringen doch viel umfassendere Einschränkungen mit sich und behindern unser Tun und Treiben wesentlich mehr. Sie werfen unsre ganze Lebensordnung durcheinander und zwingen uns in jeder Lage, uns nach ihnen zu richten.

Die meine hingegen zwickt nur die Haut. Sie läßt einem die Verfügungsgewalt über Verstand und Willen; und über die Zunge, und über die Füße, und über die Hände. Sie macht einen eher munter als matt. Von der Glut eines Fiebers wird die Seele in Mitleidenschaft gezogen, von einem epileptischen Anfall zu Boden geworfen, von einer grimmigen Migräne aus den Angeln gehoben – kurz, all jene Leiden, die den ganzen Körper oder seine wichtigsten Teile angreifen, zerrütten schließlich auch die Seele. Hier aber bleibt sie unangetastet. Wenn es ihr trotzdem schlecht ergeht, ist es ihre eigne Schuld: Sie ist sich dann selbst treulos geworden, hat sich aufgegeben und aus dem Sattel sinken lassen.

Nur Narren vermag man einzureden, daß dieser massive, in den Nieren zusammengebackne harte Klumpen durch Tränklein aufgelöst werden könne. Das einzig Mögliche ist vielmehr, ihm, hat er sich einmal in Bewegung gesetzt, Durchlaß zu verschaffen (den er sich ansonsten selbst verschafft).

Ich möchte zudem auf die ungemeine Annehmlichkeit hinweisen, daß es sich hier um ein Übel handelt, das uns kaum Rätsel aufgibt. So bleibt uns die Ratlosigkeit erspart, in die wir bei anderen Krankheiten durch die Unsicherheit über ihre Ursachen, Eigenschaften und Verlaufsformen gestürzt werden – eine Ratlosigkeit, die einen unendlich peinigt. Bei dieser Krankheit aber brauchen wir keine Konsultationen und ärztliche Diagnosen: Unsre Sinne sagen uns, was sie ist und wo sie sitzt.

Mit dergleichen Argumenten, starken und schwachen, suche ich so, wie Cicero es hinsichtlich seiner Altersleiden tat, meine Einbildungskraft abzulenken, einzulullen und ihre Wunden zu salben. Sollten sie sich morgen verschlimmern, werden wir morgen andre Ausflüchte ersinnen.

Zum Beweis, daß ich mich wirklich so verhalte: Inzwischen hat sich als neue Entwicklung ergeben, daß die leichteste Bewegung mir das pure Blut aus den Nieren treibt. Na und? Ich höre deshalb keineswegs auf, mich wie vorher zu tummeln und mit jugendlicher Ausgelassenheit meinen Hunden hinterherzugaloppiern – völlig unbekümmert! Ich finde sogar, daß ich mit diesem heftigen Krankheitsschub noch sehr gut wegkomme, da er mich nicht mehr als ein dumpfes Druck- und Schweregefühl an der befallnen Stelle kostet. Es dürfte ein großer Stein sein, der da mein Nierengewebe ausquetscht und zermalmt, und es dürfte mein Leben sein, das ich auf diese Weise nicht ohne ein natürliches Gefühl der Erleichtrung nach und nach wie eine nunmehr überflüssige und hinderliche Schlacke ausscheide.

Ich spüre also, daß etwas zerfällt? Glaubt ja nicht, daß ich deswegen meine Zeit mit der Beobachtung meines Pulses und meines Urins vergeude, nur um irgendwelche lästige Vorsorge treffen zu können. Ich werde das Übel noch lange genug spüren, auch ohne es um das Übel der Angst zu verlängern. Wer sich davor fürchtet zu leiden, leidet bereits, eben weil er sich davor fürchtet.

Hinzu kommt: Die Unwissenheit und Unschlüssigkeit jener, die sich unterfangen, die innren Kräfte der Natur und deren Entwicklung auszulegen, und die so häufig falschen Prognosen ihrer Kunst müssen uns erkennen lassen, daß die Natur über zutiefst unbekannte Mittel verfügt. Was sie uns verheißt oder androht, ist äußerst vielfältig, ungewiß und dunkel. Vom Greisenalter abgesehn, diesem unzweifelhaften Vorzeichen des nahenden Todes, finde ich in allen anderen Widerfahrnissen unsres Lebens wenig Hinweise, auf die wir Mutmaßungen über die Zukunft gründen könnten.

Ich beurteile mich nach dem, was ich in Wahrheit fühle, nicht nach Vernunftschlüssen. Wozu auch, wo es mir nur um das Abwarten- und Erduldenkönnen geht? Wollt ihr wissen, wieviel ich hierdurch gewinne? Dann seht euch einmal die an, die sich anders verhalten und nach all den unterschiedlichen Ratschlägen und Einblasungen richten: Wie oft ist es nicht ihr Körper, der ihnen hart zusetzt, sondern ihre dadurch erregte Phantasie!

Gar manches Mal habe ich, wenn mir mit Sicherheit keiner dieser gefährlichen Anfälle drohte, mir einen Spaß daraus gemacht, den Ärzten zu erzähln, ich fühlte gerade, wie einer im Anzug sei. Mit welchem Behagen nahm ich da die Verkündung ihrer schrecklichen Prognosen entgegen! Um so dankbarer war ich hernach Gott für seine Gnade und um so aufgeklärter über die Nichtigkeit der Medizin.

Nichts sollte man der Jugend so eindringlich empfehlen wie Aufgewecktheit und Tatkraft. Unser ganzes Leben ist Bewegung. Was mich betrifft, rühre ich mich freilich nur schwer von der Stelle und bin in allem langsam: beim Aufstehen, beim Schlafengehn, bei meinen Mahlzeiten. Sieben Uhr ist für mich noch nachtschlafende Zeit, und wo ich selber das Regiment führe, nehme ich meine erste Mahlzeit nie vor elf Uhr zu mir, und zu Abend speise ich stets nach sechs. Früher pflegte ich die Fieberschübe und andern Krankheiten, die mich befielen, der von meinem langen Schlafen verursachten Schwere und Benommenheit zuzuschreiben, und stets bereute ich, am Morgen noch einmal einzuschlummern. Platon verurteilt übermäßiges Schlafen mehr als übermäßiges Trinken.

Ich schlafe gern hart und ziemlich warm zugedeckt – und allein, also wie die Könige: getrennt von meiner Frau. Ich benutze nie eine Wärmflasche; wohl aber gibt man mir, seit ich alt bin, bei Bedarf Wolldecken zum Wärmen der Füße und des Magens.

Am großen Scipio pflegte man sein vieles Schlafen zu tadeln, meiner Meinung nach ausschließlich deswegen, weil es die Leute ärgerte, an ihm als einzigem sonst nichts Tadelnswertes zu finden. Wenn ich für mein Teil in meiner Lebensweise auf etwas besonderen Wert lege, dann ist es mehr denn alles andre gerade das Schlafen; meistens weiß ich mich aber wie jedermann in die jeweilige Notwendigkeit zu schicken und mich ihr anzupasssen. Der Schlaf hat einen großen Teil meines Lebens eingenommen, und noch in meinem Alter schlafe ich acht bis neun Stunden in einem Zuge durch.

Wenn ich diesem Hang zur Trägheit freilich hin und wieder entsage, fahre ich offensichtlich besser. Der jähe Wechsel setzt mir zwar etwas zu, in drei Tagen jedoch ist es überstanden. Und ich kenne kaum einen, der notfalls mit weniger Schlaf auskäme, der ausdauernder in Übung bliebe und den der Kriegsdienst weniger belastete. Mein Körper kann Bewegung gut vertragen, wenn sie gleichmäßig, nicht aber, wenn sie heftig und plötzlich ist. Fortan gehe ich anstrengenden und schweißtreibenden Übungen jedoch aus dem Weg: Meine Glieder ermüden, ehe sie warm werden.

Ich kann den ganzen Tag auf den Beinen sein, ohne daß es mir zuviel würde; über Straßenpflaster aber mochte ich mich seit meiner frühesten Jugend nicht anders als zu Pferde bewegen, denn zu Fuß beschmutze ich mich bis zu den Gesäßbacken. Auch müssen kleinwüchsige Menschen auf den Straßen stets damit rechnen, gestoßen und umgerannt zu werden, weil man sie übersieht.

Wenn ich mich im Liegen oder Sitzen ausruhe, liebe ich es, die Beine ebensohoch, ja noch höher zu legen als den Hintern.

Keine Beschäftigung erfüllt einen so wie der Kriegsdienst. Edel ist seine Ausübung (denn von allen Tugenden stellt die Tapferkeit die stärkste, hochherzigste und stolzeste dar), und edel ist sein Zweck. Es gibt keine gerechtere und gemeinnützigere Aufgabe, als Frieden und Größe des Vaterlands zu schützen. Man genießt dabei die Gesellschaft so vieler ritterlicher und tatkräftiger junger Leute, den täglichen Anblick erhabner Schauspiele, den freien und ungezwungnen Umgang miteinander, die männliche Lebensweise ohne Förmlichkeiten, den Abwechslungsreichtum tausend unterschiedlicher Handlungen, die den Kampfesmut verherrlichenden Klänge der Schlachtenmusik, die in die Ohren dringen und das Herz befeuern, sowie die Ehre dieses Einsatzes, ja selbst seine Schwierigkeit und Härte, die Platon für derart gering achtet, daß er in seinem *Staat* sogar Frauen und Kinder daran beteiligt. Als Freiwilliger meldet man sich zu den besonders gefährlichen Unternehmen, je nachdem, als wie wichtig und ruhmversprechend man sie beurteilt; und man ist Zeuge, wenn selbst das Leben aus so lobenswerten Gründen dafür eingesetzt wird.

In Waffen untergehn
erscheint mir schön.

Die gemeinsamen, von einer so großen Menge geteilten Gefahren zu fürchten und nicht wagen zu wollen, was so vielerlei Seelen wagen, ja, ein ganzes Volk auf sich nimmt, verrät ein über alle Maßen verweichlichtes und kleinmütiges Herz – macht Gemeinschaft doch schon Knaben beherzt! Wenn andre dich an Wissen und Wohlgestalt, an Kraft und Glücksgütern übertreffen, kannst du dies äußeren Gründen zuschreiben; wenn du ihnen dagegen an Seelenstärke nachstehst, allein dir.

Der Tod im Bett ist langwieriger, beschwerlicher und jämmerlicher als im Gefecht, und Fieberanfälle und Schleimflüsse sind ebenso qualvoll und tödlich wie Arkebusenschüsse. Wer so beschaffen ist, daß er die Widerfahrnisse des täglichen Lebens tapfer zu ertragen vermag, brauchte kein bißchen mehr Mut, wenn er Soldat werden wollte. *Leben, lieber Lucilius, heißt kämpfen.*

Ich entsinne mich nicht, jemals die Krätze gehabt zu haben – wo doch Kratzen eine der wonnigsten Wohltaten der Natur ist und jederzeit zur Hand! Freilich folgt ihm die Buße allzu dicht auf dem Fuß. Am meisten kratze ich mir die Ohren, die mich von Zeit zu Zeit inwendig jucken.

Ich bin mit fünf gesunden Sinnen geborn, sie sind nahezu vollkommen. Mein Magen arbeitet zufriedenstellend, Kopf und Atmung ebenfalls, und meistens können ihnen meine Fieberschübe wenig anhaben. Vor bald sechs Jahren habe ich mein fünfzigstes überschritten, das einige Völker nicht ohne Grund als so angemessene Lebensgrenze festgelegt hatten, daß sie keinem ihre Überschreitung erlaubten. Bei mir jedoch kommt es gleichwohl noch zu zwar unregelmäßigen und kurzen, aber ungetrübten Erholungspausen, in denen mir kaum etwas von der Gesundheit und Unbeschwertheit meiner Jugend abgeht. Ich spreche natürlich nicht von deren Kraft und Ausgelassenheit, denn von ihnen zu verlangen, daß sie mir über ihre Grenzen folgen, wäre unvernünftig.

Des Nachts zu harren vor der Liebsten Haus,
im Dauerregen, halt ich nicht mehr aus.

Mein Gesicht verrät sofort meinen Gesundheitszustand, besonders die Augen. Alle inneren Veränderungen zeigen sich hier zuerst, wobei sie sich etwas bedrohlicher geben, als sie tatsächlich sind. Oft errege ich das Mitleid meiner Freunde, ehe ich dessen Anlaß verspüre. Der Blick in den Spiegel erschreckt mich nie, denn selbst in meiner Jugend habe ich mehr als einmal erlebt, daß Farbe und Ausdruck meines Gesichts kränklich wirkten und Schlimmes zu künden schienen, ohne daß dann ernstlich etwas passiert wäre.

Die Ärzte, die im Innern keinen Grund für diese äußere

Verändrung fanden, schrieben sie daher dem Gemüt und irgendeiner an mir nagenden geheimen Leidenschaft zu. Doch sie irrten sich. Wenn mein Körper sich ebenso nach mir richtete wie meine Seele, würden wir etwas bequemer vorankommen. Sie war damals nicht nur sorgenfrei, sondern sogar voller Zufriedenheit und Frohsinn, wie sie es meistens ist – halb aus Veranlagung, halb aus Vorsatz.

Und läge sie auch krank darnieder,
verschonte sie doch meine Glieder.

Ich bin der Meinung, daß sie durch diese Ausgeglichenheit schon manches Mal dem Körper sogar wieder auf die Beine half, wenn eine Krankheit ihn umgeworfen hatte – und das geschieht bei ihm häufig. Ist sie auch nicht immer ausgelassen, so wenigstens gelassen und ruhig. Ich hatte vier, fünf Monate lang das Quartanfieber, das mein Aussehn völlig entstellte; doch der Geist ging seinen gewohnten Gang nicht nur friedvoll, sondern auch frohen Sinnes weiter.

Sobald der Schmerz weg ist, macht mir die ihm folgende Schwäche und Ermattung kaum Kummer. Ich habe viele körperliche Gebrechen vor Augen, deren bloße Nennung Schrecken erregt und die ich dennoch weniger fürchten würde als die tausend Leidenschaften und Gemütserregungen, die ich rundum vorherrschen sehe.

Ich finde mich damit ab, hinfort nicht mehr schnell laufen zu können – es reicht doch, wenn ich krieche; auch beklage ich mich keineswegs über den natürlichen Verfall, der mich im Griff hat.

Hat je ein garst'ger Kropf verblüfft,
auf den man in den Alpen trifft?

Genausowenig schmerzt es mich, daß mein Leben nicht so voller Kraft ist und so lange dauert wie das einer Eiche.

Und keinerlei Grund habe ich, mich über das Wirken meiner Einbildungskraft zu beschwern. Wenige Gedanken hielten mich in meinem Leben so beschäftigt, daß sie auch nur meinen Schlaf unterbrochen hätten – außer solche der Liebessehnsucht, die mich zwar aufweckten, doch ohne mich traurig zu stimmen. Ich träume recht selten, und wenn, dann von phantastischen Dingen und Luftschlössern, die meistens von angenehmen Gedanken errichtet werden und eher zum Lachen als zum Weinen sind. Ich glaube durchaus, daß Träume unsre Neigungen zutreffend interpretieren; es ist aber eine eigene Kunst, sie richtig zuzuordnen und zu verstehn.

Daß vieles, was den Menschen tags bewegt,
was wachend er zu tun und lassen pflegt,
zu fürchten und zu hoffen, ihm im Traum
erscheint und wiederkehrt, verwundert kaum.

Platon geht noch weiter und sagt, Bestimmung der Weisheit sei es, aus den Träumen Aufschlüsse über die Zukunft zu gewinnen. Davon halte ich nichts – das einzige, was mir hierzu einfällt, sind die in der Tat verwunderlichen Erfahrungen, über die Sokrates, Xenophon und Aristoteles berichten, bedeutende Männer von unanfechtbarer Autorität. In den Geschichtsbüchern wird behauptet, die Atlanten hätten nie geträumt, außerdem nichts Getötetes verspeist. Letzteres erwähne ich, weil es vielleicht die Ursache war, warum sie nicht träumten. Pythagoras zum Beispiel verordnete denen eine bestimmte Zubereitung der Speisen, die Träume nach Wunsch haben wollten.

Die meinen sind so sanft, daß ich, während sie ablaufen, mich weder herumwälze noch rede. Ich habe aber zu meiner Zeit etliche Leute gekannt, die von den ihren in außerordentliche Unruhe versetzt wurden. Der Philosoph Theon wandelte im Träumen umher, und der Diener des Perikles stieg dabei sogar über die Dachziegel bis auf die Firste.

Bei Tisch bin ich wenig wählerisch und greife nach dem erstbesten, was gerade vor mir steht, und nur ungern wechsle ich von einem Geschmack zum andern. Gänge und Gerichte in Massen sind mir ebenso zuwider wie Massen überhaupt. Ohne weiteres begnüge ich mich mit wenigem und verwerfe die Auffassung des Favorinus, daß bei einem Gastmahl jedes Gericht, sobald es einem zu schmecken beginnt, abgetragen und durch ein immer neues ersetzt werden müsse, daß es eine miserable Bewirtung sei, wenn man die Gäste nicht mit den Filetstückchen verschiedenartigster Vögel vollstopfe, und daß es allein die Feigendrossel verdiene, im Ganzen verzehrt zu werden.

Meistens esse ich gesalzen; Brot aber ziehe ich ungesalzen vor, und mein Bäcker versorgt meinen Tisch entgegen der Landessitte mit keinem andren. Als ich jung war, mußte man mich vornehmlich wegen meiner Verweigrung der Dinge zurechtweisen, die man in diesem Alter gewöhnlich am liebsten ißt: Zuckerzeug, Eingemachtes und Backwerk. Mein Erzieher bekämpfte diesen Widerwillen gegen Leckereien als eine Art Leckerhaftigkeit – und in der Tat zeigt eine solche Ablehnung, worauf immer sie sich beziehen mag, nichts anderes als einen mäkligen Geschmack: Wer einem Jungen seine eigensinnige und hartnäckige Vorliebe für Schwarzbrot, Speck und Knoblauch austreibt, treibt ihm damit die Vernaschtheit aus.

Es gibt Leute, die stöhnen und eine leidende Miene aufsetzen, wenn sie inmitten von gebratnen Rebhühnern Rindfleisch und Schinken vermissen. Raffinierte Genießer! Das ist die höchste Überfeinerung der Überfeinerten, das ist der Geschmack verwöhnter Glückskinder, die nicht mehr mögen, was sie alle Tage haben, und daher, *ihres Reichtums überdrüssig, mit dem Luxus der einfachen Dinge spieln.* Sich nicht munden lassen, was andern gerade mundet, und beim Essen stets etwas anderes vorgesetzt haben wollen ist das Wesen dieses Lasters.

Ich fände Grünzeug jetzt, ob zart, ob hart,
gereicht in schlichter Schüssel mir, apart.

Man fährt jedenfalls unvergleichlich besser, wenn man sein Begehren davon abhängig macht, was jeweils am leichtesten zur Hand ist. Dennoch bleibt es eine Untugend, sich überhaupt abhängig zu machen. Einen Verwandten, der sich im Dienst auf unseren Kriegsschiffen abgewöhnt hatte, unsre üblichen Betten zu benutzen und sich vorm Schlafengehen auszuziehn, habe ich einmal *überfeinert* genannt.

Hätte ich Söhne, würde ich ihnen gerne mein Glück wünschen. Der gute Vater, den Gott mir schenkte (und dem ich seine Güte nur durch meine Dankbarkeit vergelten kann, dies aber tue ich wahrlich aus vollem Herzen), gab mich von der Wiege an in ein armes Dorf zur Pflege, das zu seinen Besitzungen gehörte, und er beließ mich dort, solange ich gestillt wurde, ja noch länger, um mich an die einfachste und niedrigste Lebensweise zu gewöhnen. *Ein Großteil unserer Freiheit besteht darin, einen kerngesunden Magen zu haben.*

Nehmt es niemals selber auf euch, Kinder großzuziehn, und betraut damit erst recht nicht eure Frauen! Überlaßt es dem Schicksal, sie nach den natürlichen und landläufigen Gesetzen heranzubilden, überlaßt es dem Brauch, sie an Bedürfnislosigkeit und Härte zu gewöhnen, damit sie später von dieser strengen Lebensweise eher heruntersteigen können, als zu ihr aufsteigen zu müssen!

Der Sinn meines Vaters war aber noch auf ein anderes Ziel gerichtet: mich mit dem Volk, mich mit dieser Schicht von Menschen vertraut zu machen, die unsrer Hilfe bedarf. Er meinte, ich müsse angehalten werden, mehr auf den zu sehn, der mir die Hände entgegenstreckt, als auf den, der mir den Rücken kehrt. Das war auch der Grund, warum er mich von Leuten des niedrigsten Standes aus der Taufe heben ließ: Er wollte mich an sie binden und ihnen zugeneigt machen.

Sein Plan ist ihm alles andre als mißglückt. Ich nehme mich gern der kleinen Leute an, sei es, weil es rühmlicher ist, sei es aus natürlichem Mitgefühl, das unendlich viel über mich vermag. Die Partei, die ich in unsren Bürgerkriegen verurteile, würde ich noch schärfer verurteiln, wenn sie weiter anwüchse und gediehe; ich könnte mich jedoch fast mit ihr versöhnen, sähe ich sie elend und am Boden.

Mit welchem Wohlgefallen betrachte ich die edle Gesinnung der Chilonis, Tochter und Gemahlin von Königen zu Sparta! Solang ihr Gatte Kleombrotos in den Unruhen der Stadt die Oberhand über ihren Vater Leonidas behielt, handelte sie als gute Tochter, verband sich mit diesem während seines Elends im Exil und widersetzte sich dem Sieger. Doch wie oft ändert sich das Kriegsglück! So geschah es auch hier, und mit ihm zugleich änderte sich ihr Sinn, so daß sie sich nun beherzt auf die Seite ihres Gemahls stellte und ihm überall folgte, wohin sein Verderben ihn trug. Für sie gab es offensichtlich keine andere Wahl, als jeweils dem zu Hilfe zu eilen, von dem sie am dringlichsten gebraucht wurde und dem sie am besten ihr Erbarmen bezeigen konnte.

Auch Flaminius verwendete sich mehr für Menschen, die seiner bedurften, als für solche, die ihm hätten nützlich sein können. Ich nehme mir meiner Natur gemäß eher ihn denn Pyrrhos zum Vorbild, der dazu neigte, vor den Großen in die Knie zu gehn und vor den Kleinen großzutun.

Ausgedehntes Tafeln beschwert mich und bekommt mir nicht, denn ich esse (vielleicht weil ich mir das als Kind angewöhnt habe) so lang unbeherrscht weiter, wie ich am Tisch sitze. Deshalb nehme ich zu Hause, obwohl hier die Mahlzeiten eher kurz sind, meistens etwas nach den andren Platz, wie es auch Augustus zu tun pflegte. Abweichend von ihm aber stehe ich nicht vor den andern auf. Im Gegenteil, ich liebe es, danach noch lange geruhsam sitzen zu bleiben und mir anzuhörn, was da so alles erzählt wird; ich muß nur aufpassen, mich nicht daran zu beteiligen, denn mit vollem

Magen sprechen ermüdet mich und greift mich an – wie ich andrerseits vor dem Essen lautstarke Auseinandersetzungen vergnüglich und höchst gesundheitsfördernd finde.

Die alten Griechen und Römer haben es vernünftiger gemacht als wir: Sie widmeten dem Essen (das eine der wesentlichsten Verrichtungen unsres Lebens ist), wenn sie nicht von einem außergewöhnlich dringenden Geschäft abgehalten wurden, etliche Stunden, ja den besten Teil der Nacht, aßen und tranken weniger hastig, als wir es zu tun pflegen, die wir alles in Windeseile erledigen, und zogen dieses natürliche Vergnügen durch mehr genußreiche Muße in die Länge, indem sie allerlei nützliche und angenehme, der Geselligkeit dienende Unterhaltungen einflochten.

Jene, die für mich sorgen müssen, könnten mir ohne weiteres alles vorenthalten, von dem sie glauben, daß es mir schädlich sei; denn weder verlange ich Dinge, die ich nicht sehe, noch vermisse ich sie; andrerseits aber wäre es Zeitverschwendung, auf mich einzupredigen, ich dürfe die nicht anrühren, die ich vor Augen habe. Daher muß man mich, will ich Diät essen, von den andern wegsetzen, und man darf mir kein bißchen mehr vorlegen, als für ihre Einhaltung vorgeschrieben ist – sonst vergesse ich, wenn ich mich zu Tisch setze, sogleich meinen Entschluß. Ordne ich an, daß irgendein Fleischgericht anders als üblich zubereitet werden solle, wissen meine Leute, was das bedeutet: daß ich nämlich keinen Appetit mehr habe und nichts davon anrühren werde.

Sämtliche Fleischarten, die es vertragen, liebe ich schwach gebraten, und ich liebe sie gut abgehangen, bei manchen sogar, bis sie schon stark riechen. Ganz allgemein stört mich lediglich Zähigkeit (während ich hinsichtlich aller andren Eigenschaften so gleichgültig und duldsam bin wie nur sonst einer) – dergestalt, daß ich entgegen dem vorherrschenden Geschmack selbst Fische manchmal zu frisch und zu fest finde. Das liegt keineswegs an meinen Zähnen, die stets gut bis ausgezeichnet gewesen sind und denen das Alter erst jetzt zuzusetzen beginnt. Von Kindesbeinen an habe ich gelernt, sie morgens sowie vor und nach jeder Mahlzeit mit meiner Serviette abzureiben.

Gott zeigt sich denjenigen gnädig, denen er das Leben schrittweise entzieht; dies ist der einzige Segen des Altwerdens. Das letzte Stück Sterben wird dadurch um so weniger umfassend und zerstörerisch sein – es tötet nur noch einen halben, ja Viertelmenschen. Gerade ist mir ein Zahn ausgefallen, ohne Nachhilfe, ohne Schmerz: Das natürliche Ende seiner Zeit war erreicht. Wie dieser Teil von mir sind auch manch andere bereits tot, wieder andre halbtot, die zu meinen lebenskräftigsten zählten und in der Blüte meiner Jahre den ersten Rang einnahmen. So schwinde ich dahin und entgleite mir. Wie töricht wäre mein Verstand, wenn er mir einreden wollte, ich würde diesen Sturz in seiner letzten kleinen Spanne genauso schmerzlich wahrnehmen, als erfolgte er aus voller Höhe! Ich hoffe, er wird verständiger sein.

In Wahrheit schöpfe ich, wenn ich an meinen Tod denke, aus der Vorstellung wesentlichen Trost, daß er vermutlich ein meiner Lebensdauer angemeßner, natürlicher sein wird und es daher unberechtigt wäre, vom Schicksal einen Aufschub zu erhoffen oder gar zu fordern. Die Leute reden sich ein, früher hätten die Menschen nicht nur einen höheren Wuchs, sondern auch ein längres Leben gehabt. Doch Solon, ein Mann jener alten Zeiten, beschneidet dessen äußerste Dauer auf siebzig Jahre. Wie könnte ich da, der ich in allem das *edle Maß* der Alten bewundert und stets den mittleren Weg als den vollkommensten angesehn habe, ein unverhältnismäßig, ja naturwidrig hohes Alter verlangen?

Alles, was dem Gang der Natur zuwiderläuft, ist oft unerfreulich, aber was diesem Gang folgt, stets erfreulich:

Alles Naturgemäße muß den Glücksgütern zugerechnet werden. Daher, sagt Platon, mag man den von Wunden oder Krankheiten herbeigeführten Tod gewaltsam nennen; jener aber, der uns, nachdem das Alter uns ihm zugeführt hat, unversehens mit sich nimmt, ist von allen der leichteste – und in gewisser Hinsicht sogar köstlich. *Jünglinge rafft Gewalt dahin, Greise ihr Alter.*

Der Tod ist stets und überall unserm Leben beigemischt und verschmilzt mit ihm; der Abstieg geht der Stunde des Sterbens voraus und schleicht sich bereits in unsren Aufstieg. Ich habe Porträts, die mich mit fünfundzwanzig und mit fünfunddreißig Jahren zeigen. Vergleiche ich sie mit meinem jetzigen – in wie vieler Hinsicht bin das nicht mehr ich! Und wieviel weiter ist es von den früheren entfernt als von dem Bild, das ich im Tode bieten werde! Es heißt die Natur allzu schlimm mißbrauchen, wenn man sie so lange drangsaliert, bis sie, unser überdrüssig, sich gezwungen sieht, uns aufzugeben und unsre Betreuung – samt Augen und Zähnen, Beinen und allem übrigen – auf Gnade und Ungnade erbettelter fremder Hilfe zu überlassen, so daß wir völlig den Händen der Ärzte ausgeliefert sind.

Ich bin weder auf Salate noch auf Obst sonderlich erpicht, außer auf Melonen. Meinem Vater waren alle Arten von Soßen zuwider, ich mag sie alle. Zuviel essen beschwert mich; aber ich habe noch nicht mit Sicherheit herausfinden können, ob mir irgendeine Speise ihrer Beschaffenheit wegen schädlich ist, so wie ich auch keine unterschiedliche Wirkung von Voll-, Halb- oder Viertelmond auf mich verspüre oder von Frühling und Herbst.

In uns gibt es ständig unregelmäßige und unergründliche Veränderungen. Rettiche zum Beispiel fand ich anfangs bekömmlich, dann unbekömmlich, und jetzt bekommen sie mir wieder. Auch bei manch andren Dingen stelle ich fest, daß Geschmack und Magenverträglichkeit sich bei mir wandeln. So bin ich erst von Weiß- auf Rotwein übergegangen, dann von Rot- zurück auf Weißwein.

Geradezu versessen bin ich auf Fisch; dadurch werden mir die magren Tage zu fetten, die Fasten- zu Festtagen. Ich teile die Meinung mancher Leute, die sagen, Fisch sei leichter zu verdaun als Fleisch. Und wie mir mein Gewissen verbietet, an Fischtagen Fleisch zu mir zu nehmen, so mein Geschmack, Fisch und Fleisch durcheinanderzuessen: Ihr Unterschied scheint mir zu groß.

Von Jugend an pflege ich gelegentlich eine Mahlzeit auszulassen, entweder um meinen Appetit auf die nächste zu schärfen (denn anders als Epikur, der fastete oder nur karge Mahlzeiten zu sich nahm, um seiner Freßlust den Genuß am Schlemmen abzugewöhnen, tue ich es, um der meinen einen noch größeren und fröhlicheren daran anzugewöhnen) oder um meine Kraft zu irgendeiner sei es körperlichen, sei es geistigen Tätigkeit zu erhalten (denn für beide macht mich ein voller Magen schrecklich faul, und vor allem hasse ich die stupide Paarung einer so strahlend gesunden Göttin wie Venus mit Bacchus, diesem kleinen rülpsenden und furzenden Gott, der von den Dünsten seines Gesöffs ganz aufgedunsen ist) oder um eine Magenverstimmung zu kuriern – oder schließlich, weil keine mir zusagende Tischgesellschaft vorhanden ist (denn ich behaupte, diesmal in Übereinstimmung mit Epikur, daß man weniger darauf sehen sollte, was man ißt, als darauf, mit wem; und ich lobe mir den Chilon, weil er sein Erscheinen zum Gastmahl Perianders nicht zusagen wollte, ehe man ihm mitteile, wer die anderen Geladnen seien). Für mich ist keine Speisenzubereitung so wohlschmeckend, keine Soße so appetitlich wie die, welche man in guter Gesellschaft genießt.

Daß es gesünder ist, wenn man möglichst langsam und wenig auf einmal, dafür aber öfter ißt, glaube ich durchaus. Gleichwohl möchte ich auch Appetit und Hunger zu ihrem Recht kommen lassen. Mir würde alle Eßlust genommen, wenn ich mich nach ärztlicher Vorschrift mit täglich drei, vier magren Mahlzeiten abquälen müßte. Wer könnte mir dafür bürgen, daß mir zum Abendessen nicht der morgendliche, für alles offne Appetit vergangen sein wird? Laßt uns, vor allem uns Greise, feste zugreifen, sobald sich eine günstige Gelegenheit bietet! Überlassen wir die täglichen Diätempfehlungen den Ärzten und den Kalendermachern!

Die allerschönste Frucht meiner Gesundheit sehe ich in der Lust am Genuß. Halten wir uns daher an den jeweils erstbesten, der uns bekannt und zur Hand ist! Ich vermeide es, mich für immer an feste Fastenregeln zu binden. Wer will, daß ihm eine bestimmte Ernährungsweise zuträglich sei, hüte sich, sie ständig zu befolgen. Wir versteifen uns sonst hierauf, und unsre Lebenskräfte schlafen darüber ein. Nach sechs Monaten hat sich euer Magen mit der Diät so gemein gemacht, daß euer einziger Gewinn der Verlust der Freiheit sein wird, ihn ohne Schaden zu etwas anderm zu gebrauchen.

Ich pflege im Winter meine Beine bis zur Hüfte nicht dicker zu bekleiden als im Sommer – eine einfache Seidenstrumpfhose genügt mir. Ich hatte mich früher darauf eingelassen, gegen meine Erkältungen den Kopf wärmer zu halten, und gegen meine Koliken den Bauch; meine Leiden gewöhnten sich jedoch nach ein paar Tagen so daran, daß sie dieser regelmäßigen Vorkehrungen spotteten. So mußte ich vom Käppchen zur Kappe übergehn und von der Mütze zum gefütterten Hut. Die Wattierung meines Wamses dient mir nur noch dazu, besser auszusehn: Sie hilft mir nichts, wenn ich nicht zusätzlich ein Hasenfell oder einen Geierbalg unterlege, wie auch meinem Hut eine Netzhaube. Wer dieser Stufenleiter immer weiter folgt, kommt nie mehr herunter. Ich lasse es daher bleiben und würde am liebsten alles bis zum ersten Schritt rückgängig machen, wenn ich mich nur traute.

Denn was nun, wenn einen neues Ungemach ereilt? Dann sind diese Vorkehrungen erst recht zu nichts mehr nütze: Man hat sich völlig an sie gewöhnt und muß deshalb andre suchen. So beschwören all jene ihr Verderben herauf, die sich in strenge Verhaltensregeln zwängen lassen und sich abergläubisch daran halten: Sie brauchen immer neue und abermals neue – das nimmt kein Ende.

Für unsre Geschäfte und den Genuß wäre es viel zweckmäßiger, es wie die Alten zu machen und das Mittagessen auszulassen, um erst am Feierabend, ohne den Arbeitstag zu unterbrechen, in aller Ruhe zu tafeln; so habe ich es ehedem auch gehalten. Für die Gesundheit hingegen, so lehrte mich die Erfahrung inzwischen, ist es besser, zu Mittag zu essen, weil die Verdauung leichter vor sich geht, wenn man wach ist.

Ich habe wenig unter Durst zu leiden, ob gesund oder krank; bin ich krank, wird mir zwar öfter der Mund trocken, aber ohne Durstgefühl. Gemeinhin trinke ich nur, wenn ich während des Essens Lust darauf bekomme, bei schon ziemlich fortgeschrittner Mahlzeit. Für einen Mann der gewöhnlichen Art trinke ich dann recht ordentlich. Im Sommer, und wenn mir ein Gericht besonders mundet, überschreite ich nicht nur das Maß des Augustus, der niemals mehr als genau drei Glas trank, sondern, um keinen Verstoß gegen die Regel des Demokrit zu begehn, der es verbot, bei der Unglückszahl vier einzuhalten, schaffe ich gegebnenfalls auch deren fünf, also etwa drei Viertelliter (denn ich bevorzuge kleine Gläser, die ich gern bis zur Neige leere – was andre als unschicklich vermeiden).

Meistens verdünne ich meinen Wein zur Hälfte mit Wasser, manchmal zu einem Drittel. Wenn ich zu Hause bin, mischt man mir die gewünschte Menge nach einem alten Brauch, den der Arzt meines Vaters ihm und sich selbst verordnete, bereits im Keller zwei, drei Stunden vor dem Auftragen. Man sagt, König Amphiktyon von Athen habe dieses Verfahren der Weinverwässerung erfunden; darüber, ob sie sinnvoll ist oder nicht, habe ich schon etliche Auseinandersetzungen miterlebt. Was die Heranwachsenden betrifft, halte ich es für sittsamer und gesünder, wenn sie vor dem sechzehnten bis achtzehnten Lebensjahr keinen Wein zu sich nehmen.

Die jeweils landesüblichste Lebensweise ist die beste; alle Eigenbröteleien, finde ich, sollte man vermeiden; und wenn ein Deutscher Wasser in seinen Wein gösse, fände ich das ebenso verfehlt, wie wenn ein Franzose ihn pur tränke. Maßgeblich ist hier der allgemeine Brauch.

Ich fürchte mich vor dicker Luft, und Rauch fliehe ich wie den Tod (weswegen ich bei mir zu Hause als allererstes die Kamine und Aborte reparieren ließ, die in alten Gebäuden meistens auf unerträgliche Weise schadhaft sind), und zu den Widerwärtigkeiten des Krieges zähle ich die dichten Staubwolken, die uns in der Sommerhitze den ganzen Tag lang unter sich begraben. An sich habe ich einen freien und unbeschwerten Atem, und meine Erkältungen gehn meistens ohne Husten vorüber und ohne die Lungen anzugreifen.

Die Beschwernisse des Sommers setzen mir mehr zu als die des Winters; denn abgesehen von der Lästigkeit der Hitze, der weniger abzuhelfen ist denn jener der Kälte, und abgesehn davon, daß die Sonnenstrahlen mir Kopfschmerzen machen, greift jedes grelle Licht meine Augen an. Ich könnte heute zum Beispiel beim Essen nicht mehr einem hell brennenden Kaminfeuer gegenübersitzen.

Zu der Zeit, da ich noch gewohnt war, mehr als jetzt zu lesen, pflegte ich eine Glasscheibe auf die jeweilige Buchseite zu legen, um die Weiße des Papiers zu dämpfen; ich empfand das als große Erleichtrung. Bis zur Stunde ist mir, über vierundfünfzig Jahre alt, der Gebrauch einer Brille unbekannt; ich sehe so weit in die Ferne wie eh und je und wie jeder sonst. Wenn der Tag sich neigt, beginne ich freilich eine gewisse Sehschwäche und -trübung beim Lesen zu empfinden (das meine Augen schon immer angestrengt hat, vor allem nachts).

Das ist nun gewiß ein Schritt zurück, kaum merklich zwar, doch ihm wird ein zweiter folgen und dem zweiten ein dritter und dem dritten ein vierter, in so sanftem Übergang, daß ich völlig erblinden müßte, ehe ich das Altern und den Verfall meines Augenlichts wahrnähme – derart geschickt spulen die Parzen unsern Lebensfaden ab! So zögre ich auch, meine beginnende Schwerhörigkeit zur Kenntnis zu nehmen, und man wird erleben, daß ich, wenn ich schon halb taub bin, die Schuld dafür noch immer auf die Stimme der Leute schieben werde, die mit mir sprechen. Man muß das Bewußtsein der Seele erheblich schärfen, auf daß sie merke, wie sie dahinschwindet.

Mein Gang ist rüstig und rasch, und ich weiß nicht, was mir schwerer fällt: den Geist oder den Körper an einem Punkt festzuhalten. Ein Pfarrer, der meine Aufmerksamkeit eine ganze Predigt hindurch zu fesseln vermag, muß mir schon sehr ans Herz gewachsen sein! Bei feierlichen Anlässen, wo sich jeder völlig steif gibt und die Damen, wie ich gesehn habe, nicht einmal ihre Augen bewegen, ist es mir noch nie gelungen, zu verhindern, daß irgendein Teil von mir sich ständig rührt und regt. Selbst sitzend bin ich selten gesetzt. So habe ich auch, um mein Gestikuliern im Zaum zu halten, fast immer eine Reitgerte in der Hand, ob zu Pferde oder zu Fuß.

Die Haushälterin des Philosophen Chrysippos pflegte von ihrem Herrn zu sagen, er sei nur in den Beinen trunken. (Er hatte nämlich die Angewohnheit, mit ihnen in welcher Lage auch immer herumzuhampeln, und sie sagte es dann, wenn der Wein seinen Zechkumpanen zu Kopf stieg, während er ihm überhaupt nichts auszumachen schien.) Genauso konnte man bei mir von klein auf behaupten, ich hätte Quecksilber oder den Veitstanz in den Beinen: Wohin ich sie auch setze – unablässig zappeln sie hin und her.

Es ist ungehörig und beeinträchtigt die Gesundheit, ja den Genuß, so gierig zu essen, wie ich es tue: Vor lauter Hast beiße ich mir oft in die Zunge, zuweilen gar in die Finger. Als Diogenes einen Jungen sah, der auf gleiche Weise aß, verpaßte er dessen Erzieher dafür eine Ohrfeige. In Rom gab es Leute, die nicht nur die Grazie des Ganges, sondern auch des Kauens lehrten. Über meiner Gier verliere ich die Muße, mich zu unterhalten, was doch eine so köstliche Würze des Tafelns ist (vorausgesetzt, die Gespräche sind angemessen, vergnüglich und kurz).

Unsre Vergnügungen sind neidisch und eifersüchtig aufeinander, sie stoßen und behindern sich gegenseitig. Alkibiades, der sich im genießerischen Essen und Trinken gut auskannte, verbannte selbst die Musik von den Tafeln, damit sie nicht die Annehmlichkeit der Gespräche störe – mit der Begründung, die Platon dafür gibt: Es sei der Brauch gemeiner Leute, Spielmänner und Sänger zu ihren Gelagen zu bestellen, weil sie zu den guten Gesprächen und anregenden Unterhaltungen unfähig seien, mit denen Leute von Geist einander in festliche Stimmung zu versetzen wissen.

Varro verlangt von einem Gastmahl, daß es schön aussehende und durch ihre Umgangsformen einnehmende Menschen vereine, die weder wortkarg noch geschwätzig seien, daß Ort und Speisen sich durch Reinlichkeit wie Erlesenheit auszeichneten und daß heitres Wetter herrsche.

Ein gutes Gastmahl ist ein festliches Vergnügen, das kein geringes Können erfordert, aber auch keinen geringen Lustgewinn erbringt. Weder die großen Kriegsherren noch die großen Philosophen haben es verschmäht, sich zu Kennern und Genießern dieser Kunst zu machen. Meine Erinnrungskraft hat das Bild von drei solchen Tischgesellschaften bewahrt, die zu verschiedenen Zeiten meiner blühendsten Jahre stattfanden und die Fortuna für mich mit besondrem Zauber versah. Da jeder Gast zum Wohlgelingen eines solchen Festes nach Maßgabe der Verfassung von Körper und Seele seinen größtmöglichen Charme beiträgt, schließt mich mein gegenwärtiger Zustand hiervon aus.

Mir, der ich stets der Erde verhaftet bleibe, ist jene menschenfeindliche Weisheit zuwider, die uns die Körperkultur verächtlich und verhaßt machen will. Ich finde es gleichermaßen abwegig, die natürlichen Lüste dem Herzen zu verleiden, wie es allzusehr an sie zu hängen. Xerxes machte sich lächerlich, als er, obwohl schon mit allen menschlichen Genüssen überhäuft, demjenigen einen Preis aussetzte, der weitere für ihn erfände. Doch kaum weniger lächerlich macht sich, wer sich selbst jene verkneift, welche die Natur ihm eigens bereitstellt.

Man sollte den Lüsten weder nachlaufen noch vor ihnen wegrennen – man sollte sie willkommen heißen. Ich nehme sie sogar mit etwas bereiteren und breiteren Armen auf als üblich, denn ich folge leichter meinem natürlichen Hang. Ihre Nichtigkeit groß herauszustellen können wir uns ersparen, wir bekommen sie ohnehin deutlich genug zu spürn – wofür wir uns bei unserm krankhaften Geist zu bedanken haben, diesem Spielverderber, der uns alle Freude an den Lüsten wie an ihm selbst verekelt. Sich und alles, was er aufnimmt, wendet er seinem schweifenden, rastlosen und unersättlichen Wesen gemäß bald in diese, bald in jene Richtung. Mit seinem herumirrenden Blick entstellt er uns so das wahre Gesicht der Dinge.

Der Inhalt des Gefäßes, das nicht rein,
wird bald schon sauer und verdorben sein.

Doch auch ich, der ich mich rühme, die Annehmlichkeiten des Lebens mit so ungemeiner Gier zu ergreifen, finde, wenn ich sie mir genauer betrachte, fast nur Wind darin. Wie auch anders? Wir sind ja selber eitel Wind! Der Wind freilich, weiser als wir, hat seine helle Freude am Sausen und Brausen und findet seine Erfüllung in dem, was seines Amtes ist, ohne auf Bestand und Dauer aus zu sein, die ihm wesensfremd sind.

Die rein vorgestellten Vergnügen, sagen manche, seien ebenso wie die rein vorgestellten Mißvergnügen die allergrößten (was Kritolaos mit seiner Waage vor Augen geführt habe). Kein Wunder: Die Phantasie schneidert und formt sie sich ja nach eignem Gutdünken aus dem vollen Tuch zurecht, und ich sehe Tag für Tag beachtliche und vielleicht auch wünschenswerte Beispiele dafür. Ich selbst aber, vermischter Wesensart und aus grobem Holz geschnitzt, finde an solcher Kost allein keineswegs so viel zu beißen, daß ich mich in meiner Erdverbundenheit nicht auch immer wieder den nach der allgemeinen menschlichen Bestimmung uns hier und jetzt greifbaren Vergnügen überließe: auf geistige Weise sinnlich, auf sinnliche Weise geistig.

Die kyrenäischen Philosophen sind überzeugt, daß wie die Schmerz- so auch die Lustgefühle des Körpers mächtiger als die rein geistigen seien, da Körper und Geist zugleich umfassend und uns folglich gemäßer.

Und doch gibt es Leute, die, wie Aristoteles sagt, aus schrecklicher Stumpfheit keine Freude daran haben. Ich kenne andere, die sie verabscheun, um sich dessen rühmen zu können. Warum verzichten sie nicht gleich aufs Atmen? Warum leben sie nicht von ihrer eignen Luft? Warum verschmähn sie nicht das Licht, weil es gratis leuchtet und ihnen weder geistige noch körperliche Anstrengung abverlangt? Mögen sie zusehn, ob sie mit Mars, Minerva oder Merkur besser fahren als mit Venus, Ceres und Bacchus!

Womöglich tüfteln sie, während sie auf ihren Frauen liegen, die Quadratur des Kreises aus!

Mich stößt es ab, daß man uns vorschreibt, wir müßten mit dem Geist in den Wolken schweben, während unser Körper bei Tische sitzt. Ich will keineswegs, daß der Geist sich ans Tafeln kette und mit dem Körper im Schlemmen suhle, wohl aber, daß er diesen nicht im Stich läßt. Aristippos machte sich zum Anwalt nur des Körpers, als ob wir keine Seele hätten. Zenon wiederum befaßte sich nur mit der Seele, als ob wir keinen Körper hätten. Beide waren auf dem Holzweg.

Man sagt, Pythagoras habe eine rein kontemplative Philosophie betrieben, Sokrates eine rein aktive, der es allein um den Lebenswandel gegangen sei, während Platon die Mitte dazwischen gefunden habe. Doch damit will man uns einen Bären aufbinden, denn die wahre Mitte findet sich bereits in Sokrates; Platon ist folglich wesentlich mehr Sokratiker als Pythagoreer – und das steht ihm auch besser.

Wenn ich tanze, tanze ich, und wenn ich schlafe, schlafe ich; selbst wenn ich einsam durch einen schönen Park spaziere und meine Gedanken sich eine Zeitlang mit anderweitigen Dingen beschäftigen, lenke ich sie dann eine Zeitlang auf den Spaziergang zurück, auf den Park, auf den Zauber dieser Einsamkeit, auf mich. Die Natur war in mütterlicher Fürsorge darauf bedacht, daß alles, was sie uns an lebensnotwendigen Verrichtungen auferlegt hat, uns Lust bereite; und so drängt sie uns nicht allein durch die Vernunft hierzu, sondern auch durch das Verlangen. Es ist daher abwegig, den Charakter ihrer Gebote zu verstümmeln.

Sehe ich, wie Caesar und Alexander sich im dichtesten Wirbel ihrer großen Unternehmungen so voll und ganz dem Genuß der natürlichen (und folglich notwendigen und berechtigten) Sinnenfreuden hingeben, sage ich nicht, daß sie damit ihre Seelen geschwächt, ich sage vielmehr, daß sie diese gefestigt haben, indem sie sich ein Herz faßten und der Befriedigung der menschlichen Lebensbedürfnisse all ihr gewaltiges Tun und mühevolles Pläneschmieden unterordneten. Weise freilich wären sie gewesen, hätten sie in jenem ihre wahrhaft angemessene Aufgabe gesehn, in diesem ihre bloß angemaßte.

Was sind wir doch für Narren! »Er hat sein Leben im Müßiggang verbracht«, sagen wir, oder: »Ich habe heute nichts getan.« Wie – hast du nicht gelebt? Das aber ist nicht nur die wesentlichste, sondern auch die lobenswerteste deiner Tätigkeiten. Oder: »Wäre ich mit großen Aufgaben betraut worden, hätte ich zeigen können, was ich zu vollbringen weiß.« Wußtest du dein Leben recht zu bedenken und in die Hand zu nehmen? Dann hast du die größte aller Aufgaben vollbracht!

Um ihre Kräfte zu zeigen und zu entfalten, bedarf die Natur keines bedeutenden Menschenschicksals; sie kann es in allen gesellschaftlichen Schichten tun, mit oder ohne Vorhang. Einen sittlichen Wandel, nicht Bücher zuwege zu bringen ist uns aufgegeben; und nicht Schlachten und Provinzen zu gewinnen, sondern Ruhe und Ordnung in unserm täglichen Verhalten: Recht zu leben – das sollte unser großes und leuchtendes Meisterwerk sein! Alle andern Dinge wie Herrschen, Horten und Häuserbaun sind höchstenfalls Anhängsel und Beiwerk.

Es macht mir Freude, wenn ich sehe, wie ein Armeegeneral am Fuß einer Bresche, die er alsbald erstürmen will, sich völlig frei und gelöst dem Essen und Geplauder mit seinen Freunden widmet; oder wie Brutus, als sich Himmel und Erde gegen ihn und die römische Freiheit verschworen hatten, seinen nächtlichen Kontrollgängen im Feldlager hier und da eine Stunde abzugewinnen wußte, um in aller Ruhe den Polybios zu lesen und zu exzerpieren. Nur kleine Seelen, erdrückt vom Gewicht der Geschäfte, sind unfähig, sich diesen zu entwinden, sie immer wieder einmal völlig abzuschütteln und danach um so erfrischter wiederaufzunehmen:

Ertränkt, Gefährten, heut im Wein die Sorgen!
Ihr habt mit mir schon Schlimmres heil durchstanden.
Zu neuer Fahrt lockt uns der neue Morgen!

Der *theologische Wein der Sorbonne* und die dortigen Gelage sind mittlerweile sprichwörtlich, ob zu Recht oder nicht. Wie auch immer – ich finde, daß die Studenten und Professoren gut daran tun, um so lockrer und lustiger zu tafeln, je ernsthafter und erfolgreicher sie am Morgen die Übungen ihrer Fakultät betrieben. Das Bewußtsein, die vorausgegangnen Stunden sinnvoll verbracht zu haben, ist ein zu allen Speisen passendes schmackhaftes Gewürz.

So haben die Weisen gelebt; und so vermochte das unnachahmliche Tugendstreben, das uns bei dem einen wie dem andern Cato in Erstaunen versetzt, ihr bis zum Ertragen von schier Unerträglichem abgehärteter Charakter sich andrerseits willig den Gesetzen der menschlichen Beschaffenheit willig und freudvoll zu fügen: denen der Venus wie denen des Bacchus. Auf diese Weise folgten sie den Geboten ihrer philosophischen Schule, die vom vollendet Weisen verlangen, daß er sich auf den Genuß der natürlichen Lüste ebenso wie auf jede andre Lebensaufgabe verstehe. *Wessen Herz verständig ist, dessen Gaumen ist es auch.*

Gelöstheit und geselliges Wesen kleiden und ehren, scheint mir, eine starke und edelmütige Seele in höchstem Maße. An den Tänzen der jungen Burschen seiner Stadt rege teilzunehmen, mit ihnen fröhlich zu singen und Musik zu machen hielt Epaminondas keineswegs für etwas, das der Ehre seiner glorreichen Siege und seiner vollendeten Sittenreinheit abträglich sei.

Und unter all dem Bewundernswerten, was die Scipionen

getan haben (von denen der Ältere sich seines Rufs, von den Göttern abzustammen, würdig erwies), gibt es nichts, das faszinierender wäre, als wenn man sieht, wie der Jüngere in kindlicher Unbeschwertheit mit Laelius den Strand entlangschlendert, Muscheln aufsammelt und die schönsten aussucht oder wie sie beide um die Wette Steinchen übers Wasser hüpfen lassen; oder wie der Ältere sich bei schlechtem Wetter mit diebischem Vergnügen daranmacht, Komödien zu schreiben, in denen er das niedrigste und gewöhnlichste Tun und Treiben der Menschen darstellt; oder wie er, den Kopf schon voll vom gewaltigen Feldzug gegen Hannibal in Afrika, sich zu den Vorlesungen der philosophischen Schulen Siziliens so häufig einfindet, daß er damit dem blindwütigen Neid seiner Feinde zu Rom die Zähne schärft.

Auch an Sokrates ist nichts beachtlicher, als daß er noch im Greisenalter die Zeit findet und für sinnvoll verwendet hält, sich im Tanzen und Instrumentenspiel unterrichten zu lassen.

Man hat gesehen, wie dieser Mann, plötzlich von einem tiefen Gedanken ergriffen, einen vollen Tag und eine volle Nacht lang in Verzückung vor dem ganzen griechischen Heer stand. (Das sind Wunder göttlicher Seelen, die meine Vorstellungskraft übersteigen.) Man hat gesehn, wie er als erster unter so vielen tapfren Kriegern dem vom Feind niedergestreckten Alkibiades zu Hilfe eilte, ihn mit seinem Körper deckte und, das gezogne Schwert in der Faust, aus dem Kampfgetümmel zog; und wie er, da die dreißig Tyrannen den Theramenes durch ihre Schergen zur Hinrichtung schleppen ließen, als erster unter dem ganzen Volk Athens, das gleich ihm über das schändliche Schauspiel äußerst aufgebracht war, diesen zu befreien sich anschickte, obwohl sich ihm lediglich zwei Männer anschlossen (und erst auf das dringende Bitten von Theramenes selbst nahm er von dem kühnen Unternehmen Abstand). Man hat gesehn, wie er, umbuhlt von einer Schönen, die er seinerseits liebte, gleichwohl, wenn er es nötig fand, strenge Enthaltsamkeit übte. Man hat gesehn, wie er in der Schlacht von Delion dem vom Pferd gestürzten Xenophon wieder aufhalf und ihn rettete. Man hat gesehn, wie er stets barfuß in den Krieg zog, sogar über Eis; wie er Sommer und Winter dasselbe Gewand trug, alle Kampfgenossen im Erdulden von Strapazen übertraf und auf Festgelagen nicht mehr aß als sonst. Man hat gesehn, wie er siebenundzwanzig Jahre lang Hunger und Armut, die Aufsässigkeit seiner Kinder und die Krallen seiner Frau mit unerschütterlicher Miene ertragen hat und schließlich gar Verleumdungen und Tyrannei, Kerker und Ketten – und zuletzt das Gift.

Doch wenn derselbe Mann aus Höflichkeitspflicht der Aufforderung nachkam, um die Wette mitzuzechen, pflegte er sich als der trinkfesteste des ganzen Heeres zu erweisen; und mit den Kindern um Nüsse zu spielen weigerte er sich ebensowenig, wie mit ihnen auf einem Holzpferd zu reiten – und bei beidem machte er gute Figur; denn was immer ein Weiser tut, lehrt die Philosophie, kleidet und ehrt ihn gleichermaßen.

Man hat allen Grund und sollte daher nie müde werden, das Bild dieses großen Mannes als Muster und Inbegriff jeglicher Vollkommenheit aufzuzeigen. Es gibt äußerst wenig Beispiele für ein durch und durch lauteres Leben, und man leitet uns in die Irre, wenn man uns Tag für Tag kläglich unvollkommne vorsetzt, die uns in kaum einer Hinsicht weiterhelfen, sondern eher zurückwerfen, uns eher den schlechten Weg weisen als den rechten.

Wie sich die Leute doch täuschen: Am äußersten Rand zu gehen und sich seiner als Grenz- und Leitlinie zu bedienen ist wesentlich leichter als in des Weges breiter und offner Mitte, und wesentlich leichter folgt man künstlichen Regeln als der Natur – wenn auch auf viel weniger rühmliche und nachahmenswerte Weise. Nicht so sehr, daß sie nach oben und nach vorne strebt, macht die Größe einer Seele aus, wie daß sie sich ins Gegebne zu fügen und darin einzurichten weiß. Alles Hinlängliche erachtet sie für groß, und als herausragend erweist sie sich dann, wenn sie das Mittlere mehr als das Herausragende liebt.

Nichts ist so schön und unsrer Bestimmung gemäß wie ein rechter Mensch sein und keine Kunst so schwer wie unser Leben recht und natürlich zu leben wissen. Die schrecklichste unserer Krankheiten aber ist die Verachtung unsres Seins. Wer seine Seele verabschieden will, tue es getrost (so er kann), wenn es seinem Körper übel ergeht und er sie auf diese Weise vor Ansteckung zu bewahren sucht; andernfalls aber sollte sie dem Körper bereitwillig zur Seite stehn und sich nicht weigern, an seinen natürlichen Freuden teilzunehmen, sondern sie in ehelicher Gemeinschaft mitgenießen und, falls weiser als er, das Maßhalten beisteuern, damit nicht durch Zügellosigkeit in das Vergnügen Mißvergnügen einfließe. Unbeherrschtheit ist die Pest der Sinnenlust, Beherrschtheit jedoch keineswegs ihre Geißel, vielmehr ihre Würze. Eudoxos und seine Geistesbrüder erklärten die Sinnenlust zum höchsten Gut, das sie kraft außergewöhnlicher und beispielhafter Mäßigung in seiner lieblichsten Süße genossen.

Ich gebiete meiner Seele, Schmerz und Lust mit gleich ruhigem und gleich festem Blick zu betrachten, doch entspannt jenen und angespannt diese (*denn es ist ebenso falsch, wenn die Seele im Liebesglück zerfließt, wie wenn sie sich völlig in den Schmerz verbeißt*) – und nach besten Kräften danach zu streben, dem Schmerz auf solche Weise zu wehren wie die Lust zu mehren. Der nüchterne Blick für die guten Dinge zieht den für die üblen nach sich. Zum Beispiel hat die erste Regung des Schmerzes etwas, dem sich zu stellen unausweichlich ist, die Lust in ihrer letzten Übersteigerung hingegen etwas, dem es auszuweichen gilt.

Platon vermählt beide und möchte, daß der Seelenstärke die Aufgabe zugewiesen werde, sowohl gegen den Schmerz als auch gegen die maßlosen und zauberkräftigen Verlockungen der Lust anzukämpfen. Schmerz und Lust sieht er als zwei dahinströmende Quellen, und wer am rechten Ort, zur rechten Zeit und in der rechten Menge daraus schöpfe, ob Gemeinwesen, Mensch oder Tier, sei glücklich zu preisen. Von der ersten solle man der Not gehorchend trinken, zu Heilzwecken, doch eher sparsam, und von der zweiten aus Durst, doch nicht bis zur Trunkenheit. Schmerz und Lust, Liebe und Haß nennt er die ersten Dinge, die ein Kind empfinde. Wenn es sie dann mit wachsender Vernunft ebendieser anzupassen wisse, sei das Tugend.

Ich habe mein völlig eigenes Vokabular: Ich *vertreibe* die Zeit, wenn sie schlecht und unerfreulich ist; wenn aber gut, will ich sie nicht vertreiben, sondern *festhalten* und *auskosten.* Die schlechte sollte man *durcheilen*, in der guten *verweilen.* Die üblichen Ausdrücke *Zeitvertreib* und *sich die Zeit vertreiben* sind charakteristisch für das Verhalten all der Neunmalklugen, die meinen, das meiste hätten sie vom Leben, wenn sie es dahingleiten und vorüberstreichen ließen, es nicht beachteten, ihm auswichen oder, soweit es in ihrer Macht steht, die Flucht davor ergriffen: als sei es eine verdrießliche und verächtliche Sache.

Doch ich kenne es anders und finde es jetzt noch, da es mir unter den Fingern zerrinnt, annehmbar und schätzenswert. Die Natur hat es uns dermaßen wohlausgestattet in die Hand gegeben, daß wir uns nur bei uns selbst zu beklagen haben, wenn es uns zur Last fällt und ungenutzt entflieht. *Das Leben des Toren ist freudlos und von Angst durchzittert, weil er ständig auf die Zukunft starrt.*

Ich jedenfalls rüste mich, es ohne Murren dranzugeben – aber nur, weil es seine Bestimmung ist, drangegeben zu werden, nicht weil es mir beschwerlich und lästig wäre. Im Grunde kommt es allein denen zu, nicht unzufrieden zu sterben, die zufrieden leben. Der Genuß des Lebens bedarf des wohlüberlegten Umgangs mit ihm. Ich genieße es doppelt so sehr wie die andern, denn das Maß des Genusses hängt vom Mehr oder Minder unsres Zutuns ab.

Besonders zu dieser Stunde, da ich merke, wie sehr mein Leben an Zeit abnimmt, will ich, daß es an Gewicht zunehme; ich will der Schnelligkeit seiner Flucht durch die Schnelligkeit meines Zugriffs Einhalt gebieten; ich will durch seine nachdrückliche Nutzung die Eile hemmen, mit der es mir entgleitet. Je kürzer ich das Leben noch besitze, desto tiefer und umfassender muß ich von ihm Besitz ergreifen.

Ich empfinde die Süße von Wohlergehen und Glück wie die andern, aber nicht, indem ich beiläufig darüber hinweggleite. Man muß sie vielmehr auf der Zunge zergehn lassen, ihr nachspüren und sie wiederkäun, um so dem gebührend zu danken, der sie uns schenkt. Jene andren genießen alle Annehmlichkeiten wie die des Schlafs: ohne sie sich bewußt zu machen. Ich hingegen habe, damit nicht einmal er meiner Wahrnehmung entgleite, es seinerzeit begrüßt, wenn man ihn mir störte – ich wollte wenigstens einen Schimmer von ihm erhaschen.

Wann immer ich mich glücklich fühle, sinne ich hierüber nach; ich schöpfe nicht nur den Schaum dieser Empfindung ab, sondern lote sie aus und dränge meinen trübsinnig und sauertöpfisch gewordnen Geist, sich ihr zu öffnen. Ist meine Stimmung geruhsam oder von irgendeinem Verlangen wohlig gekitzelt, hindre ich meine Sinne, sie völlig für sich zu vereinnahmen; ich beteilige vielmehr meine Seele an ihr – nicht auf daß sie darin aufgehe, sondern freudig mitgehe, nicht auf daß sie sich darin verliere, sondern finde.

Ich lasse sie sich in diesem gedeihlichen Zustand spiegeln, lasse sie dessen Glück recht erwägen, schätzen und mehren. So lernt sie ermessen, wieviel Dank sie Gott dafür schuldet, daß sie ein ruhiges Gewissen hat und frei von aufwühlenden Leidenschaften ist, daß der Körper, den sie bewohnt, über seine natürliche Beschaffenheit verfügt und daß er sich auf wohlgeordnete Weise der sanften und angenehmen Verrichtungen erfreut, durch die es dem Allmächtigen gefällt, in seiner Gnade jene Schmerzen wiedergutzumachen, mit denen er uns in seiner Gerechtigkeit zu züchtigen pflegt; ermessen außerdem, welchen Gewinn es für sie bedeutet, einen Punkt erreicht zu haben, von dem aus, wohin sie ihren Blick auch richtet, der Himmel still ist um sie her: Kein Verlangen, keine Furcht und kein Zweifel, die ihr die Luft trübten! Keine vergangnen, gegenwärtigen oder künftigen Beschwernisse, die ihr beim Überdenken Kummer machten! Keine Gewissensbisse, die tief oder auch nur oberflächlich an ihr nagten!

In voller Helle aber zeigt sich mir meine Lage, wenn ich sie mit der andrer vergleiche. So stelle ich mir in tausend Gestalten jene Menschen vor, die Schicksal oder eigne Schuld von sich wegzieht und herumwirbelt; und auch jene, mehr in meiner Nähe, die ihr glückliches Los kein bißchen glücklicher macht. Das sind Leute, die ihre Zeit wirklich *vertreiben:* Sie lassen die Gegenwart, und was sie besitzen, hinter sich, um sich zu Sklaven der Hoffnung und all der Schatten- und Wahngebilde zu machen, die ihre Phantasie ihnen vorgaukelt,

so flattern auch Phantome nach dem Tod umher,
so narr'n auch Träume uns, vom Blei des Schlafes schwer,

und die doch desto schneller und weiter entfliehn, je eifriger man sie verfolgt. Für solche Leute ist Nutzen und Zweck ihres Nachjagens das Nachjagen – so wie Alexander sagte, das Ziel seines Mühens sei das Mühen:

Blieb irgend etwas noch zu tun,
ließ, was getan, ihn niemals ruhn.

Was mich jedoch betrifft, liebe ich das Leben und hege und pflege es so, wie Gott es uns zu geben gefallen hat. Fern liegt mir der Wunsch, es möchte des Bedürfnisses nach Essen und Trinken enthoben sein – ja, mir schiene es sogar eine durchaus entschuldbare Verfehlung, eher zu wünschen, daß dieses Bedürfnis sich verdopple (*Der Weise ist der leidenschaftlichste Liebhaber der natürlichen Glücksgüter*); noch fände ich es erstrebenswert, daß wir zur Ernährung uns lediglich das bißchen Trockenkraut in den Mund steckten, mit dem Epimenides sich den Hunger vertrieb und sein Leben fristete; noch daß man Kinder ohne Wollust mit den Fingern oder den Fersen zeuge, sondern eher, mit Verlaub, daß man mit Fingern und Fersen die Wollust der Zeugung steigre; noch daß der Körper überhaupt ohne Sinnenkitzel und Begierde sei.

Diese zu verwerfen ist abwegig und undankbar. Ich nehme aus ganzem Herzen dankbar entgegen, was die Natur für mich getan hat, ich freue mich darüber und lobe es mir. Man tut dieser großen und allmächtigen Geberin unrecht, wenn man ihre Gabe zurückweist, verunstaltet oder zunichte macht. Selbst ganz Güte, ist auch ihr Werk ganz Güte. *Alles, was der Natur entspricht, verdient unsere Wertschätzung.*

Von den philosophischen Lehrmeinungen mache ich mir am liebsten die zu eigen, die am handfestesten sind, also uns Menschen am gemäßesten. Meine Gedankengänge bleiben wie mein Lebenswandel stets der Erde verbunden. Die Philosophie betreibt meines Erachtens Kinderei, wenn sie uns mit ihrem ständig herausgekrähten »Ergo, ergo!« glauben machen will, das Göttliche mit dem Irdischen, das

Rationale mit dem Irrationalen, das Unnachsichtige mit dem Nachsichtigen und das Konventionelle mit dem Unkonventionellen zu vermählen heiße eine wilde Ehe stiften; und die Sinnenlust sei etwas Tierisches, nicht wert, daß der Weise hiervon koste; und aus der Umarmung seiner schönen jungen Gattin erwachse diesem als einziger Genuß der seines Gewissens, damit etwas Zweckmäßiges zu tun: wie das Stiefelanziehn zu einem gebotnen Ausritt. Daß den Adepten solcher Philosophie doch bei der Entjungferung ihrer Frauen der Steife ausbliebe und ihre Lenden nicht mehr Saft und Kraft aufbrächten als ihre Lehre!

Sokrates, oberster Lehrer der wahren Philosophie und somit der unsre, sagt nichts dergleichen. Er zollt der körperlichen Lust die gebührende Achtung, wenn er auch die des Geistes höher bewertet, da ihr mehr Kraft und Beständigkeit, Gelöstheit und Vielfalt sowie Würde eigne. Sie tritt aber seiner Meinung nach niemals allein auf (ein solcher Schwärmer ist er eben nicht), sondern hat bloß den Vortritt. Für ihn gibt die Selbstbeherrschung den Lüsten das rechte Maß, feindet sie jedoch nicht an.

Die Natur führt uns auf sanfte Art, freilich nicht sanfter als weise und gerecht. *Man muß in die Natur der Dinge eindringen, um zu ergründen, was sie von uns verlangt.* Ich suche überall ihre Fährte, aber wir haben sie durch das Dazwischentreten unsrer Künste verwischt, und das höchste Gut der Athener Akademiker und Peripatetiker, nämlich *der Natur gemäß leben*, läßt sich daher nur noch schwer ausmachen und bestimmen; das gleiche gilt für das ihm verwandte der Stoiker: *Mit der Natur im Einklang sein.*

Ist es nicht abwegig, manche Verrichtungen deswegen für weniger würdig zu halten, weil sie notwendig sind? Nie wird man mir ausreden können, daß die Ehe von Lust und Notwendigkeit (bei der die Götter, wie ein Alter sagt, stets ihre Hand im Spiele haben) eine höchst passende Verbindung bildet. Wozu durch Scheidung eine so eng und innig verwobne Gemeinschaft auseinanderreißen? Laßt uns umgekehrt deren Bande durch wechselseitige Dienste noch fester knüpfen! Der Geist rüttle den Körper aus seiner Erdenschwere auf und belebe ihn, und der Körper gebe der Schwerelosigkeit des Geistes festen Halt. *Wer die Natur der Seele als das höchste Gut preist und die Natur des Fleisches als ein Übel verurteilt, lechzt in Wahrheit ebenso fleischlich nach der Seele, wie er fleischlich das Fleisch flieht, denn sein Urteil entspringt menschlichem Wähnen, nicht göttlicher Wahrheit.*

Kein Teil an diesem Geschenk, das uns Gott gemacht hat, ist unsrer Pflege unwürdig; wir sind ihm vielmehr bis zum kleinsten Härchen Rechenschaft darüber schuldig. Deshalb ist der dem Menschen gegebne Auftrag, seiner menschlichen Beschaffenheit gemäß zu leben, alles andere als unverbindlich, sondern bezeichnet ausdrücklich seine vornehmste und ureigenste Pflicht: Der Schöpfer selbst hat ihn uns voller Ernst und Strenge erteilt.

Da bei Leuten mit gewöhnlichem Verstand allein Autorität etwas bewirkt und noch größeres Gewicht erhält, wenn deren Worte aus einer fremden Sprache zu uns kommen, laßt uns nochmals in dieselbe Kerbe haun: *Das Dümmste ist doch, wie jeder zugeben wird, wenn man das, was man tun muß, nur zögernd und widerwillig tut, den Körper in die eine und den Geist in die andre Richtung drängt und sich so zwischen den gegensätzlichsten Antrieben zerreißt.*

Doch hört euch spaßeshalber einmal an, was euch so ein lustfeindlicher Weiser von den Gedanken erzählt, die er im Kopfe wälzt und um derentwillen er seine Aufmerksamkeit von einer guten Mahlzeit abwendet, sich über die eine Stunde beklagend, die er für die Nahrungsaufnahme abzweigen muß: Ihr werdet feststellen, daß unter allen Gerichten eurer Tafel keins so fad ist wie die von ihm berichteten schöngeistigen Gespräche mit seiner Seele (meistens wären wir besser bedient, wenn wir uns ganz dem Schlaf überließen, statt uns mühsam wachzuhalten für etwas, das wir unsres Wachseins wert wähnen) und daß all sein Reflektieren und Spekulieren es an Würze nicht einmal mit eurem Eintopf aufnehmen kann. Und selbst wenn seine Entrückungen denen des Archimedes ebenbürtig wären – was änderte das?

Ich will hier keineswegs mit uns Zwergenvolk und dem eitlen Sinnen und Trachten, das unsereinen vom Wesentlichen ablenkt, jene verehrungswürdigen Seelen vermengen, welche die Inbrunst von Glauben und Versenkung zur unentwegten und gewissensernsten Anschauung der göttlichen Dinge erhebt: Seelen, die kraft einer lebendigen und leidenschaftlichen Hoffnung schon im Diesseits der ewigen Himmelsspeise teilhaftig werden, nach der alle christliche Sehnsucht als dem höchsten und endgültigen Ziele lechzt, der einzigen immerwährenden und unverweslichen Freude – Seelen, die es verschmähn, sich mit unsren armseligen, flüchtigen und zweifelhaften Annehmlichkeiten abzugeben, und daher leichten Herzens dem Körper Suche und Pflege der irdisch-vergänglichen Sinnenspeise überlassen.

Solch hehres Streben ist Sache auserwählter Seelen. Bei unsereinem aber habe ich stets zwei Dinge in besonders engem Zusammenspiel gesehn: überhimmlisches Denken und unterweltliches Tun.

Als Äsop, dieser große Mann, seinen Herrn im Gehen pissen sah, rief er aus: »Wie, werden wir gar im Laufen scheißen müssen?« Gewiß sollten wir mit unsrer Zeit haushälterisch umgehn – doch selbst dann wird uns noch viel brachliegende und schlecht genutzte übrigbleiben. Unser Geist sträubt sich gegen die Einsicht, daß er Stunden genug für seine Aufgaben zur Verfügung hat, ohne dem Körper auch noch die kurze Spanne streitig zu machen, die dieser für seine Bedürfnisse braucht.

Jene Philosophen aber streben über sich hinaus und

suchen ihrem Menschsein zu entrinnen. Das ist Torheit: Statt sich in Engel zu verwandeln, verwandeln sie sich in Tiere, statt sich zu erheben, stürzen sie zu Boden. Solch ins Jenseits entrückte Seelenzustände erschrecken mich wie unzugängliche und schwindelerregende Höhen.

Nichts im Leben des Sokrates fände ich schwer nachvollziehbar, wären da nicht seine Ekstasen und *Daimonereien*, und nichts an Platon dünkt mich so menschlich wie gerade das, wofür man ihn, wie es heißt, *göttlich* nannte; und von unsren Wissenschaften scheinen mir die am niedrigsten und erdverfallensten, die sich am höchsten verstiegen haben; und nichts im Leben Alexanders finde ich so armselig und sterblich wie die Gedankenspiele, mit denen er sich seine Erhebung in die Unsterblichkeit ausmalte. Nachdem er vom Orakelspruch des Jupiter Ammon tatsächlich unter die Götter versetzt worden war und er dies dem Philotas mitgeteilt hatte, beglückwünschte ihn dieser in seinem Antwortschreiben so bissig wie witzig: »Um deinetwillen bin ich höchst erfreut darüber; jene aber sind zu bedauern, die nunmehr mit einem Menschen leben und ihm gehorchen müssen, der am Maß des Menschen nicht Genüge hat, sondern es überschreitet.«

Wisse, du regierst dein Reich
nur, wenn nicht den Göttern gleich.

Die hochherzige Inschrift, mit der die Athener den Pompeius in ihrer Stadt willkommen hießen, ist ganz nach meinem Sinn:

Ein Gott wirst du von uns genannt,
soweit du dich als Mensch erkannt.

Es ist höchste, fast göttergleiche Vollendung, wenn man das eigene Sein auf rechte Weise zu genießen weiß. Wir suchen andere Lebensformen, weil wir die unsre nicht zu nutzen verstehn; wir wollen über uns hinaus, weil wir nicht erkennen, was in uns ist. Doch wir mögen auf noch so hohe Stelzen steigen – auch auf ihnen müssen wir mit unsren Beinen gehn; und selbst auf dem höchsten Thron der Welt sitzen wir nur auf unserm Arsch.

Meiner Ansicht nach sind jene Leben am schönsten, die sich ins allgemeine Menschenmaß fügen, auf wohlgeordnete Weise, ohne Sonderwünsche, ohne Wundersucht. Das Greisenalter jedoch hat es ein wenig nötig, fürsorglicher behandelt zu werden. Empfehlen wir es in die Hände jenes Gottes, der Gesundheit und Weisheit beschützt – eine fröhliche Weisheit freilich und gesellige:

Laß, o Apoll, was ich erwarb, mich froh genießen,
gesunden Leibes, ungeschwächt an Geist und Seele –
kein schmachvoll Altern mög' des Lebens Lauf beschließen!
Und gib, daß auch der Lyra Labsal mir nicht fehle!

QVE SCAY·IE

NOCHMALS: AN DEN LESER

Wenn du, Leser, bis hierher gelangt bist, also die Lust an der Lektüre der drei Bücher nicht verloren hast, widerlegst du damit Montaignes in seinem Vorwort (gewiß augenzwinkernd) aufgestellte Behauptung, es gebe »keinen vernünftigen Grund, daß du deine Muße auf einen so unbedeutenden, so nichtigen Gegenstand verwendest« – und beglaubigst auf diese Weise zugleich die Vertretbarkeit meines Unternehmens, die Essais *von A bis Z (einschließlich aller nicht französischsprachigen, vorwiegend lateinischen Prosa- und Dichtungszitate) völlig unglossiert zu übersetzen und in der* Anderen Bibliothek *von Hans Magnus Enzensberger herauszugeben: als* Montaigne pur. *Was zu seinem Werk angemerkt werden kann oder Wesentliches angemerkt wurde, bleibt ebenso wie die vom Autor absichtlich unterlassenen Quellenangaben (»Für jede Quelle, die ich nenne, verschweige ich zwei«) meinem Kommentar- und Materialband vorbehalten, der in etwa zwei Jahren erscheinen soll.*

Mit meiner Entscheidung vermag ich mich auf Montaigne selbst zu berufen, der sich, nachdem er 1580, 1582 und 1587 seine Essais *in zwei Bänden und 1588 um einen dritten ergänzt veröffentlicht hatte, bis zu seinem Tod 1592 damit befaßte, sein Handexemplar dieser letzten Ausgabe für eine weitere mit zahlreichen Änderungen und Zusätzen zu versehen. Dieses berühmte* Exemplaire de Bordeaux *ist – in der hervorragenden Faksimile-*

Ausgabe der Éditions Slatkine (Genf/Paris 1987), in der historisch-kritischen Édition Municipale *von Strowski, Gebelin und Villey (Bordeaux 1906 bis 1933) sowie in der darauf basierenden Fassung von Villey/Saulnier (Paris 1978) – samt allen Varianten der grundlegende Text meiner Übersetzung, bei der ich außerdem die Ausgaben von Marie de Gournay ab 1595, von Pierre Coste ab 1724, von Naigeon (Paris 1802), von Arthur Armaingaud (Paris 1924), von Pierre Michel (Paris 1965), von Albert Thibaudet/Maurice Rat (Paris 1967), von Alexandre Micha (Paris 1969) und von Claude Pinganaud (Paris 1992) berücksichtigt habe.*

Obwohl Montaigne nämlich immer wieder betont, es handle sich bei seiner Arbeit bloß um ein buntscheckiges und zusammenhangloses Flickwerk, dem kein fester Plan zugrunde liege, bestreitet er andrerseits ebenso entschieden die Notwendigkeit von Erläuterungen und Verständnishilfen (auch wenn ihn »vielleicht besondre Gründe zwingen, manches nur halb zu sagen, widersprüchlich zu sagen, verworren zu sagen«).

»Ich schweife häufig ab«, betont er, »doch eher mit meine Freiheit nutzendem Vorbedacht als unbedacht. Meine Gedanken folgen einander durchweg, wenn auch zuweilen von weitem; sie behalten sich stets im Blick, wenn auch zuweilen nur aus den Augenwinkeln… Es ist der unaufmerksame Leser, der meinen Gegenstand aus den Augen verliert, nicht ich. In irgendeiner Ecke wird sich stets ein Wort finden, das, wie knapp auch immer, hinlänglich zu verstehen gibt, worum es geht… Ich will, daß der Stoff sich von alleine gliedre. Er zeigt deutlich genug, wo er anfängt, wo er sich wandelt, wo er vorläufig endet und wo er auf sich zurückkommt, ohne daß ich … mich kommentieren müßte.«

Deshalb glaube ich mich berechtigt, hier ebenfalls auf jede Kommentierung zu verzichten, zumindest im Sinne des Darüber (das, wie gesagt, dem Ergänzungsband vorbehalten bleibt); denn was das Darin betrifft, habe ich, um genauestmöglichen Nachvollzug des Montaigneschen Denk- und Darstellungsprozesses bemüht, die entsprechenden Arbeiten einer Vielfalt von Vorgängern miterwogen, trägt doch jede Übersetzung, da immer auch Interpretation, zur Befestigung altbewährter oder zur Eröffnung neuer Zugangswege ins Montaignesche Gebirgsmassiv bei, und sei es nur indirekt: Selbst wo eine in Verständnisfallen stürzt, ist sie den Nachfolgern als abschreckendes Beispiel dienlich.

Im Hinblick hierauf zog ich zu meiner Arbeit jene deutschen und englisch-amerikanischen, italienischen und neufranzösischen Übersetzungen der letzten vierhundert Jahre komparatistisch heran, die mir so oder so erhellend schienen – was es mir ermöglichte, besonders bei umstrittenen Passagen vor meiner eigenen Auslegung sorgfältige Plausibilitätsvergleiche anzustellen. Damit meine ich ein bisher kaum genutztes hermeneutisches Potential für eine weitgehend abgesicherte Selbstkommentierung des Textes erschlossen zu haben.

Namentlich wertete ich die Gesamtübersetzungen ins Englische von John Florio (London 1603/New York 1967), Charles Cotton (London 1685/1842, Chicago 1952) und M. A. Screech (London 1987) kritisch aus, ins Amerikanische von Donald M. Frame (Stanford 1957), ins Italienische von Girolamo Canini (Venedig 1633), Fausta Garavini (Mailand 1966/1970) und Virginio Enrico (Mailand 1986), ins moderne Französisch von André Lanly (mit dem Faksimile der Éditions Slatkine, Genf/Paris 1987), ins Deutsche von Johann Daniel Tietz (Leipzig 1753 bis 1754/Zürich 1992) und Johann Joachim Christoph Bode (Berlin 1793 bis 1799); dazu die unvollständigen Übersetzungen von Girolamo Naselli (Ferrara 1590) ins Italienische, von J. M. Cohen (London 1958) ins Englische, von Emil Kühn (Straßburg 1900 bis 1901), Erich Meyer (Stuttgart 1905), Wilhelm Vollgraff (Berlin 1908), Paul Sakmann (Leipzig 1932/Stuttgart 1939), Arthur Franz (Stuttgart 1969), Herbert Lüthy (Zürich ab 1953) und Mathias Greffrath (Berlin 1984/Frankfurt am Main 1992) ins Deutsche.

Gleichwohl kann jede ernsthafte Übersetzung der Versuche selbst nur ein Versuch sein. Viele sind diesem hier vorangegangen, *und viele, so steht zu hoffen, werden ihm folgen – je mehr, desto deutlicher dürfte Montaigne in seiner Vielgestalt hervortreten: als die eigene Verkörperung seines Leitbilds einer »âme à divers étages«.*

HANS STILETT.

MONTAIGNE & SEINE ZEIT.

1533 28. Februar *Michel de Montaigne geboren, Sohn von Pierre Eyquem aus einer reichen Handelsfamilie in Bordeaux und Besitzer des Schlosses Montaigne. (Michel legt später als erster den Familiennamen Eyquem ab.)*

1534 Luthers Bibelübersetzung vollendet.

1535 *Michel wird, nachdem sein Vater seinen Vorstellungen von Volksverbundenheit und höherer Bildung gemäß ihn einer dörflichen Amme in Pflege gegeben hat, von einem deutschen Hauslehrer erzogen, der ausschließlich Latein mit ihm spricht.*

1539 bis 1546 *Er besucht als Internatsschüler das angesehene Collège de Guyenne, an dem berühmte Humanisten lehren.*

1545 Beginn der Ketzerverfolgungen in Frankreich.

1546 bis 1554 *Jurastudium in Bordeaux und Toulouse.*

1554 *Rat am Steuergericht von Périgueux, danach am Parlament (ständiger Gerichtshof als oberste Berufungsinstanz) von Bordeaux.*

1560 Ketzerverbrennung in Bordeaux. Darauf Erhebung der etwa siebentausend Protestanten, Hinrichtungen.

1562 Beginn des ersten der acht Hugenottenkriege mit dem Blutbad von Wassy (Niedermetzelung von zum Gottesdienst versammelten Protestanten durch den katholischen Herzog Franz von Guise).

1563 *Tod von Montaignes Freund Étienne de La Boétie.* Ermordung des Herzogs.

1565 *Montaigne heiratet die begüterte Tochter eines Amtskollegen, Françoise de la Chassaigne.*

1568 *Tod seines Vaters. Michel wird als ältester Sohn Herr zu Montaigne.*

1569 *Er veröffentlicht die von ihm auf Wunsch des Vaters aus dem Latein übersetzte* Theologia naturalis *von Raymond Sebond (dessen* Apologie *im* Essai II/12 *ihm zur Widerlegung gerät).*

1570 *Montaigne verkauft sein Amt als Parlamentsrat und gibt in Paris die nachgelassenen Gedichte und Übersetzungen Étienne de La Boéties heraus. Geburt seiner ersten Tochter, die nur zwei Monate lebt.*

1571 *Montaigne zieht sich an seinem Geburtstag, »der öffentlichen Bürden und Pflichten müde«, in seinen Turm zurück, um sich ganz dem Nachdenken über sich und die Welt zu widmen. Aufnahme in den Sankt-Michaels-Orden und Ernennung zum Kammerherrn Karls IX. Geburt seiner zweiten Tochter Léonor (der einzigen, die am Leben bleibt).*

1572 *Er beginnt mit der Arbeit an den* Essais. Das Blutbad der Bartholomäusnacht verschärft die Religionskriege.

1573 *Geburt der dritten Tochter. Sie lebt sieben Wochen.* Heinrich von Navarra wird Führer der Hugenotten.

1574 *Die vierte Tochter stirbt drei Monate nach der Geburt.*

1576 *Montaigne liest Sextus Empiricus. Er läßt eine Medaille prägen, auf der eine Waage mit völlig gleichgerichteten Schalen und seinem Wahlspruch* Was weiß ich? *dargestellt ist, dazu als Umschrift des Pyrrhon von Elis Devise:* ΕΠΕΧΩ *(Ich enthalte mich des Urteils).* Im Frieden von Beaulieu setzen die Hugenotten ihre Forderungen durch. Im Gegenzug Gründung der katholischen Heiligen Liga unter Heinrich von Guise.

1577 *Beginn von Montaignes Nierensteinleiden. Geburt der fünften Tochter; sie stirbt nach einem Monat. Heinrich von Navarra ernennt ihn zu seinem Kammerherrn.*

1580 *Veröffentlichung der ersten beiden Bände der* Essais, *die*

Montaigne in Paris König Heinrich III. vorlegt. Er unternimmt über die Schweiz, Süddeutschland und Österreich eine Reise nach Italien, auf der er berühmte Badeorte besucht, von denen er sich eine Linderung seines Leidens erhofft. Ende des Jahres Audienz beim Papst.

1581 *Besuch der Bäder von Lucca. Dort erreicht ihn die Nachricht seiner Wahl zum Bürgermeister von Bordeaux. Rückkehr zur Amtsübernahme nach dringender Aufforderung des Königs.*

1582 *Zweite Ausgabe der ersten beiden Bände der* Essais, *überarbeitet und erweitert.*

1583 *Wiederwahl zum Bürgermeister von Bordeaux. Seine sechste Tochter stirbt bei der Geburt.*

1584 Durch den Tod des Herzogs von Anjou wird Heinrich von Navarra als erster Bourbone gegen den gleichen Anspruch des Hauses Guise Thronprätendent. *Heinrich von Navarra ist mit großem Gefolge zwei Tage lang Gast bei Montaigne und schläft in dessen Bett.*

1585 Heinrich III. widerruft im Edikt von Nemours alle den Protestanten eingeräumten Rechte und löst damit den achten Hugenottenkrieg aus, »Krieg der drei Heinriche« genannt (Heinrich III., Heinrich von Navarra, Heinrich von Guise). *Ausbruch der Pest im Périgord. Um ihr zu entgehen, verläßt Montaigne mit allen Angehörigen vorübergehend das Schloß und sucht Unterkunft bei Freunden und Bekannten.*

1587 *Dritte Ausgabe der* Essais *als (leicht veränderter) Nachdruck der zweiten.*

1588 *Veröffentlichung der vierten (fälschlich als »fünften« bezeichneten) Ausgabe der überarbeiteten und um einen dritten Band erweiterten* Essais *in Paris. Auf dem Wege dorthin wird Montaigne von bewaffneten Anhängern der Liga überfallen und ausgeraubt. Begegnung mit Marie de Gournay le Jars, seiner späteren geistigen »Adoptivtochter«, die ihm ihre Bewunderung für die* Essais *mitgeteilt hat. Im Sommer mehrwöchiger Aufenthalt bei ihr und ihrer Familie auf deren Landsitz in der Pi-*

cardie. Aufstand der Liga in Paris. Heinrich III. beruft die Generalstände nach Blois ein, läßt Heinrich von Guise und dessen Bruder ermorden und flieht zu Heinrich von Navarra.

1589 *Montaigne arbeitet bis zu seinem Tod an einer neuen Ausgabe der* Essais, *indem er sein Handexemplar der vierten Ausgabe mit zahlreichen Änderungen und Zusätzen versieht* (Exemplaire de Bordeaux). Ermordung Heinrichs III. Heinrich von Navarra ist nun Heinrich IV., wird aber von der Liga nicht anerkannt. (In Paris kann er erst nach seinem Übertritt zum katholischen Glauben einziehen, den er angeblich mit den Worten vollzieht: »Paris ist eine Messe wert.«)

1591 *Geburt einer gesunden Enkelin.*

1592 *Montaigne stirbt am 13. September an einer schweren Angina, die ihn in den letzten drei Tagen bei vollem Bewußtsein sprechunfähig macht.*

1595 *Marie de Gournays postume Ausgabe der* Essais, *die an etwa dreitausend Stellen vom* Exemplaire de Bordeaux *abweichen. Auf dieser von ihr bis 1635 in elf Neuauflagen herausgegebenen Fassung basieren alle Ausgaben und Übersetzungen bis 1802, als erstmals Jacques-André Naigeon, ehemaliger Sekretär Diderots, seiner Ausgabe das verloren geglaubte* Exemplaire de Bordeaux *zugrunde legt.*

GESAMTINHALT

Zweites Buch.

Drittes Buch.